Cyberattaques et droit international public

De la négociation entre États à l'intégration
des acteurs privés pour parvenir à la cyberpaix ?

Logiques Juridiques

Fondée par Gérard Marcou

Dirigée par Jean-Claude Némery et Thomas Perroud

Le droit n'est pas seulement un savoir, il est d'abord un ensemble de rapports et pratiques que l'on rencontre dans presque toutes les formes de sociétés. C'est pourquoi il a toujours donné lieu à la fois à une littérature de juristes professionnels, produisant le savoir juridique, et à une littérature sur le droit, produite par des philosophes, des sociologues ou des économistes notamment.

Parce que le domaine du droit s'étend sans cesse et rend de plus en plus souvent nécessaire le recours au savoir juridique spécialisé, même dans des matières où il n'avait jadis qu'une importance secondaire, les ouvrages juridiques à caractère professionnel ou pédagogique dominent l'édition, et ils tendent à réduire la recherche en droit à sa seule dimension positive. À l'inverse de cette tendance, la collection « Logiques juridiques » des éditions L'Harmattan est ouverte à toutes les approches du droit. Tout en publiant aussi des ouvrages à vocation professionnelle ou pédagogique, elle se fixe avant tout pour but de contribuer à la publication et à la diffusion des recherches en droit, ainsi qu'au dialogue scientifique sur le droit. Comme son nom l'indique, elle se veut plurielle.

Dernières parutions

Ludovic BERTON, *Penser la démocratie sociale*, 2023.
Roger K. KOUDÉ, *La justice pénale internationale : un instrument idoine pour raisonner la raison d'Etat ?*, 2023
Cătălin-Silviu SĂRARU, *Le droit administratif en Roumanie*, 2022.
Robert VINCENT, *Les fédérations sportives françaises. Analyse par la gouvernance*, 2022.
Wiyao KAO, *Le contrat portant sur une chose future. Essai d'une théorie générale*, 2022.
Clemmy FRIEDRICH, *Les contrats de l'administration mis en discours, Une histoire doctrinale du droit administratif (1800-1960)*, Tome 2.
Clemmy FRIEDRICH, *Les contrats de l'administration mis en discours, Une histoire doctrinale du droit administratif (1800-1960)*, Tome 1.
Eric GILARDEAU, *L'empire du matérialisme juridique sur le contrat. La réforme du contrat dans les codes civils allemand et français*, 2022.
Ivanne-Mara KOUM DISSAKE, *Le financement des actifs de la propriété intellectuelle en Afrique (espace OAPI)*, 2022.
Léa MORTELETTE, *Les élections municipales de 2020 à l'épreuve de la crise sanitaire*, 2022.
Xavier CABANNES (dir.), *Livres et manuscrits anciens. Approche juridique, Volume 2*, 2022.

Laura Baudin

Cyberattaques et droit international public

De la négociation entre États à l'intégration des acteurs privés pour parvenir à la cyberpaix ?

L'Harmattan

De la même auteure

Les cyber-attaques dans les conflits armés.
Qualification juridique, imputabilité et moyens de réponse envisagés en droit international humanitaire,
L'Harmattan, 2014.

5-7, rue de l'Ecole-Polytechnique, 75005 Paris
http://www.editions-harmattan.fr
ISBN : 978-2-14-034080-2
EAN : 9782140340802

À mes trois piliers : mes parents, mon époux et mes amis.

AVANT-PROPOS

La thèse… Pour paraphraser l'ouvrage de Pierre Noreau – *La thèse : un guide pour y entrer... et s'en sortir* – « on l'aborde comme une aventure, on la vit comme un voyage, on la quitte comme un songe. Passé le cap des généralités, chaque expérience est singulière et il y a autant de raisons d'entreprendre une thèse qu'il y a d'étudiants inscrits au doctorat ».

Si le doctorat ne s'est pas imposé à moi dès le départ, il s'inscrit dans une forme de continuité. En 2013/2014, avec mon codirecteur de mémoire, nous avions constaté, les difficultés rencontrées par le droit international humanitaire pour encadrer les cyberattaques en période de conflit ; et nous nous étions interrogés sur le rôle que devrait avoir l'ONU pour sécuriser le cyberespace, et ainsi remplir sa mission principale de maintien de la paix. Souhaitant continuer à apprendre et approfondir sur ce sujet passionnant, j'ai décidé de poursuivre en doctorat. À l'époque, dans les universités françaises, très peu de professeurs en droit s'intéressaient à ces questions. Parce que le Québec, et plus précisément l'Université de Montréal, m'avaient initié aux dangers liés au cyberespace en 2012, il était donc logique que cette thèse y soit réalisée.

Lors de mes années en doctorat, mon sujet a naturellement évolué. Au fur et à mesure de mes recherches et des discussions partagées avec mon directeur de thèse, il nous est apparu que la gouvernance du cyberespace n'était pas l'apanage des seuls États, nécessitant ainsi de réévaluer l'angle sous lequel ce travail avait initialement été envisagé. Les acteurs privés tenant eux aussi une place importante dans la régulation des activités cybernétiques, que ce soit par le biais de la technique ou par les normes qu'ils créent, les intégrer au processus régulatoire semblait être une piste intéressante à creuser. De ce constat est apparue l'idée que les difficultés à réguler le cyberespace pourraient être résolues par la mise en place d'une coopération public-privé.

Ce travail doctoral se veut original, et ce pour plusieurs raisons. Tout d'abord, nous n'avons pas cherché – comme la plupart des textes traitant de l'encadrement juridique du cyberespace – à transposer le droit existant, sans prendre en compte les défis techniques que celui-ci soulève. De plus, du point de vue théorique, cette thèse ne s'inscrit pas dans un courant de pensée unique. Nous avons en effet, fait le choix d'adopter le principe de double-vue, qui s'avère être un juste dosage entre volontarisme et objectivisme. Le but est ainsi d'utiliser un droit non pas de l'idéal, mais ancré dans la réalité, c'est-à-dire capable de prendre la forme de règles concrètes, induites directement des besoins et des nécessités pratiques actuelles, dans les limites des possibilités matérielles. Ensuite, nous avons décidé d'intégrer pleinement à nos recherches la question des normes alternatives, et de les confronter directement à celle juridiques. Enfin, si cette thèse n'est pas interdisciplinaire, elle a nécessité pour être pragmatique, de s'appuyer sur des écrits solides issus de domaines divers, et sur des exemples concrets.

Sa réalisation n'a certes pas été sans difficulté, entre autres, parce que le sujet est d'actualité, et s'est donc construit au fil des nombreux développements qui ont eu lieu aux Nations Unies, ou ailleurs ; mais également du fait de la pandémie qui a été un sérieux handicap pour de multiples raisons.

Quoi qu'il en soit, il est certain que, à l'heure actuelle, le cadre de réflexion dans lequel est discutée la régulation des activités cybernétiques ne fonctionne pas, et doit être repensé. En ce sens, cette thèse vise non seulement une prise de conscience, mais cherche également à être force de propositions. Nous savons que le projet est ambitieux, et qu'il va demander un effort de la part des différents acteurs, et notamment des États. Cependant, certaines réalités ne peuvent désormais plus être ignorées, et des décisions devront rapidement être prises pour encadrer efficacement les actions menées dans le cyberespace.

REMERCIEMENTS

Si le chemin du doctorat n'a pas été un long fleuve tranquille, j'ai eu la chance et le privilège de croiser des individus dont l'aide plus que précieuse et l'encouragement sincère m'ont aidé à maintenir le cap.

Je pense tout d'abord à mon directeur de recherche, Monsieur Karim Benyekhlef, qui m'a si bien accueilli à l'Université de Montréal. Je le remercie pour la confiance qu'il m'a accordé dans ce projet, pour les conseils judicieux sans lesquels cette thèse ne serait pas ce qu'elle est aujourd'hui, ainsi que pour son soutien tout au long de mon parcours doctoral.

Je remercie également mes parents, Sylviane et Michel, qui m'ont offert leur aide et leur écoute bienveillantes pendant tout mon parcours académique. Vous m'avez soutenu malgré la distance. Si aujourd'hui, je peux porter le titre de Docteure, c'est en grande partie grâce à vous.

Je souhaite aussi formuler des remerciements sincères à celui qui est désormais mon mari, Diego. Sans son appui, son respect, sa patience et sa compréhension, ce projet n'aurait jamais pu venir à terme.

Un mot spécial pour mes amis et collègues du doctorat et de l'ACSED, qui ont été pour moi une deuxième famille : Ledy, Guy, Juliana et Émilie. Merci pour les discussions et les réflexions partagées. Merci pour votre soutien, votre présence et votre écoute. Et surtout, merci d'avoir fait en sorte que ces sept années à Montréal se déroulent aussi bien.

Des remerciements tout particuliers à mon ami et collègue Antoni qui m'a soutenu, conseillé et écouté me plaindre à plus d'une reprise (et réciproquement) durant ce parcours doctoral haut en couleur, et m'a généreusement offert de son temps pour relire ma thèse, la commenter et la corriger.

Merci à *Thèsez-vous* qui m'a permis de terminer la rédaction de cette thèse de façon plus sereine grâce à une équipe de feu, et à un solide esprit de communauté, de bienveillance, d'écoute et de partage.

Je remercie également le personnel de la Faculté de droit de l'Université de Montréal, et plus particulièrement Josée Deschamps et

Catherine Gascon qui, à leur manière, ont permis la réalisation et la finalisation de cette thèse.

Également, je remercie l'IHEDN (France), la faculté de droit de l'Université de Montréal, le CÉRIUM, les différentes fondations (Juliette Barcelo, Jules Deschênes, Wilrose Desrosiers et Dunn, et Pamela Goldman), ainsi que l'Institut Max Planck de droit international (Allemagne), et mon directeur de thèse pour leur soutien financier.

Enfin, à tous ceux qui ont répondu présent le jour de ma soutenance, vous avez toute ma gratitude. Les derniers mètres sont bien souvent les plus difficiles à parcourir. Vous m'avez insufflé force, énergie et confiance pour franchir la ligne d'arrivée.

Merci à tous, du fond du cœur.

LISTE DES SIGLES ET ABRÉVIATIONS

ADM	Arme de destruction massive
ADSL	*Asymmetric Digital Subscriber Line*
AFP	Agence France Presse
AIEA	Agence internationale de l'énergie atomique
ANSSI	Agence nationale de la sécurité des systèmes d'information (France)
ARPANET	*Advanced Research Projects Agency Network*
BATX	Baidu, Alibaba, Tencent, Xiaomi
BIOS	*Basic Input Output System*
BRICS	Brésil, Russie, Inde, Chine, Afrique du sud
C2	*Command and Control*
CA	Conseil administration
CAD	Dollar canadien
CAI	Conflit armé international
CANI	Conflit armé non international
CCD COE	*NATO Cooperative Cyber Defence Centre of Excellence*
CDI	Commission du droit international
CEIS	Compagnie européenne d'intelligence stratégique
CEO	*Chief Executive Officer*
CERT	*Computer Emergency Response Team*
CICR	Comité international de la Croix-Rouge
CIJ	Cour internationale de justice
CJUE	Cour de justice de l'Union européenne
CNIL	Commission nationale de l'informatique et des libertés (France)
CNU	Charte des Nations Unies
COMCYBER	Commandement de la cyberdéfense (France)
CPI	Cour pénale internationale
CSIS	*Center for Strategic and International Studies* (États-Unis)
CSS	Feuille de style en cascade
CTO	*Chief Technical Officer*
DAS	Délégation aux affaires stratégiques (France)
DIH	Droit international humanitaire
DIP	Droit international public
DoD	*Department of Defense* (États-Unis)

DDoS	Attaque par déni de service distribué
DGRIS	Direction générale des relations internationales et de la stratégie (France)
EMSP	Entreprise militaire et de sécurité privée
ENISA	Agence européenne chargée de la sécurité des réseaux et de l'information
FIC	Forum international de la cybersécurité
FIDH	Fédération internationale pour les droits humains
FSB	Service fédéral de sécurité de la fédération de Russie
GAC	*Governmental Advisory Committee* (ICANN)
GAFAM	Google, Amazon, Facebook, Apple, Microsoft
GCHQ	*Government Communications Headquarters* (Royaume-Uni)
GCSC	*Global Commission on the Stability of Cyberspace*
GEG	Groupe d'experts gouvernementaux (ONU)
GPS	*Global Positioning System*
GRU	Direction générale des renseignements (Russie)
HTML	*HyperText Markup Language*
IA	Intelligence artificielle
IANA	*Internet Assigned Numbers Authority*
ICANN	*Internet Corporation for Assigned Names and Numbers*
ICOC	Code de conduite internationale des entreprises privées
IETF	*Internet Engineering Task Force* (ICANN)
InCA	*Intelligent Cyber Attribution*
INRIA	Institut national de recherche en informatique et en automatique (France)
IoT / Ido	*Internet of Things* / Internet des objets
ISO	Organisation international de normalisation
IWM	*Internet Way of Networking*
LDH	Ligue des droits de l'Homme
MBR	*Main Boot Record*
MdcN	Missile de croisière naval
NCSC	*National Cyber Security Centre* (Royaume-Uni)
NSA	*National Security Agency* (États-Unis)
NTIA	*National Telecommunications and Information Administration* (États-Unis)
OEWG	*Open-Ended Working Group* (ONU)
OI	Organisation internationale

OIT	Organisation internationale du travail
OMC	Observatoire du Monde Cybernétique (France)
ONG	Organisation non-gouvernementale
ONU	Organisation des Nations Unies
OTAN	Organisation du traité de l'Atlantique nord
PC	*Personal Computer*
PDG	Président directeur général
P. I	Protocole I additionnel aux Conventions de Genève
PNG	*Portable Network Graphics*
PPP	Prérogatives de puissance publique
R&D	Recherche et développement
RDF	*Resource Description Framework*
RGPD	Règlement général sur la protection des données
RSE	Responsabilité sociale de l'entreprise
RSF	Reporters Sans Frontières
RSSAC	*Root Server System Advisory Committee* (ICANN)
SEA	*Syrian Electronic Army*
SMSI	Sommet mondial sur la société de l'information
SOAP	*Simple Object Access Protocol*
SSAC	*Security and Stability Advisory Committee* (ICANN)
SVG	*Scalable Vector Graphics*
TCP/IP	*Transmission Control Protocol/Internet Protocol*
TIC	Technologies de l'information et des communications
TNP	Traité de non-prolifération
Tor	*The Onion Router*
TPIY	Tribunal pénal international pour l'ex Yougoslavie
TSF	Technologie sans fil
UE	Union européenne
UIP	Union interparlementaire
UIT	Union international des télécommunications
UKUSA	*United Kingdom – United States Communications Intelligence Agreement*
UNESCO	Organisation des Nations Unies pour l'éducation, la science et la culture
UNICRI	Institut interrégional de recherche des Nations Unies sur la criminalité et la justice
UNIDIR	Institut des Nations Unies pour la recherche sur le désarmement
USD	Dollar américain
U.S.S.	*United States Ships*

VEP	*Vulnerability Equities Process*
VPN	*Virtual Private Network*
W3C	*World Wide Web Consortium*
XHTML	*Extensible Hypertext Markup Language*
XML	*Extensible Markup Language*

INTRODUCTION GÉNÉRALE

> *En l'espace d'une décennie, le cyberespace est devenu un enjeu majeur des relations diplomatiques et un nouvel objet du droit international. Les questions de paix et de régulation internationales sont devenues étroitement liées aux questions numériques, alors que la conflictualité s'est propagée dans le cyberespace, désormais qualifié d'enjeu stratégique majeur [...]*[1].
>
> – **Frédérick DOUZET**

Nous vivons aujourd'hui dans un monde interconnecté où les technologies de l'information et des communications (TIC) tiennent une place importante voire essentielle, que ce soit dans le quotidien des citoyens, le fonctionnement des entreprises ou des États. Si les opportunités offertes par le cyberespace sont nombreuses, nous assistons également à une multiplication des comportements malveillants. Toujours plus nombreuses, toujours plus virulentes, les attaques informatiques (ou cyberattaques) sont désormais considérées comme un enjeu sécuritaire d'envergure tant pour les gouvernements[2] que pour les acteurs privés, qui voient en elles l'une des plus grandes menaces mondiales[3]. Dans de telles circonstances, le besoin de droit s'est nécessairement fait ressentir. C'est ainsi que l'Organisation des Nations Unies (ONU) fut interpellée tant par des organisations internationales (OI) comme l'UNIDIR, l'UIT, et l'UNESCO (etc.)[4],

---

[1] Frédérick DOUZET, « Préface », dans *Cyberattaques et droit international*, Pedone, coll. Numérique et droit, Paris, 2018, p. 5.

[2] Nous pouvons citer l'exemple de l'Organisation du Traité de l'Atlantique nord (OTAN) qui a déclaré lors du sommet du Pays de Galles (4-5 décembre 2014) que la cyberdéfense relevait désormais de la tâche fondamentale de l'organisation qu'est la défense collective. En ce sens, « il reviendrait au Conseil de l'Atlantique Nord de décider, au cas par cas, des circonstances d'une invocation de l'article 5 du Traité de l'Atlantique Nord à la suite d'une cyber-attaque ». Plus précisément, l'OTAN considère qu'une cyber-attaque peut être considérée comme une menace à la paix et à la sécurité internationales susceptible de fonder un droit à la légitime défense, individuelle ou collective, reconnue par l'article 51 de la Charte des Nations Unies.

[3] Voir par exemple Anders HENRIKSEN, « Lawful State Responses to Low-Level Cyber Attacks », (2015) 84-2 *Nordic Journal of International Law*, pp. 323-351.

[4] Déjà en 2000, l'UNESCO (Organisation des Nations Unies pour l'éducation, la science et la culture) à travers son ouvrage *Les dimensions internationales du droit du cyberespace*, s'interrogeait sur l'inactivisme de l'ONU face aux menaces cybernétiques. Dans le cadre du

que par les États[5] pour trouver des solutions d'ordre juridique, et réguler leur emploi.

En faisant appel au « pilier de béton »[6] selon lequel « l'ONU n'a pas été inventée pour promettre au monde le paradis, mais pour éviter à l'humanité de vivre un enfer »[7], un projet de résolution en faveur d'un traité sur le désarmement du cyberespace fondé sur le droit international encadrant la guerre conventionnelle, fut présenté lors de la 53ème session de l'Assemblée générale des Nations Unies par la délégation russe[8]. Adoptée à 180 voix contre 1[9], et aucune abstention, ce texte permit à l'Assemblée générale de créer un comité spécial composé d'experts gouvernementaux (GEG) chargé de connaitre des « Progrès des téléinformatiques dans le contexte de la sécurité internationale », et ce en se fondant sur l'article 13§1 a) de la Charte

---

Forum sur le désarmement qu'il organise, l'UNIDIR (Institut des Nations Unies pour la recherche sur le désarmement) s'est également exprimé à travers un document intitulé *Face aux Cyberconflits* (2011) regroupant plusieurs articles de spécialistes. Ceux-ci soulignaient la dangerosité des cyber-attaques et la menace qu'elles représentaient pour la paix et la sécurité internationales. Selon l'Institut, l'ONU devait se pencher sur un encadrement juridique plus clair et plus précis de ces armes, les règles actuellement applicables étant insuffisantes et trop susceptibles d'interprétation. Quant à l'UIT (Union internationale des télécommunications), celle-ci a tenu en 2013 des propos forts, annonçant que « la cyberguerre était déclarée ». Constatant que plusieurs États consacraient des budgets en nette augmentation à leur cyberdéfense mais aussi à leurs capacités offensives, elle s'est déclarée préoccupée, voyant en ces agissements une logique de dissuasion. Pour l'ancien secrétaire de l'UIT, Hamadoun Touré, il devenait donc urgent d'envisager la création d'un accord international mis en place par l'ONU dont la structure ressemblerait à « un traité de paix avant une guerre ».

[5] Par exemple, lors de son discours devant les Nations Unies le 24 septembre 2013, l'ancienne présidente du Brésil, Dilma Roussef, a souhaité dénoncer les abus en vigueur dans le cyberespace, et a demandé qu'une gestion mutualisée du cyberespace soit établie sous l'égide d'un organisme multilatéral et onusien.

[6] L'ONU est divisée en trois piliers : le « pilier d'acier » (le développement), le « pilier de verre » (les droits de l'Homme) et enfin, le « pilier de béton » (la paix). Considéré par Louise Arbour (Haut-commissaire aux droits de l'Homme de 2004 à 2008) comme un pilier « fort, solide mais rugueux, avec quelque chose d'inachevé », ce fondement de l'Organisation se retrouve dans le préambule de la Charte des Nations Unies : « Nous peuples des Nations Unies, résolus à préserver les générations futures du fléau de la guerre qui deux fois en l'espace d'une vie humaine a infligé à l'humanité d'indicibles souffrances… » Dans Romuald SCIORA, *Planète ONU: les Nations Unies face aux défis du XXIe siècle*, Genève, Éditions du Tricorne, 2009, p. 33.

[7] Propos de l'ancien ambassadeur américain à l'ONU (1953 à 1960), Henry CABOT-LODGE, repris en 1950 par l'ancien Secrétaire général des Nations Unies (1953-1961) Dag Hammarskjöld. *Id.*

[8] ASSEMBLÉE GÉNÉRALE DES NATIONS UNIES, *Les progrès des téléinformatiques dans le contexte de la sécurité internationale*, A/RES/53/70, 4 janvier 1999.

[9] Les États-Unis ont estimé que Washington pourrait bénéficier d'une plus grande flexibilité tactique en opérant dans un environnement international dénué de réglementation.

des Nations Unies (CNU). C'est ainsi qu'en 2010, le GEG a reconnu que les TIC pouvaient servir à menacer la paix et la stabilité mondiale, ainsi que prolonger un conflit. Par la suite en 2013[10], le groupe a conclu à l'applicabilité du droit international public (DIP) existant – et plus particulièrement de la Charte des Nations Unies – aux attaques informatiques, le considérant comme essentiel au maintien de la paix et de la stabilité, ainsi qu'à la promotion d'un environnement informatique ouvert, sûr, pacifique et accessible. Il a également recommandé l'établissement de mesures de transparence et de confiance, ainsi que des mesures de coopérations régionales, le but étant d'établir de nouvelles normes facultatives et non contraignantes de comportement responsable des États, et d'aboutir à une vision commune afin de renforcer la stabilité et la sécurité de l'environnement informatique mondial.

En 2015, un nouveau GEG fut mis en place dans le but de poursuivre les travaux conduits les années précédentes, mais aussi pour étudier la manière dont le droit international pourrait s'appliquer à l'utilisation des TIC par les États. Sans rentrer dans les détails, ce dernier a recommandé onze normes, règles et principes volontaires qui, de l'avis des experts, étaient susceptibles d'améliorer la situation cybersécuritaire internationale, tels que le respect du principe de souveraineté étatique, la responsabilité de l'État en cas de cyber-fait internationalement illicite, ou encore l'application du principe de diligence raisonnable[11]. Il a aussi été mentionné que les principes d'humanité, de nécessité, de proportionnalité et de discrimination pouvaient s'appliquer aux attaques informatiques si la situation le permettait. Pour les membres du GEG, il était impossible que les défis posés par l'utilisation du cyberespace remettent en cause les grands principes du droit international existant (*jus ad bellum* et *jus in bello* compris)[12]. Adopté par consensus, le rapport de 2015 suscita un climat

[10] Assemblée générale des Nations unies, *Les progrès des téléinformatiques dans le contexte de la sécurité internationale*, A/RES/68/243, 9 janvier 2014.

[11] Pour de plus amples informations sur le principe de diligence raisonnable voir la note 298.

[12] Florence Mangin, experte française du GEG de 2015, explique que « parce qu'il est le garant de la paix et de la sécurité internationales, cet équilibre entre interdiction de l'usage de la force et droit de légitime défense doit à tout prix être préservé. En ce sens, le nouveau rapport constitue une victoire sur les partisans de l'émergence d'un droit du cyberespace dérogatoire aux grands principes, qui remettrait en question le système international dessiné il y a 70 ans ». Dans Antoine Fasoli, « Le cyberespace n'est pas livré à la loi du plus fort, et l'ONU le fait savoir », *Observatoire du FIC* (3 août 2015).

d'enthousiasme sans précédent auprès de la communauté internationale, voyant en lui une avancée majeure à l'encadrement des activités cybernétiques. Pourtant, force est de constater qu'il n'a fait qu'effleurer le sujet, l'analyse et les propositions faites étant quelque peu superficielles. Il n'est donc pas surprenant que lorsque vint le moment de discuter sérieusement de la manière dont le DIP existant devrait s'appliquer et être adapté aux activités cybernétiques, il fut impossible pour le GEG de 2017 – dans un contexte de forte défiance politique – de parvenir à un consensus supplémentaire[13].

S'il parait désormais acté que les solutions à l'encadrement juridique du cyberespace devraient être trouvées dans le droit international existant[14], il reste à savoir jusqu'à quel point celui-ci peut être transposé aux TIC et avoir une réelle emprise sur les faits cybernétiques. Nous convenons de cette absence de vide juridique exprimée notamment par le GEG. En effet, et dans une certaine mesure, le droit international existant peut s'appliquer aux activités informatiques. Pour autant, nous ne partageons pas le point de vue de certains auteurs, sans doute plus conservateurs que d'autres, pour qui il est inutile de favoriser l'élaboration de nouvelles normes, le droit international se suffisant à lui-même (*lege lata*)[15]. Certes, « une révolution technologique

---

[13] Mathias Forteau résume assez bien la situation. Selon lui, « les tentatives de règlementation des TIC demeurent inabouties, soit qu'elles ne soient pas perçues comme véritablement consensuelles, soit qu'elles relèvent toujours du tâtonnement dans l'identification des problèmes juridiques qui se posent et des solutions qui pourraient leur être apportées sur le terrain du droit existant ou d'un droit qui mériterait d'être progressivement développé, soit encore qu'elles impliquent d'autres catégories juridiques qui restent elles-mêmes mal définies en droit international ». Mathias FORTEAU, « Les seuils de gravité d'une cyberattaque », dans *Cyberattaques et droit international*, Pédone, Paris, 2018, pp. 23-44 à la page 23.

[14] Non seulement cela est acté par les rapports des différents GEG, mais ce constat est également celui de nombreux auteurs de doctrine. Par exemple, pour Marc Delplanque : « le réseau des réseaux n'étant pas capable de se réguler tout seul, il ne peut pas être dissocié de l'espace physique. Par conséquent, le cyberespace n'est pas une zone de non droit […] ». Marc DELPLANQUE, *Gouvernance globale : gouvernement du monde*, Bénévent, coll. Libelli, Nice, 2004, p. 163.

[15] Voir par exemple Michel VIRALLY, « Sur la prétendue "primitivité" du droit international », dans *Le droit international en devenir : Essais écrits au fil des ans*, coll. International, Genève, Graduate Institute Publications, 2015, pp. 91-101 ; Paul GUGGENHEIM, *Traité de droit international public, avec mention de la pratique internationale et suisse, par Paul Guggenheim avec la collaboration de Dietrick Kappeler*, 2e éd. rev. et augm.., Genève, Georg, 1967; Sir Hersch LAUTERPACHT, *Règles générales du droit de la paix*, Buffalo, NY :William SHein & Co,1937.

n'appelle pas nécessairement une révolution juridique[16] ». Pour autant, l'entreprise de régulation des activités cybernétiques se heurte à plusieurs obstacles indissociables de la nature unique du cyberespace (virtuel, transnational, anonyme, etc.). Notre **premier chapitre** (Chapitre 1 – Le cyberespace : un nouveau champ de bataille) sera ainsi l'occasion de revenir sur ses particularités et les défis techniques qu'il pose. Construit par l'Homme, nous constaterons à quel point cet espace est devenu par la force des choses, un lieu de combat à part entière, mettant en scène de nouveaux acteurs et offrant, du fait de sa virtualité, des possibilités nouvelles à ceux qui l'utilisent. Avec lui, lcs conflits ont pris une tout autre dimension. De ce fait, il semble difficile de ne pas envisager une mise à jour des règles actuelles afin que celles-ci répondent plus efficacement aux problématiques cyber, et encadrent plus adéquatement les comportements dans le cyberespace.

Pour justifier notre point de vue, nous avons fait le choix de revenir sur cette branche si particulière du droit, choisie pour réguler le cyberespace. Si l'on dit du droit international qu'il est un droit « essentiellement évolutif (*lege feranda*)[17] », « en perpétuel mouvement[18] », et donc susceptible de s'adapter à toutes sortes de situations, nous constaterons dans notre **second chapitre** (Chapitre 2 – Les États et l'encadrement juridique du cyberespace : entre applicabilité et inadéquation juridique), qu'en ce qui concerne les activités cybernétiques, celui-ci est d'une utilité limitée[19]. S'il est incontestable que le cyberespace n'est pas un espace de « non-droit », le fait de vouloir appliquer par analogie des règles pensées pour réguler les conflits traditionnels est loin d'être évidente. Déjà parce que chaque État a sa propre vision de la manière dont le droit international devrait

---

[16] Maryline GRANGE et Anne-Thida NORODOM, « Propos introductif », dans *Cyberattaques et droit international*, A. Pedone, coll. Numérique et droit, Paris, 2018, pp. 11-20 à la page 20.

[17] Quoc DINH NGUYEN, Patrick DAILLIER et Alain PELLET, *Droit international public*, 8e. éd., Paris, LGDJ, 2009, p. 41.

[18] « Étant un droit conjecturel par excellence, l'évolution du droit international s'est faite en écho avec l'évolution de la vie internationale avec toutes ses composantes factuelles, économiques et politiques. Ceci fait que le droit international est un droit en perpétuel mouvement ». Voir BEN ACHOUR, R. et S. LAGHMANI, *Acteurs non étatiques et droit international, Colloque des 6, 7 et 8 avril 2006,* Coll. rencontre internationale de la faculté des sciences juridiques, politiques et sociales de Tunis, Paris, Pedone, 2007, p. 299. Voir également, Hélène RUIZ FABRI, « Les catégories de sujet du droit international », dans *Le sujet en droit international*, Pedone, Paris, 2005, pp. 55-72 à la page 55.

[19] Serge SUR, « Cyberattaques et droit international ou Attrape-moi si tu peux », dans *Cyberattaques et droit international*, Pédone, Paris, 2018, pp. 222-223.

encadrer les activités cybernétiques ; ensuite, parce qu'il est peu aisé de faire appel aux similitudes lorsque les activités à encadrer sont de nature antinomique avec celles que nous connaissons déjà. Nous nous emploierons dans ce chapitre à démontrer la nécessité de repenser le mode de productions des règles, le droit international nécessitant d'être stimulé pour répondre aux défis posés par le cyberespace.

Face à cela, il convient de nous interroger : quelle orientation le DIP va-t-il devoir prendre pour s'adapter aux réalités cybernétiques ? Plus précisément, doit-on envisager un droit international évolutif via « la réécriture de certains traits de la modernité[20] » – tel que recommandé par les progressistes[21] – en comblant certaines de ses lacunes par l'ajout de subtiles nuances à la toile des normes existantes, tout en gardant le schéma traditionnel de production des normes ? Sinon, faudrait-il envisager un changement plus radical, plus révolutionnaire, en considérant cette fois-ci le DIP comme « une solution insatisfaisante et imparfaite au regard des nouvelles interdépendances et de la globalisation des risques des sociétés contemporaines[22] » ? La société internationale étant plus inerte, plus rétive face aux évolutions de la société, la première option permettrait d'apporter au droit actuel des changements en douceur. Cependant, en procédant ainsi, il est fort à parier que ces modifications deviennent vite dépassées, les besoins sociaux changeants rapidement, d'autant plus avec l'évolution des techniques et des technologies. Quant à la seconde option qui s'appuie sur la théorie du droit global[23], celle-ci favoriserait le remplacement progressif de la pyramide au profit du réseau[24]. L'État ne dominant plus la société du haut de l'échelle, il deviendrait un simple partenaire au

---

[20] KARIM BENYEKHLEF, *Une possible histoire de la norme: les normativités émergentes de la mondialisation*, 2e édition, Montréal, Éditions Thémis, 2015, p. 537.

[21] Voir par exemple, Q. DINH NGUYEN, P. DAILLIER et A. PELLET, préc., note 17; ROBERT. KOLB, *Théorie du droit international*, 2e édition, coll. StradaLex, Bruxelles, Bruylant, 2013; GEORGES. ABI-SAAB, *Le développement du droit international: réflexions d'un demi-siècle*, 1re édition, coll. Collection International. Droit, Genève, Graduate Institute Publications ; Paris, 2013.

[22] K. BENYEKHLEF, préc., note 20, p. 540.

[23] Voir par exemple : Karim BENYEKHLEF, « Une introduction au droit global », *Droit, technologies et relations internationales* (8 janvier 2017), en ligne : https://www.karimbenyekhlef.ca/blogue/2017/01/08/une-introduction-au-droit-global/; Benoit FRYDMAN, *Petit manuel pratique de droit global*, Académie royale de la Belgique, Bruxelles, 2014.

[24] Sur cette idée, voir notamment François OST et MICHEL VAN DE KERCHOVE, *De la pyramide au réseau ?: pour une théorie dialectique du droit*, coll. Publications des Facultés universitaires Saint-Louis 94, Bruxelles, Publications des Facultés universitaires Saint-Louis, 2002.

côté des acteurs de la technique et de la société civile pour réguler le cyberespace. Nous concernant, nous adopterions plutôt une troisième approche à mi-chemin entre la première (droit évolutif) et la seconde (droit global) : celle du droit dynamique[25]. Pour le moment, il semble impossible d'imaginer la création d'un « nouveau droit » du cyberespace[26]. Pour autant, nous estimons qu'il est possible pour le droit existant d'être révisé et actualisé[27] pour répondre aux besoins changeants de la société en le comblant par de nouvelles normes (contraignantes ou non) réfléchies dans un cadre multi-acteurs[28].

Si les États ont conscience de devoir s'appuyer sur les acteurs privés parce que ces derniers sont chargés de l'essentiel de l'exploitation et de la maintenance des réseaux, et comprennent le fonctionnement des attaquants[29], ils rechignent à les intégrer au processus d'élaboration d'un cadre normatif. Pourtant, la gouvernance du cyberespace ne saurait être exclusivement, l'apanage des seuls acteurs publics. De nos

---

[25] Cette approche a été défendue par Hans Keller qui exprime la nécessité pour le droit international de céder sur plus d'un point aux nécessités du monde actuel. Ce dernier s'inspire de la théorie classique du *jus naturalisme* sans tomber pour autant, dans le piège de l'idéal. Pour lui, le droit doit être ancré dans la réalité, c'est-à-dire qu'il doit prendre la forme de règles concrètes induites directement des besoins et des nécessités pratiques dans les limites des possibilités matérielles. Voir Hans Karl Ernst Ludwig KELLER, *Droit naturel et droit positif en droit international public (étude de méthode)*, Paris, Sirey, 1931, pp. 53-54.

[26] Comme l'expliquent Maryline Grange et Anne-Thida Norodom, l'adoption d'une convention *ad hoc* peut être utile jusqu'à une certaine mesure, le risque étant que les dispositions spécifiques au cyberespace deviennent rapidement obsolètes compte tenu de l'évolution rapide des nouvelles technologies, ou soient au contraire trop générales pour pouvoir s'appliquer aux évolutions futures. « En outre, l'inconvénient de tout instrument contraignant réside dans la longueur du processus d'élaboration et des risques d'échec qui y sont liés. Si, au demeurant, une convention sur le cyberespace parvenait à être adoptée, rien ne garantit qu'un nombre suffisant d'États accepteraient de s'y soumettre ». M. GRANGE et A.-T. NORODOM, préc., note 16, p.15.

[27] C'est l'idée selon laquelle, un sujet « nouveau » n'est jamais totalement exempt de normes juridiques, induisant la nécessité de s'appuyer sur le corpus des règles juridiques existantes. Pour autant, cela ne signifie pas qu'elles soient suffisantes et satisfaisantes pour encadrer l'objet en question. C'est ainsi que comme le souligne l'Union interparlementaire (UIP), « [...] face à ces technologies nouvelles, l'arsenal juridique révèle ses insuffisances ». Voir *La cyberguerre : une grave menace à la paix et la sécurité internationale »,* Résolution de l'UIP, 1er Avril 2015, 132ème Assemblée générale.

[28] « Eu égard à l'interdépendance des États et des peuples résultants de l'usage d'Internet, une convention internationale efficace (ou même l'actualisation du droit international existant) n'a de sens que si elle est largement ratifiée par les États et que des acteurs privés contribuent à son élaboration, au nom du modèle de gouvernance multipartite prenantes de l'Internet ». M. GRANGE et A.-T. NORODOM, préc., note 16, p.15.

[29] ASSEMBLÉE GÉNÉRALE DES NATIONS UNIES, *Groupe d'experts gouvernementaux chargé d'examiner les progrès de la téléinformatique dans le contexte de la sécurité internationale, A/70/174*, 22 juillet 2015, par. 31.

recherches, nous avons pu constater la place importante des acteurs privés dans la régulation des activités cybernétiques que ce soit par le biais de la technique ou par les normes alternatives qu'ils créent[30]. L'encadrement juridique des comportements dans le cyberespace étant un impératif pour sa stabilité, ces derniers multiplient également les initiatives pour responsabiliser les États, et défendent ouvertement la mise en place d'un encadrement normatif contraignant les cyberactivités étatiques[31]. Par leurs interventions et leurs publications, les acteurs privés aspirent à formaliser leur rôle au côté des acteurs publics que ce soit en matière de cybersécurité et de cyberdéfense, aux échelles nationale et mondiale[32]. Dans notre **troisième chapitre** (Chapitre 3 – Les acteurs privés et l'encadrement juridique du cyberespace : entre revendications et initiatives juridiques), nous tâcherons de montrer que la sécurité dans le cyberespace ne relève plus des seuls États. Ce dernier est régi par une pluralité de règles provenant de divers ordres juridiques, publics ou privés qui méritent d'être étudiées. Il ne s'agit pas d'ignorer la centralité symbolique et effective du droit étatique, mais de comprendre que les acteurs privés ont également un rôle à jouer dans la régulation internationale des activités cybernétiques, ces derniers étant bien plus compétents que les États pour saisir la complexité de cet espace virtuel.

C'est là qu'entre en scène le juriste du XXIème siècle, celui capable de voir au-delà du miroir, celui sachant prendre en considération la réalité de façon objective et pragmatique. Bien trop souvent, celui-ci porte des œillères[33] qui l'empêchent de s'interroger sur l'innovation et

---

[30] Nous entendons par « acteurs privés », les intervenants dotés d'autonomie susceptibles de provoquer par leurs actions des conséquences politiques. Dans le cyberespace, il s'agit principalement des GAFAM-BATX, et des entreprises du numérique rattachées de près ou de loin aux États. Les acronymes GAFAM et BATX représentent respectivement les grands groupes américains du web, à savoir Google, Amazon, Facebook, Microsoft et Apple, et les géants du numérique chinois, c'est-à-dire Baidu, Alibaba, Tencent et Xiaomi.

[31] Nous pensons par exemple à la proposition de Microsoft que soit créée une convention de Genève du numérique. Celle-ci sera étudiée plus avant dans le Chapitre 3.

[32] OBSERVATOIRE DU MONDE CYBERNÉTIQUE, « Avancées et échecs des initiatives de régulation des comportements dans le cyberespace » (mars 2019), en ligne : https://omc.ceis.eu/avancees-et-echecs-des-initiatives-de-regulation-des-comportements-dans-le-cyberespace/.

[33] D'autant plus si le juriste a été formé en Europe où on lui enseigne dès sa première année de formation qu'il doit s'abstenir de prononcer des jugements de valeurs, c'est-à-dire s'astreindre à l'exigence de neutralité axiologique. Seul le législateur peut, à travers ses décisions, afficher ses préférences idéologiques, philosophiques, sociologiques (etc.), car le droit n'est pas neutre. Comme le souligne Michel Troper : « le contenu des règles exprime en effet les préférences politiques et morales de ceux qui les posent. Une loi qui interdit ou autorise la chasse,

le changement paradigmatique. Or il est important de comprendre que les spécificités du cyberespace ont fait naitre de nouvelles problématiques qui poussent non seulement à une nouvelle conceptualisation, mais également à redimensionner la pensée théorique en matière juridique. Parce que le monde change, le droit international doit également changer. En ce sens, il nous est impossible de nous inscrire dans un courant de pensée unique. D'un côté, la théorie volontariste s'appuie sur l'idée que la volonté créatrice de droit est celle de l'État en tant qu'entité commandante, supérieure et autonome[34]. De l'autre, celle objectiviste considère que la règle internationale trouve son origine dans une norme qui serait extérieure ou supérieure à la volonté de l'État[35]. Selon nous, un juste dosage entre ces deux théories permettrait de porter « les ambitions d'un droit international public à la mesure des défis de l'heure et du futur[36] ». C'est dans cette perspective,

---

l'avortement ou le suicide reflète des croyances sur les animaux, la vie ou la libre disposition de soi ». Dès le départ, le juriste est donc soumis au dogme général du positivisme tel qu'exprimé dans la Théorie pure du droit d'Hans Kelsen, ou symbolisé dans l'illustration du Léviathan de Thomas Hobbes. Voir Michel TROPER, *La philosophie du droit*, coll. Que sais-je? ; 857, Paris, Presses universitaires de France, 2003, p. 5; HANS KELSEN, *Théorie pure du droit*, coll. Philosophie du droit ; 7, Paris, Dalloz, 1962; Thomas HOBBES, *Le Léviathan ou La Matière, la forme et la puissance d'un État ecclésiastique et civil*, Dalloz, coll. Entreprises, économie et droit, Paris, 1999.

[34] « Le volontarisme juridique est construit sur la base d'une affirmation fondamentale : les règles de droit sont des produits de la volonté humaine, elles existent pour cette volonté et aussi par cette volonté ». Dans Q. DINH NGUYEN, P. DAILLIER et A. PELLET, préc., note 17, p. 110. Ainsi, « le droit international est obligatoire pour les États parce que les États y ont consenti, et dans la mesure, par conséquent, où ils y ont consenti ». Voir PROSPER WEIL, *Le droit international en quête de son identité: cours général de droit international public*, Buffalo, NY :William SHein & Co, 1992, p. 69. Cependant, la maxime *pacta sunt servanda* ne fonctionne que dans une certaine mesure, principe de souveraineté oblige. Par conséquent, la méthode volontariste (et non la théorie) « constitue une entrave au progrès du droit international et exalte les situations de fait, c'est-à-dire les pesanteurs politiques, les rapports de force et les intérêts nationaux au détriment des valeurs morales, de la justice et de la solidarité ». *Id.*, p. 73.

[35] Les théories objectivistes s'opposent radicalement aux théories volontaristes. Selon elles, « le fondement du droit international est extérieur au système et indépendant de tout consentement des États : les États sont les sujets du droit international, mais ils n'en sont pas les auteurs ». Voir PROSPER WEIL, préc., note 34, p. 70. La méthode objectiviste se réclame de la morale et de la logique en ce sens où elles projettent des souhaits sur une réalité qui ne les intègre pas encore (nous pensons par exemple au droit international du développement, ou encore le droit international de l'environnement). Cette théorie peut être utile pour mettre en relation l'abstrait et le concret, notamment lorsque l'objectif recherché est de proposer des solutions non pas désirées, mais réalistes et réalisables. Pour autant, « un droit international totalement objectiviste serait une dangereuse illusion ». De ce fait, cette théorie doit être utiliser avec intelligence. *Id.*, p. 79.

[36] Voir DJILALI BENAMRANE, *L'ONU : source ou frein au droit public international?*, Paris, L'Harmattan, 2014, quatrième de couverture.

et dans le but de contribuer à l'effort de réflexion sur la question de l'encadrement juridique des cyberattaques, que nous avons décidé d'explorer l'hypothèse d'une corégulation du cyberespace entre acteurs publics et privés.

Dans notre **quatrième chapitre** (Chapitre 4 – En quête de la cyberpaix : quelle coopération public-privé pour demain ?), nous en viendrons à nous interroger sur les moyens à mettre en œuvre pour faire coïncider les intérêts et points de vue de chacun (États et acteurs privés), et harmoniser un droit qui se veut désormais pluriel, le but étant d'assurer – au-delà de la paix et de la sécurité internationales – la stabilité du cyberespace. Face aux insuffisances du droit international existant, nous proposerons la création d'une voie secondaire susceptible de reconnaitre et faciliter l'intégration des normes techniques (par l'internormativité), tout en permettant au droit étatique de conserver son aura. À cette fin, nous suggérerons plusieurs pistes de réflexions quant à la forme que devrait prendre cette corégulation du cyberespace, ainsi que les axes de recherches qu'il serait intéressant pour les acteurs publics et privés d'étudier en priorité pour parvenir à un DIP capable d'encadrer les cyberattaques de façon réellement efficace, et ainsi assurer une forme de cyberpaix.

Finalement, cette thèse a pour ambition d'aider à définir les modalités de régulation du cyberespace en proposant une solution au clivage originel entre des États qui cherchent à y transposer leur souveraineté territoriale, et des acteurs privés soucieux d'assurer la continuité et le développement de leurs activités[37]. Nous sommes convaincus que si le droit international est un droit pensé par les États pour les États, l'encadrement juridique du cyberespace devrait être réfléchi par les acteurs du numérique pour les acteurs du numérique du fait de ses particularités techniques. Cependant, leur participation ne peut exister sans que soient définies au préalable des règles de collaboration, ce à quoi nous avons décidé de nous atteler dans cette thèse. Il ne s'agit pas à travers nos propositions, de nous abandonner dans une quête de l'idéal, mais d'adopter au contraire une démarche pragmatique – et parfois prospective – ancrée dans la réalité. En appuyant notre raisonnement sur les règles juridiques existantes du *jus ad bellum* et du *jus in bello*, sur des écrits et des études solides tant dans les domaines du droit, des sciences militaires, informatiques,

[37] OBSERVATOIRE DU MONDE CYBERNÉTIQUE, préc., note 32.

économiques, philosophiques que sociologiques[38], mais également sur des exemples concrets, nous tâcherons ainsi d'apporter notre pierre à l'édifice en proposant des solutions réalistes et réalisables pour permettre au droit international d'évoluer et de répondre adéquatement aux défis cybernétiques.

Nous conclurons cette introduction par les propos que Prosper Weil a prononcé lors de son cours général de droit international public à l'Académie de La Haye en 1992 intitulé *Le droit international en quête de son identité*, ces derniers reflétant parfaitement la façon dont nous avons décidé d'aborder cette thèse. Pour celui-ci, « le juriste peut certes, à un moment donné, vouloir se concentrer sur l'étude du droit en vigueur, sans porter de jugement de valeur sur lui. Mais le droit tel qu'il est n'est ni une réalité ni une fin en soi. Il ne s'explique et ne peut se comprendre qu'à la lumière de données historiques, sociales, morales, politiques. Ses finalités comme ses causalités se situent en dehors de lui[39] ». Par conséquent, selon Prosper Weil, « à un autre moment, le juriste cherchera à prendre du recul, à comprendre comment et pourquoi une règle donnée s'est formée, à qui elle profite et qui elle lèse, quelles sont ses implications et ses conséquences politiques ou sociales ; il se demandera s'il serait souhaitable de la changer ; il imaginera des règles de substitution et suggérera des modalités pour opérer le changement[40] ».

---

[38] Précisons que cette thèse s'inscrit dans une « interdisciplinarité préalable à l'européenne », en ce sens où il ne s'agit pas de créer un dialogue entre ces différentes disciplines et le droit, ni même de les intégrer à titre d'élément principal de recherche à ce travail. L'objectif était, avant tout, qu'elles nous permettent de comprendre les multiples difficultés liées à l'encadrement juridique du cyberespace, et ainsi enrichir notre travail. Pour de plus amples informations, voir Violaine LEMAY et Michelle CUMYN, « La recherche et l'enseignement en faculté de droit: le cœur juridique et la périphérie interdisciplinaire d'une discipline éprouvée », dans *Les nouveaux chantiers de la doctrine juridique*, Yvon Blais, coll. Actes des 4e et 5e journées d'étude sur la méthodologie et l'épistémologie juridique, Cowansville, 2017, pp. 39-93.

[39] PROSPER. WEIL, préc., note 34, pp. 76-77.

[40] *Id.*

CHAPITRE 1

LE CYBERESPACE :

UN NOUVEAU CHAMP DE BATAILLE

INTRODUCTION

Après l'apparition de la bombarde et de l'arquebuse à l'époque médiévale, à la suite des profonds bouleversements tactiques et stratégiques apportés par l'apparition sur le champ de bataille, du char et de l'avion, l'art de la guerre ne parviendrait-il pas à un nouveau tournant ? [41]

– **Michel DAVID**

Au fur et à mesure des époques, le champ d'étude des concepts de paix et de guerre a subi d'importantes transformations. Les périodes de paix sont toutes relatives, et tendent de plus en plus à prendre des allures de guerre froide. Quant aux guerres traditionnelles, celles-ci ont muté laissant la place à de nouvelles menaces, à de nouvelles armes[42], et à de nouveaux acteurs. Cela s'observe d'autant plus avec l'avènement de l'informatique et la naissance de l'Internet, le cyberespace étant désormais perçu comme un facteur de risques et de menaces par les États. L'intensification des attaques informatiques (ou « cyberattaques ») menées à leur encontre (que ce soit par des États ou

[41] Michel DAVID, « Le concept « zéro mort » ou les hésitations face à l'engagement terrestre des forces », dans *Des conflits en mutation ? : de la guerre froide aux nouveaux conflits : essai de typologie : de 1947 à nos jours*, Complexe, Interventions, Paris, 2003, pp. 333-342 à la page 333.

[42] De tout temps, les armes ont été utilisées pour gérer les rapports et les conflits entre les États et/ou les peuples. En passant par les armes naturelles, puis classiques, aux armes de destruction massive (ADM), à celles nucléaires, bactériologiques et cybernétiques, le monde n'a cessé de se perfectionner – certains diront de « s'adapter » – pour survivre. Comme pour toute espèce dans la nature, la sécurité de l'Homme est primordiale. Les armes, en fonction de la nature des conflits qu'il a eu à gérer, se sont ainsi transformées au même rythme que l'évolution darwinienne.

des acteurs non étatiques[43]), les ont conduits à le considérer comme le 5ème espace de bataille, transversal aux autres champs classiques (terre, mer, air, espace), et à développer des capacités de lutte et de protection[44]. Cela a également poussé la communauté internationale à se pencher sur l'encadrement juridique des activités cybernétiques par l'intermédiaire du GEG chargé d'étudier les progrès de la téléinformatique dans le contexte de la sécurité internationale.

Avant de nous intéresser aux questions juridiques entourant l'emploi des TIC, nous souhaitons à travers ce chapitre revenir sur la représentation que nous pouvons avoir du cyberespace. Malgré une popularité croissante, celui-ci reste un objet d'étude aux contours flous, notamment du fait de sa virtualité. Cette absence de concret provoque un sentiment d'insécurité globale, accentué par la perception que les médias, la littérature (écrite ou filmée) ou encore les jeux vidéo nous renvoient au quotidien. La difficulté d'appréhension de la menace s'illustre également avec les nombreux désaccords de définitions. En effet, les acteurs du numérique (États, secteur privé, société civile) ne semblent pour le moment pas être en mesure de trouver un consensus sur certains termes, chacun ayant sa propre représentation du cyberespace, des cyberattaques ou encore, de la cyberguerre[45]. À cela s'ajoute l'utilisation d'un vocabulaire particulièrement anxiogène (« Cyber Pearl Harbor », « 11 septembre numérique »[46]) qui contribue à entretenir ces tensions. Ce chapitre vise ainsi à dédiaboliser le cyberespace, tout en gardant un regard critique et réaliste sur les dangers que son utilisation peut représenter, d'autant plus à l'heure de l'ultra-informatisation.

Ce chapitre sera également l'occasion d'introduire notre idée que les cyberattaques sont des armes à part entière aux capacités inégalées jusqu'alors par les armes conventionnelles, et ce du fait de leurs

---

[43] Voir Gérard CHALIAND et Joseph HENROTIN, « Les mutations de la guerre irrégulière », (2016) 1-111 *Stratégie,* pp. 141-147. Pour de plus amples informations, voir également Joseph HENROTIN, *Techno-guérilla et guerre hybride : le pire des deux mondes*, Nuvis, Paris, 2014.

[44] Comme nous pourrons le constater dans ce chapitre, les cyberattaques font désormais partie intégrante de l'arsenal militaire de bon nombre d'États.

[45] Par exemple, concernant le cyberespace, les forces armées le perçoivent comme un espace stratégique, tandis que le secteur privé le voit avant tout comme un espace économique. Quant à la société civile, le cyberespace représente un lieu de liberté et de neutralité.

[46]Alix DESFORGES, « Les représentations du cyberespace : un outil géopolitique », (2014) 1-152-153 *Herodote*, pp.67-81, à la page 79.

particularités techniques. Selon nous, considérer la possibilité pour le droit international de les encadrer juridiquement ne vaut que dans la mesure où sont clairement prises en considération l'ensemble de leurs caractéristiques, ce qui ne semble pas avoir été le cas jusqu'à présent. Nous le verrons plus en détail dans le Chapitre 2. En attendant, ne pas se pencher sur ce qui font d'elles « l'arme parfaite[47] » revient à naviguer dans le brouillard à travers une mer infestée de corsaires en tout genre. De ce fait, il nous parait indispensable de les étudier pour comprendre les défis qui entourent leur emploi.

Enfin, ce chapitre vise une prise de conscience En effet, à l'heure informationnelle, penser que les seuls acteurs des conflits sont les États relève de l'erreur pure et simple. Des centaines de milliers d'anonymes utilisent le cyberespace pour se rebeller, revendiquer, s'opposer et défendre avec force leurs valeurs érigées en absolues, souvent en marge de la légalité. Comme l'a énoncé Hélène Ruiz Fabri, « la réalité de la société internationale tient au fait que sa vie ne s'alimente plus des actes et des actions des seuls États[48] ». Les menaces à la paix et à la sécurité internationales peuvent dorénavant venir « des insurgés, des belligérants reconnus en tant que tels, des gouvernements en exil confirmant la lutte, des mouvements de libération nationale ou tout autre groupe ou collectivité de fait ayant pris les armes[49] ». Le caractère transnational du cyberespace offre un théâtre d'actions et d'événements qui transcendent les frontières, où toute entité dotée de compétences en informatique peut agir. Ce chapitre cherche ainsi à introduire cette idée que les discussions sur la régulation du cyberespace ne peuvent plus avoir lieu sans que n'y soient intégrés les acteurs non étatiques, et notamment le secteur privé.

À travers une analyse qui se voudra principalement descriptive, nous tâcherons de lever le voile sur ce qu'est le cyberespace, afin que le lecteur puisse saisir toute la complexité qui entoure ce travail de recherche. Nous verrons que cet espace virtuel n'est en rien similaire aux espaces traditionnels dans lesquels se déroulent les guerres

[47] David E. SANGER, *The Perfect Weapon: War, Sabotage, and Fear in the Cyber Age*, Crown, New York, 2018.

[48] H. RUIZ FABRI, préc., note 18.

[49] Robert KOLB, « L'application du droit international, notamment humanitaire, dans les conflits armés auxquels prennent part des entités non-étatiques », dans *Commentaire article par article de la Résolution de l'Institut de droit international*, Pedone, coll. Série brochure de l'IDI, Paris, 2003, pp. 18-48.

conventionnelles, bien qu'étant transversal à ces derniers **(Section 1)**. Fruit de l'inventivité et de l'imagination des Hommes, celui-ci est unique en son genre, tout comme les armes qui s'y emploient. Fonctionnant exclusivement grâce au réseau Internet, et donc grâce à l'espace informatique, les cyberattaques sont une menace réelle pour la stabilité mondiale. Pour le comprendre, nous reviendrons notamment sur leurs particularités techniques qui constituent selon nous, un défi majeur pour le droit international existant **(Section 2)**. L'idée qu'elles puissent venir de partout et frapper n'importe qui, et qu'elles soient peut-être déjà là sans que nous le sachions, produit un puissant sentiment d'insécurité permanente, d'autant qu'il est difficile d'identifier clairement l'ennemi[50]. Nous constaterons en effet qu'il n'y a pas un portrait unique d'agresseurs, et que la menace peut revêtir de multiples visages à partir du moment où on dispose de connaissances et de compétences en informatique **(Section 3)**. Afin de saisir pleinement toute la dangerosité du cyberespace et des activités qui y sont menées, nous avons décidé de terminer ce chapitre en étudiant des exemples concrets **(Section 4)**. Même si la grande majorité des attaques informatiques ne font pas l'objet d'une publicité de la part des lanceurs ni même des victimes (principalement pour des raisons d'ordre stratégique), certaines ont été suffisamment graves pour avoir été mises en lumières par les médias.

Finalement, ce chapitre vise à poser un cadre pour que soit bien compris l'environnement dans lequel ce travail doctoral s'inscrit. Parfois, dans l'ignorance, nous tendons à conserver des certitudes. Or s'il y a bien une chose qu'il faut retenir du cyberespace, c'est que nous ne pouvons en aucune façon nous reposer sur nos acquis. Ce dernier évolue au rythme des besoins changeants (et changeants rapidement) de la société. Ce présent chapitre nous servira donc à introduire cette idée développée dans notre prochain Chapitre 2, que le droit international existant – bien qu'applicable aux activités cybernétiques – est inadapté pour les encadrer.

---

[50] A. DESFORGES, préc., note 46, p. 78.

SECTION 1 : La construction du cyberespace

DE L'IMAGINAIRE AU RÉEL

Je pensais que le cyberespace ne serait là que dans cinquante ans. Mais ce qui était pour dans cinquante ans était déjà là... Je n'en avais simplement pas conscience.

– Bruce STERLING

L'imaginaire a toujours joué un rôle important dans la mise en place des projets innovants. Le cyberespace n'a pas échappé à cette logique. Longtemps considéré comme un phénomène de science-fiction, il joue aujourd'hui un rôle essentiel dans notre société que ce soit auprès des citoyens, des entreprises ou des États. Défini par l'Agence nationale de la sécurité des systèmes d'information (ANSSI) comme « un espace de communication constitué par l'interconnexion mondiale d'équipements de traitement automatisé de données numériques[51] », il n'en reste pas moins un phénomène complexe, difficile à appréhender, et dont la représentation est nébuleuse. Avant de s'intéresser à la question de la régulation d'un tel espace virtuel, il nous parait essentiel dans cette section de comprendre comment l'Homme, fait unique dans son histoire, s'est fabriqué de toutes pièces un espace dans lequel il a décidé d'évoluer, et qu'il désire surtout investir pour affirmer sa puissance tant au-dedans qu'au-delà. Nous y verrons que les origines du cyberespace – le télégraphe et la téléphonie – (I) ont ouvert une nouvelle ère de l'humanité, et donné un élan aux nouvelles idées qui feront ensuite leur chemin tant dans la science-fiction (II), qu'au sein des forces armées (III). Aux fins de notre travail, cette analyse est pertinente puisqu'elle permet de mieux comprendre comment notre pensée a construit ce nouvel espace de bataille, soulignant par la même l'absence de consensus quant à sa représentation concrète – ne permettant pas d'établir une définition unanimement acceptée au sein de la communauté internationale. Ce constat vient appuyer notre idée selon laquelle il est impossible d'encadrer juridiquement un objet sans réelle détermination. Selon nous, le GEG a usé de la fiction juridique en

[51]« Cyberespace », dans Glossaire de l'ANSSI, en ligne : https://www.ssi.gouv.fr/entreprise/glossaire/c/.

déformant la réalité, le cyberespace n'étant en rien similaire aux autres espaces conventionnels[52].

I. Les origines du cyberespace : un retour en arrière

UNE HISTOIRE DE COMMUNICATIONS

Contrairement aux idées reçues, le cyberespace n'est pas apparu du jour au lendemain. Pour certains, sa naissance peut coïncider avec celle du réseau ARPANET[53], avec celle du protocole TCP/IP[54], ou encore avec celle des premiers ordinateurs. Pour d'autres, son histoire débute avec l'apparition de l'Internet grand public en 1982. Nous concernant, nous pensons que ses débuts remontent aux premières technologies de l'information et des communications, à savoir le télégraphe et la téléphonie. Comme l'explique Daniel Ventre, ce raisonnement est loin d'être absurde, puisque « le réseau internet repose sur une infrastructure téléphonique de base[55] ». L'Internet et le cyberespace sont donc avant tout une histoire de communications.

Pour mieux comprendre cette analogie, un bref retour dans le passé s'impose avec l'apparition en 1791 du premier système de télégraphie optique par sémaphores, réalisé par l'ingénieur français Claude Chappe. Son usage étant réservé prioritairement à la communication militaire, il servait principalement à transmettre des messages par le

---

[52] La fiction juridique se définit comme un artifice de technique juridique (en principe réservé au législateur souverain), « mensonge de la loi » (et bienfait de celle-ci) consistant à « faire comme si », à supposer un fait contraire à la réalité, en vue de produire un effet de droit. Dans notre cas, nous considérons que le GEG fait comme si le droit international pouvait s'appliquer tel quel au cyberespace au même titre que pour les domaines classiques, et ce afin de produire des effets de droit, c'est-à-dire des conséquences juridiques. Bien qu'on puisse comprendre ses motivations (éviter une escalade dans la violence en proposant un encadrement juridique susceptible de freiner les actions étatiques), il n'en reste pas moins que cette solution est bancale, posant la question de l'adaptabilité du droit international au cyberespace.

[53] L'acronyme ARPANET signifie "*Advanced Research Projects Agency Network*". Il est le premier réseau à transfert de paquets développé aux États-Unis en 1969, pour une première utilisation en 1972. Ce concept de communication deviendra la base du transfert de données sur Internet.

[54] Le sigle TCP/IP provient de « *Transmission Control Protocol/Internet Protocol* » créé à l'origine dans un but militaire. Ce protocole « représente d'une certaine façon l'ensemble des règles de communication sur Internet et se base sur la notion adressage IP, c'est-à-dire le fait de fournir une adresse IP à chaque machine du réseau afin de pouvoir acheminer des paquets de données. » Voir Encyclopédie Comment ça marche, *TCP/IP*. En ligne : https://www.commentcamarche.net/ contents/539-tcp-ip#que-signifie-tcp-ip.

[55] Daniel VENTRE, *Cyberespace et acteurs du cyberconflit*, coll. Cyberconflits et cybercriminalité, Paris, Hermès science publications : Lavoisier, 2011, p. 17.

biais de relais placés les uns après les autres[56], chacun étant dans le champ de vision du précédent et du suivant. La structure mobile pouvait prendre plusieurs formes, chacune représentant un symbole renvoyant à une lettre ou à un chiffre. C'est à cette époque que la première « cyberattaque » vit le jour. En effet, les frères François et Joseph Blanc sont dans une large mesure les ancêtres de certains hackers d'aujourd'hui en ayant détourné de ses fonctions initiales le télégraphe[57].

S'ensuivit dans les années 1820, une nouvelle ère : celle de l'électricité. L'usage des courants électriques pour envoyer des signaux permit des transmissions plus rapides et plus fiables sur des distances beaucoup plus longues. Le rôle du télégraphe au sein des troupes militaires s'intensifia lors des guerres de Sécession et de Crimée[58]. Le code Morse développé par Samuel Morse fut un outil stratégique indispensable pour les militaires permettant une mise en réseau du champ de bataille via l'envoi de messages codés à l'aide de série d'impulsions longues ou courtes. Avec lui sont apparus les fausses informations, les codages de données, le renseignement, la censure ou encore, la surveillance physique des réseaux vitaux aujourd'hui largement utilisés par les différents acteurs, notamment ceux étatiques.

On constata cependant que l'usage des câbles télégraphiques intensifiait le risque de possibles attaques si bien que le XXème siècle fut marqué par l'entrée en fonction de la toute nouvelle télégraphie sans

[56] Une analogie peut être faite entre les différents relais par lesquels passent les messages télégraphiés, et les différents points du réseau par lesquels l'information circule.

[57] En 1834, souhaitant recevoir avant leurs concurrents les informations provenant de la bourse de Bordeaux, ces deux spéculateurs ont pour idée de pirater les messages envoyés en y insérant une coquille volontaire indiquant si le marché était en hausse ou en baisse. Un complice se chargeait de les prévenir de l'anomalie une fois le message reçu, ce qui leur permettait de disposer d'un temps d'avance sur tous les autres agents de change et ainsi, de se faire un joli bénéfice. Leur manège dura deux ans jusqu'au jour où leurs manigances furent démasquées. Bien que le procès fît grand bruit, les deux frères furent acquittés au motif qu'il n'existait aucune loi pour encadrer l'usage des réseaux de communication.

[58] Pour de plus amples informations, voir Laura BAUDIN, *Les cyber-attaques dans les conflits armés: qualification juridique, imputabilité et moyens de réponse envisagés en droit international humanitaire*, coll. Le droit aujourd'hui, Paris, L'Harmattan, 2014, p. 17.

fil[59]. Ce fut également la naissance des technologies embarquées[60] aujourd'hui indispensables au sein des forces armées. Avec la Première Guerre mondiale (1914-1918), les grandes puissances ont placé toutes leurs ressources au service de la guerre, et plus particulièrement dans les télécommunications. L'armée se voit ainsi équipée de matériels radiophoniques usant de méthodes de chiffrement qui rendent incompréhensibles les messages à l'ennemi[61]. La montée des dictatures totalitaires au début des années 1930 et le déclenchement du second conflit mondial vont donner une nouvelle vision de l'utilisation des ondes[62]. « Tandis que les régimes fascistes ont tout de suite compris l'intérêt de cette technique pour diffuser de la propagande aux peuples soumis, les résistants ont trouvé dans la radio un moyen d'accéder à la liberté[63] ». Les talkies-walkies se développent, et des milliers d'émetteurs-récepteurs mobiles viennent équiper les chars et les avions de combat. La guerre froide, quant à elle, va conduire à de nouvelles pratiques comme celle du cyber-espionnage.[64] Initié par les États-Unis

---

[59] Cette technologie émergente mise au point par Guglielmo Marconi inquiéta tellement la *Eastern Telegraph Compagny (*société de télégraphe britannique fondée en 1872 par John Prender), qu'elle envoya Nevil Maskelyne – magicien londonien connu pour utiliser la technologie sans fil (TSF) dans ses tours de magie – afin d'en perturber la démonstration qui devait avoir lieu à la *Royal Institution* de Londres. Marconi dont l'objectif était d'envoyer un message à environ 300 miles de là, vit la longueur d'onde utilisée par la transmission être détournée par le magicien « hacker », ce dernier avouant dans le journal *The Times* qu'il souhaitait par cet agissement démontrer les failles de sécurité du système que l'inventeur avait créé. Thomas MACMULLAN, « The world's first hack: the telegraph and the invention of privacy », *The Guardian.com* (15 juillet 2015), en ligne: https://www.theguardian.com /technology/2015/jul/15/first-hack-telegraph-invention-privacy-gchq-nsa.

[60] Les technologies embarquées sont présentes dans la plupart des systèmes d'armes militaires comme les avions de combat, les chars ou les sous-marins. Il s'agit de systèmes électronique et informatique autonomes, spécialisés dans une tâche bien précise (GPS, etc.).

[61] L'exemple le plus marquant est celui du code *Enigma* utilisé par l'armée allemande et réputé inviolable par ses concepteurs.

[62] Les cryptologues britanniques dont l'éminent Alan Turing, perfectionnèrent les bombes électromécaniques, dans le but de casser le code allemand *Enigma* lors de la seconde guerre mondiale. Appelé également « Machine Enigma », celle-ci employait un groupe de trois rotors installés sur 26 positions. La Bombe essayait chaque position de rotors possible et appliquait un certain test qui éliminait des milliers de positions. Les solutions possibles étaient ensuite examinées manuellement.

[63] L. BAUDIN, préc., note 58, p. 18.

[64] Que ce soit au niveau stratégique ou opérationnel, le cyber-espionnage (ou espionnage par le réseau Internet), peut compromettre la confidentialité des informations et des systèmes d'information, l'ennemi étant susceptible d'entrer en possession de données secrètes ou sensibles.

et le Royaume-Uni en 1948[65], puis par le système *Échelon*[66] dans les années 1980, il est une pratique désormais courante des gouvernements tant dans les domaines militaire, politique, qu'économique.

Ainsi, les militaires ont largement contribué à la construction du cyberespace à tel point qu'« il est désormais trop tard pour se poser la question de savoir s'il faut oui ou non le militariser[67] ». Par la force des choses, les États ont découvert les capacités considérables de la toile informationnelle et technologique en décidant de coupler informatique et réseaux de télécommunications.[68] Pour autant, nous verrons que malgré l'utilisation de ce nouvel espace de bataille, le cyberespace n'est en rien un lieu, un milieu, un monde ou même un territoire à la différence des autres espaces traditionnels. Bien que sa représentation comme une entité spatiale soit particulièrement prégnante dans l'analyse des conflits pour son contrôle, sa maitrise ou sa sauvegarde, cette entité est à part car virtuelle. Sa représentation concrète étant impossible car invisible à l'œil nu, nous verrons dans le prochain paragraphe comment notre perception du cyberespace (influencée notamment par la science-fiction) a contribué à le transformer en un espace menaçant, dont les actions sont susceptibles de rompre la paix et la sécurité mondiales.

II. Le cyberespace dans l'imaginaire collectif

UNE HISTOIRE DE PERCEPTION

Envisager l'étude du cyberespace sous l'angle des arts et de la culture peut, au premier abord, sembler surprenant. Pourtant, la littérature, les arts graphiques (la peinture, la photographie, la bande-dessinée, la cartographie, etc.) et même le cinéma ont chacun contribué

---

[65] Le Traité UKUSA (*United Kingdom – United States Communications Intelligence Agreement*) est un traité secrètement signé le 5 mars 1946 entre le Royaume-Uni et les États-Unis, puis par le Canada, l'Australie et la Nouvelle-Zélande (les *Five Eyes*) et dans une moindre mesure, d'autres États. Il porte sur la coopération des signataires en ce qui a trait au domaine de l'interception des communications.

[66] Le réseau *Échelon* désigne le système mondial d'interception des communications privées et publiques mis en place par les *Five Eyes* dans le cadre du traité UKUSA.

[67] Propos de James Lewis (directeur au CSIS), cité dans Nathalie GUIBERT, « Le cyberespace, une arme militaire et économique », *Le Monde.fr* (17 décembre 2011), en ligne : https://www.lemonde.fr/technologies/article/2011/12/17/le-cyberespionnage-une-arme-militaire-et-economique_1619432_651865.html.

[68] Entre les années 2000 à 2010 s'est construit le discours de la cyberguerre, et avec lui le développement des armes cybernétiques offensives et défensives.

à la représentation que le collectif a de cet espace en imaginant ses contours, sa nature, ses dimensions, ses acteurs, ainsi que les actions pouvant s'y dérouler. Il n'était nullement question pour eux d'en établir une définition concrète, mais au contraire d'essayer de représenter, certes avec une vision quelque peu utopique, ce monde nouveau. Après tout, et de façon très large, « représenter signifie rendre présent ce qui n'est pas directement accessible[69] ». De ce que nous avons pu lire, écouter, voir, ressentir, visionner, une image de ce qu'est (ou n'est pas) le cyberspace s'est créé dans l'imaginaire collectif.[70] Comme l'énonçait Omraam Mikhael Aivanhov, « que l'on en soit conscient ou non, tout ce qui nous entoure nous influence[71] ». Consciemment ou inconsciemment, nous laissons à tout moment certains éléments externes nous transformer. Les prochaines sous-parties visent à comprendre comment les arts et la culture ont su, par leurs représentations imagées du cyberespace, conditionner les décisions et les comportements des acteurs étatiques et non étatiques quant à sa militarisation et son encadrement juridique.

1. Littérature et cyberespace

> *Le cyberspace. Une hallucination consensuelle vécue quotidiennement en toute légalité par des dizaines de millions d'opérateurs, dans tous les pays, par des gosses auxquels on enseigne les concepts mathématiques...*[72]
>
> **– William GIBSON**

Construit par l'Homme, il fallut attendre la nouvelle *Burning Chrome* de William Gibson parue en 1981 pour que le grand public découvre le terme « cyberespace ». À cette époque, l'auteur savait déjà qu'il était en train d'ouvrir une porte d'accès vers un territoire inconnu qui aurait un impact considérable dans les années à venir[73]. Si le mot

---

[69] Marie-Laure MATHIEU, *Les représentations dans la pensée des juristes*, IRJS Éditions, coll. Les voies du droit, Paris, 2014.

[70] Concept de la psychologie analytique s'attachant à désigner les fonctionnements humains liés à la perception, communs ou partagés, qui influencent et conditionnent les représentations individuelles et collectives.

[71] Omraam Mikhael AIVANHOV, « Prendre conscience des influences qui nous transforment », 2017.

[72] William GIBSON, *Neuromancien*, J'ai Lu, coll. SF, Paris, 2001, p. 64.

[73] « En écrivant *Burning Chrome*, la nouvelle dans laquelle le mot cyberespace est apparu pour la première fois, j'ai su, dès que j'ai eu la première scène, que je tenais quelque chose de

est selon lui vide de sens, il y a pourtant bien une intention derrière : celle de créer un espace unifié derrière les écrans des ordinateurs.[74] Publié en 1982, *Nécromancien* permit par la suite de dessiner plus précisément les contours du concept, définissant le cyberespace comme une « hallucination consensuelle facilitant les manipulations et l'échange d'énormes quantités de données[75] ». Pour autant, celui-ci ne souhaitait en aucune façon que l'espace cybernétique ne se limite au simple champ du virtuel, et énonçait l'importance de sa dimension physique (l'outil informatique) sans laquelle il ne pourrait exister[76]. William Gibson a ainsi posé sans le savoir les fondements d'un univers dont l'utilisation est aujourd'hui indispensable dans le quotidien des citoyens, le fonctionnement des entreprises et des États.

Par la suite, d'autres auteurs du courant cyberpunk ont repris dans leurs ouvrages l'idée d'un espace virtuel d'accès aux données. En 1992, Neal Stephenson imagine un monde immersif de réalité virtuelle dans son roman *Snow Crash*, qui héberge des utilisateurs pouvant interagir socialement et économiquement. Présenté comme un État à part entière, ce monde est encadré par des lois définies via les codes informatiques qui le composent, et est constitué d'éléments semblables en tous points à ce qui pourrait exister dans le monde réel. En 1998, l'auteur américain Dan Brown publie son célèbre roman *Forteresse Digitale,* traitant d'une

---

complètement nouveau. J'en étais arrivé à un point où il me fallait un mot à la mode. J'avais besoin de remplacer le vaisseau spatial et le *holodeck* par quelque chose qui serait un signe de changement technologique et qui me fournirait un moteur narratif et un territoire où la narration pourrait avoir lieu. […] Tout ce que je savais du mot cyberespace quand je l'ai inventé, c'est qu'il avait l'air d'être un mot à la mode efficace. Il était évocateur, mais essentiellement dénué de sens. […] Il suggérait quelque chose, mais n'avait pas de vrai sens sémantique, même pour moi, quand je l'ai vu émerger sur la page ». Interview de William Gibson dans Mark NEALE, *No maps for these territories*, Documentaire, 2000.

[74] Audrey LOHARD, « La genèse inattendue du cyberespace de William Gibson », 66 *Quaderni* 11-13, p.12.

[75] Le cyberespace représenterait « un univers alternatif au présent éternel qui coexiste toujours à côté de la réalité », mais dont la vision se voudrait utopique le but étant d'échapper aux insécurités et aux difficultés quotidiennes, pour ainsi se créer virtuellement une existence meilleure. Prendre de la distance, voici donc l'un des objectifs du cyberespace qui se veut finalement être un présent par procuration, un lieu hallucinatoire et addictif où tous nos souhaits pourraient devenir réalité. William Gibson disait lui-même du cyberespace qu'il est un rêve, avec sa « propre logique onirique qui ignore tout de la pollution, des limites inexorables des réserves énergétiques, des guerres à l'étranger susceptibles d'être perdues ». Voir Thomas A. BREDEHOFT, « Le continuum Gibson : le Cyberespace et les récits du Mervyn Kihn de Gibson », (1995) 22-2 *Science Fiction Studies,* pp. 252-263.

[76] Larry MCCAFFERY, « An Interview with William Gibson », *Durh. NC Duke UP* 1991, pp.263-285, à la page 270.

machine informatique détenue par la NSA, capable de déjouer des attaques informatiques de grande envergure lancées contre les infrastructures critiques des États-Unis par des acteurs aux motivations politique et idéologique. Dan Brown illustre à travers son roman la possibilité que la menace ne provienne plus simplement du système informatique, mais aussi du système social[77]. Ce scénario catastrophe s'illustre à nouveau dans l'ouvrage *Hong Kong* de Stephen Coonts où une équipe de hackers, fomentant une révolution en Chine, tentent de déstabiliser le gouvernement de Pékin en attaquant ses infrastructures critiques.

De nombreux ouvrages de science-fiction sont apparus par la suite, se nourrissant de la réalité pour développer leurs intrigues[78]. Pour autant, l'imaginaire a également ouvert le champ des possibles concernant l'emploi qui peut être fait du cyberespace dans le monde réel. Non seulement d'avoir su imaginer la difficile cohabitation entre le monde physique et le monde virtuel, les romans de science-fiction étudiés brièvement dans ce paragraphe, ont été capables d'anticiper les conséquences extrêmes des mutations technologiques que l'on observe aujourd'hui dans la réalité. En effet, le cyberespace n'est plus seulement un lieu d'évasion virtuelle, mais peut également être un espace de revendications et donc de conflits, susceptible de déclencher les pires cataclysmes. Ses effets ne sont plus exclusivement cantonnés à l'univers cyber, mais peuvent au contraire avoir des répercussions dans le monde physique.

2. Arts graphiques et cyberespace

Lorsque nous lisons, notre esprit s'évade et travaille pour conceptualiser et construire le monde dans lequel l'histoire se développe. Les représentations littéraires du cyberespace ont ainsi aidé à poser des mots sur un espace immatériel créé par l'Homme, mais pour lequel une représentation concrète est quasiment impossible. Mais parce que, comme le disait Confucius, « une image vaut mille mots », l'image va quant à elle permettre de compléter ces écrits en donnant corps à cet espace invisible à l'œil nu. Cette vision, ce regard est

---

[77] La menace devient non seulement asymétrique, mais peut également venir des quatre coins du globe.

[78] Nous pouvons citer *Moxyland* de Lauren Beukes (2008), *Les enfers virtuels* de Iain M. Banks (2010) ou encore *Le Nomade stellaire* de Hector Loaiza (2018), etc.

nécessaire pour mieux comprendre ce « lieu » dans lequel « nous sommes supposés agir, vivre, échanger, communiquer, apprendre, commercer, attaquer, être attaqués, se défendre et parfois, faire la guerre[79] ».

L'iconographie du cyberespace trouve ses origines dans les gravures de la fin du XIXème et du début du XXème siècle, avec notamment la représentation illustrée d'Albert Robida sur *Le Vingtième siècle*. Parus en 1883, ces dessins représentent des villes toutes en verticalité où courent des réseaux de communications qui s'enchevêtrent et s'entrecroisent pour ainsi former un réseau[80]. Cette image sera d'ailleurs largement reprise dans les récits de science-fiction pour représenter les villes virtuelles construites dans le cyberespace, servant ainsi de base aux illustrations futuristes.

La bande-dessinée s'est elle aussi montrée imaginative offrant son lot de représentations graphiques du cyberespace. Dans l'œuvre *Manmachine Interface – Ghost in the Shell* de Shirow Masamune, il est pensé tel un réseau de cerveaux, « une structure dont les ramifications multiples s'entrelacent dans un schéma complexe si dense qu'on ignore sa représentation complète[81] ». Avec la saga *Les Technopères* (1998-2006)[82], il est cette fois-ci imaginé comme un labyrinthe où les corps se déplacent au sein du réseau tels des comètes lumineuses dans un circuit parfois très sombre. L'art séquentiel que constitue la bande dessinée offre ainsi au regard une mise en espace de l'irreprésentable cyberespacc.

Parallèlement, plusieurs outils[83] permettent aujourd'hui la représentation graphique des réseaux, de l'Internet ou encore des briques que sont les logiciels et les applications en temps réel. Bien loin d'y être dessiné avec autant de précision laissant ainsi peu de place à l'imagination, le cyberespace y est bien souvent représenté comme un nuage, c'est-à-dire une entité opaque, éparse et impalpable, constitué

---

[79] D. VENTRE, préc., note 55, p. 31.

[80] Voir Albert ROBIDA, *Le Vingtième siècle – La vie électrique*, Librairie illustrée, 1883, p.2.

[81] Shirow MASAMUNE, *Manmachine Interface – Ghost in the Shell*, Kodansha Comic, Tome 1, 2001, p. 2.

[82] Alejandro JODOROWSKY, Zoran JANJETOV et Fred BELTRAN, *Les Technopères*, Éditions Les Humanoïdes associés, 8 tomes, 1998-2006.

[83] On peut citer par exemple les sites www.president.gov.ge, www.mfa.gov.ge, www.nullpointer.co.uk, etc.

d'une multitude de maillages qui recouvre le globe. Le cartographier afin de positionner les différents acteurs qui le composent et imaginer des stratégies d'actions, est en cela pratiquement impossible[84]. L'interconnexion du monde a, en effet, changé la donne. Comme le rappelle Daniel Ventre, il aurait suffi dans les années 1970 de « tracer une ligne entre deux points pour avoir une idée de son étendue, de sa dimension, de ses acteurs et de ses capacités[85] ». Cependant, la complexité ayant rapidement gagné le cyberspace, cette représentation simple a dû laisser la place à des paquets de nœuds de réseaux étendus à l'échelle du globe le rendant donc impossible à borner.

Ainsi, les arts graphiques ont tenté de visualiser ce qui est invisible en mettant en lumière une nouvelle représentation du cyberespace à l'image des constellations[86]. Tantôt représenté par des lignes droites partant dans toutes les directions et s'entrecoupant, tantôt par un labyrinthe sombre aux multiples chemins et dont la destination reste incertaine, ils ont su démontrer par analogie cette complexité qui caractérise le cyberespace : l'absence de consensus quant à sa représentation concrète poussant les géographes à tenter de le cartographier. Ses ramifications sont si denses qu'on ignore sa représentation complète, poussant le collectif à le considérer comme une vaste toile d'araignée recouvrant la surface du globe. Les arts graphiques illustrent ainsi parfaitement la réalité selon laquelle le cyberespace n'est en rien similaire aux autres espaces classiques. Il peut être pensé, réfléchi, imaginé, mais aucune des représentations proposées ne saurait lui correspondre parfaitement.

3. Cinéma et cyberespace

Depuis une trentaine d'années, l'industrie cinématographique s'est lancé le défi de mettre sur bobine cet univers secret et complexe. Non

---

[84] Voir par exemple, Martin DODGE, *An Atlas of Cyberspace – Topology Maps of Elements of Cyberspace*, 2007, p.1.

[85] D. VENTRE, préc., note 55, p. 38.

[86] « Lorsque nous regardons le ciel étoilé, nous imaginons que les astres sont reliés entre eux de manière invisible par des lignes fantômes, formant des constellations. Sans elles, on ne pourrait rien raconter sur les astres. Les lignes de guidage, comme celles qui relient des points de triangulation, sont également de nature fantomatique, de même que les lignes géodésiques, comme la grille de latitude et de longitude, ou les lignes de l'équateur, des tropiques et des cercles polaires. C'est comme si nous avions tendu une ficelle entre deux points [...]. Mais elles n'ont pas d'équivalent physique dans le monde physique qui est représenté sur ces cartes ». Tim INGOLD, *Une brève histoire des lignes*, Zones sensibles, Paris, 2011, p. 70.

seulement de permettre aux spectateurs d'avoir une vue plus concrète de ce que peut être le cyberespace, le cinéma a mis en avant les défis techniques qu'il représente tant pour les États que pour le commun des mortels.

En 1982, le film *Tron* va pour la première fois mettre en image et surtout en mouvement le cyberespace. Sans évoquer directement Internet, l'œuvre développe un langage visuel totalement inédit censé représenter l'intérieur d'un système informatique avec des circuits imprimés lumineux qui ressemblent à des autoroutes, et des programmes obligés de se battre dans des jeux vidéo mortels. Ce film, par les représentations qu'il propose, s'inscrit dans la lignée de l'œuvre littéraire de William Gibson, *Nécromancien*. L'aspect visuel du Web va par la suite être sujet à de nombreuses modifications. Mais c'est surtout la façon dont le cyberespace peut être employé qui va par la suite influencer son utilisation dans le monde réel.

Le film *WarGames* de John Bahman va contribuer à la prise de conscience des États-Unis quant au potentiel du cyberespace et des menaces qui peuvent en découler, débouchant ainsi sur des discussions visant à encadrer juridiquement la sécurité informatique. En effet, la menace peut dorénavant provenir d'adolescents geeks dont les cyber-actes sont susceptibles de déclencher une guerre nucléaire contre les pays de l'Est[87]. Dans *Terminal Entry* sorti en 1986 et réalisé par John Kincade, se sont des terroristes qui cette fois-ci, vont utiliser le cyberespace à des fins malveillantes. Alors qu'Internet n'en est encore qu'à ses balbutiements, le cinéma permet d'introduire cette idée que les attaques informatiques peuvent dorénavant être employées contre les infrastructures d'un État, par n'importe qui s'y connaissant en informatique, depuis n'importe quel point du globe, pour des revendications diverses et variées. Le cyberespace va ainsi devenir une source d'angoisse et de panique morale, suggérant notamment à travers

[87] Dans ce film, il n'est pas question de dépeindre métaphoriquement le cyberespace, mais plutôt de comprendre comment celui-ci peut être utilisé par les hackers (acquisition de données informatiques, usurpation d'identité, etc.). Il fait également naitre la figure du Geek tel que nous nous le représentons majoritairement dans nos esprits : un jeune homme lycéen ou étudiant, souvent surdoué et rebelle ou paria, qui passe son temps libre à bidouiller un ordinateur dans sa chambre. On retrouvera cette image par la suite dans de nombreux films, dont le célèbre *The Social Network* sorti en 2010, qui retrace l'histoire de Facebook et de son concepteur Marc Zuckerberg.

les films *Ghost in the Machine* (1993) et *Traque sur Internet* (1995), la possibilité d'une perte de contrôle face aux technologies[88].

De nos observations, nous constatons une évolution tant dans la littérature que dans les arts graphiques et le cinéma, de la représentation qui peut être faite du cyberespace. Ceux-ci ont contribué à sa représentation, certes parfois imagée, mais ô combien nécessaire pour que chacun puisse non seulement s'en représenter les contours, mais également prenne conscience de la dangerosité de ce nouvel environnement. Les militaires et les politiques n'ont pas été épargnés par ce phénomène, considérant désormais la science-fiction comme un outil nécessaire pour « challenger l'exercice prospectif institutionnel » des forces armées[89]. Nous pouvons ainsi conclure que :

Tableau 1 : Dans l'imaginaire collectif, le cyberespace est un espace ...
Principalement constitué d'Internet ;
Virtuel car créé par l'Homme, et reposant sur des ordinateurs ;
Représenté par des lignes entremêlées ;
Facile d'accès et ouvert à tous ;
Qui comporte des zones d'ombres et des zones plus lumineuses dans son utilisation ;
Dont le fonctionnement n'est pas totalement maitrisable par l'Homme ;
Permettant le conflit asymétrique.

Nous verrons par la suite que la science-fiction a conduit les militaires et les politiques à adopter une vision plus pragmatique du

---

[88] Voir les propos d'Aaron TUCKER, *Interfacing with the Internet in popular cinema*, cité dans David-Julien RAHMIL, « De Tron à Mr. Robot : comment le cinéma représente le monde numérique », Numerama.com (13 juillet 2016), en ligne : https://www.numerama.com/tech/18151 2-de-tron-a-mr-robot-cinema-represente-monde-numerique.html.

[89] Le 11 juillet 2019, le ministère de la défense français a décidé de créer une cellule de travail appelée « Red Team » composée d'auteurs de science-fiction. Sa mission est d'imaginer des situations que les stratèges professionnels du ministère des armées ne seraient pas nécessairement en mesure de prévoir. Les hypothèses des écrivains et prospectivistes de cette unité sont censées permettre aux armées de se préparer aux conséquences de technologies « disruptives » de nature à transformer le métier des armes. AFP, « L'armée française en appelle à la science-fiction pour anticiper les menaces du futur », *lemonde.fr* (18 juillet 2019), en ligne : https://www.lemonde.fr/big-browser/article/2019/07/18/l-armee-francaise-en-appelle-a-la-science-fiction-pour-anticiper-les-menaces-du-futur_5490856_4832693.html.

cyberespace. Cependant, « [...] leur discours ne cède pas totalement à la tentation d'un vocabulaire abstrait, qui masque à peine les difficultés conceptuelles qui entourent l'objet, notamment dans une perspective stratégique[90] ». Le paragraphe suivant sera donc utile à ce travail pour appuyer notre idée selon laquelle la représentation abstraite du cyberespace est un atout pour les militaires et les politiques qui préfèrent un encadrement juridique souple, permettant ainsi d'éviter de se pencher sur les questions d'ordre strictement technique dont il retourne réellement.

III. Le cyberespace dans les discours politique et militaire

UNE HISTOIRE DE STRATÉGIE ET D'INFLUENCE

Comme nous l'avons étudié plus haut, les militaires ont contribué à la construction du cyberespace. Les réflexions relatives à l'impact des technologies sur l'art de la guerre sont venues par la suite, se nourrissant non seulement de faits réels, mais également des idées véhiculées par la science-fiction. Désormais perçu comme un espace susceptible d'affecter le bon fonctionnement de la société tout entière, les militaires et les politiques ont ainsi repensé son utilisation via sa militarisation. En tant qu'« actif national stratégique[91] » dont la conquête et la maitrise sont indispensables pour tout État souhaitant se positionner comme puissance cyber sur la scène internationale, il est devenu un lieu d'affrontements, dont il faut assurer la sécurité et la résilience. Les prochaines sous-parties visent ainsi à détailler la représentation que les militaires et les politiques ont du cyberespace, et cc afin de mieux saisir comment ce dernier est devenu un enjeu majeur des relations diplomatiques, un défi au maintien de la paix et de la sécurité internationales, et un nouvel objet du droit international.

1. Un espace à conquérir

Résolument perçu comme un espace à part entière, le cyberespace est considéré comme une *Terra Incognitae*, un lieu d'explorations et de découvertes sur lequel on s'aventure avec des cartes rudimentaires[92].

---

[90] D. VENTRE, préc., note 55, p. 61.

[91] En 2009, l'ancien président américain Barack Obama déclarait qu'il était temps de reconsidérer le cyberespace pour ce qu'il est, c'est-à-dire un outil stratégique. *Id.*, p. 60.

[92] Voir Alain JUILLET, *La conquête du cyberespace est la grande aventure du XXIème siècle*, coll. Les Assises de la Sécurité, 2014, en ligne : https://www.youtube.com/watch?v=4t0IGXCZnjo.

Terre inconnue car nous n'en connaissons clairement ni les limites, ni le plein potentiel, ni même les mécanismes qui le régissent et permettent son fonctionnement. En tant que « territoire » immatériel et vaste, en déterminer les frontières est un exercice peu aisé. En permettant l'interconnexion du monde, toutes les questions de délimitations, de droit d'accès et de sortie sont désormais soumises à la seule logique du bon sens. Or, bon sens et conquête vont rarement de pair. Pour autant, on ne peut parler de conquête que si l'espace dont on vise la domination est clairement délimité.

Au sens figuré, le cyberespace est en lui-même une nouvelle frontière puisque sa pénétration nécessite de passer de l'univers matériel, à l'immatériel. Un parallèle peut être fait entre la sortie d'une zone maritime pour entrer dans une zone terrestre. La mer, la terre, l'air et l'espace sont des univers distincts en ce sens où ils connaissent une séparation spatiale et/ou physique. On dit d'ailleurs du cyberespace qu'il est transversal à ces quatre dimensions conventionnelles. Certains se satisferont d'un monde sans barrières considérant que le cyberespace doit « être un espace ouvert, de partages, d'échanges libres, et ainsi le reflet d'un monde moderne et de progrès, libéré des contraintes des États[93] ». D'autres considéreront qu'il y existe bel et bien des frontières en ce sens où il suffirait par exemple de se déplacer physiquement sur la planète pour ne pas avoir accès aux mêmes contenus[94]. De cette analyse, nous constatons que la frontière est un endroit belligène car elle ne s'impose pas d'elle-même, d'autant plus dans le cyberespace. Ne pas le cartographier revient à écarter l'application de la souveraineté étatique originellement applicable à un territoire délimité géographiquement[95]. En ce sens, le cyberespace peut être employé sans restriction aucune, ou presque.

---

[93] D. VENTRE, préc., note 55, p. 83.

[94] Cela serait principalement dû à la mission première de l'*Internet Corporation for Assigned Names and Numbers* (ICANN) chargée de réguler l'Internet en gérant les noms de domaine. Par exemple, l'utilisation d'une adresse finissant par « .ca » ou « .fr », reviendrait à être situé respectivement sur le cyberterritoire canadien ou français. La situation est différente pour les pages « .net », «.com » ou « .org », puisque ouvertes à tous sans restriction, car rattachées à aucun territoire physique. Étant toutefois gérées par l'ICANN et l'*Internet Society*, deux organismes américains à but non lucratif, certains estiment que la navigation sur ces pages reviendrait à pénétrer le cyberespace américain.

[95] Dans l'histoire, nous avons constaté que les frontières avaient tendance à être sources d'instabilité. Si on peut penser que cette absence de délimitation du cyberespace favoriserait l'absence de conflit, cette situation vise surtout pour les États à ne pas être soumis aux règles

En effet, si le cyberespace ne dispose pas de frontière géographique, il n'en est pas moins possible de le « borner » par des frontières techniques, et ce grâce notamment aux câbles sous-marins[96]. Comme le constate le site Geolinks[97], ces liaisons intègrent des buts stratégiques très divers, permettant de sanctionner un ennemi étatique ou une entreprise privée, de collecter des données ou de donner un pouvoir de négociation aux États et aux entreprises. Que ce soit Microsoft et Facebook avec le câble *Marea* en fibre optique qui relie le vieux-continent aux États-Unis, ou Google avec le projet *Faster* reliant le Japon aux États-Unis en très haut débit, ces géants du numérique (ou GAFAM) se sont clairement positionnés comme les maitres de l'information à vingt mille lieues sous les mers. Considérée comme « l'or noir du numérique[98] », les données sont une denrée nécessaire tant pour ces entreprises privées, que pour les politiques ou les militaires. Nous sommes entrés dans une quête à l'infodominance[99]. Les politologues américains ont d'ailleurs conceptualisé une acception géopolitique de l'information en l'inscrivant dans le champ des intérêts de puissance des nations.

Face à cette ultra informatisation du monde, les États se sont lancés dans une course au *cyber power*[100]. Le maitriser revient pour un pays à

---

de droit international concernant le respect de la souveraineté et de l'intégrité territoriale qu'ils enfreignent continuellement en pénétrant dans le réseau informatique des infrastructures étatiques, notamment pour espionner et voler des données jugées sensibles et donc stratégiques.

[96] Vecteurs de l'information, ce ne sont pas moins de 430 câbles qui se sont déployés dans le monde sur plus de 550 000 miles, soit environ 800 000 km, ce qui représente plus de 20 fois le tour de notre planète. Plus de 90% des échanges intercontinentaux, comprenant les liaisons téléphoniques et de données, passent par les océans.

[97] GEOLINKS, « Les câbles-sous-marins : la guerre invisible de l'information », geolinks.fr (janvier 2018), en ligne :http://www.geolinks.fr/les-cables-sous-marins-la-guerre-invisible-de-linformation.

[98] Les données sont utilisées à des fins de prédiction et de prévention, d'influence, de gestion des conflits… Les prochaines guerres seront très certainement remportées par ceux qui seront en mesure de mieux contrôler, analyser, exploiter, protéger et attaquer une somme de plus en plus importante d'informations. Voir Thierry CRESPEL, « L'or noir du numérique, le big data nous livre ses secrets », journaldunet.com (22 février 2017), en ligne : https://www.journaldunet.com/solutions/expert/67484/l-or-noir-du-numerique-le-big-data-nous-livre-ses-secrets.shtml.

[99] Il s'agit non seulement de dominer par l'information (au sens de posséder toutes les données décisives, tout savoir de ce qui se produit et de ce qui est techniquement possible), mais également de dominer l'information elle-même (décider de ce qui se dit, se voit ou se croit, des discours et des images disponibles pour diriger les représentations que se font les acteurs).

[100] Le *cyber power* se définit comme « la capacité à utiliser le cyberespace pour se créer des avantages stratégiques et influencer les autres environnements opérationnels, sur l'ensemble du

assurer un contrôle de sa puissance dans les domaines qui s'y rattachent, notamment politiques et militaires[101]. Cela est d'autant plus nécessaire que leurs infrastructures vitales sont dépendantes du cyberespace qui en est la colonne vertébrale. La peur de les voir contrôlées ou détruites par un pays adversaire ou tout autre ennemi a poussé les États à élaborer et maitriser des outils offensifs et défensifs susceptibles de les protéger. Les États-Unis ont d'ailleurs été les moteurs de cette course aux armements. L'administration Obama, en proclamant une politique orientée vers une militarisation du cyberespace, a déclenché sur la scène internationale un vaste mouvement cyber au sein des différents États de la planète. Perçu comme un défi par les acteurs de la sécurité et de la défense, le cyberespace s'est imposé par la force des choses, comme un lieu d'affrontements dont la puissance stratégique est aujourd'hui indiscutable.

2. Un espace d'affrontement

> *Le monde électronique du cyberespace a ceci de commun avec l'environnement terrestre, maritime, aérien et l'espace, qu'il est une zone de combat [...]. Le cyberespace est une autre zone géographique que la stratégie doit prendre en compte*[102].
>
> **– Colin S. GRAY**

Sans ambiguïté aucune, cette pensée de Colin S. Gray reflète la position actuelle de bon nombre d'États vis-à-vis du cyberespace. En effet, il semble aujourd'hui impératif de « savoir se positionner dans cet espace, pour demeurer une puissance militaire complète et de rang

---

spectre des instruments de puissance ». Joseph S. NYE, JR, « Power and National Security in Cyberspace », (2011) 2 in *America's Cyber Future - Security and Prosperity in the Information Age*, pp. 5-24.

[101] « Si on observe la Chine, on s'aperçoit que le cyberespace constitue un moyen d'atteindre les objectifs d'une politique globale ambitieuse replaçant le pays au sommet des puissances mondiales. Le cyberespace est utilisé comme levier pour accélérer la transformation du pays et permettre ce que l'ancien Secrétaire général du Parti communiste, Hu Jintao, a appelé le « parachèvement de la grande renaissance de la nation chinoise ». Voir Vincent JOUBERT, « L'impact du cyberespace dans les relations internationales. Révolution géopolitique ou continuité stratégique par d'autres moyens ? », (2014) XV *Annuaire français de droit international*, pp. 831-844, à la page 843.

[102] Propos de Colin S. GRAY, cité dans D. VENTRE, préc., note 55, p. 71.

mondial[103] ». En tant que champs d'expression des rapports de puissance, l'espace cybernétique est devenu partie prenante des opérations militaires. Il constitue un instrument d'indépendance stratégique, dont la maitrise apporte une capacité de renseignement et une autonomie d'appréciation, et donc de décision et d'action.

Nouvel espace opérationnel, le cyberespace intègre de plus en plus de dimensions de la guerre en tant que « dialectique des volontés opposées utilisant la force pour résoudre leurs différends[104] ». Comme l'explique Joseph Henrotin, « il transparait au long des différentes composantes de la stratégie militaire générale[105] ». Inextricablement lié au succès des forces cinétiques, celui-ci est considéré au sein des forces armées comme un multiplicateur de force[106], complémentaire aux attaques conventionnelles. Les militaires voient en lui un espace non pas déconnecté du contexte, mais au contraire, un domaine au côté des autres dont l'utilisation procure une puissance additionnelle non négligeable[107]. La cyberguerre[108] ne remplace pas la guerre : « elle la complète, elle la soutient, elle la réorganise. Et le cyberguerrier ne remplace pas le guerrier[109] ». Pour d'autres, et c'est notamment le cas de la Chine, le cyberespace est un outil stratégique en ce sens où il

---

[103] *Id.*, p. 73.

[104] Général André BEAUFRE, *Introduction à la stratégie*, Fayard/Pluriel, Paris, 1985, p. 16.

[105] Joseph HENROTIN, « Des concepts de cyberstratégie et de cyberguerre, et de leur application », *Cyberguerre L'heure L'action* 2017.Hors-Série n°52, p. 60.

[106] La cyberguerre comme multiplicateur de force correspondrait à l'approche russe, en ayant une fonction support, comme la guerre aérienne le fut tout au long du XXIème siècle. Voir Martin C. LIBICKI, *Cyberdeterrence and Cyberwar*, RAND Corp, 2009, p. 19.

[107] Par exemple, il est possible d'empêcher l'ennemi de mener à bien son opération militaire en coupant ses capacités de communication, en rompant la chaine de commandement, ou en lui opposant un déni d'accès au théâtre des opérations. Ce scénario beaucoup plus réaliste est redouté des états-majors des armées des différentes puissances militaires du globe. Bien qu'à ce jour aucun cas n'a été rapporté officiellement, cela a pourtant déjà eu lieu. Par exemple en septembre 2011, les informaticiens de la base américaine de l'Air Force dans le Nevada ont détecté un virus informatique qui a infecté les postes de contrôle des drones déployés sur les divers théâtres d'opérations en Afghanistan pour des missions de renseignement et de combat, certains de ces appareils étant par ailleurs armés.

[108] Elle consiste en « des attaques informatiques qui accompagnent les opérations militaires physiques pour détruire les forces militaires de l'ennemi, ou qui trouvent leurs sources dans les conflits politiques entre les nations ». Son THANH DANG, *The Prevention of Cyberterrorism and Cyberwar*, Issue Brief for the GA First Committee: Disarmament and International Security (DISEC), 2011, en ligne : https://www.odu.edu/content/dam/odu/offices/mun/2011/disec/issue-brief-2011-the-prevention-of-cyberterrorism-and-cyberwar.pdf.

[109] Daniel VENTRE, *Cyberattaque et cyberdéfense*, coll. Collection Cyberconflits et cybercriminalité, Paris, Hermès science publications : Lavoisier, 2011, p. 34.

permettrait de prendre le contrôle d'un adversaire, sans pour autant nécessiter un engagement physique sur le champ de bataille. La guerre pourrait ainsi être exclusivement virtuelle, sans recours au monde réel et donc sans recours aux armes conventionnelles. Sur ce dernier point, notre avis est plutôt mitigé même s'il est fort probable que dans les années à venir, les capacités cyber vont se développer pour finalement aboutir à un engagement limité des militaires dans le monde physique[110].

Ainsi au fil des ans, les menaces se sont affirmées, les prédictions confirmées, les attaques concrétisées. En règle générale, les discours liés au cyberespace en tant qu'espace d'affrontement ont tendance soit à surestimer, soit à sous-estimer les menaces, les risques, les failles de nos sociétés et des infrastructures étatiques, et ce vis-à-vis des agresseurs ou des combattants[111]. Or comme le souligne Vincent Joubert, la réalité est que jusqu'à présent, aucun des scénarios ni aucune de ces hypothèses alarmistes ne se sont réalisés[112]. De l'avis des experts militaires et des experts en sécurité informatique, « un conflit dans le cyberespace a très peu de chances d'avoir lieu à un niveau stratégique ; il faut entendre par là qu'il y a peu de chances que des cyberattaques puissent à elles seules garantir la victoire militaire et politique[113] ». Cependant, l'utilisation des cyber-armes peut produire des effets

---

[110] C'est l'idée de guerre « zéro-mort » dont l'objectif est de réduire l'implication physique des militaires en période de conflit. À terme, l'objectif final est de remporter des victoires militaires à l'aide d'armes non létales, c'est-à-dire d'armes électroniques à capacité paralysante, rendant toute possibilité de riposte impossible pour l'adversaire, et offrant aux attaquants la maitrise du terrain, et ce sans avoir à combattre. Pour de plus amples informations, voir M. DAVID, préc., note 41. Voir également sur cette question, Paul-Marie DE LA GORCE, *Le dernier Empire*, Grasset, Paris, 1996; Grégoire CHAMAYOU, *Théorie du drone*, Paris, La Fabrique, 2013. Il ne faut cependant pas confondre la guerre « zéro-mort » avec la « guerre propre », qui suppose des attaques précises, quasiment « chirurgicales », sur des cibles définies pour éviter de trop grands dommages collatéraux. En effet, le concept « zéro-mort » s'efforce de réduire au maximum le nombre de victimes, prioritairement chez les militaires.

[111] Par exemple, nous constatons dès les années 1990 aux États-Unis, l'apparition et la multiplication de scénarios catastrophes résultant de cyberattaques lancées contre les infrastructures américaines susceptibles de produire des effets équivalents à ceux induits par les armes de destruction massive ou par une attaque terroriste.

[112] Nous pouvons par exemple citer l'étude effectuée en 2015 par l'entreprise américaine Lloyd's qui estimait le coût d'un *blackout* causé par une cyberattaque entre 243 à 1 000 milliards de dollars US. Bien qu'improbable, ce scénario catastrophe reste technologiquement possible. Etienne GOETZ, « Cyberattaque : un risque à 1.000 milliards de dollars pour les Etats-Unis », lesechos.fr (8 juillet 2015), en ligne : https://www.lesechos.fr/2015/07/cyberattaque-un-risque-a-1000-milliards-de-dollars-pour-les-etats-unis-267754.

[113] V. JOUBERT, préc., note 101, p. 835.

permettant d'acquérir un avantage stratégique militaire sur son adversaire. Ainsi, les affrontements dans le cyberespace sont polymorphes et visent divers objectifs. Dorénavant au cœur des guerres du XXIème siècle, les belligérants ont tous appris à l'exploiter et à utiliser les capacités offertes par cet espace numérique. Ils s'espionnent, se testent, s'affrontent et se défient via cet univers. Le cyber s'est très clairement inséré dans toutes les dimensions de l'usage de la force militaire, depuis la stratégie et la planification jusqu'à la conduite des missions et la gestion de la maintenance. Comme l'a énoncé le vice-amiral Arnaud Coustillière, ancien responsable de la cellule cyberdéfense au sein des armées françaises (2011-2017), « chacune des crises récentes a eu un volet cybernétique[114] ». Ces attaques informatiques sont le prélude à de nouvelles batailles, où la supériorité informatique d'une nation déterminera les traditionnels affrontements armés. Les militaires ont pu constater que les conséquences des attaques ne sont plus seulement virtuelles, mais peuvent au contraire produire des effets sur l'emploi des forces. La ligne d'opération cyber est aujourd'hui indispensable et fait partie intégrante de la planification stratégique lors d'un affrontement, même si elle complète les actions militaires sans les remplacer. Se pose alors la question de la sécurisation de cet espace de bataille à l'heure où les TIC ont très largement intégrées les infrastructures vitales des États, constituant ainsi un objectif militaire de premier choix en période de conflit.

3. Un espace à sécuriser

Dans le cyberespace, la menace peut venir de toute part, et prendre de multiples formes. De ce constat, les États ont dû rapidement adopter une vision cybersécuritaire en mettant notamment en place des postes de commandement spécialement dédiés à la cyberdéfense des infrastructures étatiques (par exemple, l'*U.S. Cyber Command* aux États-Unis ou le COMCYBER en France[115]), en se dotant de doctrines

---

[114] Propos du Vice-Amiral Arnaud COUSTILLÈRE. Dans « EMA : une veille permanente », *Dossier Cyberespace - Le 5ème Champ Bataille,* Armées d'aujourd'hui, Novembre-Décembre 2011, n°365, p. 47.

[115] Le Commandement de la cyberdéfense ou COMCYBER désigne l'ensemble des forces de cyberdéfense des armées françaises. Il est responsable de la protection des systèmes d'information, de la conduite de la défense des systèmes d'information du ministère, et de la conception, de la planification et de la conduite des opérations militaires de cyberdéfense.

militaires nouvelles[116], et en tentant de mettre en place des mesures de transparence et de confiance par le biais d'accords bilatéraux[117] ou multilatéraux[118].

Est entendue par « cyberdéfense », « l'ensemble des mesures techniques et non techniques permettant à un État de défendre dans le cyberespace les systèmes d'information jugés essentiels[119] ». L'impératif des militaires étant la protection de leur patrie, ces derniers se sont ainsi préparés à gérer des situations de crises en cas de cyberattaques majeures, afin de maintenir leur État en marche. Pour ce faire, ils font de la veille, ils tentent d'anticiper les menaces, de mieux protéger les infrastructures vitales (mise en place d'anti-virus, recherche des failles, etc.), de gérer les perturbations majeures, le but étant de revenir rapidement à la normale, sans subir trop de pertes[120]. Pour autant, cette cyberdéfense « passive » est critiquée en ce sens où « elle ne fonctionne pas et ne fonctionnera jamais contre les cybermenaces graves[121] », conduisant au développement du concept de « cyberdéfense active ». Celle-ci se définirait comme « l'ensemble des actions défensives directes adoptées pour détruire, annuler ou réduire l'efficacité des cybermenaces contre des forces et des moyens amis ; en d'autres termes, la défense active doit être comprise comme une action agressive contre la source de l'attaque[122] ». Elle peut s'entendre comme

---

[116] Aude LEROY, « La France se dote d'une nouvelle doctrine militaire », Europe1.fr (18 janvier 2019), en ligne : https://www.europe1.fr/societe/cyberdefense-la-france-se-dote-dune-nouvelle -doctrine-militaire-3840689.

[117] Voir Chapitre 2, Section 4, II « La tendance à assortir le DIP existant d'accords complémentaires ».

[118] Voir par exemple, Jean-Dominique MERCHET, « Exclusif : Français, Américains, Russes et Chinois discutent à Paris d'un accord sur la cyberguerre offensive », L'Opinion.fr (29 novembre 2018), en ligne : https://www.lopinion.fr/blog/secret-defense/exclusif-francais-americains-russes-chinois-discutent-a-paris-d-accord-170264.

[119] « Cyberdéfense », dans Glossaire de l'ANSSI, en ligne : https://www.ssi.gouv.fr/entreprise /glossaire/c/.

[120] Dorothy E. DENNING et Bradley J. STRAWSER, « Active Cyber Defense : Applying Air Defense to the Cyber Domain », dans *Cyber Analogies, Technical Report sponsored by United States Cyber Command,* Naval Postgraduate School, Monterey, 2014, p. 60.

[121] Bien que mettant tout en œuvre pour éviter l'attaque en se défendant, l'État reste en position de faiblesse, car il doit rechercher l'ensemble des failles de son système, alors que l'attaquant ne doit en trouver qu'une seule pour réussir. Steven CHABINSKY, « Passive Cyber Defense : The Laws of Diminishing and Negative Returns », *American Center for Democraty* 2013, en ligne: http://acdemocracy.org/passive-cyber-defense-the-laws-of-diminishing-and-negative-returns/.

[122] Éric POMÈS, « Le cadre juridique de la cyberdéfense active », *Cyberguerre L'heure L'action* 2017.Hors-Série n°52, pp.34-37, à la page 34.

une réponse dont l'objectif est de mettre un terme à une perturbation du système ou pour en éviter la réitération. Dans un sens plus large, elle pourrait conduire à lancer des cyberattaques pour prévenir une attaque future[123].

Bien qu'essayant de bâtir une forteresse dans le cyberespace avec leurs propres moyens défensifs et offensifs, les militaires ne sont malheureusement pas à même d'en gérer seuls la défense. Certains diraient que « la cyberdéfense n'est pas du ressort des militaires. À la différence de l'air et de l'espace, dont la défense relève strictement de l'armée, le cyberespace est largement entre les mains du secteur privé[124] ». Cette prise de position reflète le débat qui existe actuellement autour de la question cyber et d'un partenariat public-privé. Le secteur privé étant un acteur clé du cyberespace, son expertise est capitale dans le domaine de la cyberdéfense. C'est ce que nous tâcherons de démontrer dans notre Chapitre 3.

De nos observations, nous constatons que dans le discours militaire et politique, le cyberespace est perçu comme un outil stratégique susceptible d'apporter tant la victoire que la défaite. Cet environnement difficile à délimiter, et dont la maitrise et le contrôle sont aujourd'hui nécessaires non seulement du point de vue offensif que défensif, a considérablement modifié la dynamique des conflits. Nous pouvons ainsi déduire de nos observations que :

---

[123] Un parallèle peut être fait avec la légitime défense préemptive qui est légale en droit international, à la différence de celle préventive qui elle, est prohibée.

[124] Propos prononcés par William J. LYNN lors d'une rencontre avec l'exécutif de Google à San Francisco, le 14 février 2011, et rapportés par Kevin BARON, « DOD official : Cyberdefense is not a military mission », Star and Stripes.com (15 février 2011), en ligne : https ://www.stripes.com/blogs/stripes-central/stripes-central-1.8040/dod-official-cyberdefense-is-not-a-military-mission-1.134923.

Tableau 2 : Pour les militaires et les politiques, le cyberespace est un espace ...
Relativement nouveau dans l'histoire de la guerre ;
Stratégique et d'influence dont l'exploitation est inévitable ;
Difficile à cartographier et où les actions civiles et militaires s'entrecroisent ;
Multiplicateur de forces ;
De soutien aux actions militaires conventionnelles ;
Utile pour anticiper les actions menées dans le réel ou le virtuel ;
Dont la défense ne peut pas être seulement militaire.

Finalement, nous observons que les représentations faites du cyberespace sont empreintes de subjectivité, « le risque étant bien sûr de ne pas décrire ce que l'on voit ou est à voir, mais ce que l'on veut voir[125] ». En effet, l'action de représenter n'est jamais neutre, et la représentation, entendue comme résultat de cette action, est toujours différente de l'objet représenté, car cette action implique l'intervention d'un sujet qui est lui-même soumis à des représentations mentales tout autant qu'il en produit par le simple fait de son intervention. Le cyberespace ne constitue pas à lui seul une représentation, mais un système complexe de représentations qui s'enchevêtrent, s'agrègent et s'opposent, d'où l'absence de consensus sur sa définition. Le juriste n'est pas étranger à cette démarche de représentation. Si la règle de droit n'a certes pas pour objet de constituer une représentation du monde « objectif » sur lequel elle opère, et dont elle fait néanmoins partie, le discours du juriste consiste en une représentation du droit (ou du discours des autres juristes), nécessairement dépourvue d'objectivité[126]. Nous sommes en effet influencés par le monde qui nous entoure, car « malgré toute l'objectivité dont la science est capable, nous ne connaissons finalement du monde que la manière dont il est pour nous, c'est-à-dire dans sa dépendance de la conscience humaine[127] ». Cette absence de représentation concrète du cyberespace souligne sa

[125] D. VENTRE, préc., note 55, p. 102.

[126] Quand bien même elle se voudrait purement descriptive, elle n'en serait pas moins le fruit de certaines représentations mentales auxquelles est soumis l'auteur du discours, qui, du fait même de sa culture, est l'héritier des images forgées par ceux qui l'ont précédé, qu'ils soient ou non des juristes. Pour plus d'informations, voir M.-L. MATHIEU, préc., note 69.

[127] Dans Arthur SCHOPENHAUER, Volker SPIERLING et Jean LAUNAY, *Un abécédaire*, Editions du Rocher, 2004.

complexité. Dans cette situation, comment peut-on envisager encadrer juridiquement, et ce sans être influencé – l'emploi de ce que la communauté internationale considère comme un nouvel espace de bataille, s'il est impossible de savoir clairement de quoi il s'agit. Ne ressemblant à aucun des champs de batailles classiques, nous soutenons que les décisions du GEG ont été d'une certaine façon, influencées par la représentation que les États ont du cyberespace. En considérant dès le départ que le droit international existant pouvait s'y appliquer sans restriction aucune, les États ont conduit le GEG à conclure de même, écartant les particularités techniques des armes cybernétiques. Or, nous verrons dans la section suivante que ces dernières sont des armes particulières ne ressemblant en aucune façon aux armes conventionnelles.

SECTION 2 : L'avènement des cyberattaques

UNE ARME PAS COMME LES AUTRES

> *Une cyberattaque perpétrée par un État ou un groupe extrémiste violent pourrait être aussi destructrice que l'attentat terroriste du 11 septembre 2001*[128].
>
> **– Leon E. PANETTA**

Que ce soit à travers les films, la littérature ou les jeux vidéo (etc.), les scénarios catastrophes faisant état de cyberattaques majeures menées contre un État, sont particulièrement présents dans l'imaginaire collectif. Si dans la réalité, il apparait pour le moment peu probable qu'une attaque informatique puisse causer des dommages similaires à ceux présents dans les livres, nous constatons tout de même une évolution de la menace cybernétique. Comme nous avons pu le voir, celle-ci est d'ailleurs prise très au sérieux par les forces armées et les différents gouvernements de la planète, à tel point qu'un GEG a été créé pour l'étudier et tenter d'encadrer juridiquement les activités cybernétiques. Malheureusement, ce dernier s'est laissé tenter par la facilité en recourant à l'analogisme. Bien que facile, l'amalgame cyberattaque/attaque conventionnelle est un dangereux raccourci, qui au lieu de servir au maintien de la paix et de la sécurité internationales,

---

[128] Cité dans LA TRIBUNE DES EXPERTS, « Cybermonde – pour le meilleur et pour le pire : Les cyberattaques – repères chronologiques », *Revue de l'OTAN magazine* 2013.

joue au contraire en sa défaveur. Principalement conçu pour encadrer les armes classiques, le droit international ne prend pas en considération les spécificités de celles cybernétiques. Or sans définition universellement admise, et aux vues des tentatives infructueuses sur cette question, il nous parait essentiel de nous attarder sur leur étude. Cette seconde section vise ainsi à nous familiariser avec ces armes si particulières, pour ensuite mieux les appréhender dans un contexte d'encadrement juridique. Nous tâcherons donc de proposer une ébauche de définition des concepts de « cyberattaques » et d'« armes cybernétiques » (I) en précisant les caractéristiques techniques (II) et les inconvénients d'emploi (III), pour enfin établir une typologie des attaques les plus susceptibles de menacer la paix et la sécurité internationales (IV). Cette seconde section vise également un autre objectif : celui d'introduire cette idée que les États ne peuvent plus agir seuls sur la régulation des activités cybernétiques, celle-ci nécessitant que les acteurs techniques – seuls capables de comprendre concrètement toute la complexité de ces attaques et de cet espace virtuel – y participent aussi.

I. Précisions terminologiques sur les concepts d'« armes cybernétiques » et de « cyberattaques »

UNE ÉBAUCHE DE DÉFINITION

À ce jour, il n'existe aucune définition relative aux armes cybernétiques qui fasse consensus auprès de la communauté internationale. Ce ne sont pourtant pas les ouvrages et les discussions qui manquent sur le sujet, sans compter les multiples cas recensés à travers le monde venant les illustrer. Nous tacherons donc dans ce paragraphe de synthétiser les diverses et plus pertinentes conceptions rencontrées, afin d'élaborer une définition au plus près de la réalité de ce que sont les armes cybernétiques et plus précisément, les cyberattaques. Cela sera fort utile pour comprendre le cadre dans lequel ce travail s'inscrit.

Pour commencer, le dictionnaire Larousse définit les « armes » comme « tout objet, appareil, engin qui sert à attaquer ou à se défendre[129] ». Plus généralement, une arme est un moyen (pas nécessairement physique) permettant les actions offensives et

---

[129] « Arme », dans Larousse, en ligne : https://www.larousse.fr/dictionnaires/francais/arme /5281.

défensives. Elles peuvent revêtir différentes formes (fusil, torpille, missile, grenade, etc.), être d'intensité variées (armes de petits calibres, armes de destructions massives, armes nucléaires, etc.), et poursuivre des objectifs différents (tuer, déstabiliser, dissuader, etc.). Ainsi, le terme « attaque » est l'antonyme du terme « défense », et désigne donc une agression perpétrée contre quelque chose ou quelqu'un au moyen d'une arme.

Passons à présent au préfixe « cyber ». Utilisé tant dans le cas de l'« arme cybernétique », que dans celui de la « cyberattaque », celui-ci réfère à tout ce qui touche aux ordinateurs, à l'informatique, aux réseaux ou encore, à Internet. Il s'agit également de la contraction du terme « cyberespace » étudié précédemment, qui rappelons-le, désigne « le monde virtuel dans lequel on se plonge lorsqu'on touche à un réseau informatique[130] ». Ainsi, en joignant les termes « armes » et « attaques » à celui de cyber, on obtient que :

⇨ Les armes cybernétiques sont des armes informatiques conçues et contrôlées par le biais des ordinateurs (moyen), et ;

⇨ Les cyberattaques sont menées sur les réseaux, c'est-à-dire dans le cyberespace contre le cyberespace (action).

Pour autant, cette analyse mérite d'être complétée pour déterminer plus précisément ce que sont les armes cybernétiques et les cyberattaques.

1. Les armes cybernétiques

Considérant les graves dangers entourant les armes cybernétiques, Edward M. Roche et Michael J. Blaine ont décidé d'élaborer un texte susceptible d'ouvrir les yeux de la communauté internationale quant à la nécessité d'entamer des négociations multilatérales sur le sujet. Dans leur Convention internationale sur l'utilisation pacifique du cyberespace, ces derniers proposent une définition intéressante des armes cybernétiques, considérant les États comme leurs principaux utilisateurs. Celles-ci sont définies comme « tout code ou procédure créée par un État-nation conçue dans le but d'interrompre, désactiver ou accéder sans autorisation à une partie du système de communication

---

[130]« Cyberespace », dans Linternaute.fr, en ligne : https://www.linternaute.fr/dictionnaire/fr/definition/cyberespace/.

informatique mondial, y compris tous les réseaux de données[131] ». Ils estiment également qu'« une technologie à double usage[132] utilisée à des fins offensives doit être considérée comme une arme cybernétique[133] ».

Pour l'Observatoire du Monde Cybernétique (OMC), une cyber-arme peut être définie comme « un programme informatique malveillant dont la finalité est de pénétrer les réseaux informatiques adverses pour compromettre ou saboter son système d'information ou sous-ensemble de celui-ci[134] ». Soulignant le caractère mal intentionné de ces armes, l'OMC appuie également sur leur caractère dual. Celles-ci peuvent être développées et utilisées à la fois à des fins défensives ou offensives, et dans un contexte tant militaire que civil.

Avec le Manuel de Tallinn 2.0, nous assistons à une gradation des effets produits par les armes cybernétiques. Son article 103 les définit « as cyber means of warfare that are used, designed, or intended to be used to cause injury to, or death of, persons or damage to, or destruction of, objects, that is, that result in the consequences required for qualification of a cyber operation as an attack[135] ». Cette vision rejoint celle proposée par les auteurs Thomas Rid et Peter McBurney[136]. Cependant, ces derniers vont plus loin estimant qu'en plus des dommages physiques, les structures, systèmes et êtres vivants peuvent eux aussi subir des préjudices fonctionnels et moraux. En complément, l'*U.S. Air Force*, dans son *Legal Review of Weapons*, considère les cyber-armes « as devices designed to kill, injure, disable or temporarily

[131] Edward M. ROCHE et Michael J. BLAINE, « Convention internationale sur l'utilisation pacifique du cyberespace », *Netcom Réseaux Commun. Territ.* 2013.27-3/4, pp. 309-330 à la page 323.

[132] Cette disposition permet la création et la maintenance d'outils informatiques (tels que les logiciels de diagnostic) pouvant être utilisés à des fins nuisibles, mais par ailleurs conçus et destinés à aider dans les réseaux informatiques d'exploitation.

[133] E. M. ROCHE et M. J. BLAINE, préc., note 131.

[134] OBSERVATOIRE DU MONDE CYBERNÉTIQUE, « Cyberarme japonaise et course à l'armement informatique », 2012.Lettre Mensuelle de l'OMC n°03, p. 6.

[135] Voir Michael N. SCHMITT, Liis VIHUL et Cooperative Cyber Defence Centre of Excellence NATO, *Tallinn Manual 2.0 on The International Law Applicable to Cyber Operations*, Second edition, Royaume-Uni, Cambridge University Press, 2017, p. 452.

[136] Thomas RID et Peter MCBURNEY, « Cyber-Weapons », (2012) 157-1 *RUSI J.*, pp. 6-13, à la page 7.

incapacitate people, or destroy, damage or temporarily incapacitate property or materiel[137] ».

De ces observations, nous pouvons déduire une définition somme toute plus claire et plus précise de ce que sont les armes cybernétiques :

Une **arme cybernétique** est un outil informatique dual (offensif et défensif) développé par le biais d'ordinateurs, utilisé tant par des militaires que par des civils, visant à contrôler les systèmes d'information d'entités concurrentes ou ennemies. Ses objectifs sont par nature de tuer, blesser, frapper, neutraliser ou provoquer une incapacité chez l'adversaire. Elle est alors susceptible de causer un préjudice tant physique, que fonctionnel ou moral.

2. Les cyberattaques

Concernant la qualification juridique internationale des cyberattaques, il apparait de plus en plus pressant qu'un consensus international soit trouvé. Les agressions dans le cyberespace sont monnaies courantes, mettant à rude épreuve le maintien de la paix et de la sécurité internationales, et par la même la stabilité du cyberespace. Une définition universellement acceptée permettrait ainsi de poser les bases d'un encadrement juridique plus adapté à cette nouvelle forme d'« agression armée ». Les définitions « proposées » par les « Cinq grands[138] » vont d'ailleurs en ce sens.

Le glossaire de l'Agence Nationale de la sécurité des systèmes d'information en France ne mentionne pas le terme « cyberattaque », lui préférant celui de « cybercriminalité ». Étroitement liées, ces deux notions regroupent « les actes contrevenant aux traités internationaux ou aux lois nationales, utilisant les réseaux ou les systèmes d'information comme moyens de réalisation d'un délit ou d'un crime[139] ». Pour l'Agence, les cyberattaques sont donc des activités informatiques malveillantes et donc, condamnables.

---

[137] U.S. AIR FORCE INSTRUCTION 51-402, *Legal Reviews of Weapons and Cyber Capabilities*, 27 juillet 2011, p. 6.

[138] On parle ici des cinq membres permanents du Conseil de sécurité des Nations Unies qui disposent tous du droit de véto.

[139] « Cybercriminalité », dans Glossaire de l'ANSSI, en ligne : http://www.ssi.gouv.fr/entreprise/glossaire/.

Le Département de la défense américain a quant à lui clairement et précisément défini les cyberattaques les distinguant de la cybercriminalité. Elles seraient « un acte hostile qui utilise les ordinateurs ou les réseaux d'ordinateurs ou systèmes informatisés, et qui vise à altérer et/ou détruire les systèmes critiques cybernétiques de l'adversaire, sa valeur ou ses fonctions. Les effets recherchés des cyberattaques ne sont pas nécessairement limités aux cibles que sont les ordinateurs ou les données elles-mêmes. Par exemple, des attaques contre des systèmes informatiques peuvent viser à dégrader ou détruire des infrastructures ou les capacités des C2. Une cyberattaque peut utiliser des outils intermédiaires comme les périphériques, les émetteurs, du code embarqué, ou des opérateurs humains. L'activation ou l'effet d'une cyberattaque peut être très éloigné dans le temps et l'espace de la réalisation de l'attaque[140] ».

À l'opposé de la définition très descriptive offerte par les Américains, celle du *National Cyber Security Centre* (NCSC) du Royaume-Uni est quant à elle très courte, et peu précise. Selon lui, les cyberattaques seraient des « malicious attempts to damage, disrupt or gain unauthorised access to computer systems, networks or devices, via cyber means[141] ». Les agresseurs s'efforceraient/tenteraient d'obtenir l'accès d'un système informatique par le biais d'actions cyber malveillantes[142].

Concernant la Chine et la Russie, il semble impossible de trouver une définition officielle quant à leur position sur la question. Pour autant, le Code de bonne conduite international pour la sécurité de

---

[140] Joints Chiefs of Staff, *Joint terminology for cyberspace operations*, DOD, États-Unis, 2010. Cité dans D. VENTRE, préc., note 109, p. 52.

[141] NCSC, « Cyber Attack », dans Glossary, en ligne : https://www.ncsc.gov.uk/information/ncsc-glossary.

[142] La vision britannique rejoint celle du Canada et de la Nouvelle-Zélande, également membres des *Five Eyes*. En effet, celle-ci englobe plus largement toutes les attaques, quels que soient les moyens utilisés, à condition qu'elles aient des effets néfastes sur des systèmes informatiques. Ainsi, le Canada définit les cyberattaques comme « an attack that involves the unauthorized use, manipulation, interruption or destruction of, or access to, via electronic means, electronic information or the electronic devices or computer systems and networks used to process, transmit or store that information ». Voir NATIONAL CYBER SECURITY STRATEGY, *Canada's Vision for Security and Prosperity in the Digital Age*, 2018, p. 33. Pour la Nouvelle-Zélande, il s'agit d'« an attempt to undermine or compromise the function of a computer-based, access information, or attempt to track the online movements of individual without their permission ». Voir NEW ZEALAND GOVERNMENT, *New Zealand's Cyber Security Strategy*, juin 2011, p. 14.

l'information signé par ces deux États[143] indique une position commune. L'utilisation malveillante des TIC et des réseaux est considérée comme une activité hostile, voire un acte d'agression, d'autant plus si elle est employée dans le but de s'ingérer dans les affaires intérieures d'autres pays ou pour compromettre leur stabilité politique, économique et sociale[144].

Ainsi, et tout comme pour les armes cybernétiques, ces diverses définitions nous permettent de fournir une qualification plus précise de ce que sont les cyberattaques :

> Une **cyberattaque** est un acte hostile contrevenant aux règles nationales et internationales, susceptible d'être commis par des militaires tout comme par des civils, et utilisant les ordinateurs et les réseaux d'ordinateurs. Ses principaux objectifs sont de pénétrer au cœur d'un système informatique pour y soutirer des informations, le saboter et/ou le détruire. Ses effets ne sont pas limités au seul champ du virtuel, et peuvent avoir un sérieux impact dans le monde matériel (dégradation ou destruction d'infrastructures, blessés, morts, etc.). Une cyberattaque ne répond pas aux règles traditionnelles de combat. Celle-ci peut utiliser des relais, être activée pour être éloignée dans le temps et dans l'espace. Selon son intensité et l'intention de l'auteur, une cyberattaque peut être considérée comme un acte criminel, ou comme un acte d'agression susceptible de menacer la paix et la sécurité internationales.

II. Caractéristiques techniques des armes cybernétiques

L'ARME PARFAITE ?

Penchons-nous à présent sur les particularités techniques permettant de dissocier les armes cybernétiques des armes conventionnelles. Enjeu sécuritaire d'envergure tant pour les acteurs privés que pour les autorités publiques, ces nouvelles armes semblent en effet renfermer toutes les qualités nécessaires pour être qualifiées d'« armes

---

[143] Ce code a également été signé par les Représentants permanents du Kazakhstan, du Kirghizstan, de l'Ouzbékistan et du Tadjikistan.

[144] ASSEMBLÉE GÉNÉRALE DES NATIONS UNIES, *Lettre datée du 9 janvier 2015, adressée au Secrétaire général par les Représentants permanents de la Chine, de la Fédération de Russie, du Kazakhstan, du Kirghizistan, de l'Ouzbékistan et du Tadjikistan auprès de l'Organisation des Nations Unies (A/69/723)*, 13 janvier 2015.

parfaites[145] », à savoir la discrétion, la rapidité, l'anonymat et le moindre coût.

1. Le moindre coût

Les armes cybernétiques reposent essentiellement sur les sciences informatiques, à la différence des armes conventionnelles qui elles s'appuient sur les sciences physiques[146]. Les premières nécessitent avant tout un ordinateur ou un mobile connecté, ainsi qu'une série d'algorithmes. Point besoin à la différence des secondes, de matériaux spécifiques ou interdits, d'usine de production ou d'enrichissement, de logistique complexe, de moyens financiers colossaux ou de compétences rares pour en fabriquer en masse. Car en effet, une arme cybernétique ne coûte pas cher, et ce pour plusieurs raisons :

⇨ L'accès aux cibles est facilité[147] ;
⇨ Les armes cyber sont aisément procurables[148] ;
⇨ Les cibles sont assez peu résistantes[149].

---

[145] Voir D. E. SANGER, préc., note 47.

[146] Le secteur des sciences physiques est très large et regroupe principalement la biophysique, les nanosciences et les nanotechnologies, l'optique et la photonique (par exemple, des systèmes de conduite de tir pour les armes et les missiles), les sciences de matériaux (par exemple le développement d'enduits protecteurs ou de rivements de pièces de blindage), les sciences et les technologies de l'énergie, les sciences nucléaires, les sciences géophysiques, ou bien encore les sciences spatiales.

[147] Tout le monde (États, entreprises, individus) dispose d'outils technologiques connectés (ordinateurs, téléphones portables, GPS, etc.). Cette interconnexion du monde permet donc un accès simplifié à quiconque souhaiterait s'introduire dans un système informatique, aussi complexe soit-il.

[148] Il est moins cher et surtout plus facile de se procurer un ordinateur (autour de 800€) ou une clé USB (autour de 10€), qu'un tank ou un missile. À titre informatif, les frappes françaises en Syrie des 13 et 14 avril 2018 auraient coûté aux alentours de 16 millions d'euros. Ce ne seraient pas moins de neuf missiles *Scalp* tirés par les avions Rafales, et trois missiles de croisières navals (MdcN) qui auraient été engagés, d'une valeur respective et unitaire de 850 000€, et 2.86 millions d'euros. Voir Fred TANNEAU, « Syrie : Combien ont coûté les frappes françaises ? », *Armement*, CNEWS.fr (16 avril 2018), en ligne : https://www.cnews.fr/monde/2018-04-16/syrie-combien-ont-coute-les-frappes-francaises-778825. Voir également : OBSARM.ORG, « Une arme, combien ça coûte ? », en ligne : http://obsarm.org/obsarm/transfert_armes/donnes-diverses/cout-armes2.htm.

[149] Quoi qu'en disent les « experts », la grande majorité des systèmes informatiques, même s'ils sont protégés par des logiciels ou autres protections de types pare-feu ou anti-virus, restent vulnérables aux attaques informatiques. On peut citer par exemple les cas de *Meltown* et *Spectre*, deux vulnérabilités matérielles découvertes au sein des ordinateurs disposant d'un processeur Intel permettant d'accéder à sa mémoire, afin d'en soutirer les informations sensibles. Voir Alex PEREKALIN, « Étude de Spectre : vulnérabilités hardware des processeurs

Comme le souligne Daniel Ventre, « les coûts baissent régulièrement au fil des ans (il y a de plus en plus de données en ligne, de cibles en ligne, d'agresseurs potentiels en ligne) alors que dans le même temps, ceux liés à la sécurité et à la défense ne cessent de croître (systèmes gagnant en complexité, de moins en moins maitrisables, sensibles à la fois aux attaques surprises et aux attaques invisibles et discrètes)[150] ». Les entreprises et les individus n'étant pas épargnés, le marché de la cybersécurité est en plein essor[151]. Ainsi, le coût moindre des armes cybernétiques facilite le conflit asymétrique en permettant à quiconque doué de compétences en informatique d'intenter une action susceptible de menacer la paix et la sécurité internationales. Ce critère est essentiel pour comprendre par la suite les différents portraits d'agresseurs dans le cyberespace que nous verrons dans la section 3 du présent chapitre. En effet, la guerre n'est plus la compétence réservée des États, s'ouvrant ainsi à de nouveaux acteurs (entreprise privée, hacktiviste, terroriste, cybercriminel, cybermercenaire, etc.). Une arme cybernétique ne nécessitant guère de site particulier de lancement, celle-ci peut être conçue ou utilisée n'importe où, par n'importe qui, avec ou sans raison particulière.

2. L'anonymat

Nous en arrivons ainsi à la deuxième caractéristique de ces armes : l'anonymat. L'utilisation des armes cybernétiques appartient à la « guerre secrète », qui « consiste à mener une action technologiquement si sophistiquée qu'il devient particulièrement difficile pour un adversaire d'en trouver l'origine[152] ». Avec le cyberespace, l'agresseur devient indétectable, l'action pouvant être menée depuis n'importe quel

---

en 2019 », *kaspersky.fr* (11 janvier 2019), en ligne : https://www.kaspersky.fr/blog/35c3-spectre-meltdown-2019 /11315/.

[150] D. VENTRE, préc., note 109, p. 187.

[151] Selon une étude réalisée par *Business Insider Intelligence*, jusqu'à 665 milliards de dollars USD devaient être consacrés à des projets de cybersécurité visant à protéger les PC, les appareils portables et les objets connectés (IoT) en 2020. Voir BUSINESS INSIDER INTELLIGENCE, « This one chart explains why cybersecurity is so important » (5 avril 2016), en ligne : https://www.businessinsider.com/cybersecurity-report-threats-and-opportunities-2016-3. Un marché de la cyber-assurance semble également se développer à grande vitesse, bien que les risques informatiques soient plus difficiles à évaluer que les risques matériels. Voir THE ECONOMIST, « Le marché de la cyber-assurance se développe à une vitesse grand V », Le nouvel Economiste.fr (8 février 2019), en ligne : https://www.lenouveleconomiste.fr/le-marche-de-la-cyber-assurance-se-developpe-a-une-vitesse-grand-v-67913/.

[152] Dominique MONGIN, « Les cyberattaques, armes de guerre en temps de paix », (2013) Janvier-1 *Esprit*, pp. 32-49, à la page 33.

point du réseau. Le risque d'être identifié étant minime, les cyber-agresseurs ne revendiquent jamais leurs actions. Armes de guerre en temps de paix, les cyberattaques permettent aux États de ne pas se déclarer ouvertement en guerre. Il est ainsi très difficile de prouver leur implication, et ce de manière incontestable. C'est sans compter que dans la très grande majorité des cas, ces derniers évitent « autant que possible d'appuyer eux-mêmes sur le déclic ou sur la gâchette électronique[153] ». Les moyens indirects sont bien souvent privilégiés comme le fait de recourir à des hackers « doués dans les arts numériques du camouflage et de la diversion[154] ». Dans cette situation, la preuve permettant ensuite d'engager la responsabilité de l'agresseur et donc de le sanctionner, est une difficulté que l'on ne retrouve pas dans les cas d'agressions armées classiques. Pour ces derniers, le coupable est directement désigné, l'arme étant lancée d'un point A pour se rendre à un point B. Dans le cas des armes cybernétiques, ces dernières passent par une multitude de relais, sollicitant des centaines de milliers voire des millions d'ordinateurs dont les détenteurs sont principalement des personnes privées. L'opacité des attaques informatiques met ainsi à rude épreuve les questions d'attribution, ou bien encore d'intention pourtant fondamentales dans le cas d'une réponse en légitime défense.

3. La discrétion

C'est sans compter la troisième particularité technique des attaques informatiques qui s'avère être la discrétion. À la différence des armes conventionnelles, l'agressé ne sait pas toujours qu'il est confronté à une attaque informatique. L'intrusion sait se faire discrète, voire être totalement invisible. C'est d'ailleurs là tout l'intérêt des armes cybernétiques. Les armes classiques, une fois lancées, concrétisent un désaccord, ou du moins une intention de conflit. Avec elles, le ou les agresseurs sont mis en lumière. Il est donc plus aisé d'attribuer l'attaque et dans connaitre les intentions sous-jacentes. Avec les armes cybernétiques, c'est tout le contraire. Sournoises, ces armes ne sont pas immédiatement détectées. « Les cyberattaques les plus efficaces sont celles qui nous atteignent sans que l'on s'en rende vraiment compte. [...] Elles peuvent durer dans le temps avant que la victime ne se rende

---

[153] Charles BWELE, « Peut-on dissuader dans le cyberespace ? », *Revue de la Défense Nationale*, n°731, 2010, pp. 25-30, à la page 28.
[154] *Id.*

finalement compte de l'immixtion[155] ». Selon une étude récente, le temps de détection d'une attaque informatique est en moyenne de 210 jours[156]. Comme nous le verrons également dans la section 4 de ce chapitre, certaines attaques ont été détectées plusieurs années après leur lancement. Pour les armes conventionnelles, cette situation est inenvisageable, leurs effets étant visibles immédiatement.

4. La rapidité

Enfin, les cyberattaques « laissent peu de temps à l'anticipation, à la prévention, à la détection ou à la réaction du fait de la vitesse électronique d'action prodiguée par leurs vecteurs[157] ». Rapides, ces attaques sont toutefois le fruit d'un travail de longue haleine nécessitant un repérage méticuleux des systèmes visés. Une fois lancées, elles peuvent non seulement toucher leur cible en un temps record, mais également s'étendre à une échelle beaucoup plus large que celle des attaques classiques[158]. Temps record, car « l'impact » se produit quelques nanosecondes une fois que l'agresseur a appuyé sur la touche de lancement (« Enter » par exemple). Quant à la « large échelle », deux options sont possibles : 1) une cyberattaque a été conçue pour toucher une pluralité d'ordinateurs à travers le globe ; ou 2) une cyberattaque produit sans que cela n'ait initialement été intégré dans son code, un effet domino en touchant d'autres systèmes. L'un dans l'autre, ses effets peuvent se propager à l'échelle du globe vitesse grand V, situation inenvisageable pour les armes conventionnelles dont l'effet ne peut se limiter qu'à la zone géographique visée. En 2019, la société américaine Crowdstrike[159] a évalué la vitesse d'infection d'un réseau informatique

---

[155] L. BAUDIN, préc., note 58, p. 46.

[156] Laurent MARÉCHAL, « Le temps, l'arme fatale par excellence contre les cyberattaques en entreprise », *alliancy.fr* (4 juillet 2017), en ligne : https://www.alliancy.fr/expertise/cybersecurite/2017/07/04/le-temps-larme-fatale-par-excellence-contre-les-cyberattaques-en-entreprise.

[157] C. BWELE, préc., note 153, 28.

[158] En mai 2017, il n'a fallu qu'un week-end au virus *WannaCry* pour se propager dans des centaines d'ordinateurs situés dans 150 pays. Pour l'expert Bertrand Milot, cette vitesse de propagation ne s'était jusqu'à présent jamais vue créant un précédent inquiétant. Dans Alexandre VIGNEAULT, « Cyberattaques : une menace de notre temps », *LaPresse.ca* (30 septembre 2018), en ligne : http://plus.lapresse.ca/screens/374e6902-6b1d-4600-a72c-ec0868d21bf0__7C___0.html.

[159] CROWDSTRIKE, *Global Threat Report : Adversary Tradecraft and the importance of speed*, 2019.

une fois qu'un ordinateur a été compromis, en fonction de la nationalité des assaillants. Les résultats parlent d'eux-mêmes :

1) Bear (Russie) : moins de 20 min ;
2) Chollima (Corée du Nord) : environ 2h20 ;
3) Panda (Chine) : environ 4h00 ;
4) Kitten (Iran) : environ 5h10 ;
5) Spider (cybercriminels non identifiés travaillant pour des États) : environ 9h40.

Comme l'explique le rapport, tous ces pirates redoutables peuvent mettre la main sur un réseau informatique complet. Le temps de pénétration présenté étant une moyenne, certaines cyberattaques peuvent être beaucoup plus rapides que ce qui est indiqué. Cette célérité a de quoi faire peur et indique l'absolue nécessité d'une cyberdéfense de haut niveau, d'autant plus pour les infrastructures vitales des États, principales cibles visées par ces attaques.

Ainsi, les cyberattaques semblent regrouper les caractéristiques élémentaires à la qualification d'« arme parfaite ». Elles possèdent sans aucun doute des avantages que les armes conventionnelles n'ont pas (coût, furtivité, célérité, difficulté à identifier l'attaquant). Pour autant, et comme tout yin à son yang, les utiliser présente des difficultés qui leur sont propres.

III. Inconvénients à utiliser des armes cybernétiques

DES ARMES TROP COMPLEXES ?

Bien que faisant désormais partie de l'arsenal militaire de bon nombre d'États, l'emploi des armes cybernétiques fait encore débat. Comme nous l'avons vu précédemment, leur utilisation apporte des avantages dus à leurs caractéristiques techniques uniques. Pour autant, les utiliser présente des difficultés que l'on ne retrouve pas ou peu avec les armes classiques, justifiant le fait qu'elles puissent contribuer à menacer la paix et la sécurité internationales. En présentant cette fois-ci les inconvénients à utiliser les armes cybernétiques, nous souhaitons réaffirmer notre idée que celles-ci ne sont en rien similaires aux armes conventionnelles, et nécessitent donc une réadaptation du droit international existant.

Déjà en 2012, l'Observatoire du Monde cybernétique en France avait exposé les difficultés liées à l'utilisation du cyberespace comme espace de bataille[160]. En effet, celui-ci ouvre un nouveau champ des possibles apparemment sans limite. Or, cela peut également s'avérer être un piège pour l'agresseur. Loin de faciliter les choix stratégiques et les opérations, le cyberespace les rends au contraire plus complexes. « Il faut donc s'efforcer de planifier en anticipant les possibilités, les difficultés ; il faut avoir un retour précis de l'impact des opérations ; il faut des capacités d'adaptation au contexte évolutif[161] ». Cela signifie que pour utiliser les armes cybernétiques, **avoir un niveau de renseignement technique très précis sur les cibles visées est une nécessité**. Le cyberespace étant un univers très secret, cette difficulté rejoint ce que nous avons énoncé précédemment, à savoir que la conception d'une attaque informatique est un travail de longue haleine. Bien que le Groupe d'experts gouvernementaux des Nations Unies ait sollicité les États à mettre en place des mesures de transparence et de confiance dans le cyberespace[162], ceux-ci restent très discrets sur leurs capacités cyber ne souhaitant pas ou peu s'exprimer sur cet environnement ô combien stratégique[163]. Par conséquent, les concepteurs de cyber-armes naviguent généralement en eaux troubles. Comme l'explique Daniel Ventre, « il ne suffit pas d'avoir la volonté d'appuyer sur le bouton pour que l'attaque soit menée. Les cibles doivent avoir fait l'objet d'une analyse préalable, les systèmes cartographiés, les moyens de défense analysés, les systèmes observés dans leur fonctionnement. Puis les attaques doivent évoluer, s'adapter, prendre forme[164] ». Il ajoute que « les agresseurs doivent s'adapter au contexte évolutif (la défense adverse réagit, il faut savoir contrer cette réaction), modifier leurs cibles, la puissance de l'attaque, savoir faire marche arrière si des effets collatéraux sont observés. Cela implique

---

[160] DGRIS, *Géopolitique du cyberespace : Cyberarme japonaise et course à l'armement informatique*, Observatoire du Monde Cybernétique, mars 2012, p. 7.

[161] D. VENTRE, préc., note 109, p. 67.

[162] ASSEMBLÉE GÉNÉRALE DES NATIONS UNIES, préc., note 10.

[163] Certes, des exercices sont organisés au Centre de cyberdéfense de l'OTAN (CCD COE) afin d'aider les États à élaborer les meilleurs moyens de défense et d'attaque dans le cyberespace (*Locked Shield* ou *Disruptive Dilemmas*). Mettant en lumière les compétences des participants, ils ne dévoilent cependant pas clairement les forces cybernétiques dont chacun dispose dans la réalité au sein de leur propre arsenal militaire. En effet, on ne peut pas toujours se fier à ce qui est enseigné dans les états-majors, car l'adversaire ne prend pas toujours la forme qu'on souhaite et n'a pas toujours les mêmes motivations. "It's fair to say that having robust cybersecurity measures in place is a game of cat and mouse." Dans « NATO's locked shield exercise: a cybersecurity success? » (20 août 2018), en ligne: https://www.army-technology.com/features/natos-locked-shield-exercise-cybersecurity-success/.

[164] D. VENTRE, préc., note 109, p. 67.

que les cyberattaques puissent faire l'objet de scénarios préalables multiples, testés, et qu'elles soient menées par vagues, si la première n'a pas permis d'atteindre l'effet final recherché[165] ».

Son discours reflète parfaitement cette idée que les cyberattaques sont des opérations ouvrant une porte toute grande au hasard. D'une **fiabilité incertaine**, rien ne garantit qu'elles atteignent les objectifs visés (cible et effets désirés), à la différence des armes conventionnelles dont les résultats sont beaucoup plus prévisibles. Par exemple, lorsqu'un missile est lancé, les « agresseurs » savent dès le départ quelle sera sa vitesse de croisière, et donc le moment de l'impact. En fonction de la charge embarquée, l'intensité de l'action est également connue. Enfin, la mission est assurée d'être remplie grâce au système de guidage qui permet de maitriser la navigation, et donc de toucher l'objectif visé. Bien sûr des impondérables peuvent survenir. Pour autant, les armes conventionnelles sont d'une plus grande fiabilité, permettant notamment une meilleure distinction entre civils et militaires. Comme l'explique Stanislas de Maupéou, « l'action cybernétique est par nature incertaine dans ses effets, car sa réussite peut dépendre d'une vulnérabilité qu'il est possible de corriger dans l'instant. […] Paradoxalement, elle comporte une part d'incertitude difficilement compatible avec une capacité militaire classique[166] ». Un raté est hautement probable, son emploi tactique sur les théâtres d'opération restant incertain. Pour autant, le contexte actuel veut que les États les emploient au même titre que les armes conventionnelles. De ce fait, nous serions plus à même de considérer à la différence de M. de Maupéou, que l'usage de l'arme informatique devrait être couplé à des armes classiques pour être certain d'obtenir les résultats escomptés.

Cette incertitude entourant l'emploi des armes cybernétiques se révèle au quotidien, notamment par les **effets collatéraux** qu'elles engendrent. Initialement circonscrits à un contexte militaire, ceux-ci peuvent désormais se répandre à une échelle plus globale du fait de l'interconnexion du monde. Les exemples qui seront étudiés dans la section 4 parlent d'eux-mêmes, démontrant la quasi-inévitabilité des dommages collatéraux. En effet, les cyber-agresseurs ont bien souvent

---

165 *Id.*

166 Stanislas DE MAUPÉOU, « World War Web 3.0 : l'informatique dans les conflits », *Revue de la Défense nationale* 2010, p. 728.

du mal à viser une cible particulière sans en toucher d'autres. Encore un point sur lequel diffèrent les armes conventionnelles. Pour celles-ci, les dommages collatéraux sont une option soupesée en fonction de l'avantage militaire que l'attaque pourrait apporter aux forces armées, tout en respectant le principe de proportionnalité tel que défini à l'article 51§ 5 b du Protocole I additionnel aux Conventions de Genève (P.I). Les attaques informatiques, quant à elles, ne permettent pas d'envisager cette option car quoi qu'il arrive, le lancement d'une cyberattaque induira des effets collatéraux. Le principe de proportionnalité ne pourra être que difficilement respecté, les cyberattaques engendrant bien souvent une réaction en chaine en s'introduisant dans des centaines de milliers d'ordinateurs à travers le globe. En toute logique, l'attaque originaire devrait donc être proscrite, les dommages étant excessifs si l'on se fie au Protocole. Dans la réalité, la complexité de ces armes engendre une multitude de questions pour lesquelles il est difficile de trouver des réponses.

Enfin, les armes cybernétiques s'avèrent généralement **être à usage unique**. En effet, chaque attaque informatique est conçue pour une cible spécifique en fonction de la nature de l'agresseur (États, terroristes, hackers, etc.), de ses intentions (déstabilisation, influence, propagande, espionnage, etc.) et bien évidemment, de la cible visée (États, terroristes, hackers, etc.). « La réponse doit donc être adaptée, parce que l'agresseur ne répondra pas de la même manière à la réaction, parce quc l'agresseur n'opérera pas de la même manière une fois réalisée l'attaque, parce que l'attaque ne s'intègrera pas dans un scénario unique[167] ». La cyberattaque offensive (ou défensive) est ainsi pensée pour attaquer (ou répondre) dans le cadre d'une situation unique. Elle ne peut également être employée qu'une seule fois parce qu'une fois lancée puis détectée, la cyberdéfense qui va se mettre en place prendra en compte pour l'avenir des mesures de protection spécifique à cette arme cyber. À l'inverse, les armes conventionnelles, au-delà d'être produites à la chaine, sont employées dans une configuration unique de conflit armé international (ou non international) simplifiant leur encadrement juridique. La nature changeante et évolutive des armes informatiques complexifie l'application du droit international existant qui ne prend en compte ni ces armes de manière générale, et moins encore toutes les spécificités qui les caractérisent.

---

[167] D. VENTRE, préc., note 109, p. 115.

La complexité des armes cybernétiques est une réalité qui ne peut donc plus être ignorée. Pourtant, malgré les inconvénients constatés, les États (et autres acteurs) s'obstinent à vouloir les utiliser dans leur stratégie offensive et défensive, et ce bien qu'ils n'en maitrisent pas tous les rouages. Parce que certaines d'entre elles sont tout de même plus susceptibles de menacer la paix et la sécurité internationales, il convient à présent de déterminer quel type d'attaques cybernétiques est susceptible d'engager l'application de l'article 51 de la Charte des Nations Unies.

IV. Armes cybernétiques susceptible de menacer la paix et la sécurité mondiale

UNE TYPOLOGIE

Il existe une pluralité d'attaques informatiques, de conception et d'intention en tout genre. Les cyberattaques ne sont pas l'apanage des États ou de leurs intermédiaires. Des codes malveillants sont facilement accessibles en ligne, et les pirates informatiques peuvent en développer d'autres. Néanmoins, les cyberattaques menées ou parrainées par des États constituent la menace la plus importante pour la communauté internationale. La planification et l'exécution des cyberattaques les plus dévastatrices nécessitent des connaissances, des compétences et des aptitudes très pointues, ainsi que des ressources considérables. Nous verrons donc ici quelles sont les étapes à respecter pour une cyberattaque réussie, et surtout quelles sont celles susceptibles de menacer la paix et la sécurité internationales.

Comme l'explique Herbert Lin, « une cyber-opération s'effectue à l'aide d'un code informatique malveillant. Pour réussir, le malfaiteur doit trouver une vulnérabilité, se frayer un accès et déposer une charge[168] ». Dans un premier temps, le malfaiteur doit exploiter une faille, un défaut, une anomalie, dans le réseau qu'il a pris pour cible. Ensuite, il doit se frayer un accès au réseau ciblé, que ce soit à distance, par l'intervention consciente ou inconsciente d'un initié, à l'aide d'une opération d'infiltration ou via une chaine d'approvisionnement. Enfin, le malfaiteur doit déposer une charge qui va exécuter l'action voulue dans le réseau visé. La seule exception sont les attaques par déni de service distribué (DDoS) qui ne reposent pas sur une défaillance du

---

[168] Herbert S. LIN, « Offensive Cyber Operations and the Use of Force », (2010) 4-63 *Journal of National Security Law & Policy,* pp. 63-86.

réseau visé, mais consistent à le submerger avec un nombre ingérable de sollicitations[169]. Les plus courantes sont donc les attaques *SYN flood*[170], les attaques *teardrop*[171], les attaques par rebond[172], le ping de la mort[173] et les *botnets*[174].

Sont concernées par la démonstration d'Herbert Lin, les **armes informatiques sur-mesure à haut potentiel**[175]. Elles sont comparées à des armes « intelligentes ». Très sophistiquées, elles nécessitent une phase spécifique de renseignement sur les systèmes ciblés, des investissements importants en matière de recherche et développement (R&D) et un temps de conception élevé. Plus longues à mettre en place, elles sont ainsi moins utilisées. Certaines ont cependant pu être répertoriées comme *Stuxnet*[176], *Duqu*[177], ou encore les dernières cyberattaques lancées par les États-Unis contre l'Iran pour donner suite

---

[169] Susan DAVIS, *L'OTAN et le cyberespace : renforcer la sécurité et la défense, stabiliser la dissuasion - Projet de rapport général*, 087 STC 19 F (18 avril 2019), Assemblée parlementaire de l'OTAN, Commission des sciences et des technologies (STC).

[170] Le *SYN flood* est une attaque informatique visant à atteindre un déni de service. Elle s'applique dans le cadre du protocole de contrôle de transmissions (TCP), et consiste à envoyer une succession de requêtes SYN vers la cible. Voir Pierre-Louis LUSSAN, « Les 10 types de cyberattaques les plus courants », *Netwrix Blog* (4 juillet 2018), en ligne : https://blog.netwrix.fr/2018/07/04/les-10-types-de-cyberattaques-les-plus-courants/.

[171] Cette attaque provoque le chevauchement des champs de longueur et de décalage de fragmentation des paquets séquentiels du protocole Internet (IP) au niveau de l'hôte attaqué. Au cours de ce processus, le système attaqué tente de reconstruire les paquets mais échoue. Le système cible s'embrouille et plante. Voir *Id.*

[172] Les attaques par rebond constituent une famille d'attaques de système d'information qui consistent à utiliser un ou plusieurs systèmes intermédiaires, participant à leur insu, et permettant à un assaillant de rester caché.

[173] Ce type d'attaque pingue un système cible avec des paquets IP dont la taille est supérieure au maximum de 65 535 octets. Les paquets IP de cette taille n'étant pas autorisés, le pirate les fragmente. Lorsque le système cible réassemble les paquets, il peut subir des débordements de tampon et d'autres plantages. Voir P.-L. LUSSAN, préc., note 170.

[174] Les *botnets* sont des réseaux constitués de millions de systèmes infectés par des logiciels malveillants et contrôlés par des pirates informatiques afin d'effectuer des attaques DDoS. Ces bots (ou systèmes zombies) sont utilisés pour effectuer des attaques contre les systèmes cibles, souvent en submergeant leur bande passante et leurs capacités de traitement. Ces attaques DDoS sont difficiles à tracer, car les *botnets* sont disséminés dans des lieux géographiques différents. Voir *Id.*

[175] T. RID et P. MCBURNEY, préc., note 136, p. 8.

[176] Voir dans ce chapitre, la Section 4 « la lutte dans le cyberespace, attaque et riposte ».

[177] *Duqu* est un ver informatique découvert le 1er septembre 2011 et que l'on présume lié à *Stuxnet* car s'attaquant également à Windows grâce à une vulnérabilité de type *Zéro-Day*. Il aurait été créé par les services de renseignement israéliens

à la destruction d'un de leur drone de surveillance en juin 2019[178]. Dans ce contexte, les cyberattaques sont utilisées par les États comme des actes de violence ou de coercition en vue d'obtenir certains résultats politiques ou militaires[179]. Cependant, dans la grande majorité des cas, les agresseurs préfèrent employer des **armes informatiques génériques à faible potentiel**[180]**.** Elles sont simples d'utilisation, facilement disponibles mais leurs impacts restent limités (attaque de l'homme au milieu, *phishing*, attaque par *Drive by Download,* attaque par mot de passe, attaque par injection SQL, attaque XSS, attaque par écoute illicite, attaque des anniversaires, attaque par des logiciels malveillants, etc.)[181]. Elles permettent surtout de se fondre dans la masse, favorisant ainsi l'anonymat. Elles sont bien souvent utilisées en complément des attaques conventionnelles, jouant ainsi un rôle essentiel en portant atteinte aux infrastructures critiques. Nous supposons que la première catégorie de cyberattaques (à haut potentiel) est la plus susceptible de menacer la paix et la sécurité internationales, la seconde étant plus souvent utilisée en soutien aux attaques conventionnelles.

Les attaques informatiques sont aujourd'hui une composante essentielle de l'arsenal militaire des États. Ces derniers restent pourtant très discrets quant à leur conception et leur utilisation. Il semble en effet impossible de savoir exactement quels types d'armes informatiques offensives et défensives ces derniers emploient précisément. Ce qui est certain, c'est que ces nouvelles cybercapacités ajoutent de la valeur aux opérations, procurant un nouvel ensemble d'outils stratégiques, permettant aux États d'agir à la « vitesse de la pertinence[182] ».

---

[178] L'OBS, *Les États-Unis ont lancé des cyberattaques contre l'Iran*, 23/06/2019, en ligne : https://www.nouvelobs.com/monde/20190623.OBS14792/les-etats-unis-ont-lance-des-cyberattaques-contre-l-iran.html.

[179] James A. LEWIS, « Rethinking Cybersecurity: Strategy, Mass Effect, and States », *Center for Strategic and International Studies* 2018.

[180] Ces armes sont bien souvent comparées à du paint-ball. Voir T. RID et P. MCBURNEY, préc., note 136, p. 8.

[181] Pour de plus amples informations concernant ces attaques, se référer à P.-L. LUSSAN, préc., note 170.

[182] Neil ROBINSON, « Cyber Defence at NATO: from Wales to Warsaw, and Beyond », *Turkish Policy Quarterly* 2017.

SECTION 3 : Des portraits d'agresseurs

UNE MENACE AUX MULTIPLES VISAGES

Considérées comme une des plus grandes menaces mondiales, les cyberattaques ne sont pourtant pas le domaine privilégié des militaires ou des autorités. Elles sont avant tout celui de personnes douées de compétences poussées en informatique, travaillant pour leur propre compte, celui d'une entreprise, ou d'un État. Jouant des caractéristiques de l'espace qui leur est offert et à la construction duquel ils contribuent, ces acteurs du réel deviennent ainsi acteurs du cyberespace, utilisant ce dernier comme instrument ou comme cadre de leurs relations conflictuelles. « Dans un monde globalisé, dont le cyberespace est d'ailleurs l'un des pivots, des acteurs hostiles, adversaires, ennemis, agresseurs de toutes natures, agissent contre nous, nos intérêts et les autres, alliés ou non[183] ». Que ce soit pour les militaires chargés d'assurer la défense de leur État de rattachement, les citoyens eux-mêmes, les institutions, les entreprises, les gouvernements, la menace ne saurait être appréhendée sans représentation. En ce sens, il est nécessaire d'y mettre des noms, des traits, des descriptions. « Se doter de représentations a en pratique pour effet de rassurer, donner l'illusion que l'on maitrise mieux, ou peut maitriser, la menace, réduire les risques comprendre l'ennemi, l'adversaire et par là-même anticiper sur ses actions, comportements, décisions, c'est-à-dire se protéger ou prendre le dessus sur lui, gagner, s'assurer pouvoir et puissance[184] ». Nous nous intéresserons dans cette section aux typologies des acteurs étatiques (I) et non étatiques (II) agissant dans le cyberespace, susceptibles par leurs actions cybernétiques, de menacer la paix et la sécurité internationales. Cette section sera utile pour appuyer notre idée que les efforts des États pour « contrôler » le cyberespace ne pourront aboutir sans le concours des autres acteurs du numérique, notamment ceux issus du secteur privé, experts dans le domaine des technologies de l'information et de la cybersécurité.

I. Les acteurs étatiques dans le cyberespace

L'ÉTAT ET SES AGENTS

Sur la scène internationale, les principaux acteurs susceptibles de menacer la paix et la sécurité mondiales sont les États et leurs agents.

[183] D. VENTRE, préc., note 55, p. 103.

[184] *Id.*, p. 104.

En effet, toutes les actions commises par les militaires, les agences de renseignement, les industries nationalisées, les autorités, le gouvernement, les agences de l'État ou les ministères sont considérés comme un fait de l'État susceptible d'engager sa responsabilité[185]. Reconnaissant le potentiel stratégique du cyberespace, ces derniers ont intégré dans leur arsenal militaire les armes cybernétiques. Certains en sont d'ailleurs de fervents utilisateurs. C'est le cas de la Chine, de la Russie, ou encore des États-Unis soupçonnés de passer leur temps à lancer des cyberattaques, niant en bloc les accusations portées contre eux. Ce constat est assez paradoxal avec la pensée de la fin du XXème siècle. En effet, le cyberespace était perçu comme susceptible de défier l'autorité des États-Nations et ainsi, entrainer le monde vers un nouveau système post-territorial[186]. En l'absence de toute trace étatique, de toute interférence de l'État dans cet espace, le pouvoir de ce dernier devait ainsi se substituer à celui des individus et des groupes privés. Aujourd'hui, cette pensée est obsolète, les États étant plus présents que jamais dans le cyberespace. Nous constatons d'ailleurs une réaffirmation du territoire étatique dans leur manière de l'appréhender. Leur présence militaire y est dorénavant clairement marquée. Ils ont tendance à développer un système de lois propre à cet espace[187], et à y imposer des symboles, défendant ainsi les critères de la souveraineté. Pour bon nombre d'auteurs[188], les États-Unis ont en ce sens été les premiers à clairement planter leur drapeau dans le cyberespace. Ils ont été suivis par la Russie, la Chine, la Corée du Nord, la France (etc.), chacun de ces États ne souhaitant pas se laisser distancer par la puissance américaine. En affirmant plus que jamais la prise en compte de la dimension conflictuelle du cyberespace par l'instauration d'entités au sein même de l'armée dédiées à la cyberguerre, les États-Unis ont ainsi fait souffler un vent de panique au sein de la communauté internationale déclenchant une course aux armements cyber.

Désormais, la grande majorité des États de ce monde sont dotés de cybercapacités. La main du pouvoir est quasi systématiquement

---

[185] Pour de plus amples informations, voir Chapitre 2, Section 3, III « La difficile mise en œuvre de sanctions lors de faits cybernétiques ».

[186] Voir Chapitre 3, Section 1 « L'intégration des acteurs privés dans la cyberdéfense étatique ».

[187] Voir Chapitre 4, Section 1, II. « Les dangers d'un Splinternet ».

[188] Voir par exemple Laurent BLOCH, *Géopolitique du cyberespace, nouvel espace stratégique : L'Internet, vecteur de puissance des États-Unis?*, 2017; Hugo LOISEAU et Elena WALDISPUEHL, *Cyberespace et science politique: De la méthode au terrain, du virtuel au réel*, PUQ, 2017.

recherchée, ceci en raison de l'importance prise par les cyber-opérations de renseignement, qui semblent constituer aujourd'hui l'essentiel des agressions recensées. Les militaires ont ainsi dû monter au créneau en modifiant leur comportement, c'est-à-dire en prenant conscience des risques liés au cyberespace, et ce en agissant avec vigilance et prudence, ainsi qu'en adoptant des mesures supplémentaires de sécurité à celles prises dans le cas de conflits classiques. « L'ère de la cyberguerre, c'est la naissance de nouvelles unités, d'un nouveau type de soldats (l'une des images fortes de cette nouvelle génération est celle du soldat qui depuis son bureau peut bombarder des villes en dirigeant un drone à l'aide d'un ordinateur), de nouvelles fonctions, de nouveaux profils et compétences (des ingénieurs informatiques)[189] ». L'informatique a ainsi pris une place majeure dans le fonctionnement des armées, et dans les systèmes d'armes[190]. Elle est également essentielle pour les autres acteurs étatiques, présents à des niveaux divers dans le cyberespace. Tous sont des acteurs potentiels des conflits cybernétiques en qualité de cibles, d'agresseurs ou de défenseurs.

Cependant, nous observons que si jusqu'à présent il y avait peu de considérations pour la notion d'acteurs non étatiques et de conflit asymétrique, le cyberespace a sérieusement redistribué les cartes. Force est de constater un État bien souvent défaillant, ne maitrisant pas parfaitement ce nouvel espace de bataille. Son rôle protecteur y est mis à rude épreuve, incitant de nombreux acteurs non étatiques, non seulement à se défendre par eux-mêmes, mais également à s'immiscer dans la brèche pour ainsi revendiquer, se faire justice, agresser, etc. Sécuriser l'espace numérique est devenu une nécessité, pour laquelle les États seuls ne sont plus efficients. N'en ayant pas la maitrise complète, l'Appel de Paris du 12 Novembre 2018, que nous étudierons dans notre troisième chapitre[191], a ainsi été lancé afin que la communauté internationale réagisse aux nouvelles menaces. Bien que certaines grandes puissances comme les États-Unis n'y aient pas

[189] D. VENTRE, préc., note 55, p. 134.

[190] Déjà l'utilisation des drones de combat avait contribué à éloigner l'Homme du champ de bataille. Avec le cyberespace, cette distance s'est réaffirmée. Le soldat se détache du conflit (voir la note 110 sur le concept zéro-mort) et se dote de nouvelles compétences, comme le *hacking*. Ce dernier doit dorénavant avoir non seulement avoir des connaissances stratégiques dans le champ matériel, mais aussi dans celui immatériel (réseaux, technologies, etc.).

[191] Voir Chapitre 3, Section 3, II§1 « Une collaboration pour formaliser le rôle indispensable des acteurs privés dans le cyberespace ».

participé, les entreprises privées comme Microsoft, Google, Facebook, ou IBM ont apporté leur soutien, reconnaissant que le danger peut désormais venir de toute part[192]. Nous nous intéresserons donc à présent aux acteurs non étatiques, nouveaux protagonistes des conflits ayant acquis une place majeure avec l'ère du numérique.

II. Les acteurs non étatiques dans le cyberespace

LES « FAIBLES » FACE AUX GÉANTS[193]

Déjà en 1980, l'idée selon laquelle les guerres ne seraient plus menées par des armées régulières, mais par des groupes souvent transnationaux aux dénominations diverses, faisait son chemin. Pour Martin Van Creveld, l'État disparaissait au profit des réseaux dans un environnement mondialisé[194]. Aujourd'hui, nous constatons que les États ne sont plus les seuls acteurs de la scène internationale susceptibles de menacer la paix et la sécurité mondiales. Les activités politiques, les organisations internationales, les médias, les groupes terroristes, les hackers et individus isolés, les entreprises, la société civile en général, ne sont certes pas une spécificité de l'ère de la « cyberguerre ». Ces acteurs non étatiques se sont toujours impliqués dans les conflits, que ce soit en support aux acteurs étatiques, ou à leurs opposants. Le numérique leur a simplement permis d'intégrer d'une façon nouvelle le paysage international, en leur offrant désormais une place majeure : celle de pouvoir participer directement au confit. Ainsi, et comme l'énonce Charles Thibout, « cette implication des acteurs non-étatiques est l'un des enjeux majeurs du XXIème siècle : elle accentue le passage d'une violence internationale (interétatique) à une

[192] Neuf points ont été résumés par le Ministère des affaires étrangères français, parmi lesquelles : accroître la prévention et la résilience face aux activités malicieuses en ligne ; protéger l'accessibilité et l'intégrité d'Internet ; prévenir la prolifération des programmes et techniques cyber malicieux ; prendre des mesures contre le cyber-mercenariat et les actions offensives des acteurs non-étatiques ; travailler ensemble pour renforcer les normes internationales pertinentes. Voir Julien LAUSSON, « Appel de Paris sur la cybersécurité : Google, Facebook et Microsoft ont signé, mais pas la Russie, les USA ou la Chine », *Numerama.com* 2018, en ligne : https://www.numerama.com/politique/438762-__trashed-4.html.

[193] D. VENTRE, préc., note 55, p. 109.

[194] M. Van CREVELD, *Command in War*, Cambridge, Mass.; London, Harvard University Press, 1987.

violence transnationale, où la conflictualité n'est plus l'affaire des seuls États-gladiateurs[195] ».

Lors des discussions du groupe d'experts gouvernementaux de 2017 que nous étudierons dans notre prochain chapitre, l'usage mal intentionné du cyberespace par les acteurs non étatiques a été mis en avant, soulevant l'impact néfaste que cela pourrait avoir sur le système mondial[196]. Pour autant, il n'a pas clairement été précisé de quels acteurs non étatiques pouvait provenir la menace. Les entreprises privées semblent être les principales visées par le discours du GEG, car plus susceptibles de mener des actions offensives pour leur propre compte, ou celui d'autrui. Pour autant, la question reste encore assez vague. Si l'on en croit certains auteurs, un large éventail d'acteurs peut initier des actions susceptibles de menacer la paix et la sécurité internationales. Nous trouvons ainsi en première position **l'informaticien**. Étant celui qui conçoit, il est également celui qui peut détruire. Il peut être acteur de la sécurité et de l'insécurité des systèmes informatiques. Il ne faut donc pas le confondre avec **le hacker,** et son antonyme **le pirate informatique** (cracker). Le premier cherche à comprendre le fonctionnement d'un mécanisme, afin de « pouvoir le bidouiller » pour le détourner de son fonctionnement originel. Son objectif est de démontrer les vulnérabilités de ce système en prouvant qu'il est capable d'y prendre des informations et de les modifier. Il ne détruit rien à la différence du pirate informatique (appelé également de *Black hat)* dont les intentions sont clairement malveillantes. Ce dernier est bien souvent à l'origine de la plupart, sinon de la totalité des *malwares* et des cyberattaques malintentionnées à l'encontre du public informatique, des entreprises et des gouvernements. Il arrive également que ce pirate informatique revête la casquette d'acteur politique (patriote, militant, défenseurs des libertés, etc.) du fait de la teneur de ses revendications (politiques, religieuses, économiques, philosophiques, etc.). Cet **hacktiviste** ne peut prétendre avoir une réelle influence sur l'issue des conflits, ni même prétendre en influencer de manière significative le déroulement. Pour autant, il peut contribuer aux

[195] Charles THIBOUT, « Cyberespace : vers quelle gouvernance ? », *Analyses* 2018, en ligne : https://www.iris-france.org/123908-cyberespace-vers-quelle-gouvernance/.

[196] ASSEMBLÉE GÉNÉRALE DES NATIONS UNIES - PREMIÈRE COMMISSION - 72ÈME SESSION, « Le cyberespace, « nouvelle frontière de la sécurité stratégique », au cœur des préoccupations de la Première commission - AG/DSI/3586 » (23 octobre 2017), en ligne : https://www.un.org/press/fr/2017/agdsi3586.doc.htm.

changements politiques et sociaux par des actions ciblées susceptibles d'aider et soutenir l'une ou l'autre partie. Un parallèle est ainsi bien souvent fait entre l'hacktiviste et le **cyber-terroriste**. Bien qu'abstrait, ce terme a pourtant été défini comme « l'utilisation motivée politiquement des ordinateurs, comme cibles ou armes, par des groupes non étatiques ou des agents clandestins, pour influencer une audience ou amener un gouvernement à changer ses politiques. Il s'agit donc d'attaquer les systèmes d'information pour terroriser ceux qui sont en mesure de procéder à des changements politiques[197] ». Ce fut notamment le cas des attaques menées par Daech contre TV5 monde en 2015[198] dont le but était de stopper les frappes françaises engagées contre l'État islamique en menaçant de nuire aux proches des soldats présents sur le terrain. Ainsi, les moyens d'actions et de pressions du cyber-terroriste ont évolué. En utilisant les cyber-armes, celui-ci cherche à présent non seulement à semer la crainte et la terreur, mais également et à plus large échelle, à provoquer un *black-out* électrique des grandes villes, de bloquer l'approvisionnement en gaz ou de prendre des entreprises en otage par le biais de *ransomwares*[199].

Finalement, nous constatons que le numérique a clairement changé la donne sur la scène internationale, en permettant le conflit asymétrique. Les cyberattaques offrent dorénavant « la possibilité aux moins armés, aux plus faibles d'affronter les géants[200] ». Pour autant, il semblerait que pour le GEG la plus grande menace ne provienne pas des acteurs non étatiques auparavant cités, mais plutôt des **entreprises privées**. Plus à même de conduire des actions offensives du fait de leurs moyens et compétences, l'encadrement de leurs actions est ainsi apparu comme une nécessité. Sous prétexte de vouloir se défendre contre des cyberattaques, certaines ont décidé de répliquer de façon autonome

---

[197] D. VENTRE, préc., note 55 p. 155.

[198] LE PARISIEN, « La chaîne TV5 Monde piratée par des militants se réclamant de Daech », leparisien.fr (8 avril 2015) à la page 5, en ligne : https://www.leparisien.fr/faits-divers /television-le-site-de-tv5-monde-pirate-par-des-militants-islamistes-08-04-2015-4676083.php.

[199] Un *ransomware* est un logiciel informatique malveillant, prenant en otage les données. Il chiffre et bloque les fichiers contenus sur un ordinateur et demande une rançon en échange d'une clé permettant de les déchiffrer. Apparus dans un premier temps en Russie, les ransomwares se sont répandus dans le monde entier, et principalement aux Etats-Unis, en Australie et en Allemagne.

[200] D. VENTRE, préc., note 55, p. 109.

prenant ainsi le risque de causer des dommages sur un autre État, et d'entrainer une escalade dans la violence[201].

Tout l'intérêt de cette thèse est ainsi concentré dans ce paragraphe : le maintien de la paix et de la sécurité internationales ne dépend plus des seuls acteurs étatiques, le numérique ayant ouvert la porte à de nouvelles menaces. « Un petit acteur avec une équipe très compétente pourrait faire beaucoup de dégâts[202] ». Il suffit d'être doté de compétences et connaissances en informatiques pour faire trembler la scène internationale. Les acteurs non étatiques ont désormais accès à un vaste arsenal de cyber-armes, dont ils ne se privent pas pour en faire usage. À travers des exemples concrets, la section suivante exposera les dangers engendrés par cette interconnexion et ultra-informatisation du monde.

<u>SECTION 4</u> : La lutte dans le cyberespace, attaque et riposte

EXEMPLES CONCRETS

De nos observations, la représentation du cyberespace est floue pour la grande majorité des individus. Peu sont ceux qui ont véritablement pris conscience de la menace que ce nouvel espace de bataille engendre. Pour autant, celle-ci est bien réelle, et est même alarmante. Des « attaques par réseaux d'ordinateurs » ou « cyberattaques » sont lancées quotidiennement. Il ne fait pas une semaine, un jour, une heure, une minute, une seconde sans qu'une attaque informatique ne soit répertoriée à travers le monde. La carte en temps réel des menaces informatiques lancées à travers le globe, créée par l'entreprise Kaspersky et consultable en ligne, vient appuyer ce constat[203]. Dans cette section, l'objectif visé est de permettre une véritable prise de conscience de la dangerosité de ces nouvelles armes, et ce par l'étude d'exemples concrets en lien direct avec ce travail doctoral. Nous tenons à préciser que la grande majorité des attaques informatiques ne sont pas connues du grand public, les États préférant les passer sous silence. Les exemples cités représentent donc une toute petite partie émergée de l'iceberg, mais sont suffisamment explicites pour comprendre la

[201] Nous pensons aux mesures de *hack-back* (ou cyber-riposte) privé. Pour de plus amples informations, voir Chapitre 3, Section 2, I§2 « L'exemple controversé du hack-back privé ».

[202] Propos de François COALLIER dans A. VIGNEAULT, préc., note 158.

[203] Voir en ligne : https://cybermap.kaspersky.com/

menace que représentent le cyberespace et plus précisément, les cyberattaques.

Pour certains experts, la première cyberattaque susceptible d'être assimilée à un acte de guerre par son organisation et sa durée aurait[204] été lancée par la Russie contre l'Estonie en 2007. Celle-ci aurait trouvé le moyen de saturer durablement les sites internet de l'administration estonienne, ainsi que ceux des banques et des journaux du pays causant un déni de service prolongé sur plusieurs jours. Survenant à la suite d'un conflit diplomatique généré par le projet de déplacer une statue représentant un soldat soviétique[205], cette cyberattaque a mis à genou les infrastructures vitales estoniennes. L'ancien porte-parole de la défense estonien, Madis Mikko s'était d'ailleurs questionné à l'époque sur le qualificatif à employer en cas d'attaques causées par des ordinateurs dont l'objectif serait de déstabiliser l'adversaire. « Si un aéroport ou une banque sont attaqués au missile, c'est la guerre. Mais si on fait la même chose avec des ordinateurs… Comment appelle-t-on cela ?[206] ». En effet, si des précisions terminologiques avaient été trouvées à l'époque, nous pouvons nous demander si ces attaques informatiques auraient engendré de la part de l'Estonie une réponse en légitime défense. Aujourd'hui, il ne fait plus aucun doute que les États viendraient à riposter en pareille situation, et ce bien que le problème d'une attribution précise persiste. Certains États comme le Japon ou les États-Unis ont d'ailleurs affirmé dès 2011, envisager une riposte militaire et/ou cybernétique en cas de cyberattaques majeures touchant leurs infrastructures vitales[207]. D'autres comme Israël sont passés à l'acte. En réponse à une potentielle cyberattaque du Hamas[208], celle-ci

---

[204] Le conditionnel est ici employé en ce sens où, comme nous l'avons étudié précédemment, l'attribution d'une cyberattaque est difficile à déterminer.

[205] Pour les Estoniens, cette statue représente l'occupation soviétique, alors que du côté russe, elle représenterait surtout une victoire sur le fascisme lors de la seconde guerre mondiale.

[206] LE MONDE, « L'OTAN s'alarme des cyberattaques dont est victime l'Estonie » (18 mai 2007), en ligne : https://www.lemonde.fr/technologies/article/2007/05/18/l-otan-s-alarme-des-cyber attaques-dont-est-victime-l-estonie_912135_651865.html.

[207] AGENCE FRANCE PRESSE WASHINGTON, « Les États-Unis prêt à envisager une riposte militaire en cas de cyberattaques » (1 juin 2011), en ligne : https://www.lapresse.ca/techno/internet/201106/01/01-4404923-les-etats-unis-prets-a-envisager-une-riposte-militaire-en-cas-de-cyberattaque.php.

[208] Pour cet exemple, la prudence est de mise. Israël n'a en effet, fournit aucune preuve concrète de cette cyberattaque. Certains spécialistes s'interrogent d'ailleurs si cette annonce ne serait pas un moyen pour justifier le bombardement des services israéliens.

aurait riposté par un bombardement ciblé[209] en mai 2019 visant des hackers palestiniens. **Ces exemples illustrent la possibilité pour une cyberattaque non seulement de déclencher un conflit, mais également d'envisager une réponse en légitime défense.**

Les armes cybernétiques peuvent également être utilisées en soutien à un conflit armé. L'exemple le plus souvent cité, mais également le plus parlant, est celui de la Géorgie en 2008. Cette fois-ci, la Russie a lancé une invasion militaire classique pour attaquer cet État balte. Cependant, celle-ci fut précédée par des attaques informatiques d'envergure, dont les spécificités laissaient peu de place au doute quant à leurs auteurs. Le gouvernement géorgien pointa du doigt la Russie évoquant « une action semblable aux cyberattaques menées par Moscou contre d'anciennes républiques soviétiques[210] », sous-entendant l'Estonie. Il n'empêche que ces attaques informatiques sont arrivées à point nommée, facilitant l'entrée des troupes russes sur le territoire géorgien. Autre exemple frappant : l'opération *Orchard* menée par Israël contre la Syrie en octobre 2007. Grâce à un programme de type *Suter*[211], les moyens de détection et de lutte contre les intrusions aériennes de la Syrie sont devenus inopérants pendant un court instant. Cet aveuglement momentané a ainsi donné à l'aviation israélienne le temps nécessaire au bombardement de sites de production nucléaire. Comme l'explique Michel Baud, les forces armées israéliennes ont infiltré un système de numérisation composé de capteurs reliés à un centre informatique, acheté par la Syrie à la Russie[212]. L'attaque informatique a permis de réorienter les capteurs pour ménager aux avions de combat israéliens un couloir aveugle leur permettant de remplir leur mission. Plus récemment en 2018, dans le cadre de la lutte contre Daech, le Royaume-Uni aurait – à travers son *Government Communications Headquarters* (GCHQ) – lancé une cyberattaque

---

209 Grégoire HUVELIN, « En réponse à une cyberattaque du Hamas, Israël aurait riposté par un bombardement ciblé », Numerana.com (6 mai 2019), en ligne : https://cyberguerre.numerama.com/1307-en-reponse-a-une-cyberattaque-du-hamas-israel-aurait-riposte-par-un-bombardement-cible. html.

210 LA RÉDACTION, « La Géorgie victime de cyberattaques », 01net.com (11 août 2008), en ligne : https://www.01net.com/actualites/la-georgie-victime-de-cyberattaques-387890.html.

211 *Suter* est un virus développé par *BAE Systems* qui s'attaque aux systèmes de défense sol-air.

212 Michel BAUD, « La cyberguerre n'aura pas lieu, mais il faut s'y préparer », (2012) Eté-2 *Polit. Etrangere*, pp. 305-316.

d'envergure dont le but était d'entraver la capacité à coordonner les attaques de l'organisation terroriste, et de supprimer sa propagande[213].

Ces attaques peuvent également avoir des répercussions dans le domaine de la sécurité stratégique. Les 15 et 16 janvier 2009, les avions de combat Rafales de la Force d'action navale française ont été cloués au sol, le système de contrôle aérien sous Windows ayant été infecté par le ver *Win32/Conficker*. Même si cette cyberattaque n'a pas atteint les systèmes d'exploitation surprotégés des avions de chasse, ces derniers n'ont pu télécharger leurs plans de vol pour remplir les missions planifiées ces jours-là[214]. Les navires sont également sujets à des cyberattaques d'envergure. En 2013, le système GPS d'un yacht de luxe a été piraté pour le détourner de son projet initial par un groupe d'étudiants en école d'ingénieurs. Ce test organisé avec l'accord des propriétaires du bateau, visait à envoyer des signaux de localisation plus forts que ceux transmis par les satellites afin de les brouiller avec de fausses données. Le yacht a ainsi viré de bord, en modifiant le pilote automatique[215]. Cet exemple montre les dangers liés aux systèmes embarqués. Des cas similaires semblent s'être d'ailleurs produits au sein de l'U.S. Navy[216]. En août 2017, au large de Singapour, le destroyer U.S.S. John McCain est entré en collision avec un pétrolier libérien entrainant la disparition d'une dizaine de marins. Deux mois auparavant (juin 2017), un même accident s'est produit au large du Japon entre un navire américain (l'U.S.S. Fitzgerald) et un porte-conteneurs philippin. Si les causes de ces accidents restent inexpliquées, certains experts évoquent la piste possible d'une cyberattaque lancée dans le but de brouiller les systèmes GPS des deux navires[217]. Il est certain qu'en cas de guerre, un moyen de dégrader les

---

[213] Julien LAUSSON, « Le Royaume-Uni dit avoir mené une « cyberattaque majeure » contre Daech - Politique », *Numerama* (13 avril 2018), en ligne : https://www.numerama.com/politique/345062-royaume-uni-dit-mene-cyberattaque-majeure-contre-daech.html.

[214] Olivier ROBILLART, « Le virus *Conficker* touche la Marine française et ses Rafales », Silicon.fr (9 février 2009), en ligne : https://www.silicon.fr/le-virus-conficker-touche-la-marine-francaise-et-ses-rafales-33931.html.

[215] Mikaël ROPARZ, « Les cyberattaques dans le transport maritime », Franceinter.fr (12 décembre 2014), en ligne : https://www.franceinter.fr/emissions/le-zoom-de-la-redaction/le-zoom-de-la-redaction-12-decembre-2014.

[216] Elizabeth WEISE, « Could hackers be behind the U.S. Navy collisions », USAtoday.com (23 août 2017), en ligne: https://www.usatoday.com/story/tech/news/2017/08/23/could-hackers-behind-u-s-navy-collisions/594107001/.

[217] Les navires militaires font partie des plates-formes les plus numérisées, et sont donc potentiellement plus vulnérables aux cyberattaques. Une frégate moderne embarque 2000

forces déployées aurait été privilégié, mais l'ensemble des cas évoqués demeure suffisamment grave pour prouver l'interdépendance critique et la vulnérabilité des systèmes d'information et de communication.

On constate progressivement que les cyberattaques s'appuient de plus en plus sur les technologies de pointe, et visent prioritairement les infrastructures vitales des États. On peut citer l'exemple du ver *Stuxnet* apparu à l'été 2010. Visant les centrifugeuses Siemens des réacteurs nucléaires de Natanz en Iran, ce virus fut le premier découvert capable d'espionner et reprogrammer des systèmes industriels. Supposé avoir été lancé par les États-Unis et Israël dans le but de stopper le programme nucléaire iranien, celui-ci devait infecter les ordinateurs de contrôle industriel utilisés pour programmer et contrôler les automates programmables, gérant les convertisseurs de fréquence des centrifugeuses. L'objectif était de produire une surchauffe du système, pour finalement détruire les centrales nucléaires. Avec *Stuxnet*, la guerre informatique a franchi une étape majeure, celle de pouvoir détruire physiquement des infrastructures vitales étatiques.

Il est également essentiel de comprendre que **les cyberattaques ne sont pas statiques, se répercutant à travers le globe,** Comme l'a énoncé Robert Gates, « dans notre stratégie globale, nous devons tenir compte du fait que si la terre ne couvre que 25 % de la surface du globe et les océans le reste, l'air et l'espace englobent toute la planète et le cyberespace est encore plus vaste. Du fait de la globalisation des échanges de données, les conséquences d'une cyberguerre peuvent en effet devenir mondiales par effets collatéraux[218] ». Dans le cas de *Stuxnet*, bien que des dispositions avaient été prises pour que le virus ne se diffuse pas rapidement, ce dernier a tout de même infecté plus de 100 000 hôtes dans 155 pays. Les exemples plus récents de

---

applications informatiques, 300 calculateurs. 25 millions de lignes de codes temps-réel sont nécessaires pour faire fonctionner son système de combat, soit 10 fois plus que pour l'A400M, l'avion de transport militaire du groupe Airbus. M. GRANGE et A.-T. NORODOM, préc., note 16 à la page 13.

[218] Propos de Robert GATES, cité dans L. BAUDIN, préc., note 58, p. 56.

ILoveYou[219], *WannaCry*[220] et *NotPetya*[221] battent quant à eux tous les records. Considérés comme les « plus grandes cyberattaques de tous les temps[222] », celles-ci ont infecté en moins d'une semaine plus de 50 millions d'ordinateurs dans 150 pays, visant prioritairement les organisations étatiques, les multinationales et les infrastructures vitales des États. **Ces cyberattaques peuvent également se prolonger dans le temps.** Nous pouvons citer pour exemple la découverte en 2012 par la firme russe Kaspersky d'une cyberattaque mondiale baptisée *Octobre rouge* faisant rage depuis au moins 2007[223]. Celle-ci visait les vulnérabilités des programmes Word et Excel de Microsoft, recueillant ainsi des informations étatiques classifiées, mais également des renseignements de fournisseurs d'énergie, d'entreprises de recherches ou d'installations militaires.

Rebondissons sur le dernier élément présenté : **la quête de l'information**. Comme cela a été étudié auparavant, le cyberespace est également le lieu de l'infoguerre. Celle-ci s'intensifie de plus en plus. En 2017, le ministère des armées français fut visé par une cyberattaque visant à accéder aux contenus de boites mails de cadres, dont quelques personnalités sensibles, et ce afin de soutirer des informations quant à la chaîne d'alimentation en carburant de la Marine nationale. Cette offensive a duré plusieurs mois. Selon certains experts, le mode d'attaque serait proche de celui utilisé par un groupe de cyber-espionnage russophone dénommé *Turla*. Constatant l'afflux de cyberattaques visant son ministère, la ministre des Armées Florence

---

[219] Alexandre LAURENT, « *ILoveYou*, un amour de virus aux dégâts planétaires », *Cyberguerre*, Numerama.com (30 novembre 2018), en ligne : https://cyberguerre.numerama.com/163-i-love-you-un-amour-de-virus-aux-degats-planetaires.html.

[220] Victoria CASTRO, « WannaCry, un an après : aux origines d'une des plus grandes cyberattaques de tous les temps », *Cyberguerre*, Numrama.com (2 décembre 2018), en ligne : https://cyberguerre.numerama.com/170-wannacry-un-an-apres-aux-origines-dune-des-plus-grandes-cyberattaques-de-tous-les-temps.html.

[221] Mike MCQUADE, « The untold story of NotPetya, the most devasting cyberattack in history », *Security*, Wired.com (21 août 2018), en ligne : https://www.wired.com/story/notpetya-cyberattack-ukraine-russia-code-crashed-the-world/.

[222] V. CASTRO, préc., note 220.

[223] Cécile DEHESDIN, « « Opération Octobre rouge » : des cyberespions ont attaqué la France, la Russie, et 67 autres pays », Slate.fr (15 janvier 2013), en ligne : http://www.slate.fr/lien/67197 /operation-octobre-rouge-cyber-crimes-virus.

Parly déclara : « Bienvenue en 2019. Bienvenue devant une réalité qui dès maintenant pourrait entraver notre défense, briser nos secrets[224] ».

Finalement, nous constatons que **les cyberattaques peuvent également être le fait d'acteurs non étatiques**. Par exemple durant l'été 2011, le groupe de hackers internationaux *Anonymous* a lancé une contre-attaque numérique en soutien aux cyber-opposants de Bachar Al-Assad. Le régime de Damas était soutenu à l'époque par une entité semi-officielle nommée *Syrian Electronic Army*. Cette dernière s'était donnée pour mission d'utiliser le Web pour identifier les opposants et les livrer aux autorités qui, par la suite les interrogeait, puis les expulsait, voire les supprimait[225]. La même année, ils ont soutenu les cyber-dissidents tunisiens du printemps arabe en leur permettant de préserver leur anonymat en ligne et en leur exposant les techniques pour éviter d'être détectés sur Internet par la cyberpolice du gouvernement. Un autre exemple en 2015 : un pirate-mercenaire kosovar nommé *Th3Dir3ctorY* lança une cyberattaque dans le but d'identifier pour le compte du groupe terroriste Daech, 1 300 militaires américains. Il s'est introduit dans un ordinateur d'une entreprise de sous-traitance de l'armée américaine pour y subtiliser cette liste afin que le groupe puisse les identifier, et ainsi les éliminer. Fort de ces observations, les analystes de l'Institut Montaigne ont énoncé en 2018, le possible scénario d'un cyber-ouragan provenant d'acteurs non-étatiques[226]. Le risque est réel, d'autant plus avec la question du *hack-back*, qui permettrait dorénavant aux entreprises privées faisant l'objet de cyberattaques, de riposter directement sans avoir à en référer à leur État de rattachement. On peut citer l'exemple du service de messagerie *ProtonMail*, qui annonçait avoir attaqué un site de *phishing* en août 2017, pour donner suite à une cyberattaque qu'il aurait subie[227].

---

224 Pascal SAMANA, « Comment la France se prépare à une cyberguerre mondiale », BfmTV.com (18 janvier 2019), en ligne : https://www.bfmtv.com/economie/comment-la-france-se-prepare-a-une-cyberguerre-mondiale-1615157.html.

225 Stéphane BAZAN et Christophe VARIN, « Le Web à l'épreuve de la " cyberguerre " en Syrie », (2012), p. 417.

226 Brigitte DOUCET, « Cyber-sécurité. Cet autre dérèglement planétaire qui menace... », *Régional-IT* (5 décembre 2018), en ligne : https://www.regional-it.be/detached/cyber-securite-cet-autre-dereglement-planetaire-qui-menace/.

227 Joseph COX, « Email Provider ProtonMail Says It Hacked Back, Then Walks Claim Back », *Vice.com* (16 août 2017), en ligne : https://motherboard.vice.com/en_us/article/qvvke7/email-provider-protonmail-says-it-hacked-back-then-walks-claim-back.

Finalement, cette section était essentielle pour intégrer la réalité entourant les cyberattaques. La virtualité de la menace ne permet bien souvent pas de comprendre sa dangerosité, mais également les difficultés techniques qu'elle engendre. Ainsi, nous espérons que ce passage aura permis aux lecteurs de cerner plus concrètement les divers aspects de ces armes 3.0, mais également l'urgence pour l'ensemble des acteurs du numérique de se réunir pour trouver des solutions face à la recrudescence de ces attaques, et coréguler ensemble le cyberespace.

CONCLUSION PROVISOIRE :

Avec ce chapitre, nous avons vu que l'Homme a créé de toutes pièces un univers dans lequel il pourrait naviguer sans restriction. Ses premières intentions quant au cyberespace n'étaient pas de faire de lui un espace de bataille. Il s'est construit ainsi par la force des choses, apparaissant comme un outil stratégique non négligeable pour les États, et pour les autres acteurs du numérique.

Cependant, nous avons également constaté que sa maitrise est loin d'être totale. Difficile à représenter et à délimiter, il semble être « une nouvelle terre, sans frontière, et pour l'heure sans gouvernement[228] », où attaques tant militaires que civiles s'entrecroisent, celui-ci permettant dorénavant aux acteurs non étatiques de s'exprimer, voire de s'engager dans les conflits. Des cyberattaques d'intensités variables sont lancées quotidiennement, bien souvent contre les infrastructures de pays concurrents ou ennemis. Les exemples présentés dans ce chapitre viennent appuyer ces observations soulignant la dangerosité et l'instabilité de cet espace. Ils montrent également à quel point il va être difficile pour le droit international existant de s'y confronter lorsque le moment sera venu, cela pour deux raisons. La première, parce qu'il n'a pas été conçu, pensé pour encadrer ces armes, et qu'en ce sens, l'interprétation par analogie faite par le GEG (2013 et 2015) n'est pas suffisante, ni même adéquate pour qu'il soit efficace face aux activités cybernétiques. La seconde, parce que chaque État a sa propre vision de la réglementation du cyberespace, rendant toute discussion particulièrement compliquée, et toute possibilité d'accord très difficile

---

[228] Propos de Yoshio UTSUMI (secrétaire général de l'UIT en 2002), cité dans D. VENTRE, préc., note 55, p. 78.

à obtenir. Nous le verrons plus loin avec l'étude de la réunion du GEG de 2017.

Notre second chapitre s'intéressera ainsi aux questions d'applicabilité et d'adaptabilité du droit international existant pour répondre aux besoins changeants de la société internationale, et aux défis posés par l'utilisation du cyberespace. Comme l'a très justement remarqué Alain Pellet, ce sujet est d'une « actualité éternelle » : comment le droit international répond au « besoin du droit » et comment adapte-il les règles existantes devenues obsolètes ou inadaptées[229] ? En nous appuyant sur nos observations faites tout au long de ce chapitre – notamment en ce qui concerne les particularités techniques des armes cybernétiques et la représentation qui peut être faite par les États de ce qu'est (ou serait) le cyberespace – nous constaterons les difficultés qui entourent leur règlementation. Cela nous amènera à conclure que les États ne sont pas à même d'en assurer seuls la régulation, celle-ci nécessitant obligatoirement l'intervention des acteurs privés du numérique.

---

[229] Alain PELLET, *L'adaptation du droit international aux besoins changeants de la société internationale: conférence inaugurale, session de droit international public, 2007*, Buffalo, NY :William SHein & Co,2011-, 2007, p. 17.

CHAPITRE 2

LES ÉTATS ET L'ENCADREMENT JURIDIQUE DU CYBERESPACE :

ENTRE APPLICABILITÉ ET INADÉQUATION JURIDIQUES

INTRODUCTION

> *Peu de technologies ont aussi puissamment contribué à transformer [...] les relations internationales que les technologies de l'information et des communications [...]. Les bénéfices sont considérables, mais il existe aussi des risques. Seule la coopération internationale permettra de rendre le cyberespace stable et cette coopération doit reposer sur le droit international et sur les principes de la Charte des Nations Unies.*[230]
>
> – **Ban KI-MOON**

Si notre précédent chapitre nous a permis de saisir toutes les spécificités techniques de ce nouvel espace de bataille qu'est le cyberespace, il convient à présent de l'aborder sous un tout autre angle : en tant qu'enjeu majeur des relations diplomatiques et nouvel objet du droit international. En effet, « les questions de paix et de régulation internationales sont désormais étroitement liées aux questions numériques [...][231] ». Si pendant longtemps, l'espace cybernétique a été employé par des États se croyant assurés de leur impunité, profitant de son opacité pour mener des actions offensives en toute discrétion, la prolifération d'attaques informatiques toujours plus sophistiquées et dangereuses leur a fait prendre conscience de leurs propres

---

[230] ASSEMBLÉE GÉNÉRALE DES NATIONS UNIES, préc., note 29, p. 5.

[231] F. DOUZET, préc., note 1, p.5.

vulnérabilités[232]. Celles-ci pouvant avoir des répercussions catastrophiques à l'échelle mondiale, il était inévitable que les questions de régulation et de coopération internationales soient discutées au sein des Nations Unies. C'est dans cette optique que l'Assemblée générale, poussée notamment par les États, a mis en place un groupe d'experts gouvernementaux chargé de connaitre des progrès des téléinformatiques dans le contexte de la sécurité internationale.

Reconnaissant que les attaques informatiques pussent revêtir la forme de menaces à la paix et la sécurité mondiales[233], rappelons que le GEG a conclu en 2013 à l'applicabilité du droit international existant à ces nouvelles armes[234]. Cette décision fut réaffirmée en 2015 par le nouveau groupe d'experts. En se concentrant sur l'adoption de normes non contraignantes, de principes et de mesures de confiance, ce dernier a préparé le terrain juridique pour l'interprétation du DIP existant et l'adoption de nouvelles règles susceptibles de compléter le droit actuel. Cependant, les discussions sur le sujet sont encore loin d'être mûres, et sont source de vives tensions au sein de la communauté internationale qui peine aujourd'hui à parvenir à un consensus. En effet, les négociations de 2017 ont achoppé sur des points d'adaptation du droit international (*jus ad bellum* et *jus in bello*) dans un contexte de fortes tensions politiques, laissant craindre selon certains, la mort du GEG et la fin du DIP[235].

---

[232] En raison notamment de la dépendance que notre société entretient vis-à-vis des technologies du numérique.

[233] ASSEMBLÉE GÉNÉRALE DES NATIONS UNIES, *Groupe d'experts gouvernementaux chargé d'examiner les progrès de la téléinformatique dans le contexte de la sécurité internationale, A/65/201*, 30 juillet 2010.

[234] ASSEMBLÉE GÉNÉRALE DES NATIONS UNIES, *Groupe d'experts gouvernementaux chargé d'examiner les progrès de la téléinformatique dans le contexte de la sécurité internationale*, Doc. N. U. A/68/98, 2013.

[235] Voir par exemple : Arun M. SUKUMAR, « The UN GGE Failed. Is International Law in Cyberspace Doomed As Well? », Lawfare, sect. Cybersecurity (4 juillet 2017), en ligne : https://www.lawfareblog.com/un-gge-failed-international-law-cyberspace-doomed-well; Stefan SOESANTO et Fosca D'INCAU, « The UN GGE is dead: Time to fall forward », The European Council on Foreign Relations (15 août 2017), en ligne : https://www.ecfr.eu/article/commentary_time_to_fall_forward_on_cyber_governance; Alex GRIGSBY, « The Year in Review: The Death of the UN GGE Process? », Council on Foreign Relations (21 décembre 2017), en ligne : https://www.cfr.org/blog/year-review-death-un-gge-process; Dennis BROEDERS, « Cyber Norms and the United Nations: Between Strategic Ambiguity and Rules of the Road », Italian Institute for International Political Studies (2 avril 2020), en ligne : https://www.ispionline.it/en/pubblicazione/cyber-norms-and-united-nations-between-strategic-ambiguity-and-rules-road-25417.

Dans ce second chapitre, nous focaliserons notre attention sur cette branche si particulière du droit. Tantôt en croissance avec des avancées avérées dans certains domaines, bien souvent dépassé du fait de ses insuffisances criantes, voire des reculs en certaines circonstances, le DIP est un droit complexe dont l'évolution dépend des humeurs de ses principaux acteurs : les États. En tant qu'enjeu stratégique majeur, l'encadrement juridique du cyberespace n'échappe pas aux rivalités de pouvoir entre les nations qui peinent à surmonter la défiance liée à leurs différences de capacités, leurs rapports de forces et leurs représentations géopolitiques[236]. De ce fait, ils ont préféré adopter un droit malléable qui ne se soucie pas des aspects techniques entourant le cyberespace, pour ainsi conserver toutes leurs marges de manœuvre.

À travers une analyse qui se veut critique mais également pragmatique, nous tâcherons de démontrer que si « une révolution technologique n'appelle pas nécessairement une révolution juridique[237] », le droit international existant devra tout de même s'ajuster pour répondre aux défis posés par le cyberespace. Considéré comme un mode d'exercice de la puissance étatique, nous verrons que le DIP est un instrument entre les mains des politiques qui cherchent non seulement à en garder l'exclusivité, mais tentent également de lui faire produire des normes qui leurs sont favorables, chacun défendant ses propres intérêts[238] **(Section 1)**. Comme pour toute communauté, nous constaterons que la communauté internationale présente à l'intérieur de ses cadres, l'harmonie et le désaccord, le consensus et le conflit, l'ordre et le désordre. Après trois rapports ayant obtenu consensus (2010, 2013 et 2015), les États ne sont finalement pas parvenus à s'entendre lors de la réunion de 2017, chacun ayant sa propre vision, ses propres attentes sur la manière dont le DIP devrait être ajusté pour s'appliquer aux activités cybernétiques **(Section 2)**. Pour autant, faut-il s'inquiéter de cet échec ? Pour nous la réponse est négative, car nous estimons que ce qui a été précédemment acté et signé

---

236 F. DOUZET, préc., note 1, p.7.

237 M. GRANGE et A.-T. NORODOM, préc., note 16, p. 20.

238 Pour Djilali Benamrane, « le droit public international, parce qu'il ambitionne un rayonnement mondial, doit s'inscrire dans un système institutionnel qui lui confère toute l'autorité requise et disposer de structures organisationnelles, de ressources et de moyens pour un fonctionnement satisfaisant et être à l'abri des tentatives de pression et de corruption ». Voir DJILALI. BENAMRANE, préc., note 36, p. 151.

n'est pas « tombé aux oubliettes » et reste donc valable[239]. Cependant, il faut reconnaitre qu'il va être difficile de trouver un accord entre les différents États membres, et que le droit international tel qu'il existe actuellement est insuffisant pour répondre efficacement aux défis posés par le cyberespace. Nous verrons que la logique analogique opérée jusqu'ici par les différents GEG met en difficulté les principes défendus dans la Charte des Nations Unies et le droit des conflits armés. Il est en effet peu aisé de faire appel aux similitudes lorsque le phénomène à encadrer est de nature antinomique avec ceux que nous connaissons actuellement **(Section 3)**. Finalement, nous en viendrons à constater une forme d'essoufflement du droit international quant à sa capacité à répondre aux besoins changeants de la société. Si par le passé ce dernier a su s'adapter aux nouveaux moyens et méthodes de guerre, les difficultés engendrées par le cyberespace montrent qu'il a atteint ses limites **(Section 4)**, et qu'il va sans doute être nécessaire de repenser le mode de production des règles (en intégrant notamment les acteurs privés aux discussions) ; d'autant plus s'il souhaite « se hisser à la hauteur des enjeux de la construction d'un futur meilleur pour l'humanité[240] ».

SECTION 1 : L'application du droit international existant aux cyberattaques

UN CHOIX FONDÉ SUR DES CONSIDÉRATIONS POLITIQUES ET STRATÉGIQUES

« Les relations du droit et de la politique constituent un très ancien thème de réflexion, mais aussi un problème très concret de tout ordre juridique, peut-être plus apparent dans l'ordre juridique international que nulle part ailleurs[241] ». Le DIP est un droit ambivalent, situé entre aspiration morale universaliste et contingences politiques particulières[242]. Il est un droit pensé et construit par des gouvernements

---

[239] Nous rejoignons Frédérick Douzet qui estime qu'il ne faut pas s'inquiéter de la situation de 2017, les précédents rapports de 2013 et 2015 ayant été actés et signés ; et donc en principe toujours valables à l'heure actuelle. Dans FRANCE CULTURE, *Le cyber, nouvelle arme de dissuasion planétaire*, coll. Choix de la rédaction, en ligne : https://www.franceculture.fr/emissions/le-choix-de-la-redaction/le-cyber-nouvelle-arme-de-dissuasion-planetaire.

[240] DJILALI. BENAMRANE, préc., note 36, p. 18.

[241] Michel VIRALLY, *Le droit international en devenir: essais écrits au fil des ans*, 1re éd., coll. Publications de l'Institut universitaires de hautes études internationales, Genève, Paris, Presses universitaires de France, 1990, p. 123.

[242] Le droit international a avant tout été créé pour réguler les conflits entre les nations et maintenir la stabilité mondiale. Cependant, celui-ci semble de plus en plus revêtir la forme d'un

ayant pour objectif de « créer un monde meilleur[243] ». La Première Guerre mondiale et ses ravages ont convaincu les chefs d'État qu'il était nécessaire d'établir des rapports étatiques solides s'appuyant sur des normes juridiques et des institutions internationales qui seraient universellement reconnues et respectées[244].

Malgré toutes ces bonnes intentions, l'Histoire montre la surestimation de l'efficacité du droit international à régir les relations internationales. Dans la réalité, les États n'ont jamais agi que pour leurs propres intérêts, et nombreux sont les exemples venant corroborer l'irréalité de la sécurité collective[245]. Nous pouvons citer les événements des années 1930 qui aboutirent à la Seconde Guerre mondiale, tels que la conquête de l'Éthiopie par Mussolini, ou la prise de contrôle d'Hitler sur la Wehrmacht le conduisant à coordonner de près l'*Anschluss*[246]. Certes, le chaos provoqué par ces deux guerres a montré la nécessité d'une société internationale plus ordonnée, plus en adéquation avec la paix[247]. Les États ont consenti à adopter jusqu'à un certain point une vision plus générale : « celle du bien de tous à moyen et plus long terme[248] ». C'est dans cette perspective que le DIP moderne, et plus précisément la Charte des Nations Unies, s'est présenté autant que possible comme « la loi de l'humanité ordonnée à ce bien supérieur qu'est la paix[249] ». Mais ne nous y trompons pas, car comme le souligne George Dubé, « le temps était mûr pour passer à une politique « réaliste » basée sur la puissance – à la sous-estimation du

---

engagement politique reléguant au second plan ses missions premières : garantir la paix, et préserver les générations futures du fléau de la guerre.

243 Georges DUBÉ, « Le rapport entre la politique et le droit dans l'ordre international », (1963) 5-2, p.47.

244 Nous pensons à la Société des Nations et à la Cour permanente de Justice internationale.

245 Comme le souligne Olivier Corten, « la solidarité entre États existe, mais elle se fonde sur les intérêts réciproques, sur l'interdépendance, non sur des émotions ou des sentiments partagés ». Olivier CORTEN, *Une introduction critique au droit international*, Bruxelles, Éditions de l'Université de Bruxelles, 2017, p. 29.

246 L'*Anschluss* désigne l'annexion de l'Autriche par l'Allemagne nazie en 1938.

247 Voir par exemple Antonio CASSESE, *Le Droit international dans un monde divisé*, Berger-Levrault, Paris, 1986, p. 185. Georges ABI-SAAB, « Cours général de droit international public », (1987) 207 *RGADI*, p. 319.

248 Robert KOLB, *Droit relatif au maintien de la paix internationale: évolution historique, valeurs fondatrices et tendances actuelles*, coll. Cours et travaux (Université de droit, d'économie et de sciences sociales de Paris. Institut des hautes études internationales) no 4, Paris, Pedone, 2005, p. 58.

249 *Id.*, p. 50.

droit international[250] ». Il ne s'agissait pas de domestiquer la force par le droit, mais de chercher la sécurité dans le règne de la puissance. Le DIP « fils de la politique » s'avérait ainsi être un instrument entre les mains des États vainqueurs pour affirmer « leur suprématie »[251].

Après 1945, les tensions entre droit et politique ont été exacerbées par les questions de décolonisation[252]. Encore aujourd'hui, le DIP contemporain est critiqué pour être considéré comme un droit colonial, c'est-à-dire un ordre juridique soutenu par les valeurs occidentales[253]. Il traduirait des rapports de domination, perpétuant la soumission des peuples et le maintien des discriminations au profit des grandes puissances[254], notamment des États-Unis. Ces derniers ont d'ailleurs eu de nombreuses difficultés à accepter le partage de la scène internationale avec les autres États, et à comprendre qu'ils n'étaient pas la seule voix du DIP. Le monde va devenir bipolaire, et tous les États seront amenés à choisir leur camp. La Guerre froide va marquer la fragmentation de la politique internationale, transformant la signification de la sécurité mondiale et par la même, du droit international. D'une certaine façon, ce dernier va perdre contact avec la réalité, devenant trop formaliste et abstrait, trop dépendant des États, et trop associé à une idée dépassée de la souveraineté.

Cette observation peut encore être faite en ce XXIème siècle. La prédominance des considérations politiques sur le droit international, reléguant au second plan ses aspirations morales, se constate aisément. Le DIP contemporain continue à traduire des rapports de forces, et se veut toujours un instrument de la puissance des États. Chacun l'utilise

---

[250] G. DUBÉ, préc., note 243, p. 48.

[251] « Le projet de Dumbarton Oaks (conférence ayant jetée les bases de l'ONU) ne contenait aucune référence au droit international et le texte de la Charte des Nations Unies fut rédigée sous l'égide des grandes puissances (France, Royaume-Uni, Chine, Russie, États-Unis) : on était maintenant d'avis qu'un accord entre celles-ci pouvait assurer la paix dans le monde, mais que si cette entente n'existait pas, il serait vain de songer à le remplacer par quelque chose d'autre. On ne cherchait plus la paix dans l'observance du droit, mais la sécurité dans le règne de la puissance ». *Id.*

[252] Wilhelm Georg GREWE, *The epochs of international law*, Berlin, Walter de Gruyter, 2000, p. 649.

[253] Voir Michel VIRALLY, « Droit international et décolonisation devant les Nations Unies », (1963) 9 *Annuaire français de droit international*, pp. 508-541.

[254] Voir Emmanuelle JOUANNET et Albane GESLIN, « Propos introductifs : Décoloniser et refonder le droit international au prisme de la reconnaissance », dans *Droit international et reconnaissance*, Paris, Éditions Pédone, 2016, pp. 7-38.

pour servir ses propres intérêts[255] que ce soit pour légitimer ses actions, ou pour condamner un concurrent ou un ennemi[256]. « Le droit devient ainsi un habillage de considérations politiques pour lequel le juriste joue le rôle de la maquilleuse, le rôle-titre revenant au politique[257] ». Dans ces conditions, il est difficile de distinguer du droit, la politique, conduisant certains à parler d'un DIP « politisé[258] » sans réelle autorité[259], car tributaire du bon vouloir des États à oui ou non le respecter[260].

Cette politisation du droit international s'est avérée particulièrement prégnante en ce qui concerne l'encadrement juridique des activités cybernétiques. Tout d'abord, nous n'avons pas pu nous empêcher de remarquer que cette question qui entre pleinement dans le champ de compétences de la Commission du droit international (CDI), ne lui a pas été adressée. Il semblerait que l'ONU soit aujourd'hui confrontée à une prolifération des activités normatives – liée notamment aux progrès techniques – qui ne permet plus à la CDI d'avoir le monopole de la codification et du développement progressif du droit international[261].

---

[255] Pour Michel Virally, « la politique juridique extérieure a insisté à maintes reprises sur le double standard appliqué par les États en matière de droit international, suivant qu'ils considèrent ce droit comme s'appliquant aux autres – auquel cas il est sacré – ou s'appliquant à eux-mêmes – auquel cas sa flexibilité se prête à tous les accommodements. » M. VIRALLY, préc., note 241, par. 20.

[256] Comme l'explique Olivier Corten, « étudier, maitriser et utiliser le droit international, c'est se donner les moyens de justifier ou de critiquer des actions ou des positions ». O. CORTEN, préc., note 245, p. 45.

[257] Alain PELLET, « Chapitre 13 : Le droit », dans *La puissance internationale*, Dunod, coll. Relations Internationales et stratégiques, Paris, 1994, p. 147.

[258] *Id.*

[259] Pour Michel Virally, « l'autorité du droit international se voit aujourd'hui expressément réduite à une « influence » sur le comportement des États, influence qui ne constitue qu'un simple fait, et varie considérablement suivant les secteurs de la vie internationale ». M. VIRALLY, préc., note 241, pp. 123-131. La guerre préventive en Iraq menée par les États-Unis en 2001 est un excellent exemple de cette situation. Pour Thomas M. Franck : « the invasion of Iraq is a repudiation of the central decision-making premise of the Charter system ; the system stands in mortal jeopardy of being destroyed altogether ». Thomas M. FRANCK, « What Happens Now? The United Nations After Iraq », (2003) 97-3 *Am. J. Int. Law*, pp. 607-620 à la page 617.

[260] Même si les considérations juridiques ne sont pas totalement évacuées, le DIP « n'est efficace qu'aussi longtemps qu'il sert un dessein politique et puis, lorsque la règle a cessé de servir, elle est remplacée par une nouvelle règle, en fonction de considérations exclusivement politiques ». A. PELLET, préc., note 229, p. 149.

[261] Alain PELLET, « La formation du droit international dans le cadre des Nations Unies », *EJIL* 1995.6, p. 407. Ce constat laisse quelque peu dubitatif. En effet, si l'un des objectifs de l'Assemblée générale est de désengorger la Commission en faisant appel à des groupes

Celle-ci serait désormais chargée de traiter les questions exclusivement de droit international classique, l'Assemblée générale préférant que les sujets beaucoup plus controversés politiquement soient traités par des comités spéciaux, expliquant la création du GEG. Cette absence de la Commission aux réunions du groupe d'experts n'est d'ailleurs pas passée inaperçue et a fait l'objet de vives critiques[262], celle-ci n'ayant été ni sollicitée en tant que consultante, ni même en temps qu'observatrice. L'expertise de la Commission internationale des juristes n'a également pas été demandée, et ce malgré sa compétence en matière de droit international humanitaire (DIH). Cette situation ne poserait pas de difficultés si la question posée n'était pas d'ordre principalement juridique. Or, nous avons également pu constater que parmi les experts gouvernementaux ayant conclu à l'applicabilité du droit international aux TIC (2013), aucun d'entre eux n'était juriste. Un effort fut néanmoins consenti en 2015 avec la participation de Marina Kaljurand, sous-secrétaire et conseillère juridique estonienne[263]. Pour Jacques Caillosse, il est impératif de faire attention à ne pas laisser les questions de droit entre de mauvaises mains, « sauf à courir un risque majeur qui est de nature politique, puisqu'il revient à remettre à une communauté d'experts – dont rien ne dit d'ailleurs qu'elle serait ouverte à des juristes – le pouvoir de décider, pour tous et en tous lieux, de ce qu'est et doit être l'efficacité des normes juridiques[264] ». L'expertise juridique ne s'invente pas, et ne peut donc pas être laissée entre les mains de profanes dont les conditions de nomination sont d'ailleurs discutables[265], et ce pour deux raisons :

---

d'experts spécialisés, « la question reste toutefois de savoir si cette explosion quantitative s'est accompagnée d'une modification qualitative du droit international et, dans l'affirmative, quelle est l'incidence de ce changement sur la stratégie de paix de la Charte ». Voir GEORGES. ABI-SAAB, *Le développement du droit international: réflexions d'un demi-siècle*, 1re édition, coll. Collection International. Droit, Genève, Graduate Institute Publications ; Paris, 2013, p. 323.

[262] François DELERUE, « Cyberopérations et droit international : De l'opportunité de saisir la Commission du droit international des Nations unies de la question du droit international applicable aux cyberopérations », *IRSEM* 2018. Note de recherche-n°59.

[263] Nous avons néanmoins constaté que parmi les 31 experts dépêchés (toutes sessions confondues), la plupart travaillaient pour leurs ministères des affaires étrangères respectifs, dans des branches diverses et variées (désarmement, coordination politique du numérique, sécurité spatiale, etc.), mais pas dans le domaine du droit.

[264] Marthe FATIN-ROUGE STÉFANINI, Laurence GAY et Ariane VIDAL-NAQUET, *L'efficacité de la norme juridique: nouveau vecteur de légitimité?*, coll. À la croisée des droits ; 6, Bruxelles, Bruylant, 2012, p. 156.

[265] Constitué par le Secrétaire général des Nations Unies, le groupe d'experts gouvernementaux a été désigné sur la base d'une répartition géographique « équitable », avec la « coopération »

1) La tendance actuelle au sein des Nations Unies est à la répartition géographique inéquitable[266], et ;

2) Les États nomment eux-mêmes parmi leurs ressortissants, le ou les experts qui vont par la suite travailler au sein des groupes gouvernementaux onusiens, soulevant des interrogations quant à leur réelle indépendance et expertise sur le sujet étudié.

Après analyse des différents groupes, nous avons pu constater que certains continents sont sous-représentés comme l'Afrique ou l'Océanie. La grande majorité des experts nommés sont des ressortissants de pays déjà surreprésentés tels que les cinq membres permanents, qui plus est principaux lanceurs de cyberattaques. Parmi eux se trouvent la Chine et la Russie qui se sont adjoints le soutien d'États partenaires, membres des BRICS et principaux collaborateurs dans le cyberespace[267]. Nous retrouvons également les États-Unis et le Royaume-Uni entourés des autres membres des *Five Eyes*[268]. D'autres encore ont un intérêt plus personnel à participer au groupe de discussions et de décisions tels que l'Estonie ou l'Allemagne[269]. Cette tendance à l'« inéquitabilité » n'est pas nouvelle puisque déjà en 1996, le Comité des commissaires aux comptes des Nations Unies relevait un recrutement de consultants sur une base géographique trop étroite. Il constatait également la généralisation d'une pratique consistant à « n'examiner qu'une seule candidature sur la base de contacts ou de recommandations personnels, et à réengager plusieurs fois de suite le

---

des États membres. Certains termes ont été encadrés par des guillemets, car à prendre avec précautions au regard de nos observations. Voir par exemple, ASSEMBLÉE GÉNÉRALE DES NATIONS UNIES, *Les progrès de la téléinformatique dans le contexte de la sécurité internationale : Rapport du Secrétaire général (A/57/166)*, 2 juillet 2002, p. 1.

266 NATIONS UNIES, *Cinquième Commission : La répartition géographique inéquitable et l'absence de parité entre les sexes, identifiées comme les zones d'ombre de la gestion des ressources humaines à l'ONU*, AG/AB/4249, 2017.

267 Nous pouvons observer la présence dans le GEG du Brésil en 2015 et 2010, de l'Inde en 2013 et 2010, et de l'Afrique du Sud en 2010.

268 Concernant les *Five Eyes*, nous constatons qu'en plus des États-Unis et du Royaume-Uni présents à l'ensemble des réunions, se sont joints le Canada et l'Australie en 2013.

269 L'Estonie, qui a subi en 2007 la première cyberattaque d'envergure menée par la Russie, et qui accueille le CCD COE de l'OTAN, est également présente depuis 2010 aux réunions ; tout comme l'Allemagne, dont les souvenirs de la *Stasi* sont encore particulièrement présents, et pour laquelle la question de l'emploi de l'Internet à des fins malveillantes est un sujet de la plus haute importance.

même consultant[270] », ce qui nous amène à notre seconde remarque : le niveau d'indépendance et d'expertise des membres du GEG à connaitre de l'encadrement juridique des attaques informatiques.

Plus le sujet traité par les comités d'experts est perçu par les États comme sensible et intrusif sur le plan de la souveraineté, plus nous pouvons nous attendre à ce qu'ils conçoivent le processus de manière à leur permettre de conserver un certain degré de contrôle. Fortement politisé, le processus de sélection et d'élection des experts est bien souvent le fruit de négociations et d'échanges de voix entre les pays[271]. En conséquence, tous les experts siégeant au sein du GEG ne possèdent pas un niveau égal d'expertise et/ou d'indépendance par rapport à leur gouvernement d'origine, et représentent donc dans la grande majorité des cas les intérêts politiques et stratégiques de leur État de rattachement. Cela n'est pas forcément problématique tant que la réflexion non seulement d'être collective, est menée par un président de groupe capable de jouer le rôle de « chien de garde[272] » contre une éventuelle politisation du travail des experts. Son rôle est avant tout de contrecarrer les effets négatifs de membres partiaux. Cependant et après étude des différents rapports (2010, 2013 et 2015), l'objectivité et l'indépendance des présidents peut aisément être remise en cause[273]

[270] Andrzej T. ABRASZEWSKI, Armando DUQUE GONZÁLEZ et Sumihiro KUYAMA, *L'emploi des consultants à l'Organisation des Nations Unies*, JIU/REP/2000/2, Genève, Corps commun d'inspection des Nations Unies, 2000.

f. En appui à ces propos, nous avons constaté la présence à plusieurs reprises de ces mêmes experts : Vladimir N. Gerasimovich (Biélorussie : en 2010, 2013 et 2015), Linnar Viik (Estonie : en 2010 et 2013) , Andrey V. Krutskikh (Russie : en 2010, 2013 et 2015), ou encore Michele G. Markoff (USA : en 2010, 2013 et 2015).

[271] Il n'existe aucune règle fixe aux Nations Unies concernant la manière dont les candidats doivent être sélectionnés au sein des États membres, ce qui entraine de grandes variations d'un pays à l'autre. Si certains sélectionnent leurs experts sur la base de leur connaissance quant au sujet étudié, d'autres nomment des candidats étroitement liés au gouvernement, comme d'anciens diplomates ou fonctionnaires. Par la suite, les décisions de vote sont dans la grande majorité des cas, influencées par les négociations faites entre les États. Pour de plus amples informations voir l'article de Valentina CARRARO, « Electing the experts: Expertise and independence in the UN human rights treaty bodies », (2019) 25-3, pp. 827-851.

[272] *Id.*, p. 845.

[273] En 2010, le président du GEG était Andrey V. Krutskikh, représentant la délégation de la Fédération de Russie. Bien que symbolique (l'Assemblée générale a créé le GEG pour donner suite à la mise en garde de la Russie concernant les dangers du cyberespace), ce choix reste discutable compte tenu de la position russe sur le contrôle du cyberespace. En 2013, la présidence du GEG a été attribuée à Deborah Stokes, représentant l'Australie (membre des *Fives Eyes*). À l'issue des discussions, fut conclue l'applicabilité du DIP aux cyberattaques. Il est intéressant d'observer que cette décision reflète l'opinion des autres membres des *Five Eyes* présents au moment des débats (États-Unis, Royaume-Uni et Canada), légitimant notre

nuisant à la crédibilité globale des travaux du groupe d'experts, dont la fameuse décision concluant à l'applicabilité du DIP aux activités cybernétiques. En effet, en 2013, les experts gouvernementaux se sont assuré un encadrement juridique fonctionnel et pratique, accepté de tous[274]. Logique, ce choix offrait l'assurance, si ce n'est d'encadrer efficacement le cyberespace, au moins de légitimer le bornage déjà mis en place par les règles existantes[275], et satisfaire les attentes des États qui souhaitaient avant tout s'offrir un droit malléable sur lequel ils pouvaient garder une autorité souveraine. Également utilisé pour encadrer tant les conflits terrestres, que aériens, maritimes ou spatiaux, le DIP est doté de dispositions au contenu suffisamment large pour permettre une certaine souplesse dans son interprétation[276], et ainsi encadrer les nouvelles techniques de combat cyber[277]. Certains auteurs

---

interrogation sur l'impartialité de la présidence. Voir pour l'Australie et les États-Unis : ASSEMBLÉE GÉNÉRALE DES NATIONS UNIES, *Les progrès de l'informatique et de la télématique et la question de la sécurité internationale, A/66/152*, 15 juillet 2011.. Voir pour le Royaume-Uni : ASSEMBLÉE GÉNÉRALE DES NATIONS UNIES, *Les progrès de l'informatique et de la télématique et la question de la sécurité internationale : Rapport du Secrétaire général, (A/68/156)*, 16 juillet 2013. Voir pour le Canada : ASSEMBLÉE GÉNÉRALE DES NATIONS UNIES, *Les progrès de l'informatique et des télécommunications et sécurité internationale, (A/68/156 Add.1)*, 9 septembre 2013. Enfin, concernant la présidence de 2015, celle-ci fut attribuée au brésilien Carlos Luís Dantas Coutinho Perez dont l'État est également membre des BRICS, sous-entendant la possibilité d'une influence de la part de la Russie et/ou de la Chine. Nous constatons ainsi la possibilité d'une mainmise des grandes puissances sur le processus décisionnel au sein du GEG.

[274] Partant du principe que les lois de l'humanité imposent par elles-mêmes des limites quant aux comportements attendus des États avant, pendant et après les conflits, choisir d'appliquer les textes généraux qui en découlent se veut non seulement pratico-pratique, mais surtout symbolique (en ce sens où le DIP étant un droit établi de longue date et globalement respecté par les États, son applicabilité aux cyberattaques s'avère être un choix logique).

[275] Comme le soulignent Sandrine Maljean-Dubois et Vanessa Richard, beaucoup d'instruments juridiques à l'efficacité incertaine sont quotidiennement appliqués, « parce qu'ils sont obligatoires ? Non ! Parce qu'ils sont ressentis, perçus comme légitimes ». Sandrine MALJEAN-DUBOIS et Vanessa RICHARD, « L'efficacité des normes internationales : quelles spécificités ? Illustrations à partir du droit international de l'environnement », dans *L'efficacité de la norme juridique : nouveau vecteur de légitimité ?*, coll. À la croisée des droits, n°6, Bruxelles, Bruylant, 2012, pp. 233-251, à la page 238. Nous entrons ainsi dans la dimension du « relativisme des valeurs », valeurs qui ne sont ni vérifiables, ni discutables. Celles-ci sont flexibles et n'existent que dans les yeux subjectifs de celui qui regarde. Voir Luc HEUSCHLING, « Le relativisme des valeurs, la science du droit et la légitimité. Retour sur l'épistémologie de Max Weber », dans *Droit et légitimité: actes du colloque organisé par le Centre de recherche sur les droits fondamentaux et les évolutions du droit de l'Université de Caen*, coll. Droit et justice, n°96, Bruxelles, Némésis, 2011, p. 22.

[276] O. CORTEN, préc., note 245, p. 49.

[277] Prévoir d'encadrer juridiquement des nouvelles techniques de combat par un droit souple n'est pas une pratique inédite Par exemple, la Déclaration de Saint-Pétersbourg de 1868 prévoyait une réglementation des méthodes et moyens de guerre suffisamment large pour

restent néanmoins partagés sur cette malléabilité du droit, dénonçant un manque de précision des textes[278] susceptible d'entrainer des risques d'erreurs et de subjectivisme[279]. D'autres au contraire, perçoivent en cela une qualité nécessaire et inhérente permettant de transposer plus facilement le DIP à une situation donnée[280]. De notre point de vue, cette flexibilité du droit international est une « fausse amie », d'autant que le GEG de 2013 et 2015 n'a donné aucune indication quant à la manière dont il devrait s'appliquer aux attaques informatiques, permettant aux États de disposer d'une grande liberté politique d'interprétation[281]. Finalement, si nous pouvions légitimement supposer l'indépendance du groupe d'experts, nous constatons aujourd'hui qu'il s'avère surtout refléter la voix des États, et ses décisions, leur volonté.

Pourtant, par la publicité des débats et du fait de sa densification normative, le DIP ne devrait plus être un droit au service uniquement des grandes puissances. Les difficultés techniques entourant le cyberespace nécessitent la participation de nouvelles entités

---

s'appliquer à tous types de conflit, réglementation qui fut ensuite reprise par le DIH. Celle-ci énonce que « le seul but légitime que les États doivent se proposer durant la guerre, est l'affaiblissement des forces militaires de l'ennemi, et que ce but serait dépassé par l'emploi d'armes qui aggraveraient inutilement les souffrances des hommes mis hors de combat ou voudraient leur mort inévitable ». Voir Jakob KELLENBERGER, « Le droit international humanitaire et les nouvelles technologies de l'armement », CICR.org (2011), en ligne : https: //www.icrc.org/fr/doc/resources/documents/statement/new-weapon-technologies-statement-2011-09-08.htm.

[278] Nous pensons par exemple à la Charte des Nations Unies dont le contenu a été vivement critiqué. « La Charte définitive est un texte assez général dont la rédaction est peu précise et mal articulée. Certes l'essentiel y a été transcrit dans la forme voulue par les principales puissances [...]. Le souci d'en finir rapidement, le désir d'adopter les textes à l'unanimité, [...] sont autant de facteurs qui ont également enclin les représentants à passer sous silence certaines difficultés portant sur les détails techniques en se contentant de dispositions vagues et peu précises. [...] Différentes dispositions sont en outre issues de compromis ambigus ou de rédaction insuffisante ». Jean-Pierre COT, Alain PELLET et Mathias FORTEAU, *La Charte des Nations Unies: commentaire article par article*, 3e éd., mise À jour, rev.augm. Dans le cadre du Centre international de Nanterre, CEDIN., Paris, Economica, 2005, p. 8.

[279] Michel VIRALLY, *Le droit international en devenir: essais écrits au fil des ans*, 1re éd., coll. Publications de l'Institut universitaires de hautes études internationales, Genève, Paris, Presses universitaires de France, 1990, p. 111.

[280] Pour Vincent Gautrais, « de façon paradoxale, souvent, le « vieux » droit – entendons celui dont l'introduction provient d'une date antérieure à l'avènement d'une technique – dispose d'une faculté d'adaptation plus grande que les lois nouvelles. Cette adaptation est souvent qualifiée à mauvaise raison comme « vide juridique » par les parties non satisfaites de l'état du droit alors qu'elle est davantage un « flou » nécessaire et inhérent à l'interprétation ». Voir Vincent GAUTRAIS, « Normativités et droit du technique », dans *Juristes sans Frontières-Mélanges Ejan Mackaay*, Les Éditions Thémis, Montreal, 2015, p. 319.

[281] J.-P. COT, A. PELLET et M. FORTEAU, préc., note 278, p. 2.

susceptibles de freiner les excès potentiels de la souveraineté étatique, comme les acteurs privés et la société civile. Faire appel à des spécialistes du numérique pour anticiper et cerner la nature des difficultés et les incertitudes entourant le cyberespace parait plus que nécessaire. La pertinence de faire appel à des intervenants extérieurs concernant l'élaboration des politiques et des normes pour des domaines très spécialisés a d'ailleurs mainte fois été démontrée[282], notamment au sein des institutions européennes où la société civile, à travers le lobbying, est perçue comme un instrument de corégulation légitime[283]. En s'en remettant au savoir des spécialistes pour anticiper et cerner la nature des difficultés et des incertitudes entourant un objet précis (en l'occurrence le cyberespace), on garantirait ainsi l'efficacité des règles internationales[284]. Il est également important de préciser qu'aujourd'hui de nombreuses entités autres que les sujets de droit international traditionnels revendiquent la possibilité d'influer sur les processus de création et de mise en œuvre du droit. C'est notamment le cas de Microsoft qui a proposé la création d'une convention de Genève du numérique. Toutefois, la participation de ces acteurs se heurte à la logique du système juridique international, construit par et pour les États[285], car « s'ils peuvent jouer les lanceurs d'alerte sur des situations de non-respect, l'accès au prétoire international leur demeure le plus souvent fermé et leur intervention limitée à la possibilité de soumettre des mémoires[286] ». Dans un monde interconnecté, où l'emploi des technologies de l'information et des communications est entré dans les

[282] Par exemple, il existe aux États-Unis une forme de lobbying qui, soigneusement distingué du trafic d'influence, s'apparente plutôt à la préparation de dossiers techniques, expliquant les conséquences juridiques, sociales et économiques d'une législation envisagée. Comme l'explique Frédéric Rouvillois, « ce lobbying technique est exercé le plus souvent par des *lawyers* spécialisés dans des domaines dont la complexité pourrait constituer un obstacle à l'efficacité de la loi si celle-ci était élaborée par le seul législateur : énergie, communication, finances, environnement, commerce international ». Frédéric ROUVILLOIS, *L'efficacité des normes : Réflexions sur l'émergence d'un nouvel impératif juridique*, Fondapol, novembre 2006, p. 18.

[283] Patrick LONGUET, « L'efficacité de la norme : le point de vue de l'Union européenne », *La Lettre* 2005.13, p. 4.

[284] F. ROUVILLOIS, préc., note 282, p. 17.

[285] Si des acteurs non étatiques sont sollicités par les États notamment lors de foras de négociations, se sera au mieux avec le statut d'observateurs, et bien souvent pour des questions liées à des enjeux économiques. Voir M. FATIN-ROUGE STÉFANINI, L. GAY et A. VIDAL-NAQUET, préc., note 264, p. 246.

[286] Sandrine Maljean-Dubois et Vanessa Richard font notamment référence au rôle limité des acteurs non étatiques au sein de la Cour Internationale de justice en tant qu'*amici curiae* (« ami de la cour »). S. MALJEAN-DUBOIS et V. RICHARD, préc., note 275, p. 247.

mœurs de chacun, la participation au processus décisionnel de ces acteurs du numérique offrirait pourtant l'assurance de normes adaptées au contexte cyber, d'autant que ces derniers se considèrent déjà comme nécessaires au maintien de la cyberstabilité[287]. Si certains comme Laurent Cohen-Tanugi estiment que leur participation « aurait le mérite de faire descendre le législateur de sa tour d'ivoire[288] », nous considérons qu'au sein de la communauté internationale, ils permettraient surtout de contrebalancer la puissance étatique, en permettant aux plus « faibles[289] » de se faire entendre. Or comme le rappelle Bernard Tyssié cité par Frédéric Rouvillois : « qui édicte la norme, gouverne la Cité[290] ».

Nous verrons dans notre prochaine section que cette citation est également valable pour les États présents au sein du GEG de 2017. Réunion charnière, celle-ci a marqué la fin du consensus, deux visions (occidentale et sino-russe) s'opposant radicalement quant à la manière dont le DIP devrait être ajusté pour s'appliquer aux activités cybernétiques. Chacune a essayé de s'imposer à l'autre sans résultat,

---

[287] Certains tentent déjà de maintenir la paix et la sécurité internationales à leur manière, les GAFAM ayant décidé de créer une « ONU » spécialisée dans la lutte contre le cyberterrorisme. Cette initiative a notamment été soutenue par la Nouvelle-Zélande. Pour plus d'informations, voir Dominique DESAUNAY, « Les GAFAM créent leur propre « ONU » pour lutter contre le cyberterrorisme », rfi.fr (25 septembre 2019), en ligne : http://www.rfi.fr/fr/ameriques/20190925-gafam-onu-lutter-cyberterrorisme-internet-reseaux-sociaux.

[288] Laurent COHEN-TANUGI, *Le droit sans l'État: sur la démocratie en France et en Amérique*, 2e éd. "Quadrige"., coll. Quadrige (Presses universitaires de France). Essais, débats, Paris, Presses universitaires de France, 2007, p. 151.

[289] En référence aux propos de Daniel Ventre qui énonçait que le cyberespace offre désormais aux plus faibles (les acteurs non-étatiques) la possibilité d'affronter les géants (les États). Voir D. VENTRE, préc., note 55, p. 109. Évidemment, Microsoft et les autres GAFAM sont des acteurs particulièrement puissants exerçant une domination, chacun dans leur domaine, sur le marché numérique et internet « occidental ». Ils constituent un groupe d'influence majeur auprès des politiques, et dépensent d'ailleurs des sommes colossales en lobbying. En 2021, Google et Microsoft ont investis respectivement (et approximativement) 6 millions d'euros et 5,5 millions d'euros auprès de la Commission européenne. Voir « Companies spending most on lobbying », *LobbyFacts.eu* (10 août 2021), en ligne : https://lobbyfacts.eu/reports/lobby-costs/companies/0/2/2/2/0/0/2021-08-10. Considérés comme des experts des questions numériques, la participation de ces acteurs privés au processus décisionnel au côté des États parait donc plus que pertinente. Devrait également être présente la société civile, accompagnée d'ONG spécialistes du domaine cyber.

[290] Bernard TEYSSIÉ, « Loi et contrat », *Actes du colloque Vive la loi,* Université Paris II, 25 mai 2004. Dans F. ROUVILLOIS, préc., note 282, p. 8. Très clairement, les États considèrent l'encadrement juridique du cyberespace comme leur « chasse gardée », et ne sont pas prêts à partager la scène internationale. Il suffit de lire le point 28 c) du rapport du GEG de 2015 pour le comprendre. Voir ASSEMBLÉE GÉNÉRALE DES NATIONS UNIES, préc., note 29.

conduisant ainsi à l'échec cuisant dont nous avons tant entendu parler, mais pour lequel nous avons eu si peu de détails. De notre analyse, nous constaterons une fracture qui ne pourra être réparée qu'en envisageant une autre approche, plus en adéquation avec la réalité. Celle-ci sera expliquée au Chapitre 4. En attendant, revenons sur cette tentative d'ajustement du DIP existant au cyberespace par le GEG de 2017.

SECTION 2 : La tentative d'ajustement du DIP au cyberespace par le GEG (2016-2017)

ANALYSE D'UN ÉCHEC

Si les 3ème et 4ème réunions du GEG (2013 et 2015) ont conduit à affirmer l'applicabilité du droit international existant aux activités cybernétiques, il était impossible pour la communauté internationale de se satisfaire de cette décision difficile à mettre en œuvre sans plus de précisions. Réunir un nouveau groupe d'experts chargé de discuter de la manière dont le DIP devrait encadrer les attaques informatiques relevait donc de la nécessité pure et simple. À la différence des autres années, 2017 fut marquée par l'impossibilité de trouver un accord acceptable pour l'ensemble des membres. Deux visions se sont opposées[291] quant à la manière dont le DIP devrait encadrer les cyberattaques, reflétant ainsi les différences profondes qui existent dans la lecture du système et du droit international[292]. Dans cette section, nous avons souhaité revenir sur cet échec du GEG en tentant de présenter un bref résumé du projet de rapport (I), tous les points discutés n'ayant pas été rendus publics. Nous savons néanmoins que certaines dispositions ont été rejetées par un petit nombre d'États dont le paragraphe 34 relatif au « droit des États à répondre aux actes internationalement illicites par l'utilisation des TIC » (II). Son analyse nous permettra de mieux saisir la nature des divergences quant à la manière dont le *jus ad bellum* et le *jus in bello* devraient être interprétés pour s'appliquer aux cyberattaques. Si cet échec du GEG ne marque pas la fin des négociations internationales sur le sujet ni même la fin du

[291] D'un côté, nous avons l'interprétation occidentale qui se focalise avant tout sur la promotion et l'extension des normes internationales existantes à toutes les sphères et tous les domaines d'opération possibles, y compris le cyberespace. De l'autre, nous retrouvons l'interprétation « sino-russe » (partagée par d'autres États dont Cuba) qui conçoit les structures internationales existantes comme des mécanismes permettant de maintenir la paix et la sécurité internationales, mais refuse d'étendre leurs compétences au cyberespace.

[292] OBSERVATOIRE DU MONDE CYBERNÉTIQUE, « L'échec du Group of Governmental Experts sur la cybersécurité : Conséquences et perspectives », 2018, en ligne : https://omc.ceis.eu/lechec-du-group-of-governmental-experts-gge-sur-la-cybersecurite-consequences-et-perspectives/.

droit international[293], cette 5ème réunion nous montre tout de même deux choses : 1) que ce que nous pensions acquis ne l'est peut-être pas ; et, 2) qu'il va certainement devenir nécessaire de penser un nouveau cadre de discussions et de prise de décisions pour parvenir à une réglementation internationale efficace et acceptée de tous (III), capable également de rassurer les acteurs privés. En effet, nous verrons dans notre prochain chapitre que ces derniers s'inquiètent de l'incapacité du DIP à encadrer le comportement des États dans le cyberespace, et se manifestent de plus en plus pour trouver des solutions et participer à sa corégulation.

I. Le « résumé » du projet de rapport du GEG

UNE MISE EN CONTEXTE

Comme nous avons pu l'étudier en introduction à cette thèse, la 4ème réunion du GEG de 2015 a fourni des éléments supplémentaires quant aux principes du droit international applicables aux TIC. Toutefois, les experts n'ont pas été en mesure de préciser comment le DIP devait s'appliquer, la section le concernant se limitant à une énumération de certaines dispositions de la Charte des Nations Unies. Il revenait donc au nouveau groupe d'experts, mis en place par l'Assemblée générale, d'étudier cette question.

Considéré comme le plus progressif et productif des groupes de travail chargés de connaitre des progrès de l'informatique et de la télématique dans le contexte de la sécurité internationale, le GEG de 2015 suscita un climat d'enthousiasme sans précédent au sein de la communauté internationale[294]. Ce n'est en effet pas moins de 40 pays qui se sont disputés les 25 sièges disponibles en 2016[295], témoignant ainsi de l'intérêt accru des États pour les travaux du GEG, et des

---

[293] « Les blocages et les défaillances temporaires font parties du processus normal de négociation et de construction des normes ». François DELERUE, « Cyberopérations et droit international - De l'opportunité de saisir la Commission du droit international des Nations Unies de la question du droit international applicable aux cyberopérations », *IRSEM,* Note de recherche n°59, 2018, p. 4.

[294] "The 2014/2015 GGE has been read as the most progressive and productive of the GGEs. For the public, it contributed a set of voluntary, non-binding norms, opened up a more than marginal discussion and offered the prospect of further insertions." Dans Eneken TIKK et Mika KERTTUNEN, *The Alleged Demise of the UN GGE: An Autopsy and Eulogy*, Cyber Policy Institute, 17 décembre 2017, p. 28.

[295] Parmi ces États, beaucoup n'avait jamais demandé à intégrer le groupe de travail lors des trois précédentes sélections de 2010, 2013 et 2015.

questions qui y sont débattues. En intégrant ce groupe, beaucoup espérait des progrès et des clarifications supplémentaires aux recommandations formulées en 2015[296]. Malheureusement, ce ne fut pas le cas.

Lors de cette réunion de 2016-2017 furent discutés de nombreux points dont la question du comportement responsable des États dans le cyberespace. Les superpuissances ont tenté de se convaincre mutuellement des menaces et des dangers entourant cet espace stratégique, et de la nécessité de prendre des mesures pour les atténuer. Chacun a essayé de rallier les autres à son opinion, à sa compréhension et à son interprétation des règles du DIP. Deux visions se sont ainsi affrontées : celle de l'Occident, ou plus précisément des États-Unis, et celle sino-russe. Souhaitant d'un côté l'application pure et simple du DIP existant aux cyberattaques, et de l'autre la création de nouvelles normes spécifiques à ces nouvelles armes, chaque partie a tenté de s'attirer les faveurs des autres membres participants, créant une scission au sein du GEG.

Toute une série de concepts et de règles du droit international ont également suscité des réactions contradictoires chez les participants, parmi lesquels l'agression armée, la légitime défense et la distinction entre civils et combattants. Fut également débattu le concept de la souveraineté étatique. Pour certains pays comme la Chine et la Russie, ce principe est absolu car caractérisant la puissance intrinsèque de l'État. Selon eux, chaque pays a le droit de gérer son propre cyberespace conformément à sa législation nationale, leur permettant d'arrêter les informations (tant entrantes que sortantes) à leurs frontières[297]. C'est ainsi qu'ils se sont vivement opposés avec leurs partenaires, aux États-Unis et à l'Union européenne qui prônent quant à eux, l'accessibilité du réseau et la libre circulation des données.

---

[296] Les participants en 2016-2017 étaient : Australie, Botswana, Brésil, Canada, Chine, Cuba, Égypte, Estonie, Finlande, France, Allemagne (présidence), Inde, Indonésie, Japon, Kazakhstan, Kenya, Mexique, Pays-Bas, Russie, Corée du Sud, Sénégal, Serbie, Suisse, Royaume-Uni et États-Unis. Voir François DELERUE, « The Codification of the International Law Applicable to Cyber Operations A Matter for the ILC? », (2018) 7-4 *ESIL Reflections*, en ligne :https://esil-sedi.eu/fr/esil-reflection-the-codification-of-the-international-law-applicable-to-cyber-operations-a-matter-for-the-ilc-2/.

[297] Voir Chapitre 4, Section 1« Le mythe du cyberspace ouvert, sûr, pacifique et accessible ».

Cette 5ème réunion fut aussi marquée par les inquiétudes de certains États de parvenir à acquérir et développer des capacités suffisantes dans le domaine de la sécurité informatique leur permettant de s'élever au même niveau que les grandes puissances. Par exemple pour Cuba, il paraissait difficile d'établir une réglementation internationale uniforme applicable à tous, compte tenu du développement inégal des pays en matière de TIC. Il semble également que les États-Unis et le Royaume-Uni n'aient pas reconnu l'application du principe de diligence raisonnable[298] dans le cyberespace, ni même le projet d'articles de la CDI sur la responsabilité des États, ou encore la doctrine des contre-mesures[299]. Enfin, ces discussions ont remis en question l'encadrement juridique des attaques informatiques employées en période de conflit, en revendiquant l'inapplicabilité du DIH à ces nouvelles armes.

À travers ces différentes observations, il apparait que le cadre propice à la mise en œuvre du DIP instauré lors des précédentes réunions du GEG (2013 et 2015) a disparu, celui-ci ayant succombé aux préoccupations des différents États. Que ce soit par gêne ou par discrétion, le président du 5ème GEG, Karsten Geier (Allemagne)[300], n'a laissé échapper que très peu de commentaires sur cet échec[301], aucune déclaration officielle n'ayant été publiée. Il en va de même de la Chine qui, bien qu'elle se soit opposée à l'adoption du rapport final, n'a pas ouvertement expliqué sa position. À l'inverse, les ministères des

[298] Le principe de diligence raisonnable correspond au degré de jugement, de soin, de prudence, de fermeté et d'action auquel on peut raisonnablement s'attendre d'une personne dans certaines circonstances. Ce principe a été précisé dans le rapport de 2015 du GEG qui précisait que « les États ne devraient pas permettre sciemment que leur territoire soit utilisé pour commettre des faits internationalement illicites à l'aide des TIC ». Voir ASSEMBLÉE GÉNÉRALE DES NATIONS UNIES, préc., note 29. Pour se conformer à leur obligation de diligence dans le cyberespace, les États devraient donc, dès lors qu'ils ont connaissance de l'utilisation hostile qui est faite de leurs cyber-infrastructures et de leur territoire, prendre les mesures à leurs dispositions pour y mettre fin.

[299] Les contre-mesures sont des actes qui n'impliquent pas l'usage de la force, commis en réponse à un acte internationalement illicite. Leur objectif est d'amener l'État agresseur à se conformer à ses obligations en droit international. Ces actes sont normalement illégaux, mais il est accepté d'y recourir sous certaines conditions.

[300] FEDERAL FOREIGN OFFICE OF GERMANY, « German diplomat selected to chair UN group of experts on cybersecurity » (30 août 2016), en ligne : https://www.auswaertiges-amt.de/en/aussenpolitik/themen/160830-vorsitz-expertengruppe-/283006.

[301] DIGITAL WATCH OBSERVATORY, « UN GGE: Quo Vadis? », (2017) Digital Watch newsletter-Issue 22, en ligne : https://dig.watch/newsletter/june2017#newsletter-1.

Affaires étrangères cubain[302], russe[303] et américain[304] ont publié des déclarations de leurs experts respectifs, détaillant et expliquant leurs positions et les raisons de cet échec.

Il apparait à présent pertinent de nous pencher sur le point central des discussions du 5ème GEG ; celui qui a fait le plus débat et qui a conduit à ce résultat (ou à cette absence de résultat). Il a su malgré lui entrainer de nombreuses interrogations sur la réelle adaptabilité du DIP à encadrer les cyberattaques. Il s'agit du paragraphe 34 sur « le droit des États à répondre aux actes internationalement illicites commis par l'utilisation des TIC ».

II. Le contenu du projet de rapport du GEG

LE PROBLÉMATIQUE PARAGRAPHE 34 ET SES CONSÉQUENCES

Si très peu d'informations relatives au contenu du projet de rapport du GEG ont été divulguées au grand public, un élément a fait grand bruit : le projet de paragraphe 34 détaillant la manière dont le DIP devrait encadrer l'utilisation des TIC par les États. Problématique, ce point a suscité beaucoup de discussions concernant la militarisation du cyberespace (1), les normes et principes du *jus ad bellum* applicables aux cyberattaques (2) et du *jus in bello* aux cyber-opérations (3), mais également de la responsabilité des États face aux actions offensives menées par le secteur privé dans le cyberespace (4). À travers l'étude de ces différents points, nous constaterons à quel point le GEG est devenu un marché de visions du monde et de systèmes diamétralement opposés (5). S'il n'y a rien de surprenant à ce que les États viennent y

---

[302] REPRESENTACIONES DIPLOMATICAS DE CUBA EN EL EXTERIOR, « 71 UNGA: Cuba at the final session of Group of Governmental Experts on developments in the field of information and telecommunications in the context of international security. », 2017, en ligne : http://misiones.minrex.gob.cu/en/un/statements/71-unga-cuba-final-session-group-governmental-experts-developments-field-information.

[303] THE MINISTRY OF FOREIGN AFFAIRS OF THE RUSSIAN FEDERATION et Andrey KRUTSKIKH, « Response of the Special Representative of the President of the Russian Federation for International Cooperation on Information Security Andrey Krutskikh to TASS' Question Concerning the State of International Dialogue in This Sphere », 2017, en ligne : https://www.mid.ru/en/foreign_policy/news//asset_publisher/UdAzvXr89FbD/content/id/2804288.

[304] U.S. DEPARTMENT OF STATE et Michele G. MARKOFF, « Explanation of Position at the Conclusion of the 2016-2017 UN Group of Governmental Experts (GGE) on Developments in the Field of Information and Telecommunications in the Context of International Security », 2017, en ligne : https://www.state.gov/explanation-of-position-at-the-conclusion-of-the-2016-2017-un-group-of-governmental-experts-gge-on-developments-in-the-field-of-information-and-telecommunications-in-the-context-of-international-sec/.

défendre leurs intérêts tant politiques que stratégiques, leur incapacité à s'entendre sur l'encadrement juridique du cyberespace montre la nécessité d'adopter une nouvelle approche. En effet, nous défendons dans ce travail que le GEG n'est peut-être pas le cadre de discussions le plus adapté pour discuter et trouver des solutions aux problèmes cyber, notamment parce que devrait être intégrés au processus régulatoire tous les acteurs du numérique dont ceux issus du secteur privé. Nous développerons plus avant sur ce point dans notre Chapitre 4. En attendant, voyons les points ayant mis en échec le GEG.

1. Sur la militarisation du cyberespace

Le projet de paragraphe 34 du GEG avait pour ambition de déterminer la manière dont le DIP pouvait encadrer l'emploi des TIC. Cependant, certains États y ont manifesté une vive opposition argumentant que l'application des principes de la Charte des Nations Unies sur l'utilisation de la force ou encore du droit international humanitaire entraineraient la militarisation du cyberespace[305]. Fourbe et mensongère, cette explication fournie par la Chine, la Russie, ou encore Cuba vise un objectif plus sournois : celui de maitriser l'emploi des TIC par la création d'une *lex specialis*[306] à leur avantage.

Dès le début, Moscou a souhaité interdire le développement et l'emploi des armes cybernétiques par le biais d'un régime juridique international spécifique. Plusieurs pays tels que la Biélorussie[307], le Mexique[308] ou encore le Brésil[309] partageaient – et partagent encore son avis sur la question. Peu convaincus, les États-Unis ont fait valoir qu'il serait prématuré de formuler des principes généraux pour encadrer spécifiquement les TIC. Le Royaume-Uni s'est une fois de plus aligné sur la vision américaine, suggérant qu'un instrument multilatéral limitant l'utilisation de certaines technologies civiles et/ou militaires

---

[305] A. M. SUKUMAR, préc., note 235.

[306] E. TIKK et M. KERTTUNEN, préc., note 294, pp. 19-23.

[307] ASSEMBLÉE GÉNÉRALE DES NATIONS UNIES, *Les progrès de la téléinformatique dans le contexte de la sécurité internationale (A/54/213)*, 10 août 1999, p. 3.

[308] ASSEMBLÉE GÉNÉRALE DES NATIONS UNIES, *Les progrès de l'informatique et de la télématique et la question de la sécurité internationale (A/60/95)*, 5 juillet 2005, pp. 2-3.

[309] ASSEMBLÉE GÉNÉRALE DES NATIONS UNIES, *Les progrès de l'informatique et de la télématique et la question de la sécurité internationale (A/60/95 Add.1)*, 21 septembre 2005, pp. 2-4.

serait inutile, le droit international existant s'appliquant à ces armes[310]. Selon eux, les principes de nécessité et de proportionnalité du droit des conflits armés régissent déjà l'utilisation des technologies, rendant inutile toute nouvelle démarche allant d'en le sens d'un droit spécifique au cyberespace.

Une fois de plus, nous observons cette opposition entre la vision sino-russe et américaine. Craindre pour la militarisation du cyberespace sachant que tant la Chine que la Russie ont intégré les attaques informatiques dans leur arsenal militaire est, selon nous, hypocrite. Pour ces États et leurs partenaires, il s'agit ni plus ni moins de trouver un moyen de contrôler la circulation des données sur leur propre territoire en se cachant derrière une argumentation bancale. Quant à la position américaine qui ne nie pas développer des capacités cybernétiques d'envergure, éviter la mise en place d'un droit du cyberespace qu'elle considère inutile, permet aux États-Unis de continuer à agir comme bon leur semble dans ce nouvel espace de combat. Ainsi d'un côté comme de l'autre, nous constatons la volonté de ces États à contrôler l'encadrement juridique du cyberespace pour y asseoir leur vision et donc leur pouvoir. Les intérêts tant politiques que stratégiques se cachant derrière l'adaptabilité du DIP aux TIC sont flagrants. Cela s'observe d'autant plus avec les discussions entourant les différents principes du *jus ad bellum* et du *jus in bello* que nous allons à présent étudier.

2. Sur les normes du *jus ad bellum* applicables aux TIC

a) Les TIC face à la qualification d'« agression armée »

Bien que les précédents GEG (2013 et 2015) ont conclu à l'applicabilité du droit international, et en particulier de la Charte des Nations Unies au cyberespace, le concept d'« attaque armée » a fait l'objet de nombreuses discussions en 2017. Les États-Unis par exemple, ont réaffirmé leur attachement à l'application de l'article 2§ 4 CNU en déclarant que « les cyber-activités peuvent, dans certains cas,

[310] E. TIKK et M. KERTTUNEN, préc., note 298, p. 9.

constituer un recours à la force, susceptible d'engendrer une réponse en légitime défense[311] ». Cette position est partagée par la France[312].

D'autres États comme la Chine ont reconnu l'applicabilité du principe de non-recours à la force, sans fournir plus de détails sur la manière dont le DIP devrait encadrer les cyber-activités[313]. De concert avec la Russie, celle-ci a également indiqué la nécessité d'élaborer de nouvelles règles spécifiques à l'emploi des armes cybernétiques[314]. Il faut savoir que la Chine est très attachée à une interprétation restrictive de l'article 2§ 4 CNU quant aux circonstances dans lesquelles un État peut légitimement recourir à la force. Essentiellement, celle-ci estime que toute décision impliquant ce principe doit être approuvée par le Conseil de sécurité, sauf en situation de légitime défense[315]. Il doit donc en être de même concernant les cyber-opérations. S'opposant à la vision beaucoup plus souple des Américains, il est fort probable que les deux États n'aboutissent jamais à un consensus sur cette question, ce qui n'est pas sans difficulté pour l'avancement des travaux du GEG.

D'autres pays comme Cuba ont déclaré être opposés à ce que les attaques informatiques puissent être qualifiées d'« agression armée »[316]. La raison est simple. Actuellement, les TIC fournissent un avantage aux États qui ne disposent pas de forces conventionnelles

---

[311] Harold Hongiu KOH, « International Law in Cyberspace », (2012) 54 *Harvard International Law Journal*, 3, en ligne : https://digitalcommons.law.yale.edu/cgi/viewcontent.cgi?article=5858&context=fss_papers. Voir également DEPARTMENT OF DEFENSE USA, *Law of War Manual*, décembre 2016, pp. 1015-1019.

[312] MINISTÈRE DES ARMÉES, RÉPUBLIQUE FRANÇAISE, *Droit international appliqué aux cyberopérations*, septembre 2019, p. 7.

[313] "The Chinese government has not definitively stated what types of [cyber] actions it considers to be an act of war which may reflect nothing more than a desire to hold this information close to preserve strategic flexibility in a crisis." Bryan KREKEL, *Capability of the People's Republic of China to Conduct Cyber Warfare and Computer Network Exploitation - Prepared for The US-China Economic and Security Review Commission*, 9 octobre 2009, p. 19.

[314] "As of 2017, China still advocates new international legislation for cyberspace. But it has also acknowledged the applicability of existing rules such as the regulation of the use of force in the UN Charter. On this latter point, the United States has sought, and will likely continue to seek, further clarity from China and other cyber powers." Dans Julian KU, « How China's Views on the Law of Jus ad Bellum Will Shape Its Legal Approach to Cyberwarfare », *A Hoover Institution Essay* Aegis Series Paper No.1707, p.3.

[315] Holly PORTEOUS, « Cybersécurité : défis techniques et stratégiques », *Bibliothèque du Parlement - Canada* 2018.2018-05-F, p. 13.

[316] Michael N. SCHMITT et Liis VIHUL, « International Cyber Law Politicized: The UN GGE's Failure to Advance Cyber Norms », *Just Security* 2017, en ligne : https://www.justsecurity.org/42768/international-cyber-law-politicized-gges-failure-advance-cyber-norms/.

suffisantes. Comme nous l'avons mentionné dans notre premier chapitre, les particularités techniques des attaques informatiques offrent la possibilité aux acteurs asymétriques de se confronter aux grandes puissances cybernétiques. Mais si, par exemple, Cuba décidait de lancer une cyberattaque regroupant les caractéristiques de l'agression armée contre les États-Unis, ces derniers auraient toute légitimité à répondre par une cyberattaque ou une attaque conventionnelle d'envergure susceptible de paralyser l'Île. Celle-ci pourrait alors ne pas s'en remettre. Il en va de même si les Américains décidaient d'attaquer cybernétiquement Cuba. Cette dernière pourrait répondre en légitime défense, mais ne disposant pas de la même puissance de feu que les États-Unis, elle serait très probablement « réduite à néant ».

Bien que faisant partie des États les mieux armés cybernétiquement, la Russie est aussi inquiète de la possibilité qu'une cyberattaque puisse revêtir ce qualificatif. Tout comme Cuba, celle-ci craint la possibilité que les Américains exercent des représailles conventionnelles en réponse à une cyber-opération. Les États-Unis – tout comme le Japon[317] – ne se sont jamais cachés de se laisser le choix de répondre par des moyens cybernétiques et/ou conventionnels à une cyberattaque majeure lancée à leur encontre. L'Inde envisage également cette option, celle-ci souhaitant avoir la possibilité de répondre aux cyber-opérations pakistanaises par des moyens traditionnels[318].

Pour certains commentateurs, il est peu probable que la majorité des attaques informatiques franchissent le seuil juridique d'une « agression armée »[319], c'est-à-dire qu'elles remplissent les critères présents dans la résolution 3314 (XXIX)[320]. Il est cependant possible qu'elles l'atteignent. Dans ce cas une réponse en légitime défense est envisageable, tout comme la mise en place de contre-mesures. Or nous verrons que ces deux concepts du DIP appliqués aux TIC ont fait l'objet d'un vif débat en 2017, ne permettant pas aux États d'aboutir à un consensus.

---

317 « JAPON : la cyberdéfense va devenir un élément majeur des Self-Defense Forces », *Géopolitique et enjeux stratégiques du cyberespace,* (11 septembre 2012), en ligne : http://cybergeopolitik.blogspot.fr/2012/09/japon-la-cyberdefense-va-devenir-un.html.

318 A. M. SUKUMAR, préc., note 235.

319 *Id.*

320 Voir ASSEMBLÉE GÉNÉRALE DES NATIONS UNIES, *Définition de l'agression - Résolution 3314 (XXIX) de l'Assemblée générale*, A/RES/3314, 1974.

b) *Les TIC face à la légitime défense et aux contre-mesures*

S'il parait peu probable qu'une cyberattaque soit qualifiée d'« agression armée », l'application de l'article 51 CNU sur la légitime défense semble également inenvisageable pour le moment. Lors de la réunion de 2017, les experts ont soulevé les difficultés pratiques d'attribution des attaques cybernétiques. À l'heure actuelle, il est impossible de fournir des preuves techniques suffisantes permettant de désigner avec fiabilité et précision un cyber-agresseur. Le risque d'usurpation d'identité et les obstacles liés au traçage de l'attaque sont encore beaucoup trop grands pour permettre une riposte étatique parfaitement ciblée.

Afin de pallier cette situation, certains pays ont soulevé la possibilité de répondre à une cyberattaque n'atteignant pas le seuil de l'agression armée par des contre-mesures[321]. C'est le cas des États-Unis qui, en disposant de capacités cybernétiques offensives, ont insisté pour que le GEG reconnaisse aux États le droit de recourir à des cyber-représailles[322]. À l'inverse, Cuba s'est montrée réticente face à leur emploi, craignant que si les experts venaient à accepter leur mise en place, des pays plus avancés sur le plan militaire ne définissent les règles du jeu sur la scène internationale[323].

Dans son rapport, l'experte américaine Michele Markoff a également expliqué que certains pays[324] ont fait valoir qu'il était trop tôt pour prendre de telles décisions. Selon eux, la mise en place de contre-mesures risquerait de déstabiliser la paix et la sécurité mondiales. Un État qui déciderait d'y recourir sur la base d'une

---

[321] Selon la Cour internationale de justice (CIJ), « pour pouvoir être justifiée », une contre-mesure doit satisfaire aux conditions suivantes : elle doit être prise pour riposter à un fait internationalement illicite d'un autre État et doit être dirigée contre ledit État ; l'État lésé doit avoir invité l'État auteur du fait illicite à mettre fin à son comportement illicite ou à en fournir réparation ; les effets de la contre-mesure doivent être proportionnés aux dommages subis compte tenu des droits en cause ; la contre-mesure doit avoir pour but d'inciter l'État auteur du fait illicite à exécuter les obligations qui lui incombent en droit international. Il ne faut pas les confondre avec la légitime défense. Voir *Affaire relative au personnel diplomatique et consulaire des États-Unis à Téhéran (États-Unis c. Iran)*, arrêt, CIJ, Recueil 1980, p.3.

[322] A. M. SUKUMAR, préc., note 235.

[323] M. N. SCHMITT et L. VIHUL, préc., note 316.

[324] Bien que l'experte américaine du GEG de 2017 ne les mentionne pas clairement dans son rapport, nous pouvons présumer qu'il s'agit de la Chine et de la Russie. Voir U.S. DEPARTMENT OF STATE et M. G. MARKOFF, préc., note 304.

attribution erronée (aussi raisonnable soit-elle) pourrait lui-même être accusé d'avoir commis un fait internationalement illicite[325]. C'est sans compter le fait qu'adopter de pareilles mesures irait à l'encontre de la mission du GEG de régler pacifiquement les différends et prévenir les conflits dans le cyberespace.

Finalement, la question de l'adaptabilité des principes du *jus ad bellum* aux cyberattaques suscite la controverse. Dire d'un droit qu'il s'applique sans pour autant s'assurer que des notions aussi fondamentales que l'agression armée ou la légitime défense puissent être utilisées dans le cas des TIC, montre que le GEG a pris un dangereux raccourci. Si certains États ont clairement manifesté leur position sur la question, le véritable défi juridique consiste désormais à aboutir à une vision commune afin de déterminer quand et comment le droit international et les principes juridiques susmentionnés s'appliquent dans le contexte unique du cyberespace. Or lors de la réunion de 2017 (et encore aujourd'hui), certains États récalcitrants ont habilement éludé ces questions. Nous constaterons qu'il en est allé de même concernant l'application et l'interprétation des règles du *jus in bello* aux cyber-opérations.

3. Sur l'applicabilité du *jus in bello* aux cyberopérations

Tout comme pour le *jus ad bellum*, cette 5ème réunion du GEG fut marquée par les vives discussions entourant la question de l'applicabilité du DIP aux cyber-opérations. Déjà en 2015, certains États avaient manifesté leur volonté d'exclure le *jus in bello* des travaux du groupe, si bien qu'il ne fut pas expressément mentionné dans le rapport final. Seule fut notée l'applicabilité des principes d'humanité, de nécessité, de proportionnalité et de distinction, mais sans plus de précisions[326].

Comme mentionné plus haut, des États comme Cuba, la Chine ou la Russie ont refusé en 2017 que les règles du *jus in bello* s'appliquent aux TIC sous prétexte que cela entrainerait la militarisation du cyberespace[327]. En réponse à cet argument plus que discutable, les

---

[325] Voir ASSEMBLÉE GÉNÉRALE DES NATIONS UNIES, *Responsabilité de l'État pour fait internationalement illicite*, (2002), A/RES/56/83.

[326] ASSEMBLÉE GÉNÉRALE DES NATIONS UNIES, préc., note 29, par. 28 d).

[327] "The Cuban delegation refused to accept the applicability of IH since it would legitimize a scenario of war and military actions in the context of ICT". S. SOESANTO et F. D'INCAU, préc.,

Américains se sont empressés de les accuser de revenir sur les progrès réalisés dans les précédents travaux du GEG[328]. D'autres ont soulevé que l'explication fournie par le clan sino-russe allait à l'encontre de l'article 36 du Protocole additionnel aux Conventions de Genève selon lequel tout nouveau moyen et méthode de guerre doit être encadré par les règles du DIH. Ayant eux-mêmes intégrés les armes cybernétiques dans leur arsenal militaire, la Chine et la Russie se sont vu rappeler par leurs opposants leur « obligation[329] » de s'assurer que ces dernières sont en conformité avec les règles du *jus in bello*[330]. Cette remarque est d'autant plus légitime que les arguments avancés par la Chine et ses soutiens sont considérés par beaucoup comme un prétexte au développement de leurs capacités cybernétiques. En refusant l'applicabilité du DIH aux cyber-opérations, ces derniers souhaiteraient gagner du temps pour tester leurs nouvelles armes sur les réseaux civils et les infrastructures critiques des autres États, sans avoir à respecter le principe de distinction entre civils et combattants[331]. Certes, dans le cyberespace celui-ci est particulièrement difficile à mettre en œuvre comme nous constaterons dans notre prochaine section. Les cyberattaques peuvent avoir de graves répercussions sur la sécurité nationale sans que l'auteur ou la cible ne soit un acteur militaire conventionnel. Pour autant, il est un élément essentiel du DIH qui existe pour régir les conflits et équilibrer la nécessité militaire et la considération humanitaire. Il devrait donc être respecté de tous, et ce même dans le l'espace virtuel quoi qu'en disent certains[332].

---

note 235. Voir également REPRESENTACIONES DIPLOMATICAS DE CUBA EN EL EXTERIOR, préc., note 302.

[328] U.S. DEPARTMENT OF STATE et M. G. MARKOFF, préc., note 304.

[329] Cette disposition exprime l'obligation pour les États de respecter une règle de conduite, mais celle-ci n'a pas de force obligatoire. Il s'agit plus d'une règle incitative que contraignante.

[330] L'article 35 P.I. nous enseigne que les méthodes et moyens de guerre ne sont pas illimités. Ceux susceptibles de causer des maux superflus sont interdits, tout comme ceux conçus pour causer, ou dont on peut attendre qu'ils causent des dommages étendues, durables et graves à l'environnement naturel. Dans cette situation, les États ont l'obligation de ne pas développer/produire des armes susceptibles de revêtir les formes sanctionnées par cet article.

[331] A. M. SUKUMAR, préc., note 235.

[332] Après tout, « applying IHL to cyber operations during an armed conflict has nothing to do with the legality or legitimacy of a conflict. […] And if IHL does not apply to cyber operations taking place in the context of an armed conflict, they will be forced to apply the stricter human rights regime when they engage in cyber operations during such conflicts. " M. N. SCHMITT et L. VIHUL, préc., note 316.

4. Sur la question des cyber-actions offensives menées par le secteur privé

Reconnaissant la possibilité que le secteur privé puisse désormais être une menace au maintien de la paix et de la sécurité internationales, le GEG s'était mis d'accord dans son rapport A/70/174 de 2015 sur le fait que :

- ⇨ « Les États ne devraient pas permettre sciemment que leur territoire soit utilisé pour commettre des faits internationalement illicites à l'aide des technologies de l'information et des communications[333] », et que ;

- ⇨ Ils ne devraient « pas mener ou soutenir sciemment une activité informatique qui serait contraire aux obligations qu'ils ont contracté en vertu du droit international, et qui endommagerait intentionnellement une infrastructure essentielle ou qui compromettrait l'utilisation et le fonctionnement d'une infrastructure essentielle pour fournir des services au public[334] ».

Face à l'augmentation exponentielle des logiciels de rançonnage et des attaques « zero-day[335] », le nouveau GEG s'est penché sur la responsabilité des États quant aux cyberattaques menées sur leur territoire par le secteur privé. Le terme « sciemment » a été l'objet de longues discussions pour convenir d'une compréhension commune, et tenter d'endiguer la prolifération des cyber-outils malveillants. Le but était ainsi d'empêcher les entreprises d'utiliser le cyberespace à des fins offensives contre des tiers qu'ils soient à l'étranger ou non, en responsabilisant les États. Le groupe d'experts a même failli admettre que les cyberattaques lancées contre l'infrastructure DNS d'Internet devraient être considérées comme inacceptables[336]. Cependant, tous ces

---

[333] ASSEMBLÉE GÉNÉRALE DES NATIONS UNIES, préc., note 29, par. 13 c).

[334] *Id.*, par. 13 f).

[335] Les attaques *zero-day* sont des cyberattaques dans lesquelles les cybercriminels exploitent une faille de sécurité dans un logiciel avant que l'entreprise ne la découvre et ne puisse programmer un correctif pour ces vulnérabilités.

[336] Voir A. M. SUKUMAR, préc., note 235. Certaines cyberattaques exploitent le détournement DNS, le but étant de remplacer des adresses de serveurs pris pour cible par des adresses de machines sous le contrôle des cyberattaquants. Pour plus d'informations, voir Jérome G., « Internet : (encore) une cyberattaque contre les noms de domaine - MàJ », (25 février 2019),

progrès ont maintenant été perdus dans la fausse controverse[337] sur l'application ou non du droit international au cyberespace[338].

5. Sur le contenu du projet de rapport : résumé conclusif

Bien que les États-Unis dominent toujours le cyberespace, les BRICS contestent désormais ouvertement l'ordre établi. L'Internet global et ouvert se voit opposé à une approche souveraine. Comme l'a expliqué l'actuel président américain (à l'époque, vice-président de Barack Obama) Joe Biden, il s'agit pour le clan sino-russe de « conduire exclusivement à un contrôle gouvernemental des ressources présentes sur Internet, des institutions, et des frontières nationales de la libre circulation de l'information en ligne[339] ». Le but pour chacun de ces États est de maitriser « son » cyberespace, c'est-à-dire le flux de l'information, mais également son contenu sur son territoire. Pour ce faire, ils se sont dotés d'organisations de cyberdéfense, et de capacités offensives[340]. La Chine et la Russie se sont également accordées en 2015[341] sur la nécessité de travailler de concert, et de protéger leurs intérêts communs, parmi lesquels l'encadrement juridique du cyberespace. La 5ème réunion du GEG de 2017 a ainsi démontré à quel point ces deux États sont soudés sur cette question.

---

en ligne : https://www.generation-nt.com/internet-dns-cyberattaque-nom-domaine-icann-actualite-1962459 .html.

[337] La controverse fabriquée, ou fausse controverse, est une technique utilisée par les groupes de pression pour confondre l'opinion publique en lui faisant croire qu'il existe une controverse sur un sujet, alors que celui-ci fait l'objet d'un consensus scientifique.

[338] "The 2016-17 UN GGE had made measurable progress in clarifying certain norms of behavior for state and non-state actors. In the fracas over the paragraph 34, the participants failed to appreciate that the codification of norms and principles does more for a cyberspace regime than any endorsement of international legal principles. […]. All of these gains have now been lost in the manufactured controversy over the application of international law to cyberspace. " A. M. SUKUMAR, préc., note 235. En effet, aucun consensus n'ayant été trouvé à l'issue de la réunion du GEG de 2017 concernant le paragraphe 34, c'est tout le système qui a été remis en cause. Plus précisément, c'est la décision même que le droit international est applicable au cyberespace qui a été ébranlée, et ce malgré qu'elle ait été reconnue, acceptée et saluée de tous lors des précédents GEG de 2013 et 2015.

[339] RFE/RL, « Biden Calls On World Governments To Back Open Internet », *RadioFreeEurope* (1 novembre 2011), en ligne : https://www.rferl.org/a/london_conference_on_internet/ 24378026 .html.

[340] OBSERVATOIRE DU MONDE CYBERNÉTIQUE, « Le rapprochement sino-russe dans le cyberespace », *Lett. Mens. OMC* 2015.38.

[341] Andrew ROTH, « Russia and China Sign Cooperation Pacts », New York Times (8 mai 2015), en ligne : https://www.nytimes.com/2015/05/09/world/europe/russia-and-china-sign-cooperation-pacts.html?_r=0.

À l'opposé, les États-Unis et leurs alliés se sont montrés particulièrement indignés face au point de vue sino-russe, le considérant comme « dangereux et insupportable[342] ». D'après eux, les pays qui ne souhaitent pas affirmer l'applicabilité des règles et principes juridiques internationaux existant aux TIC, veulent être libres d'agir dans ou par le biais du cyberespace, et ce pour atteindre leurs objectifs politiques. Le simple fait de discuter du règlement pacifique des différends et des concepts annexes, en omettant d'examiner les options légales dont disposent les États pour réagir aux cyber-activités malveillantes auxquelles ils sont confrontés, serait ainsi irresponsable. Pour les Occidentaux, la meilleure manière de dissuader les pays de mener des cyberattaques potentiellement déstabilisatrices, est l'adoption d'un cadre juridique s'inscrivant dans le DIP existant.

Finalement, les discussions autour de ce projet de rapport, où l'expertise est complétée par une représentation mondiale, montrent à quel point le GEG est devenu un marché de visions du monde et de systèmes diamétralement opposés. Chacun essaye d'argumenter en sa faveur et de rallier les autres participants sous sa bannière. Si les objectifs du GEG étaient jusqu'à présent de trouver une solution commune, il semble aujourd'hui qu'il soit demandé aux États de choisir un camp. Certains n'ont cependant pas perdu espoir et continuent d'œuvrer pour trouver des solutions juridiques susceptibles de satisfaire l'ensemble de la communauté internationale[343]. Si beaucoup ont vu en cet échec la fin du GEG et la mort du DIP[344], nous pensons que les discussions ont surtout montré la nécessité d'adopter une nouvelle approche quant à la manière d'aborder l'encadrement juridique des activités cybernétiques ; par exemple en créant une organisation dédiée à la sécurité numérique, intégrant dans le processus décisionnel tant les États, que les acteurs privés et la société civile[345].

---

342 Voir les propos du coordinateur-adjoint pour les questions cybernétiques au Département d'État des États-Unis, dans M. N. SCHMITT et L. VIHUL, préc., note 316.

343 Nous pensons à la France et à son Appel de Paris qui sera étudié plus loin.

344 A. M. SUKUMAR, préc., note 235; S. SOESANTO et F. D'INCAU, préc., note 235; A. GRIGSBY, préc., note 235; D. BROEDERS, préc., note 235.

345 Sur ce point, voir Chapitre 4, Section 2 « Préconiser un « pluralisme ordonné » reconnu et accepté de tous » et Section 3 « Quels axes prioritaires de recherches dans la coopération public-privé. ? »

III. Les conclusions du projet de rapport du GEG

UN FIASCO POLITIQUE ET JURIDIQUE

Si jusqu'alors nous ne pouvions que supposer la politisation du GEG, les discussions entourant le projet de rapport montrent très clairement son absence d'indépendance décisionnelle[346]. Ce ne sont pas les experts qui décident, mais bel et bien les États. Leurs intérêts sont mis en avant, la grande majorité des arguments évoqués n'étant pas de nature juridique, mais politique.

Il est certain qu'à l'heure actuelle, il n'existe aucun consensus quasi universel sur les normes et principes de comportements responsables des États dans le cyberespace. La réunion de 2017 a montré que certains pays avaient des idées bien arrêtées sur la manière dont le DIP existant devrait s'appliquer aux TIC – ou bien même s'il est l'instrument adéquat pour les encadrer. Pourtant, et comme le soulignent Eneken Tikk et Mika Kerttunen, les différends politiques observés ne doivent en aucune façon être interprétés comme une diminution de l'autorité du droit international. Celui-ci a toute légitimité pour encadrer ces armes, mais il doit s'adapter à leurs particularités. De la lecture des points de vue et des positions exprimés au sein et en marge du GEG, il ressort clairement qu'il existe des lacunes dans le DIP existant, qui permettent le développement hostile et l'utilisation malveillante des TIC. Il est donc essentiel de déterminer des principes directeurs (topologie du réseau, typologie des armes cybernétiques, etc.) pour orienter la pratique des États dans le cyberespace.

Le GEG n'est pas mort, mais l'étude des différents rapports et des discussions de 2017 montrent clairement les difficultés pour obtenir un dialogue constructif concernant l'interprétation des règles existantes pour encadrer les activités cybernétiques. Face à cet échec, il n'est donc pas étonnant qu'un nouveau GEG ait été mis en place par l'Assemblée générale. Ce qui l'est plus, c'est la pression des délégations cubaine, russe et chinoise à ce que soit créé un groupe de travail ouvert à tous dans le but de garantir une transparence totale et une participation égale des États dans les discussions et les prises de décisions liées à l'emploi

---

346 "Since no international lawyer can, in 2017, deny their applicability to cyber activities, the failure of the GGE can only be interpreted as the intentional politicization in the cyber context of well-accepted international law norms." M. N. SCHMITT et L. VIHUL, préc., note 316.

des TIC[347]. Né en 2018, l'*Open-Ended Working Group* (OEWG)[348] a pour mission, sur la base du consensus, de poursuivre l'élaboration des règles, normes et principes de comportement responsable des États dans le cyberespace, et de définir les moyens de les appliquer[349].

Bien que certains prêtent à la requête sino-russe une intention louable de vouloir établir un dialogue plus démocratique entre les nations[350], celle-ci fait l'objet de vives critiques. Ce ne sont pas moins de 66 acteurs (États, OI, acteurs privés et ONG confondus) qui ont intégré l'OEWG. Sachant qu'il est déjà difficile de parvenir à un consensus au sein du GEG avec 25 experts gouvernementaux, certains se demandent comment ce groupe pourra y arriver avec trois fois plus de membres. Pour reprendre les propos du général Guy Buchsenschmidt, ancien commandant de l'Eurocorp : « plus on est nombreux, plus le consensus est difficile à atteindre[351] », d'autant que les règles de collaboration au sein de ce groupe ne semblent pas avoir été véritablement expliquées, ni même réfléchies. Selon nous, la création de ce groupe reflète assez bien les propos de Clémenceau : « si vous voulez enterrer un problème, nommez une commission ». En créant un groupe annexe au GEG, les délégations russe, chinoise et cubaine ont avant tout tenté de « noyer le poisson » en pointant du doigt les défaillances du GEG actuel, et retarder l'analyse de l'applicabilité et de l'adaptabilité des normes et principes juridiques du DIP aux cyberattaques. Nous reconnaissons que la mise en place de ce nouveau groupe peut être bénéfique pour enrichir les discussions, et potentiellement trouver des solutions. Cependant, son rapport au GEG doit être précisé, tout comme son mandat et son fonctionnement interne.

---

347 S. Soesanto et F. D'Incau, préc., note 235.

348 Tous les États membres sont invités à intégrer ce groupe de travail à composition non limitée. Sa première réunion a eu lieu en 2019. Du fait de la pandémie de Covid-19, l'OEWG n'a pas pu remettre son premier rapport à l'Assemblée générale prévu initialement en 2020. Celui-ci a finalement été rendu public le 12 mai 2021. Voir OEWG on developments in the field of information and telecommunications, *Final Substantive Report*, A/AC.290/2021/CRP.2, 2021.

349 Assemblée générale des Nations Unies, *Progrès de l'informatique et des télécommunications et sécurité internationale (A/RES/73/27)*, 11 décembre 2018, p. 5.

350 S. Soesanto et F. D'Incau, préc., note 235.

351 Laura Makary, « Eurocorps : «Plus on est nombreux, plus le consensus est difficile à atteindre» », Libération.fr (6 avril 2013), en ligne : https://www.liberation.fr/evenements-libe/2013/04/06/plus-on-est-nombreux-plus-le-consensus-est-difficile-a-atteindre_894162/#:~:text=Tout%20le%20monde%20s'en,d'int%C3%A9r%C3%AAts%20strat%C3%A9giques%20entre%20pays..

Il semble pour l'instant que les deux processus (GEG et OEWG) soient complètement déconnectés l'un de l'autre[352], alors qu'ils devraient travailler en étroite collaboration[353]. Or en menant des débats parallèles, il est plus que probable que les deux groupes soient amenés à produire des résultats divergents, voire difficilement compatibles sur l'applicabilité du DIP dans le cyberespace, rendant finalement la situation plus complexe qu'elle ne l'était auparavant[354].

Il est certain que les discussions sur ce sujet sont loin d'être terminées et qu'il va être difficile de trouver des solutions qui satisfassent l'ensemble de la communauté internationale. Il appartient cependant à l'ONU de s'affirmer, quitte à réformer la façon dont les problématiques cyber sont traités en son sein. Le dispositif actuel et la méthode d'analyse doivent impérativement être repensés, et cela doit commencer par une lecture approfondie du droit international en le confrontant directement aux particularités techniques des cyberattaques. Il n'y a qu'ainsi que nous pourrons déterminer si ce dernier est véritablement adapté à connaitre de la menace cyber, et sinon, trouver des solutions pour parvenir à un encadrement juridique plus efficace.

---

[352] Les voies et calendriers de chacun sont bien distincts, sans compter que les participants n'ont pas la même qualité.

[353] Daniel STAUFFACHER et ICT FOR PEACE FOUNDATION, *UN GGE and UN OEWG: How to live with two concurrent UN Cybersecurity processes*, mai 2019, en ligne : https://ict4peace.org/wp-content/uploads/2019/11/ICT4Peace-2019-OEWG-UN-GGE-How-to-live-with-two-UN-processes .pdf.

[354] Les risques de blocage des négociations sont possibles, tout comme la remise en cause des principes adoptés lors des précédents GEG. À cela pourrait s'ajouter « l'adoption de nouveaux principes plus conformes aux visions russe et chinoise de la gouvernance du cyberespace, mais contradictoires avec celles portées par les pays partisans du GEG ». OBSERVATOIRE DU MONDE CYBERNÉTIQUE, « Quel avenir pour les négociations internationales sur la régulation du cyberespace ? », 2019, en ligne : https://omc.ceis.eu/quel-avenir-pour-les-negociations-internationales-sur-la-regulation-du-cyberespace/.

SECTION 3 : L'inadéquation du DIP existant aux cyberattaques

UNE OBSERVATION FONDÉE SUR L'ILLOGISME DE L'INTERPRÉTATION PAR ANALOGIE

L'univers est infini dans sa variété. Supposer sans savoir, raisonner par analogie, considérer l'inconnu comme allant de soi, ne pouvait mener qu'au désastre[355].

– **Robert Anson HEINLEIN**

Comme nous avons pu le constater, le cyberespace est devenu un terrain d'affrontements non seulement militaires, mais également idéologiques. La réunion du GEG de 2017 a montré des divergences d'opinions profondes. Si certains considèrent qu'il ne faut pas voir en cet échec une renonciation à ce qui a pu être précédemment acté[356], nous n'avons pas pu nous empêcher de constater un net recul au sein des discussions. Selon nous, la responsabilité de ce fiasco juridique incombe aux précédents groupes d'experts (2013 et 2015) qui se sont abandonnés à la facilité en utilisant l'interprétation par analogie. Si par le passé, le droit international a su s'adapter aux nouveaux moyens et méthodes de guerre, penser qu'il en sera toujours ainsi est une erreur. Le cyberespace est un milieu unique doté de caractéristiques qui lui sont propres. Ses particularités techniques sont inédites, ne correspondant en rien aux armes conventionnelles employées jusqu'ici. Pourtant, il apparait que les principales instances de réflexion aient choisi d'assimiler respectivement l'espace numérique et les armes cybernétiques aux espaces de combat traditionnels et aux armes classiques.

Dans cette troisième section, nous constaterons que la logique analogique opérée par le GEG met en difficulté les principes défendus dans la Charte des Nations Unies et le droit des conflits armés. Il est en effet peu aisé de faire appel aux similitudes lorsque le phénomène à encadrer est de nature antinomique avec ceux que nous connaissons actuellement. Nous verrons qu'adopter une position stricte sur la définition et l'application des principaux principes du DIP existant (recours à la force, agression armée, légitime défense, etc.) est en complet décalage avec les singularités de l'espace numérique et des

[355] Robert A. HEINLEIN, *L'Enfant tombé des étoiles*, Terre de Brume, 2010.

[356] Voir les propos de Frédérick DOUZET, dans FRANCE CULTURE, préc., note 239.

actions qui s'y déroulent. En procédant ainsi, le GEG a figé le phénomène cyber, et par la même toute réflexion sur l'évolution du droit international existant. Nous considérons que cela est dangereux car avantageant les États en ce qu'ils sont moins encadrés, et donc plus susceptibles d'agir dans le cyberespace en marge de la légalité. Pour justifier nos propos, nous avons décidé de revenir dans notre argumentation sur les éléments susceptibles de poser des difficultés au DIP (plus précisément au *jus ad bellum* (I) et au *jus in bello* (II)) lorsqu'il sera confronté aux cyberattaques. En effet, même si ses dispositions sont suffisamment larges pour permettre son interprétation et donc son adaptation à des situations nouvelles, nous verrons que la réalité cybernétique est un défi juridique pour lequel il n'a pas été préparé, rendant également difficile toute possibilité de sanction (III).

I. L'inadéquation des principes de la Charte des Nations Unies aux attaques informatiques

LA RUPTURE DE LA PAIX, LES CYBERATTAQUES ET LE *JUS AD BELLUM*

S'il fait consensus parmi les États que la Charte des Nations Unies est légitime à encadrer les cyberattaques, se pose tout de même la question de l'adéquation de ses principes à ces nouvelles armes. En effet, si on se fie aux discussions du dernier groupe d'experts gouvernementaux, l'article 2§ 4 CNU pourrait être sollicité en cas d'attaques cybernétiques menaçant la paix et la sécurité internationales (1), tout comme il serait possible pour les États victimes d'une cyber-agression de recourir aux mesures présentes dans le Chapitre VII de la Charte (2). Il semble donc utile de rappeler non seulement en quoi ceux-ci consistent, mais également les conditions nécessaires à leur application dans les cas d'attaques informatiques. Nous verrons que s'il peut paraitre aisé sur le papier de transposer les dispositions de la Charte aux cyberattaques, dans les faits cela est beaucoup plus compliqué. Les difficultés techniques et conceptuelles posées par les cyber-actes déclencheurs d'un conflit sont une réalité dont on ne peut pas faire abstraction (3). C'est ainsi que nous en viendrons à la conclusion que le *jus ad bellum* existant est inadapté à répondre aux défis cybernétiques menaçant la paix et la sécurité internationales.

1. La licéité de la menace ou de l'emploi d'armes cybernétiques

L'ARTICLE 2§ 4 CNU ET LA QUESTION DU RECOURS À LA FORCE APPLIQUÉ AUX TIC

Pour rappel, l'article 2§ 4 de la Charte des Nations Unies dispose que :

> **Article 2§4 CNU** – « Les Membres de l'Organisation s'abstiennent, dans leurs relations internationales, de recourir à la menace ou à l'emploi de la force, soit contre l'intégrité territoriale ou l'indépendance politique de tout État, soit de toute autre manière incompatible avec les buts des Nations Unies. »

a) Les cyberattaques en tant que nouvelles formes d'emploi illicite de la force

S'il n'existe pas de définition précise en droit international des notions de « menace » et d'« emploi de la force », se pose tout de même la question de savoir si les attaques informatiques peuvent revêtir l'un de ces qualificatifs. Comme le rappelle Michael N. Schmitt, « le modèle élémentaire d'analyse de l'emploi de la force était jusqu'il y a peu, fondé sur le type d'instrument coercitif utilisé[357] ». Au moment où la Charte fut rédigée, seules les armes conventionnelles à énergie cinétique étaient employées. Leurs effets étant connus de tous, il était plus aisé d'en déterminer le bornage juridique. Par ailleurs, les délégués à la Conférence de San Francisco de 1945 n'ont envisagé que l'usage de la force militaire, les pressions à caractère économique ou politique n'ayant pas été entérinées. De ces observations, les cyberattaques n'auraient jamais pu constituer une violation de l'article 2§ 4 de la Charte. En tant qu'armes non cinétiques employées tant par des acteurs étatiques que non étatiques, et dont les dommages ne sont que dans de très rares cas matériels, celles-ci ne pouvaient pas être considérées comme un usage de la force.

---

[357] Michael N. SCHMITT, « Computer Network Attack and the Use of Force in International Law: Thoughts a Normative Framework », (1999) 37-885 *Columbia Journal of Transnational Law*, 909.

Cependant, et comme le souligne Evelyne Akoto, « cette approche est désormais caduque[358] », et ce pour plusieurs raisons. Tout d'abord, car après la rédaction de la Charte des Nations Unies sont apparues de nouvelles armes non cinétiques telles que les armes nucléaires, radiologiques, bactériologiques et biologiques. Ensuite, parce la CIJ dans son arrêt sur les *Activités militaires et paramilitaires au Nicaragua* de 1989 a affirmé la possibilité de recourir à une interprétation plus large de l'article 2§ 4 CNU. Selon elle, l'entrainement, la fourniture d'armes ou toute autre forme de soutien peut constituer un usage illicite de la force, ce qui par conséquent va au-delà du seul emploi de la force armée. La Cour a également précisé que l'interdiction de l'emploi de la force vaut « indépendamment des armes employées[359] ». C'est ainsi qu'au même titre que les armes conventionnelles, les armes non cinétiques dont les cyberattaques font parties, peuvent désormais constituer un usage de la force. Sur ce point, le GEG a donc raison.

Néanmoins, il convient d'apporter une précision : l'emploi d'armes cybernétiques n'est pas prohibé en droit international[360]. Seules les conséquences de leur utilisation intéressent la communauté internationale qui pourra déterminer si oui ou non celles-ci vont à l'encontre des buts et principes défendus par la Charte. C'est ainsi que « la force armée ne se définit plus par l'emploi ou la libération ou non d'énergie cinétique, mais par la nature des conséquences directes et prévisibles, notamment les pertes humaines et la destruction physique[361] ». Pour qu'une cyberattaque puisse revêtir le qualificatif de « recours à la force » et être illicite au regard du DIP, celle-ci doit donc remplir un certain nombre de critères que nous allons à présent étudier.

---

[358] Evelyne AKOTO, « Les cyberattaques étatiques constituent-elles des actes d'agression en vertu du droit international public ? : Deuxième partie », (2015) 46-2 *Revue de droit d'Ottawa*, p. 218.

[359] *Activités militaires et paramilitaires au Nicaragua et contre celui-ci (Nicaragua c. Etats-Unis d'Amérique)*, fond, CIJ, Recueil 1986, p.14, par. 195.

[360] « La Charte n'interdit ni ne permet expressément l'emploi d'aucune arme particulière ». *Licéité de la menace ou de l'emploi d'armes nucléaire*, avis consultatif, CIJ, Recueil 1996, p.226, par. 39.

[361] E. AKOTO, préc., note 358, p. 218.

b) Les conditions nécessaires à la qualification de recours à la force pour les cyberattaques

Plusieurs approches ont été développées pour aider à caractériser l'emploi d'une cyberattaque comme un usage de la force. Comme nous l'avons mentionné précédemment, **la nature de l'instrument** par lequel un État contrevient à l'article 2§ 4 CNU n'est pas essentielle pour déterminer si nous sommes dans un cas de recours à la force ou non. Néanmoins, il est certain que plus les moyens employés s'apparentent à l'usage d'armes militaires conventionnelles, plus l'opération en question pourra être qualifiée d'usage de la force. Bien que certains États aient décidé d'intégrer les cyberattaques dans leur arsenal militaire, il reste difficile de déterminer précisément si celles-ci sont lancées dans ce cadre du fait des difficultés d'attribution. Par ailleurs, à la différence des attaques conventionnelles, les attaques cybernétiques ne pourraient pas constituer un usage de la force, puisqu'il leur manquerait le caractère physique associé à la coercition militaire[362]. Par conséquent, cette approche ne peut pas être retenue pour nous aider à qualifier les cyberattaques de recours à la force, les critères nécessaires à sa détermination étant trop limitatifs.

Une autre approche basée sur **la nature de la cible** peut également être adoptée. Les cyberattaques étant dans la grande majorité des cas plus déstabilisatrices que destructrices, s'intéresser à l'objectif ou à l'infrastructure visé(e) parait pertinent. Certains auteurs prônent d'ailleurs un régime de responsabilité stricte[363], qui se traduit par l'idée que plus la cible de l'attaque est essentielle au fonctionnement de l'État, plus grande est la possibilité qu'elle soit considérée comme relevant du recours à la force. Cette approche est néanmoins pernicieuse car de nombreuses cyberattaques sont menées quotidiennement contre les infrastructures vitales des États sans pour autant produire des effets d'envergure. En oubliant la question du niveau de gravité de l'attaque, elle fait l'impasse sur un critère pourtant essentiel à la qualification de recours à la force. C'est sans compter sa grande subjectivité. En effet, il n'existe à ce jour aucune définition de ce qu'est une « infrastructure

---

362 Duncan B. HOLLIS, « Why states need an informational law for information operations », (2007) 11-4 *Lewis & Clark Law Review*, p. 1041.

363 Voir Ian BROWNLIE, *International Law and the Use of Force by States*, Oxford, Clarendon Pr, 1963, p. 362. Voir également Walter Gary SHARP, « Cyber-Space and the Use of Force », *Aegis Research Corporation* 1999, pp. 129-131.

critique », laissant ainsi à la discrétion des États la liberté de déterminer ce qui d'après eux en relève[364]. Selon nous, le critère de la nature de la cible n'est donc pas suffisant pour qualifier une cyberattaque de recours à la force. En adoptant cette approche, le risque est d'étendre ce qualificatif à un trop grand nombre de cyber-opérations, et ainsi menacer la stabilité mondiale en créant des tensions entre les États là où il n'y en avait peut-être pas[365].

La dernière approche est celle privilégiée par la majorité des décideurs politiques[366] et d'auteurs, tels que ceux du Manuel de Tallinn. Celle-ci est basée sur **les conséquences de l'attaque**, c'est-à-dire qu'une cyberattaque ne pourra constituer un emploi de la force que si ses dimensions et ses effets sont similaires à ceux que l'on aurait obtenus avec l'emploi de moyens cinétiques[367]. Il s'agit ici d'un raisonnement par analogie en ce sens où on attend des armes cybernétiques qu'elles produisent des effets identiques à ceux des armes conventionnelles. Certes, cette approche offre une qualification d'une relative certitude, et permet d'exclure un certain nombre d'opérations dont les effets sont trop faibles pour correspondre à un

---

[364] Andrew C. FOLTZ, « Stuxnet, Schmitt Analysis and the Cyber "Use of Force" Debate », (2012) 67-4 *Joint Force Q*, 42. Voir aussi ASSEMBLÉE GÉNÉRALE DES NATIONS UNIES, *Création d'une culture mondiale de la cybersécurité et protection des infrastructures essentielles de l'information*, A/RES/58/199, (30/01/2004).

[365] Camille RABUSSIER, *L'application du droit international dans le cyberespace*, Mémoire réalisé dans le cadre du Master 2 Droit Comparé et préparé sous la direction de Madame la Professeure Corneloup, Paris, Paris II Panthéon-Assas, 2019, p. 26.

[366] Par exemple pour le Ministère de la défense français, « dans l'espace numérique, le franchissement du seuil de l'emploi de la force ne dépend pas du moyen numérique employé, mais des effets de la cyber-opération. Une cyber-opération conduite par un État à l'encontre d'un autre État constitue une violation du principe d'interdiction de recourir à la force si ses effets sont similaires à ceux qui résultent de l'utilisation d'armes classiques. Toutefois, la France n'exclut pas la possibilité qu'une cyber-opération dénuée d'effets physiques puisse être également qualifiée de recours à la force. » Dans ce cas, seront évalués les critères suivants : les circonstances de l'opération (origine et nature de l'auteur), le degré d'intrusion, les effets provoqués ou recherchés, la nature de la cible (liste non exhaustive). Voir MINISTÈRE DES ARMÉES, RÉPUBLIQUE FRANÇAISE, préc., note 312, p. 7.

[367] Les auteurs du Manuel de Tallinn ont précisé plusieurs facteurs susceptibles d'influencer l'évaluation de la nature d'un emploi de la force concernant les cyberattaques. Il s'agit de la gravité, de l'impact immédiat, du lien de causalité entre l'attaque informatique et le préjudice subi, du degré d'intrusion, de la mesurabilité de ses conséquences, de la légalité probable de la cyberattaque, de l'implication d'un État, et du caractère militaire. Les critères proposés ne sont pas exhaustifs et la qualification de la cyberattaque devra se faire au cas par cas. Voir Michael N. SCHMITT et NATO COOPERATIVE CYBER DEFENCE CENTRE OF EXCELLENCE, *Tallinn Manual on The International Law Applicable to Cyber Warfare*, New York, Cambridge University Press, 2013, pp. 48-52.

recours à la force. En outre, elle sert également à appliquer aux dernières avancées technologiques l'article 2§ 4 CNU, et ce sans remettre en question le cadre actuel du *jus ad bellum*. Si les tenants de la méthode par effets semblent pour certains être la meilleure solution face aux cyberattaques[368], ceux-ci n'en restent pas moins inadaptés. Comme le souligne Evelyne Akoto, « seules les cyberattaques qui peuvent produire des effets cinétiques sont considérées comme des emplois de la force[369] ». Or cette approche ne prend pas en considération les particularités techniques de ces nouvelles armes qui les distinguent pourtant des armes classiques. En l'adoptant, il est donc fort à parier que les cyberattaques ne se voient jamais attribuer le qualificatif de « recours à la force », bien que le GEG ait reconnu qu'elles puissent menacer la paix et la sécurité internationales. Si cela devait cependant en être le cas, il convient de rappeler que l'emploi illicite de la force peut revêtir différentes formes dont la plus grave est l'agression armée, que nous allons à présent étudier.

c) Le degré sommital de l'illicite : les cyberattaques comme « agression armée »

En droit international, l'agression constitue le degré sommital de l'illégalité. Il s'agit du fait internationalement illicite constitué par l'usage de la violence armée contre un État, voire par la simple menace de cet usage à la condition qu'elle soit d'une virulence telle qu'elle permet de l'identifier comme un début d'agression. Sa définition-référence est présente au sein de la résolution 3314 (XXIX) adoptée par consensus par l'Assemblée générale le 14 décembre 1974. Souhaitant aider le Conseil de sécurité dans sa mission de maintien de la paix, celle-ci lui a fourni un « guide[370] » détaillé mais non exhaustif de la notion d'agression. Aujourd'hui, ce texte parait daté tant les menaces à la paix et à la sécurité internationales ont évolué. Par exemple, le recours aux TIC par les acteurs étatiques (et non étatiques) n'y est pas

---

[368] Par exemple, pour Loïc Simonet, « l'acte d'agression informatique a ceci de particulier que sa gravité ne réside pas dans le mécanisme de sa survenance en lui-même (l'infiltration d'un virus ou d'un ver dans un réseau informatique), mais dans ses conséquences potentielles sur la vie de l'État et de sa population ». Voir Loïc SIMONET, « L'usage de la force dans le cyberespace et le droit international », (2012) 58 Annuaire français de droit international, p. 124.

[369] E. AKOTO, préc., note 358, p. 220.

[370] Dans le sens où la résolution n'a aucune valeur juridique contraignante pour les États. L'Assemblée générale a simplement recommandé au Conseil de sécurité de s'y référer si jamais il venait à être sollicité pour traiter d'une telle question.

mentionné. Cela n'est d'ailleurs pas sans rappeler la polémique entourant la qualification de certaines attaques informatiques en agressions « armées ».

Jean-Paul Pancracio énonçait : « il faut insister sur le caractère « armé » de l'agression au sens du droit international public[371] », puisque c'est ce dernier qui par la suite permet aux États de recourir à la légitime défense, et au Conseil de sécurité de prendre les mesures nécessaires pour maintenir la paix et la sécurité internationales en vertu du Chapitre VII de la Charte. Comme nous l'avons vu précédemment, la nature des armes utilisées n'est en principe pas déterminante pour qualifier juridiquement une attaque. Cependant, cela laisse intacte la question de savoir si une attaque cybernétique suppose nécessairement le recours à une arme, ou peut être considérée comme tel au sens du droit international[372]. Certains éléments doivent donc obligatoirement être remplis pour parvenir à une telle conclusion :

1) La cyberattaque doit être perpétrée directement ou indirectement par un État ou des personnes exerçant des prérogatives de puissance publique (PPP) ;
2) Elle doit prendre une forme militaire avérée dans l'intention hostile ou délibérée de causer des dommages ; et enfin,
3) Elle doit produire des effets d'une gravité tels qu'ils pourront être comparés à ceux résultant d'un emploi de la force physique (pertes en vies humaines substantielles, dommages physiques ou économiques considérables, etc.).

Comme nous l'avons expliqué dans notre premier chapitre, ces critères sont difficiles à déterminer dans le cyberespace. Savoir si une cyberattaque est le fait d'un État revient à être capable non seulement de désigner avec exactitude l'auteur de l'acte, mais également de connaitre ses intentions sous-jacentes. Or l'une des particularités de ce nouvel espace de combat est l'anonymat. Par ailleurs, il est très difficile d'évaluer avec précision le degré d'intrusion de ces attaques, ni même les répercussions réelles qui vont en découler. Nous l'avons vu, leurs effets ne sont pas toujours immédiats et peuvent se prolonger dans le

---

371 Jean-Paul PANCRACIO et Emmanuel-Marie PETON, *Cahier n 7 : Un mutant juridique, l'agression internationale ?*, IRSEM, 2011, p. 13.

372 M. FORTEAU, préc., note 13, p. 26.

temps. Ainsi, les cyberattaques étatiques peuvent surtout prendre soit la forme d'une agression indirecte[373] comme dans le cas des attaques par saturation dont ont été victimes l'Estonie et la Géorgie, soit d'une agression secrète[374] telle que l'infection des centrales nucléaires de Natanz en Iran par le virus *Stuxnet*. Si nous pensons que la qualification d'agression armée ne peut pas à l'heure actuelle, être envisagée pour les cyberattaques, l'analogie veut qu'il soit tout de même possible pour les États victimes d'une cyber-agression d'y réagir. Nous allons donc voir à présent ce que propose le DIP en pareille situation.

2. Les possibles réactions pour l'État victime d'une cyber-agression en DIP

L'ARTICLE 51 CNU ET LES AUTRES MESURES ÉTATIQUES VISANT À RÉTABLIR LA PAIX ET LA SÉCURITÉ INTERNATIONALES

Le droit international existant impose aux États l'obligation de régler leurs différends par des moyens pacifiques. En ce sens, tout État membre des Nations Unies peut saisir le Conseil de sécurité en vertu du Chapitre VII de la Charte, ou recourir à une juridiction internationale comme la CIJ, s'il vient à faire l'objet d'une cyberattaque illicite. Cependant, il arrive qu'il soit nécessaire pour un État de réagir rapidement face à une attaque d'envergure en adoptant des mesures unilatérales extrajudiciaires. Comme le souligne François Delerue, « le but est de contraindre l'État fautif à respecter ses obligations en mettant un terme à l'attaque, et en réparant le préjudice subi[375] ». Plusieurs réactions sont ainsi possibles afin de stopper l'attaque informatique contrevenant aux règles du DIP.

---

[373] Depuis 1945, l'agression indirecte est la forme la plus fréquente d'agression. Sa caractéristique principale tient au fait qu'il est quasiment impossible de déterminer qui est l'auteur derrière l'acte dont les effets sont similaires à ceux d'une agression directe. Comme nous avons pu le mentionner dans le Chapitre 1, l'État n'est pas toujours l'auteur d'une cyberattaque, et peut faire appel à un intermédiaire non étatique agissant pour son propre chef. Cela pose notamment un problème pour prouver l'implication substantielle dudit État. L'article 3 (g) de la Résolution 3314 représenterait – selon la CIJ – la règle coutumière internationale de la prohibition de l'agression indirecte.

[374] L'agression secrète est une agression directe commise de façon clandestine par des actes tels qu'une invasion terrestre menée par des soldats qui ne portent pas d'uniforme. Voir Stephen M. SCHWEBEL, « Aggression, Intervention and Self-Defence in Modern International Law (Volume 136) », (1972) 136 *Collect. Courses Hague Acad. Int. Law*, p. 456.

[375] François DELERUE, « Schéma sur l'application du droit international aux opérations cybernétiques », *Institut de Recherche Stratégique de l'École Militaire (IRSEM)*, 30 octobre 2019. Note de recherche n°84, pp. 6-7.

La première est l'exception la plus importante à l'article 2§4 CNU, c'est-à-dire **l'exercice du droit à la légitime défense.** Celui-ci est présent à l'article 51 dont voici le contenu :

Article 51 CNU – « Aucune disposition de la présence Charte ne porte atteinte au droit naturel de légitime défense, individuelle ou collective, dans le cas où un Membre des Nations Unies est l'objet d'une agression armée, jusqu'à ce que le Conseil de sécurité ait pris les mesures nécessaires pour maintenir la paix et la sécurité internationales. Les mesures prises par des Membres dans l'exercice de ce droit de légitime défense sont immédiatement portées à la connaissance du Conseil de sécurité et n'affectent en rien le pouvoir et le devoir qu'a le Conseil, en vertu de la présente Charte, d'agir à tout moment de la manière qu'il juge nécessaire pour maintenir ou rétablir la paix et la sécurité internationales ».

Comme nous pouvons le constater à la lecture de cet article, la légitime défense individuelle ou collective ne pourra être invoquée que dans les cas où une cyberattaque atteint le seuil de l'agression armée, sous réserve que le Conseil de sécurité ait été immédiatement informé de l'action menée par l'État victime. Elle pourra être mise en œuvre par des moyens numériques ou classiques dans le respect des critères de concomitance, de nécessité et de proportionnalité[376]. Dans les faits, il semble aujourd'hui très peu probable qu'un État en arrive à adopter pareilles mesures. En effet, comment invoquer l'article 51 sans être certain de l'identité de son agresseur, ni même de ses intentions réelles ? C'est sans compter l'hostilité manifeste de certains États tels que Cuba, lors de la réunion du GEG de 2017, à ce que les attaques informatiques soient qualifiées d'agressions armées. Bien évidemment, cela ne les empêche pas de s'accuser entre eux des diverses cyberattaques dont ils sont victimes. Pour autant, aucun n'a encore ouvertement riposté par des moyens conventionnels ou cybernétiques. Il semble donc également peu probable que le Conseil de sécurité soit sollicité pour maintenir la paix et la sécurité internationales dans les cas de cyberattaques, et ce pour plusieurs raisons que nous étudierons un peu plus loin.

La seconde réaction possible pour un État victime d'une cyberattaque considérée comme un acte internationalement illicite consiste en **l'adoption de contre-mesures.** Tout comme pour la

[376] L. BAUDIN, préc., note 58, pp. 129-132.

légitime défense, celles-ci peuvent être cybernétiques ou non. Il convient de préciser que ces actions sont par nature illicites, mais le droit international autorise les États à y recourir sous réserve de respecter certaines conditions[377] :

1) La réaction doit avoir pour objectif de faire cesser la cyberattaque, et non de se venger ou causer un préjudice à l'État-auteur ;
2) La réaction doit obligatoirement être lancée par l'État-victime de la cyberattaque et doit viser exclusivement l'État-auteur ;
3) Elle doit être nécessaire, proportionnée à l'acte subi et temporaire ;
4) Elle ne doit pas relever de la force armée ou constituer un crime aux yeux du DIH, et doit respecter les droits fondamentaux, ainsi que l'inviolabilité des locaux diplomatiques.

À titre d'exemple, si une cyberattaque venait à violer la souveraineté territoriale d'un État, celui-ci pourrait autoriser ses agents à infiltrer l'État-auteur pour y mettre fin. L'action consisterait à pénétrer sur le site physique où le lancement a eu lieu en infectant le serveur par une clé USB. L'intrusion peut également être virtuelle en tentant de déchiffrer ou détruire le virus en passant par le réseau. Certains auteurs estiment que le régime des contre-mesures est « particulièrement utile et transposable dans le cyberespace pour envisager des réactions efficaces et rapides par l'État-victime[378] ». Celles-ci semblent d'ailleurs être la voie privilégiée par les États, même si ces derniers ne déclarent pas ouvertement y recourir[379].

---

[377] Pour de plus amples informations, voir par exemple la ligne de conduite suivie par la France concernant l'emploi de contre-mesures pour des cyber-actes internationalement illicites dont elle serait victime. MINISTÈRE DES ARMÉES, RÉPUBLIQUE FRANÇAISE, préc., note 312, pp. 7-8.

[378] Maryline GRANGE, « Réactions d'un État victime d'une cyberattaque, sans recourir à la force », dans *Cyberattaques et droit international*, A. Pedone, coll. Numérique et droit, Paris, 2018, p. 192.

[379] Nous pouvons citer l'exemple de la cyberattaque lancée contre l'entreprise américaine Sony en 2014. Les États-Unis ont accusé le gouvernement nord-coréen d'en être le commanditaire et ont indiqué qu'ils y riposteraient par des moyens proportionnels. Bien que la cyberattaque n'ait pas été revendiquée, les importantes perturbations subies par le réseau Internet nord-coréen dans les jours suivants semblent confirmer l'usage de contre-mesures. Voir Kristina

La troisième réaction consisterait pour l'État victime à adopter des mesures unilatérales, licites mais inamicales vis-à-vis de l'État auteur de la cyberattaque, appelées **mesures de rétorsion**. Par exemple, il pourrait s'agir de demander l'expulsion des diplomates de l'État visé, ou du refus de leurs octroyer un visa pour pénétrer sur son territoire.

Enfin, une dernière réaction doit pouvoir être envisagée lorsque la cyberattaque illicite n'est pas d'origine étatique, et résulte donc d'un acteur privé. Rappelons que le cyberespace est un lieu virtuel ouvert et donc accessible à tous. Nous l'avons mentionné précédemment, certains hackers (et/ou pirates informatiques) agissant seuls ou en groupe n'hésitent pas à se confronter aux puissances étatiques. À ceux-ci s'ajoute la menace d'attaques cybernétiques provenant d'organisations criminelles ou terroristes, ou encore d'entreprises privées. Un État ne devrait-il donc pas avoir la possibilité d'y riposter même si dans les faits cela parait compliqué ? Si l'État-victime est celui sur lequel l'agresseur agit, il lui sera possible de **recourir à sa propre législation**. En revanche, si l'agresseur est situé en dehors du territoire national, ses moyens pour agir seront plus limités. En effet, les personnes privées ne sont normalement pas soumises au respect du DIP, ce qui suggère qu'elles ne peuvent pas être à l'origine d'un fait internationalement illicite. Il est néanmoins possible que la cyberattaque soit suffisamment grave pour justifier une réponse appropriée de l'État-victime. Dans ces conditions, trois options sont possibles :

1) L'État où l'agresseur se situe **coopère** avec l'État-victime en lui permettant d'accéder à son territoire pour mettre fin à la cyberattaque qu'il subit ;
2) L'État où l'agresseur se situe refuse de coopérer. Dans ce cas, l'État-victime pourra engager la responsabilité de ce dernier pour fait internationalement illicite (non-respect du principe de *due-diligence* ou diligence raisonnable[380]), et ainsi **recourir à des contre-mesures** ;
3) L'État-victime fait abstraction de l'État où le cyber-agresseur se situe, la cyberattaque étant d'une gravité telle (relève de

---

DAUGIRDAS et Julian Davis MORTENSON, « Contemporary Practice of the United States Relating to International Law », (2015) 109-2 *AJIL*, pp. 419-422.

[380] Pour de plus amples informations sur le principe de diligence raisonnable, voir la note 298.

l'agression armée) qu'elle justifie le **recours à la légitime défense** en vertu de l'article 51 de la Charte[381].

Nous reviendrons plus avant sur la participation des acteurs non-étatiques dans le prochain chapitre. En attendant, s'il parait envisageable d'appliquer aux cyberattaques les principes et normes du *jus ad bellum* en utilisant la méthode de l'analogie, nous considérons que cette approche est inadéquate. Pourquoi ? Parce que selon nous, l'analogie a ses limites en cherchant à tout prix la corrélation entre des phénomènes que tout oppose. Celle-ci est incapable de refléter et encadrer la réalité de l'emploi des nouvelles technologies. Pour le comprendre, nous allons à présent nous intéresser aux difficultés techniques et conceptuelles posées par les cyber-actes déclencheurs d'un conflit.

3. Les difficultés techniques et conceptuelles posées par les cyber-actes déclencheurs d'un conflit

LA « FICTION JURIDIQUE » RATTRAPÉE PAR LA RÉALITÉ TECHNOLOGIQUE

a) L'absence de définition des principaux concepts

Pour reprendre les termes de Serge Sur, « les cyberattaques sont une réalité, elles ne sont pas – pas encore ? – un concept juridique. [...] Elles sont des faits bruts qui, une fois saisis par le droit, deviennent des faits juridiques. Ces faits juridiques ne peuvent être établis et pris en considération que par des actes juridiques. On sait que les actes juridiques se composent de faits et de normes, et le plus souvent

[381] La réponse des États-Unis face aux attaques terroristes de 2001 perpétrées par Al-Qaïda a montré la possibilité pour un État d'entreprendre des actions qui, selon lui, sont nécessaires pour éradiquer la menace que représente un groupe non-étatique, et ce même si l'État sur lequel il se situe ne peut ou ne veut pas (« *unable or unwilling* ») agir pour stopper ses actions. Certains auteurs reconnaissent le droit de recourir à l'article 51 CNU dans un tel cas prétextant que « les États incapables de prévenir les agressions armées deviendront des refuges pour les acteurs non-étatiques, ce qui irait à l'encontre du but de la Charte ». Voir Tom RUYS et Sten VERHOEVEN, « Attacks by Private Actors and the Right of Self-Defence », (2005) 3-10 *Journal of Conflict & Security Law*, p. 307. Toutefois, cette façon de procédée reste fort contestée, un pan de la doctrine exigeant l'attribution de l'agression armée d'un acteur non étatique à un État pour que la légitime défense soit invocable. Pour de plus amples informations sur le sujet, voir le travail de Giulia PERSOZ, *Légitime défense et acteurs non étatiques : évolution en droit international et impact sur la neutralité suisse ?*, Mémoire de Master en droit international, Suisse, Université de Lausanne, 2016, pp. 27-28 et 34-43.

incorporent les deux. Jusqu'à ce qu'ils soient incorporés, ils demeurent pur faits, extérieurs au droit[382] ».

À ce jour, il n'existe aucune définition faisant consensus concernant les termes « cyberattaque », « arme cybernétique », « guerre cybernétique », ou encore « cyberespace »[383]. S'il semble que pour le GEG, cette absence ne présente pas de difficulté pour les encadrer juridiquement, de notre côté cela nous laisse dubitative. Pourquoi ? Parce que réfléchir à la définition d'un objet ou d'un fait permet d'y apposer un statut juridique, et ce dans le but de déterminer et encadrer efficacement son mode de fonctionnement et son utilisation au regard de la loi. Or en s'abstenant de définir ces termes, comment espérer une bonne qualification juridique par rapport au *jus ad bellum*, mais également au *jus in bello* ?

Non seulement d'être la matière première de tout bon juriste[384], la définition est la « voie privilégiée d'accès à la connaissance des mots et des choses[385] ». Elle a pour ambition d'éclaircir une situation, de donner un sens à un mot, de décrire mais également de prescrire une solution à un problème donné. Bien que nous comprenions les enjeux stratégiques entourant ces différentes notions, il apparait essentiel de parvenir à des définitions communément admises, prenant en compte les spécificités inhérentes au cyberespace « à la fois transverse, multiple et original[386] », et ce avant d'envisager les principes et normes qui leur seraient applicables. L'objectif est ainsi de fournir une assise solide, pour permettre ensuite d'entamer des discussions constructives quant à l'applicabilité et l'adaptabilité du DIP existant aux activités cybernétiques. Nous ne sommes d'ailleurs pas les seuls à aboutir à cette conclusion puisque par exemple, Barbara Louis-Sidney défend la nécessité d'adopter un texte propre aux cyber-opérations avec pour but de définir précisément certains concepts cyber au regard du *jus ad*

---

[382] S. SUR, préc., note 19.

[383] Nous entendons par là qu'aucun texte à valeur juridique ne définit précisément ces notions.

[384] La définition a pour objectif d'éviter toute ambiguïté. Voir par exemple le site du Ministère de la Justice du gouvernement canadien traitant des *Définitions*, en ligne : https://www.justice.gc.ca /fra/pr-rp/sjc-csj/redact-legis/juril/no35.html

[385] Louis-Maris SCHMIT, *Les définitions en droit privé*, Thèse de doctorat, Toulouse, Université Toulouse 1 Capitole, 2005, p. 13.

[386] Barbara LOUIS-SIDNEY, « La dimension juridique du cyberespace », *La Revue Internationale et Stratégique,* 2012.87, p. 76.

bellum et du *jus in bello*[387]. Nous réitérons également notre idée qu'une typologie des cyber-armes devrait être faite, car comme le souligne Serge Sur, « le droit ne traitera pas nécessairement de la même manière les différentes formes de cyberattaques[388] ». En attendant, nous estimons que ces lacunes rendent difficile tout encadrement juridique et possibilité de sanctions. De ce fait, il est d'une importance capitale de les clarifier dans les plus brefs délais.

b) Le caractère dématérialisé des cyber-actions

Pour encadrer correctement les TIC, il apparait non seulement nécessaire de prendre en considération les difficultés conceptuelles qu'elles entrainent, mais également les difficultés techniques. Parmi elles, se trouve la question de la dématérialisation du cyberespace, et des actions qui y sont menées. À l'exception de la couche physique, dont les éléments sont territorialement situés, le cyberespace est un lieu qui ne connait pas de véritables frontières. Pourquoi ? Principalement parce qu'il est virtuel. Cela ne signifie pas qu'il en soit complètement dénué, les États ayant eux-mêmes revendiqué par le biais du GEG l'applicabilité du respect de leur souveraineté territoriale dans l'espace numérique. Certains comme la Chine et la Russie ont même développé leur propre réseau fermé aux influences extérieures. Malgré les nombreux efforts d'acquisition d'une « cybersouveraineté », celle-ci reste tout de même difficile à mettre en place en l'absence d'un réel bornage.

Si l'analogie devait s'appliquer, le cyberespace se superposerait aux différents espaces physiques. Or sa géographie n'est pas aussi sensible. En effet, il ne s'agit pas de placer des bateaux de guerre à la limite des eaux territoriales, ou des chars aux frontières terrestres. Pour défendre sa souveraineté dans le cyberespace, l'État est tenu d'envisager une protection en trois temps. Elle doit d'abord être physique, puis logique,

387 *Id.*, p. 77.

388 Selon Serge Sur, la typologie se traduit par une élaboration intellectuelle en ce sens où l'on doit réfléchir sur ce qui fait la cyberattaque. La démarche est ici explicative et conceptuelle. Ce n'est que lorsque la typologie est achevée que le processus juridique commence, c'est-à-dire qu'on cherche à établir un fait juridique. On constate la situation, on cherche à la qualifier juridiquement et à en déterminer le ou les auteurs pour ensuite réfléchir à une action (recours à la force, sanction, etc.). S. SUR, préc., note 19, p. 216.

et enfin sémantique[389]. Toutefois et comme le souligne Olivier Kempf, « une frontière n'est jamais étanche[390] ». Et dans l'espace virtuel, « l'enjeu consiste à les rendre les plus visqueuses possible afin de dominer les flux et d'en entraver certains pour conserver une certaine maîtrise de son cyberespace national[391] ». Il apparait donc difficile de cartographier précisément le cyberespace, les États étant attachés sur le plan stratégique, à son opacité et sa porosité entre ses différentes sphères civiles et militaires.

Cette virtualité rend également la menace des attaques cybernétiques beaucoup moins concrète que dans l'espace physique. La projection de la force est différente car le calcul ne se fait pas en nombre de divisions armées. La dématérialisation du cyberespace permet à un hacker civil de mener une action d'envergure au même titre que mille soldats. Elle offre également la possibilité d'« éliminer ses ennemis en toute sécurité et à distance[392] », rompant ainsi avec la façon de déclencher et mener une guerre classique. L'attaquant dispose d'un avantage stratégique non négligeable qui est l'effet de surprise, et peut conduire son action depuis une zone de paix[393]. Par ailleurs, les conséquences n'étant pas perceptibles car bien souvent non physiques et indirectes, il peut paraitre malaisé de qualifier l'attaque en question, et par conséquent d'envisager une réponse au regard du droit international. Comme l'a si justement souligné Samuel Ragot, celui-ci n'a « pas été prévu pour la dématérialisation des conflits et leur apparition dans une sphère où les questions de souveraineté sont plus floues, où les acteurs sont multiples et où les difficultés d'attribution sont importantes[394] ».

c) Le caractère temporel des cyber-actions

Non seulement le cyberespace a considérablement changé notre compréhension des notions d'espace et de distance, mais il a également

---

[389] Par exemple, les États chercheront d'abord à protéger les infrastructures physiques comme les câbles sous-marins, puis à maitriser des logiciels d'exploitation et des virus de défense, pour ensuite contrôler l'utilisation des réseaux sociaux et le flux de l'information.

[390] Olivier KEMPF, « Cyberespace et dynamique des frontières », *Inflexions* 2015.30, p. 145.

[391] *Id.*

[392] G. CHAMAYOU, préc., note 110, p. 134.

[393] *Id.*, p. 169.

[394] Samuel RAGOT, *Cyberespace, relations internationales et pays émergents : évolution ou révolution ?*, Mémoire pour la Maitrise en Science politique, Montréal, Université du Québec à Montréal, 2015, p. 136.

remis en perspective notre rapport au temps. Comme nous l'avons mentionné dans notre premier chapitre, les cyberattaques se caractérisent par leur rapidité. La Commission de la défense nationale et des forces armées française dans son rapport d'information de 2018, a d'ailleurs souligné la « foudroyance » de ces attaques en rappelant qu'il suffisait d'un « clic » de souris pour obtenir de manière quasi instantanée le résultat escompté (blocage d'un site internet, déni de service, etc.)[395].

Il convient de rappeler également que toutes les cyberattaques ne sont pas programmées pour agir instantanément. Dans certains cas, ces attaques peuvent être introduites dans un système pendant une longue période avant d'être déclenchées, ou avoir été programmées pour se lancer automatiquement dès lors que certaines conditions sont réunies. Nous pensons notamment à la bombe logique *Tchernobyl* programmée pour s'activer le 26 avril 1999, jour du 13ème anniversaire de l'explosion de la centrale atomique du même nom. Ce « virus résident » s'est mis en veille sur toutes les machines qu'il avait préalablement infecté, pour ensuite s'exécuter à la date inscrite dans son code[396]. Il arrive également qu'une fois lancées certaines cyberattaques se prolongent dans le temps, leurs effets pouvant s'observer durant plusieurs années[397]. À l'inverse, certaines attaques informatiques sont programmées pour se rendre indétectables afin d'opérer sur une période suffisamment longue pour remplir leur mission, par exemple d'acquisition de données ciblées.

De ces observations, il parait difficile pour le droit international de s'appliquer par analogie aux cas de cyberattaques. Chacune d'elles a fait l'objet d'une programmation particulière, et est donc unique. Par conséquent, nous ne pouvons pas attendre de ces dernières qu'elles produisent des effets similaires aux attaques conventionnelles, ni même aux autres attaques cybernétiques déjà lancées. À la différence des armes classiques dont les conséquences sont visibles physiquement et

---

[395] Assemblée nationale, *Rapport d'information sur la cyberdéfense déposée par la Commission de la défense nationale et des forces armées*, 15ème législature, Paris, 2018, en ligne :http://www.assemblee-nationale.fr/dyn/opendata/RINFANR5L15B1141.html#_Toc256000004.

[396] Ce virus écrase avec des données aléatoires le premier mégaoctet de chaque disque dur de la machine. Ensuite, il flashe les BIOS (de l'anglais *Basic Input Output System*) pour détruire le code contenu dans un composant électronique présent sur la carte mère de l'ordinateurs, ce qui empêche les utilisateurs de pouvoir redémarrer la machine et de la réparer.

[397] Comme la cyberattaque baptisée « Octobre rouge » étudiée dans le Chapitre 1.

instantanément, les armes informatiques sont dans bien des cas virtuelles et latentes. En ce sens, le recours à des cyber-opérations se distingue des opérations lancées dans le monde physique qui laissent généralement des traces évidentes. Il nous semble donc utile de s'intéresser à la question de la preuve dans le cyberespace, notamment si les États envisagent des mesures de coercition en réponse à une cyberattaque, ou si les organes politiques (Conseil de sécurité et Assemblée générale) et/ou juridiques internationaux (Cour internationale de justice et Cour pénale internationale (CPI)) venaient à être sollicités pour prononcer des sanctions.

d) Le problème de la preuve dans le cyberespace

L'enjeu central entourant l'emploi des cyberattaques est la question de leur attribution. Nous l'avons vu précédemment, le cyberespace a cet avantage d'offrir l'anonymat. Or cela n'est pas sans soulever des difficultés pour déterminer avec précision l'auteur d'un cyber-acte illicite, et ainsi envisager la mise en œuvre d'une réponse coercitive adaptée et proportionnée.

Dans le cadre d'un conflit traditionnel, l'identification des combattants est aisée. Les attaques sont le plus souvent officiellement revendiquées et assumées. Dans le cas contraire, les États disposent de capacités leur permettant d'attribuer avec certitude l'attaque en question, et ce grâce à une analyse de l'action (degré de technicité, moyens et méthodes employés, victimes touchées, raisons géopolitiques, intérêts économiques et/ou stratégiques, etc.). « En somme, dans un conflit classique, il est toujours possible d'attribuer la paternité d'un acte de coercition à un acteur déterminé et ce dans un délai raisonnable compatible avec la conduite d'une éventuelle action en réponse[398] ».

Dans le cyberespace, la situation est tout autre. Les actions malveillantes font très rarement l'objet de revendications, et ne sont généralement pas directes si bien qu'il est difficile (pour ne pas dire impossible) de remonter jusqu'à l'origine de l'attaque[399]. Comme

---

[398] ASSEMBLÉE NATIONALE, préc., note 395.

[399] Pour Anne-Thida Norodom, la difficulté d'attribution est triple. Non seulement il est difficile d'avoir des certitudes sur l'auteur de l'attaque, mais s'ajoute à cela le fait que les États victimes d'une cyberattaque ne souhaitent pas divulguer leurs techniques d'identification. De plus et compte tenu de la structure du cyberespace, il est possible qu'un État victime ne soit pas

l'explique David Grout, CTO (*Chief Technical Officer*) de la branche européenne de *Fire Eye*, un peu moins de 10 % des attaques observées sont attribuées, et cela n'est rendu possible que lorsque suffisamment d'éléments techniques et politiques ont été recueillis[400]. Dans ces conditions, il parait compliqué d'invoquer la légitime défense ou les mécanismes de défense collective pour répondre directement à l'agression subie. Il est pourtant arrivé que des États aient cherché à attribuer des cyberattaques en accusant ouvertement l'agresseur présumé. Face aux critiques internationales quant à la fragilité de ces incriminations, certains États ont décidé d'étayer leurs allégations par des preuves[401] avant de recourir à des mesures de coercition.

En droit, la preuve a cette utilité de démontrer l'existence d'un fait. Sont recevables devant les juridictions, les preuves testimoniale (celles résultants de témoins ou d'experts), matérielle (celles physiques, tel qu'un objet) et documentaire (qui peuvent être écrites ou littérales). Dans les conflits classiques, elles sont généralement faciles à produire. Concernant les cyberattaques, la situation est différente, la recherche des preuves étant beaucoup plus complexe. Généralement, une cyberattaque laisse tout de même des traces via le code informatique, les adresses IP des différents ordinateurs et serveurs utilisés, les données de connexions, etc. Néanmoins, celles-ci sont difficiles à obtenir. Comme l'a souligné François Delerue, « c'est un processus

---

forcément la cible directe ou finale d'une attaque. Il est donc envisageable que plusieurs États revendiquent le droit de recourir à la force si cette attaque est assimilable à une agression armée. Dans Anne-Thida NORODOM, « L'attribution des cyberattaques: de l'apport des systèmes d'enquêtes internationaux existants », dans *Cyberattaques et droit international*, coll. Numérique et droit, Paris, Pedone, 2018, pp. 71-72.

400 Corentin DURAND, « Attribution des cyberattaques : le jeu toujours plus compliqué de la dissuasion », *Numerama - Rubrique Cyberguerre* (23 novembre 2018), en ligne : https://cyberguerre.numerama.com/64-attribution-des-cyberattaques-le-jeu-toujours-plus-complique-de-la-dissuasion.html.

401 Nous pensons au piratage du Parti démocrate (États-Unis) en 2016, plus communément appelé « affaire *Wikileaks* ». Plus de 20 000 mails avaient été publiés provenant des messageries de hauts responsables du Parti montrant la manière dont Hilary Clinton avait été préférée à Bernie Sanders dans la course à l'investiture. Soupçonnant la Russie d'être à l'origine de l'attaque, la présidence américaine a annoncé que le gouvernement américain allait adopter une réponse proportionnée au piratage. Pour justifier leur intervention, le FBI et le Département de la sécurité intérieure ont publié un rapport identifiant et détaillant le mode opératoire employé et les preuves récoltées permettant la désignation des auteurs de l'attaque. DEPARTMENT OF HOMELAND SECURITY et FEDERAL BUREAU OF INVESTIGATION, *Joint Statement from the Department Of Homeland Security and Office of the Director of National Intelligence on Election Security*, USA, 2016, en ligne : https://www.dhs.gov/news/2016/10/07/joint-statement-department-homeland-security-and-office-director-national.

long qui demande une grande expertise technique[402] ». Une autre difficulté doit également être prise en considération. Il s'agit de la nécessité de prouver l'authenticité et l'intégrité de ces preuves, et ce en prenant toutes les précautions nécessaires dans leur collecte et leur analyse[403]. Le fait de recourir à des experts techniques serait donc pertinent pour aider à identifier la cyberattaque et ses conséquences, et à l'attribuer plus efficacement à son présumé auteur[404]. Cela permettrait également d'aider les organes politiques et/ou juridiques internationaux en charge du litige à bien comprendre les aspects techniques, ces derniers ne disposant pas nécessairement des connaissances requises pour se reconnaitre compétents en pareille situation. Ainsi, la plus grande difficulté résulte en l'obtention des preuves, car une fois collectées, celles-ci pourront plus aisément être reçues par les instances sollicitées.

De nos observations sur le *jus ad bellum*, nous parvenons à la conclusion que celui-ci est, en l'état actuel, inadapté dans les cas d'attaques informatiques. Si nous comprenons l'urgence des précédents GEG à déterminer un cadre juridique applicable compte tenu du nombre exponentiel de cyberattaques (d'envergure ou non) lancées ces dernières années, la démarche manque tout de même de sérieux. Déjà parce que les différentes notions liées à l'emploi du cyberespace n'ont pas été définies, ensuite parce que les particularités techniques des attaques informatiques n'ont pas été prises en considération. Avant de parvenir à cette conclusion d'applicabilité du DIP aux cyberattaques, un travail en amont aurait dû être fait par le GEG, et ce en coopération avec les acteurs privés. En effet, ces derniers disposent de compétences poussées concernant le fonctionnement et l'utilisation du cyberespace, précisément parce qu'ils ont la charge de l'essentiel de l'exploitation et de la maintenance des réseaux numériques. Ils connaissent les méthodes, les capacités et les techniques des attaquants, et jouent

---

402 François DELERUE, « Cyber opérations : quel régime de preuve ? », dans *Cyberattaques et droit international*, coll. Numérique et droit, Paris, Pedone, 2018, pp. 47-68, à la page 55.

403 Marco ROSCINI, « Evidentiary Issues in International Disputes Related to State Responsibility for Cyber Operations », (2015) 50-2 *Texas International Law Journal*, p. 239.

404 Par exemple, la société américaine Mandiant a publié en 2013 un rapport d'enquête concernant des activités d'espionnage chinoises menées par un groupe dénommé APT1 de 2004 à 2013. Sur la base de différentes preuves tant numériques que physiques, l'entreprise est parvenue à la conclusion que les auteurs de ces attaques étaient probablement l'unité 61398 de l'Armée populaire de libération chinoise, et donc subordonnée au gouvernement chinois. Voir MANDIANT, *APT1 :Exposing One of China's Cyber Espionage Units*, 2013, pp. 59-60.

également un rôle essentiel pour la stabilité de cet espace virtuel. De ce fait, nous proposons leur intégration au processus régulatoire international, afin d'aider à la mise en place de critères clairs quant au seuil de gravité que ces attaques doivent revêtir pour être qualifiées de menaces à la paix et à la sécurité internationales. Ces derniers sont également plus que nécessaires pour aider à l'attribution des cyberattaques, d'autant plus si les États envisagent par la suite une réponse en légitime défense. En ce sens, nous pensons qu'il aurait été utile que le GEG s'intéresse à la question de créer une instance internationale *multistakeholder* dédiée à la sécurité numérique, en charge notamment des questions de traçabilité. Si la logique analogique opérée par les États et les experts ne semblent pas avoir fonctionnée pour les normes et principes du droit à la guerre, nous constaterons que la situation est similaire concernant les règles du *jus in bello*.

II. L'inadéquation des principes du DIH aux armes cybernétiques

Bien que l'application du *jus in bello* aux armes cybernétiques employées en période de conflit n'ait pas explicitement été mentionnée dans le rapport du GEG de 2015 et soit encore l'objet de discussions étatiques, l'obligation pour les États de respecter ses principes cardinaux (humanité, nécessité, proportionnalité et discrimination) a clairement été affirmée. De nombreux pays ont intégré les cyberattaques dans leur arsenal militaire, nous permettant de supposer que la licéité de leur emploi a fait l'objet d'une analyse en vertu de l'article 36 du Protocole I additionnel aux Conventions de Genève relatif aux armes nouvelles (1). Dans les faits, les États ont le devoir de déterminer si l'utilisation de toute nouvelle arme doit être interdite ou au contraire, peut être autorisée en période de guerre. La militarisation du cyberespace étant désormais avérée, les États recourant aux moyens cybernétiques lors de la conduite d'hostilités doivent respecter les principes du DIH (2). Nous constaterons que tout comme pour le *jus ad bellum*, le *jus in bello* va inévitablement être rattrapé par les difficultés techniques et conceptuelles posées par les armes cybernétiques (3). De ces observations, sera remis en cause le traitement par analogie opéré par les différents GEG, nous permettant de conclure à l'inadaptabilité du droit des conflits armés existant à encadrer les cyberattaques.

1. La licéité de l'utilisation des nouvelles technologies dans les conflits

L'APPLICATION DE L'ARTICLE 36 P.I ET LA QUESTION DE LA MILITARISATION DU CYBERESPACE

Article 36 P.I – « Dans l'étude, la mise au point, l'acquisition ou l'adoption d'une nouvelle arme, de nouveaux moyens ou d'une nouvelle méthode de guerre, une Haute Partie contractante à l'obligation de déterminer si l'emploi en serait interdit, dans certaines circonstances ou en toutes circonstances, par les dispositions du présent Protocole ou par toute autre règle du droit international applicable à cette Haute Partie contractante ».

Avant de débuter notre analyse par la transposition des principes et normes du *jus in bello* aux TIC, il nous paraissait pertinent de revenir sur un point peu ou pas développé par la doctrine, et qui pourtant est d'une importance capitale : la licéité de l'utilisation des armes cybernétiques dans les conflits. Nous l'avons constaté précédemment, la grande majorité des États ont intégré ces nouvelles armes au sein de leur arsenal militaire. Si certains pays comme la Chine et la Russie refusent que les règles du DIH s'y appliquent, ceux-ci ne se privent pourtant pas de les développer et de les employer. Cette militarisation avérée du cyberespace laisse donc entendre que les États ont dû procéder à l'étude de ces armes, et que les conclusions se sont avérées suffisamment positives pour leur permettre d'y recourir en période de guerre. Nous émettons tout de même des réserves sur ce point.

Rappelons que l'article 36 P.I exprime une obligation, mais n'est pour autant pas contraignant pour les États[405]. Cette disposition relève plus de la suggestion que de l'ordre, en ce sens où ces derniers peuvent

[405] Comme l'explique le Rapporteur de la Commission III, « la détermination de la légalité, qui est exigée par des États par l'article 34[36], n'est pas destinée à créer une norme subjective. Le fait pour un État de déterminer si l'emploi d'une arme est interdit ou autorisé, n'a pas de force obligatoire sur le plan international, mais on espère que l'obligation de procéder à cette détermination assurera que des moyens ou des méthodes de guerre ne seront pas adoptés avant que la question de la légalité ait fait l'objet d'un examen attentif ». L'objet de l'article est de demander aux États si l'emploi normal ou projeté d'une arme serait interdit dans certains cas ou en toutes circonstances. Selon le Rapporteur, « il n'est pas exigé d'un État qu'il prévoie ou étudie tous les emplois abusifs possible de l'arme en question, car presque toutes les armes peuvent avoir des emplois abusifs qui seraient interdits ».,CDDH, *Official Records of the Diplomatic Conference on the Reaffirmation and Development of International Humanitarian Law Applicable in Armed Conflicts*, CCDH/215/Rev.1, Genève, 1974-1977, Actes XV, p. 269, par. 30-31.

développer des armes nouvelles dangereuses et contraires aux règles du droit international, mais ne peuvent normalement pas y recourir en période de conflit[406]. C'est ce que nous enseigne l'article 35 P.I relatif aux règles fondamentales à respecter quant aux méthodes et moyens de guerre employés. Cependant, les États n'ont aucune obligation de divulguer aux tiers les projets à l'étude ou en cours de fabrication. Par conséquent, si une éventuelle illégalité au moment de la conception de l'arme venait à être constatée, celle-ci pourrait être passée sous silence[407], et les États auraient donc la possibilité de l'employer.

Toutefois, et comme le mentionne l'article 36 P.I, le développement de nouvelles armes nécessite une analyse approfondie. Certains États[408] ont mis en place une autorité d'examen[409] chargée d'évaluer la conformité de ces nouveaux moyens et méthodes de guerre au regard du droit international en vigueur, et ce sur la base d'un usage normal[410]. Il est également arrivé que cette autorité se soit vu demander de prendre en considération les probables développements futurs du droit, le but étant d'« éviter les coûteuses conséquences d'une décision consistant à approuver et acquérir une arme dont l'emploi risquerait d'être frappé

---

406 Pour Jean de Preux, cet article (tout comme l'intégralité du *jus in bello*) vise uniquement à réglementer l'emploi des armes, et non leur possession dont l'interdiction relève du domaine du désarmement. Jean DE PREUX, « Commentaires sur l'article 36 », dans *Commentaire des Protocoles additionnels du 8 juin 1977 aux Conventions de Genève du 12 août 1949*, Genève, Nijhoff, 1986, p. 427.

407 Claude PILLOUD, Yves SANDOZ, Christophe SWINARSKI, Bruno ZIMMERMANN, et COMITÉ INTERNATIONAL DE LA CROIX-ROUGE, *Commentaire des Protocoles additionnels du 8 juin 1977 aux Conventions de Genève du 12 août 1949*, Genève, Nijhoff, 1986, p. 431.

408 Parmi les États ayant mis en place une autorité d'examen, nous retrouvons l'Australie, la Belgique (voir Ordre général/Belgique, article 2§b), les Pays-Bas, la Suède, la Norvège (voir Directive/Norvège, article 2.1) ou encore les États-Unis (voir par exemple, Instruction/US Air Force, articles 1.1.1 ou 2.6 : « aucune arme ou système d'arme ne peut être acquis ou déployé sans examen juridique préalable »), soit 6 pays sur les 176 États ayant ratifiés le premier protocole aux Conventions de Genève. Voir CICR, *La mise en œuvre nationale du droit international humanitaire : Un manuel, Genève*, 2012, p. 258.

409 L'autorité d'examen peut être un individu ou un comité, et doit posséder certaines qualifications telles qu'une connaissance et une compréhension complètes et approfondies du DIH. Il est possible qu'un ou plusieurs conseillers juridiques issus des forces armées prennent part ou dirigent l'examen. Il est recommandé que l'examen soit pluridisciplinaire, c'est-à-dire que des experts issus des domaines juridiques et militaires, mais également de la santé, des technologies de l'armement et de l'environnement y participent.

410 N'est pas considéré comme « normal », l'usage d'armes causant des maux superflus (article 35 P.I), qui en raison de leur imprécision ou de leurs effets, atteignent indistinctement les populations civiles et les combattants ; et dont les effets nocifs échappent, dans le temps ou dans l'espace, au contrôle de ceux qui les emploient. Voir CICR, *Réaffirmation*, XXème conférence internationale de la Croix-Rouge, Genève, 1969, pp. 74-75.

de restrictions, voire même d'interdiction, dans un avenir proche[411] ». Si l'autorité d'examen venait à établir que l'arme nouvelle est interdite par le DIH, l'État « devrait mettre un terme au processus de mise au point ou d'acquisition[412] ». Cette utilisation du conditionnel laisse entendre ce manque d'impératif contenu dans les décisions de l'autorité d'examen. Cependant, il est arrivé que des États souhaitent malgré tout que les armes développées soient reconnues conformes aux règles du DIH en faisant appel de la décision rendue, leur permettant ainsi d'en poursuivre la fabrication dans le but de les employer sur le champ de bataille[413].

Ces observations sont pertinentes quant au développement du cyberespace et l'usage que les États font des armes cybernétiques. La très grande majorité d'entre eux ne disposant pas d'autorité d'examen, il est fort à parier que les cyberattaques n'ont jamais été étudiées de façon approfondie pour déterminer la licéité ou non de leur emploi au regard du droit international en vigueur. Toutefois, il convient de laisser aux États le bénéfice du doute. Certains peuvent avoir respecté l'article 36 P.I, et avoir étudié la légalité de l'emploi des armes cybernétiques en se fondant – tel que mentionné plus haut – sur la base d'un usage normal. Autrement dit, ils peuvent avoir déterminé la licéité de ces armes en procédant par analogie, c'est-à-dire en considérant que leur emploi sera similaire à celui des armes conventionnelles. Selon nous, il s'agit d'un raccourci particulièrement dangereux, et montre une forme d'irresponsabilité des États qui n'ont pas su envisager tous les effets que peuvent produire ces nouvelles armes. Une autre option doit également être envisagée : celle que l'autorité d'examen a validé la légalité de l'emploi de ces armes en se fondant sur leur virtualité, ou plus précisément sur le fait qu'elles puissent ne jamais produire des effets similaires aux armes conventionnelles. Dans ce cas, la situation est tout aussi dangereuse puisque comme nous avons pu le constater précédemment, leurs particularités techniques sont telles que nous aurions tort de les sous-estimer. En conclusion, nous dirions que la licéité de l'emploi des armes cybernétiques a été imposée par les États

---

411 CICR, préc., note 408, p. 247.

412 *Id.*, p. 258.

413 Les États-Unis (voir Directive 5500.15, article IV.C du département américain de la Défense) et la Suède (voir Ordonnance / Suède, article 10) ont fait reconnaitre leur mécanisme d'examen, et prévoient la possibilité de soumettre à appel ou à réexamen les décisions de l'autorité d'examen. *Id.*

qui se sont arrogé le droit de les développer et de les intégrer à leur arsenal militaire dans le but de les employer. La militarisation du cyberespace est un fait qui ne peut pas être nié. Par conséquent et en toute logique, les règles du *jus in bello* doivent s'appliquer à ces armes lorsque les États décident d'y recourir en période de conflit.

2. La conduite des hostilités par des moyens cybernétiques

LA TRANSPOSITION DES GRANDS PRINCIPES DU *JUS IN BELLO* AUX TIC

a) Le concept d'« attaque » appliqué aux opérations cybernétiques

Article 49 §1 et 2 P.I – définition des attaques et champ d'application :

« 1. L'expression « attaques » s'entend des actes de violence contre l'adversaire, que ces actes soient offensifs ou défensifs.

2. Les dispositions du présent Protocole concernant les attaques s'appliquent à toutes les attaques, quel que soit le territoire où elles ont lieu, y compris le territoire national appartenant à une Partie au conflit mais se trouvant sous le contrôle d'une Partie adverse [...]. »

Définie à l'article 49§1 P.I, l'« attaque » se caractérise comme un acte de violence perpétré en période de conflit à l'encontre d'objectifs militaires adversaires. En conséquence, les attaques indiscriminées sont interdites. Les commandants militaires ont l'obligation de prendre des mesures de précautions dans la préparation et l'exécution de ces attaques afin d'en limiter les effets et éviter des dommages collatéraux. À la lecture de cet article ressort donc la possibilité pour les opérations cybernétiques offensives et défensives de revêtir le qualificatif d'« attaques », et ce quel que soit le territoire contre lequel elles sont dirigées. Cependant, le Manuel de Tallinn a tenu à préciser que pour considérer un acte cybernétique comme relevant d'une « attaque » au sens du DIH, l'acte d'engagement des cybercapacités offensives ou défensives doit être exécuté en période de conflit avec l'intention de causer des dommages physiques à la partie adverse[414]. Or dans la très grande majorité des cas, les armes cybernétiques offrent aux États la possibilité d'infliger des dommages sérieux sans coût en vies humaines,

---

[414] M. N. SCHMITT, L. VIHUL et CCD COE NATO, préc., note 135, p. 415.

et avec un impact réduit en termes de destruction physique[415]. Les cyberattaques recensées jusqu'à présent montrent qu'elles ne sont pas utilisées dans leur plus grand potentiel destructeur. Au contraire, celles-ci servent de moyens de sabotage de petite à moyenne ampleur en soutien aux armes conventionnelles. Dans ces conditions, il parait donc difficile d'appliquer le *jus in bello* aux cyberopérations.

Cependant, certains États ont tenté de pallier cette difficulté en affirmant une application plus large du DIH aux actions cybernétiques. Par exemple, la France a décidé de contourner les dispositions présentes dans le Manuel de Tallinn. Selon elle, dès lors que les équipements ou les systèmes visés ne rendent plus le service pour lequel ils ont été mis en place, que cela soit de manière temporaire ou définitive, réversible ou non, l'attaque est avérée[416]. Il semble également qu'il ne soit pas nécessaire pour la cyber-opération de remplir les critères de létalité et de destruction physique. Bien que la position française montre une certaine maturité dans sa compréhension de l'espace et de l'outils cybernétiques, et soit saluée par de nombreux membres de la communauté internationale, celle-ci ne reste pas moins une interprétation nationale des normes préexistantes. Des États comme la Chine, la Russie ou les États-Unis ne partagent pas pleinement cette vision, démontrant les difficultés à sortir des sentiers battus. Ces derniers prônent plutôt une application stricte du *jus in bello* en se basant sur une interprétation par analogie. Or s'il y a bien une chose pour laquelle nous sommes convaincus, c'est de l'impossibilité de passer outre les caractéristiques techniques de ces armes. Pour répondre à ce défi, le Comité international de la Croix-Rouge (CICR) a proposé de prendre en considération « qu'une opération conçue pour mettre un bien hors d'usage [...] constitue une « attaque » au titre des règles relatives à la conduite des hostilités[417] », et ce peu importe la réussite ou non de l'opération. Cependant, cette disposition reste insuffisante à l'heure actuelle.

En conclusion, tant que les cybercapacités n'auront pas fait l'objet d'une étude approfondie et n'auront pas été considérées comme des

[415] L. SIMONET, préc., note 368, p. 131.

[416] Voir MINISTÈRE DES ARMÉES, RÉPUBLIQUE FRANÇAISE, préc., note 312, p. 13.

[417] CICR, *Le Droit International Humanitaire et les défis posés par les conflits armés contemporains,* rapport présenté lors de la 32ème Conférence internationale de la Croix-Rouge et du Croissant-Rouge, 32IC/15/11, 2015, p. 50.

armes à part entière, seules celles produisant des effets similaires aux attaques conventionnelles pourront être qualifiées d'« attaques », et seront donc concernées par la réglementation du DIH. Celles-ci se verront alors contraintes de respecter certains principes fondamentaux que nous allons à présent étudier.

b) L'obligation de respecter le principe de distinction lors des opérations cybernétiques

Article 48 P. I – Règle fondamentale : « En vue d'assurer le respect et la protection de la population civile et des biens de caractère civil, les Parties au conflit doivent en tout temps faire la distinction entre la population civile et les combattants ainsi qu'entre les biens de caractère civil et les objectifs militaires et, par conséquent, ne diriger leurs opérations que contre des objectifs militaires ».

Lors d'un conflit armé, les parties se doivent en tout temps de respecter le principe de distinction que ce soit entre la population civile et les combattants, ou entre les objectifs militaires et les biens à caractère civil. Cela signifie que les opérations cybernétiques qui ne sont pas dirigées contre un objectif militaire déterminé, ou dont les effets ne peuvent pas être limités sont interdites. En cas de doute sur la qualité belligérante d'un individu, celui-ci doit être considéré comme civil[418]. Il en va de même concernant les biens affectés normalement à un usage civil[419]. Dans cette perspective, il est de la responsabilité du commandement de veiller « à réunir les renseignements nécessaires à l'identification de l'objectif et à choisir le moyen le plus adapté pour mettre en œuvre le principe de distinction[420] ».

Plus précisément, **les États doivent déterminer concrètement ce qui relève d'un objectif militaire, ou au contraire de biens civils.** Pour la France, des équipements ou des systèmes informatiques, des

[418] Article 50 P.I.

[419] Voir dans le présent chapitre, Section 3, II§3 b) « Les objectifs militaires face à l'interconnectivité du réseau ». Le Manuel de Tallinn semble s'opposer à cette disposition en considérant qu'en cas de doute sur l'usage d'un tel bien à des fins militaires, il convient de conclure à un tel usage uniquement à l'issu d'un examen minutieux.

[420] MINISTÈRE DES ARMÉES, RÉPUBLIQUE FRANÇAISE, préc., note 312, p. 14.

données, des processus ou des échanges qui composent un service peuvent constituer un objectif militaire, sous certaines conditions :

1) S'ils contribuent à l'action militaire par leur nature, leur emplacement, leur destination, ou leur utilisation ; et,
2) Si leur destruction totale ou partielle, leur capture ou neutralisation confèrent un avantage militaire précis[421].

À l'inverse, tous les biens qui ne sont pas des objectifs militaires doivent être considérés comme des biens civils. Par exemple, une cyberattaque ne peut pas viser les systèmes informatiques d'une école ou d'un hôpital. Elle ne doit pas non plus cibler des systèmes dont la destruction entrainerait des effets certains sur des biens civils, sauf s'ils sont utilisés à des fins militaires. Dans ce cas, ces derniers pourront entrer dans la catégorie des objectifs militaires, et ne seront donc plus protégés par leur caractère civil. Il est également possible qu'une infrastructure informatique puisse servir à la fois à des fins militaires et civiles (usage dual). Par conséquent, il conviendra de déterminer par une analyse minutieuse si cette dernière peut être ciblée à condition de respecter les principes de proportionnalité et de précaution. Finalement l'application de ce principe de distinction suppose la précision des cyber opérations dans leur ciblage et leur exécution, et ce au même titre que les opérations conventionnelles. Si cela semble possible par analogie, dans les faits la situation est tout autre. Nous le constaterons plus loin lorsque nous étudierons les difficultés techniques et conceptuelles posées par l'utilisation des moyens cybernétiques en période de conflit.

En attendant, **la distinction doit également être opérée entre les civils et les combattants.** Le personnel militaire affecté au sein d'un commandement d'opérations dans le cyberespace, un groupe de hackers ou des membres de groupes organisés (par exemple, les entreprises militaires et de sécurité privées ou les mercenaires)[422] placés sous commandement étatique, peuvent faire l'objet d'attaques sauf s'ils sont hors de combat. Les personnes ne rentrant pas dans l'une de ces catégories se verront automatiquement considérées comme civiles, et jouiront d'une protection générale contre les hostilités. Cependant, si

---

[421] *Id.*

[422] Pour les critères permettant de qualifier un groupe armé d'« organisé » voir TPIY, *Le Procureur c. Boškoski et Tarčulovski,* ICTY-IT–04–82-T, 10 juillet 2008, pp. 194-205.

celles-ci venaient à prendre les armes et donc à participer directement aux actions militaires en cours, leur statut changerait au profit de celui de « combattant »[423]. Afin de renforcer la protection de la population civile contre les hostilités, les soldats ont l'obligation de porter un signe distinctif permettant de déterminer leur statut et leur affiliation. Comme le souligne l'article 44§ 3 P.I, il arrive qu'en raison de la nature des hostilités, cela ne soit pas toujours possible[424]. Par conséquent, le combattant doit porter les armes ouvertement pendant chaque engagement militaire, et lorsqu'il est exposé à la vue de l'adversaire. S'il venait à en être autrement, il s'agirait d'un acte de perfidie, et serait donc répréhensible au regard du droit des conflits armés. Jean de Preux a souligné plusieurs complications pour une bonne application de cette disposition, notamment lorsque le combattant prévoit des frappes à distance, ou encore lorsque des actions à retardement sont menées par des soldats en civil[425]. Dans notre cas, il est aisé de transposer ces difficultés aux cas des cyberattaques. En effet, les cyber-combattants ne sont pas visibles directement de l'adversaire, et peuvent lancer des cyber-opérations dont les effets ne sont pas immédiats. Appliquer le principe de distinction dans le cyberespace reviendrait aux États à se délester d'un élément stratégique majeur, à savoir l'anonymat. Bien que cette disposition soit juridiquement obligatoire[426] et applicable par analogie, dans les faits il est peu probable que les forces en conflit s'y soumettent.

[423] Nous pensons à une personne civile qui déciderait de lancer une cyber-opération en soutien à une partie au conflit au détriment de l'autre, comme ce fut le cas lors de la guerre en Syrie avec la *Syrian Electronic Army* étudiée dans la section 4 du Chapitre 1.

[424] « Un combattant qui prend part à une attaque ou à une opération militaire préparatoire d'une attaque peut se camoufler, se fondre dans le paysage, dans l'environnement naturel ou artificiel, mais il ne doit pas feindre un statut civil en se diluant dans la foule; c'est cela la règle. Il y a des situations particulières, celles de l'article 44§3, deuxième phrase, mais il n'y a pas de double morale ». C. PILLOUD, Y. SANDOZ, C. SWINARSKI, B. ZIMMERMANN, et COMITÉ INTERNATIONAL DE LA CROIX-ROUGE, préc., note 407, pp. 442-443.

[425] « La formule du port ouvert des armes et du déploiement ne donne pas de réponse adéquate dans les cas où le combattant en tenue civile se sert d'une arme dont l'efficacité exige qu'elle ne soit pas décelée prématurément : une machine infernale constituée par une bombe dans une valise, par exemple ». *Id.*, p. 542.

[426] Bien que cet article prévoie une réserve, cette disposition n'en reste pas moins obligatoire. Tout combattant armé doit se distinguer de la population civile par un signe distinctif visible, et ce aussi longtemps qu'il est armé, et quelle que soit l'arme qu'il utilise.

c) L'obligation de respecter les principes de proportionnalité et de précaution lors des opérations cybernétiques

Comme pour les opérations conventionnelles, celles cybernétiques doivent veiller en tout temps à épargner la population et les biens civils. Néanmoins, il peut arriver que des dommages soient engendrés à leur encontre, et ce malgré les précautions prises. Dans ce cas, ces derniers ne doivent pas excéder l'avantage militaire direct et concret attendu. Dans le cyberespace, cela suppose que soient prises en compte les particularités techniques des cyberattaques, le but étant de veiller au respect du principe de proportionnalité[427].

Il conviendrait également de privilégier le développement et l'emploi de cyber-armes spécifiques à l'action que l'on souhaite mener, le but étant d'éviter le plus possible des effets non désirés, et donc sanctionnables par le DIH. Nous pensons par exemple au fait de recourir à des programmes malveillants se reproduisant volontairement et se propageant sans contrôle ou réversibilité possibles, à l'image par exemple du ver *Morris*[428] et du virus *MyDoom*[429]. Il s'agit également de préférer l'emploi d'armes dont les effets (directs ou indirects) sont prévisibles, le but étant d'éviter toute mauvaise surprise. Il convient donc pour les parties au conflit d'employer des cyber-armes dont la fiabilité est avérée, et ce dans le respect du principe de précaution. Afin que les opérations cybernétiques soient conduites en ce sens, il apparait nécessaire que les parties au conflit recourent à des experts opérationnels de la cyberdéfense militaire (qu'ils soient d'origine étatique ou non étatique), placés sous leur commandement respectif.

Finalement, le respect des principes de précaution et de proportionnalité suppose une maitrise parfaite des armes cybernétiques, tant dans leur emploi que dans les effets qu'elles vont produire.

---

[427] MINISTÈRE DES ARMÉES, RÉPUBLIQUE FRANÇAISE, préc., note 312, p. 16.

[428] Lancé en 1988, ce ver s'est propagé en se reproduisant au sein des ordinateurs américains, en exploitant les failles du système UNIX (système d'exploitation multi-tâche et multi-utilisateur).

[429] *MyDoom* est apparu en 2004. Son mode de propagation était assez classique. Une fois un ordinateur infecté, il envoyait des courriels corrompus à tous les contacts du propriétaire pour les infecter à leur tour. Ce virus servait à prendre le contrôle des ordinateurs infectés pour envoyer du spam, mais aussi pour lancer des attaques contre des entreprises comme Google, Microsoft ou encore SCO, une entreprise de sécurité informatique.

D'ailleurs, certains États considèrent qu'il est possible, malgré l'interconnectivité des systèmes d'informations, d'éviter tout risque de propagation au-delà de la cible visée[430]. Selon eux, les caractéristiques techniques des cyberattaques ne sont pas un obstacle au respect des normes et principes du *jus in bello* qui doit s'y appliquer. Encore une fois, cette interprétation par analogie montre que « pour chaque problème, il y a une solution qui est simple, claire et fausse[431] ». Les règles du DIH sont inadéquates à refléter les réalités de l'usage des cybercapacités. Pour le comprendre, nous allons à présent étudier concrètement les difficultés conceptuelles et techniques posées par les armes cybernétiques en temps de conflit.

3. Les difficultés techniques et conceptuelles posées par les armes cybernétiques en temps de conflit

ENTRE FICTION ET RÉALITÉ : UN BIS REPETITA AVEC LE *JUS AD BELLUM*

Tout comme pour le *jus ad bellum*, les armes cybernétiques soulèvent des difficultés pour leur appliquer les normes et principes du *jus in bello*. Tout d'abord, celles-ci sont conceptuelles puisque comme nous l'avons constaté plus haut, aucune définition commune n'a été élaborée concernant les concepts de « cyberattaques », d'« armes cybernétiques », de « guerre cybernétique », ou encore de « cyberespace ». Ce point ayant déjà été développé, nous n'y reviendrons pas, mais il convient de souligner que cette difficulté est également présente pour le droit des conflits armés. Nous nous attarderons ici sur les obstacles techniques posées par les cyber-armes en temps de conflit. Le premier est relatif à la question de l'identification du combattant face à l'anonymat du cyberespace (a). Le second concerne l'application du principe de distinction face à l'interconnectivité du réseau (b). Enfin, le troisième implique le respect des garanties de proportionnalité et de précaution face à l'instabilité des cyber-capacités (c).

a) L'identification du combattant face à l'anonymat du cyberespace

S'il est difficile voire impossible de déterminer avec précision l'origine d'une cyberattaque en *jus ad bellum*, la situation est similaire

[430] MINISTÈRE DES ARMÉES, RÉPUBLIQUE FRANÇAISE, préc., note 312.

[431] Propos de Henri Louis Mencken, écrivain américain décédé en 1950.

en *jus in bello*. En tant que principe cardinal du droit humanitaire, l'importance de la distinction entre les civils et les combattants est mise à rude épreuve dans le cyberespace. L'identification des acteurs en conflit est compromise par une caractéristique propre à ce nouveau champ de bataille : l'anonymat. Si normalement les combattants doivent s'identifier en tout temps comme tel en portant un signe distinctif[432], l'environnement informatique dans lequel ils évoluent leur offre la possibilité de se cacher et de tromper délibérément l'adversaire. Dès lors, un parallèle peut être effectué avec la pratique de la perfidie pourtant interdite en vertu de l'article 37 P. I.

Certains États ont tout de même décidé de créer des cyber-divisions en charge de la lutte dans le cyberespace. Les cyber-combattants ne sont pas obligatoirement dépêchés sur le terrain, et peuvent mener des opérations cybernétiques depuis le centre de commandement. Cette situation rappelle celle des pilotes de drones. Ces derniers sont identifiés selon les règles classiques du droit international humanitaire, en étant intégrés aux forces armées régulières de leur État de rattachement. En toute logique, il en est donc de même pour les opérateurs cybernétiques. Néanmoins, l'immatérialité et l'opacité du cyberespace nécessite selon nous, une identification plus claire et précise, malheureusement dépendante du bon vouloir des États. Nous pensons notamment à l'idée d'intégrer à l'opération cybernétique étatique, un signe distinctif présent dans le code informatique qui serait le prolongement de son auteur, le but étant de faciliter la traçabilité de l'attaque, et donc de pouvoir remonter jusqu'à son origine. Nous avons conscience que cela puisse paraitre utopique. Pourtant, ce procédé permettrait plus de transparence dans les actions cybernétiques menées par les États en période de conflit[433].

Il peut également arriver que des opérations cybernétiques soient le fruit d'acteurs non étatiques. L'interconnexion du monde offre la possibilité à de nombreux groupes et individus disposant des connaissances informatiques nécessaires de participer au conflit en cours, et donc d'intégrer les théâtres d'opérations. Ces cyberattaquants

---

[432] Article 44§3 P.I.

[433] Nous n'excluons pas le fait qu'il soit possible que l'élément susceptible d'identifier l'auteur de l'attaque puisse être piraté par un autre État, ou par des individus ayant des intérêts en jeu. Pourtant, nous pensons que cette idée permettrait une utilisation plus responsable du cyberespace, et qu'elle devrait donc être creusée au sein de la communauté internationale qui prônent d'ailleurs la mise en place de mesures de transparence et de confiance.

peuvent agir pour leur propre compte, celui d'États parties au conflit, ou encore d'États tiers ayant un intérêt en jeu, sans pour autant revendiquer ouvertement les actions qu'ils mènent. Leurs manœuvres peuvent d'ailleurs ne pas être détectées par les parties au conflit. Dans le cas contraire, celles-ci seront certainement attribuées à l'adversaire. Certains auteurs ont tout de même souhaité contribuer à l'identification des cyber-combattants ne remplissant pas le critère organisationnel, en les classant dans la catégorie des « civils participants directement aux hostilités[434] ». Bien que nous puissions comprendre cette classification, nous pensons qu'elle ne solutionne en aucun cas le problème de l'anonymat dont la résolution dépend de la volonté des cyber-combattants à vouloir revendiquer leurs exactions.

Face à ces difficultés d'identification, nous constatons que dans le cyberespace, la frontière entre les combattants et les civils est trouble. Déterminer concrètement qui est attaquant, et le statut pour lequel la personne ou le groupe agit est particulièrement compliqué. L'anonymat est un avantage stratégique certain, à la fois pour les États et pour les acteurs non-étatiques. Tant que ces derniers ne manifesteront pas une volonté de transparence dans leurs actions, il est peu probable que les problèmes d'identification soient solutionnés dans l'avenir. Sur ce point, le cyberespace ne permet donc pas une application efficace des règles du *jus in bello* démontrant ainsi l'inadéquation de ce dernier à réglementer les opérations cybernétiques. Ce constat peut également être fait concernant la détermination précise des objectifs militaires face aux difficultés de l'interconnectivité du réseau, ce que nous allons à présent étudier.

---

434 Scott J. SHACKELFORD, « From Nuclear War to Net War : Analogizing Cyber Attacks in International Law », (2009) 27-1 *Berkeley Journal of International Law*, p. 241.

b) Les objectifs militaires face à l'interconnectivité du réseau

> **Article 52 P. I – protection générale des biens de caractère civil :**
>
> « 1. Les biens de caractère civil ne doivent être l'objet ni d'attaques ni de représailles. Sont biens de caractère civil tous les biens qui ne sont pas des objectifs militaires au sens du paragraphe 2.
>
> 2. Les attaques doivent être strictement limitées aux objectifs militaires. En ce qui concerne les biens, les objectifs militaires sont limités aux biens qui, par leur nature, leur emplacement, leur destination ou leur utilisation apportent une contribution effective à l'action militaire et dont la destruction totale ou partielle, la capture ou la neutralisation offre en l'occurrence un avantage militaire précis.
>
> 3. En cas de doute, un bien qui est normalement affecté à un usage civil, tel qu'un lieu de culte, une maison, un autre type d'habitation ou une école, est présumé ne pas être utilisé en vue d'apporter une contribution effective à l'action militaire. »

Outre les problèmes d'identification des combattants dans le cyberespace, le principe de distinction va également être mis à rude épreuve lorsqu'il s'agira pour les troupes de viser un objectif militaire déterminé. Comme le précise le second paragraphe de l'article 52 P.I, seuls certains biens peuvent être considérés comme un objectif militaire. Si cet encadrement strict peut servir de garde-fou au potentiel destructeur des cyberattaques, il ne reflète en rien les réalités pratiques des opérations cybernétiques.

Dans la très grande majorité des cas, les cyberattaques ne produisent aucun effet physique, et sont dans l'incapacité de discriminer. Il est très difficile, voire impossible pour elles, de dissocier les objectifs militaires des biens civils. Nous vivons dans un monde interconnecté où les données d'usage militaire circulent par des voies civiles, et inversement. Le réseau employé est un ensemble d'interconnections difficiles à distinguer les unes des autres, et dont chaque atteinte produit des effets dominos. C'est ainsi que des cyberattaques d'origine militaire visant des infrastructures militaires peuvent atteindre des biens et des personnes civiles. Des exemples nous montrent d'ailleurs qu'il est impossible pour ces attaques de se cantonner à l'objectif visé, et donc de ne pas se propager et produire des dommages collatéraux. Ce fut notamment le cas lors des attaques informatiques lancées par la Russie contre l'Estonie en 2007, ou encore avec le virus *Stuxnet* lancé contre la centrale nucléaire iranienne de Natanz en 2014.

À cela s'ajoute une autre difficulté car l'interdiction pour les parties au conflit de cibler les objectifs civils comporte une limite de taille en ce qui concerne les infrastructures à usage dual, c'est-à-dire servant à la fois les intérêts militaires et civils. Le *jus in bello* ne fournit aucune information sur ces dernières. Dans le domaine physique, la distinction entre les infrastructures militaires et civiles est visible. Par exemple, il est difficile de confondre une base militaire d'une école. Dans le cyberspace, la situation est tout autre, et demande un travail d'investigation plus poussé de la part des parties au conflit. Celles-ci devront notamment évaluer les effets potentiels d'une cyberattaque lancée contre des ordinateurs qui ne sont pas utilisés à des fins militaires (ordinateurs employés à des fins civiles) et qui n'ont aucune importance militaire, mais qui peuvent être reliés en réseau à des ordinateurs qui sont des objectifs militaires valables. Les parties devront également tenir compte du préjudice causé aux utilisations civiles de ces infrastructures en procédant à l'examen nécessaire des principes de précaution et de proportionnalité.

En ignorant les particularités techniques de ces armes, le DIH dont la mission principale est la protection des populations civiles, renie son principe cardinal et rend bancal l'ensemble du système. Cette vision est partagée par un certain nombre d'auteurs dont Loïc Simonet[435] ou encore Jeffrey Kelsey. Pour ce dernier, le caractère non létal des armes cybernétiques risque d'entrainer les États « à relativiser le principe de distinction[436] ». Il donne l'exemple de la neutralisation informatique d'un centre de radiodiffusion qui, bien que bénéficiant à la population civile, pourra être considérée comme un objectif facile à atteindre, sans

[435] « De manière générale, le caractère dual des technologies informatiques au XXIème siècle et le fait que les cyberattaques peuvent entrainer des réactions en chaine incontrôlées, du fait du haut degré d'interconnexion des systèmes informatiques, rendent ces dispositions largement inopposables au contexte de la cyberguerre ». L. SIMONET, préc., note 368, p. 133.

[436] Jeffrey T.G. KELSEY, « Hacking into International Humanitarian Law: The Principles of Distinction and Neutrality in the Age of Cyber Warfare », (2008) 106 *Michigan Law Review*, p.1437.

les pertes humaines qu'une attaque conventionnelle eut entrainées[437]. Or en permettant des attaques contre des infrastructures de ce type, les civils seront inévitablement et toujours atteints, et ce quoi qu'en dise les partisans de l'application par analogie du DIH. C'est ainsi que nous en sommes venus à nous interroger sur le fait qu'il aurait peut-être mieux valu dissocier dès le départ le cyberespace civil du militaire. Peut-être aurait-il fallu envisager la construction d'un réseau distinct de celui civil, similaire au *Dark Web,* et ce afin que les États puissent y mener leurs cyber-opérations en toute légalité[438]. Peut-être qu'il n'est pas trop tard, et que cette suggestion devrait être envisagée comme une solution au problème général de la distinction et de la qualification des cyberactions ; d'autant plus si les États envisagent d'y recourir de manière exclusive à l'avenir. Quoi qu'il en soit une alternative devra être trouvée par la communauté internationale et les acteurs du numérique pour remédier non seulement à ce problème, mais également comme nous allons le voir à présent, à celui des garanties de proportionnalité et de précaution face à l'instabilité des cybercapacités.

c) Les garanties de proportionnalité et de précaution face à l'instabilité des cybercapacités

Comme nous l'avons mentionné précédemment, l'interconnectivité du réseau induit la possibilité pour les populations civiles d'être touchées par une cyberattaque lancée dans le cadre d'une opération cybernétique militaire. Si le *jus in bello* autorise que des pertes civiles

---

437 *Id.*, p. 1439.

438 *Le Dark Web* n'a pas été créé par des criminels voulant trouver un moyen anonyme pour communiquer entre eux, mais par le gouvernement américain, et plus précisément des « agences à trois lettres » comme la CIA. L'objectif était de développer un réseau mondial d'espions américains collectant des informations et des renseignements pour les États-Unis. Avec Internet et plus précisément le développement de Tor (The Onion Router), les agences de renseignements ont pu disposer d'une ligne de communication cryptée avec leurs agents, facilitant et sécurisant ainsi la circulation de l'information. Pour plus d'informations, voir VPN OVERVIEW, « Le dark web : Qu'est-ce que c'est exactement et que pouvez-vous y trouver ? », 2020, en ligne : https://vpnoverview.com/fr/confidentialite/navigation-anonyme/le-dark-web. Si le *Dark Web* a été créé par les États, nous pouvons légitimement penser que ces derniers seraient à même de développer « un cyber champ de bataille » spécifique aux opérations cybernétiques menées en période de conflit. Cette idée n'a rien de saugrenue en ce sens où cela permettrait de dissocier les auteurs de cyberattaques d'origine étatiques, des cybercriminels, et donc d'offrir un cadre plus sécuritaire aux actions militaires. Cela nécessite de s'interroger sur les moyens à mettre en œuvre pour atteindre précisément les objectifs militaires déterminés, et donc la mise en place de voies d'accès direct limitant les dommages collatéraux aux civils. Cela suppose également que les États s'accordent sur une délimitation de leur territoire cybernétique et donc sur la question de leur souveraineté dans le cyberspace.

aient lieu, celles-ci se doivent d'être incidentes et non disproportionnées par rapport à l'avantage militaire attendu. Malheureusement, nous avons pu constater au fil des années et des conflits que les civils sont les principaux touchés en temps de guerre. Bien que la tendance actuelle aille dans le sens d'une déshumanisation du champ de bataille encouragée par le concept zéro-mort qui se traduit par la robotisation de plus en plus poussée des armées[439], cela ne signifie pas pour autant qu'il n'y aura plus de victime. Au contraire, tant que les armes cybernétiques ne seront pas mieux maitrisées par leurs utilisateurs, il est fort à parier qu'il y en ait de plus en plus. Les attaques informatiques *NotPetya*, *ILoveYou* ou *WannaCry* étudiées dans le premier chapitre, ont montré que des opérations menées contre des infrastructures vitales pouvaient toucher des millions de personnes par ricochet. Il appartient donc aux cybercombattants de limiter les effets de la cyberattaque sur les civils, tout en étant capables de prévoir les dommages qu'elle risque d'entrainer à leur encontre. Or à l'heure actuelle, l'imprévisibilité des cybercapacités ne permet pas cela. Il est en effet impossible de quantifier avec précision les effets que vont produire une attaque informatique sur les réseaux. Veiller à ce que l'équilibre entre les principes de nécessité et d'humanité soit trouvé et respecté, est difficile dans le cyberespace tant le recours aux cybercapacités est empreint d'incertitudes. Nous l'avons vu, les conséquences de ces attaques ne sont pas physiques[440]. Elles peuvent produire des effets imprécis et latents, et disposent dans bien des cas d'une capacité de propagation trop importante. Dès lors, « il n'est pas évident de s'assurer du respect de précaution face à des effets tardifs et à cette faculté de se répandre à d'autres systèmes en traversant les frontières, tout comme il n'est pas évident d'assurer une garantie de proportionnalité[441] ».

---

439 Voir note 110 sur le sujet.

440 Les cyberattaques peuvent toucher des ensembles immatériels comme les données informatiques. Le *jus in bello* ne prévoit pas de protection pour ces biens dont les dommages ont pourtant des conséquences réelles sur les individus. Par conséquent, ces attaques ne seront pas soumises aux règles du DIH. Voir Robin GEISS, *The legal regulation of cyber attacks in times of armed conflict*, *Actes du 11ème Colloque de Bruges du 21-22 octobre 2010*, Bruges, CICR et Collège de l'Europe, Les défis technologiques posés au cadre juridique humanitaire, 2011, p. 52.

441 Timothé LOPEZ, *L'adaptabilité du droit international humanitaire aux évolutions des conflits armés contemporains*, Mémoire pour le Master mention Droit public parcours Carrières internationales, Université Clermont Auvergne, 2018, pp. 103-104.

À l'issue de ce second paragraphe, nous en arrivons à la conclusion que tout comme pour le *jus ad bellum*, le *jus in bello* se trouve dans une situation d'inadéquation puisque n'étant pas au fait de la réalité cybernétique. En recourant à la logique analogique, la communauté internationale a écarté toutes les conséquences propres aux attaques cybernétiques qui font d'elles des armes à part entière (contagion, écrasement de données, etc.). Trop restrictive, celle-ci rend inadéquat le système de protection accordé par les principes liés à la conduite des hostilités. Pour être efficace, il faudrait élargir les critères de proportionnalité et de précaution aux caractéristiques techniques de ces armes, ce qui ne semble pas être actuellement au programme. Il apparait également essentiel de solutionner le problème de l'imprévisibilité des attaques, en étudiant notamment leur potentiel pandémique. Tout comme pour le *jus ad bellum*, les solutions à ces difficultés ne pourront provenir du seul droit des États. Nous le voyons, ce dernier perd de sa pertinence lorsqu'il s'agit de procurer les cadres régulateurs des conduites dans les espace virtuels[442]. Pourquoi ? Principalement parce que la régulation des activités cybernétiques est pour une partie très importante tributaire de ce que la technique permet ou ne permet pas de réaliser[443]. De ce fait, nous parvenons à nouveau à la conclusion de l'importance d'intégrer les acteurs du secteur privé au sein des discussions internationales. Actuellement, les modalités d'application du droit international sont trop peu claires, et laissent aux États une trop grande marge d'appréciation et donc une liberté d'actions non négligeable. Nous le verrons plus loin, cette situation est particulièrement critiquée par certains acteurs du numérique comme Microsoft. Ceux-ci dénoncent un comportement irresponsable des acteurs étatiques dans le cyberespace qui plus est, encouragé par la difficile mise en œuvre de sanctions par les instances internationales, ce que nous allons à présent étudier.

---

[442] PIERRE TRUDEL, « Quel droit et quelle régulation dans le cyberespace? », (2000) 32-2 *Sociologie et sociétés*, p. 193.

[443] Thomas SCHULTZ, « La régulation en réseau du cyberespace », (2005) 55-2 *RIEJ*, pp. 31-90, à la page 40.

III. La difficile mise en œuvre de sanctions lors de faits cybernétiques

LES INSTANCES INTERNATIONALES, LES CYBERATTAQUES ET LE DIP

Pour Denys de Béchillon, « la règle de droit, c'est avant tout une règle, une norme[444] », imprégnée par l'idée d'obligation, d'autorité, de prescription, de hiérarchie et de contrainte. Sur ce dernier point, nous constatons que les normes juridiques prescrivent[445] toujours des modèles comportementaux, qui s'accompagnent dans bien des cas, d'un devoir-être impératif[446]. Le droit international n'y fait pas exception en prévoyant la possibilité pour ses destinataires de voir leur responsabilité engagée en cas de manquement. En énonçant l'applicabilité du droit international existant aux activités cybernétiques, le GEG amène non seulement à s'interroger sur le régime de sanction à mettre en œuvre en cas d'infraction, mais également sur la capacité des instances internationales en charge de leur prononcé, à agir. Nous entendons par « instance internationales », les organes politiques onusiens que sont le Conseil de sécurité et l'Assemblée générale (1), et ceux juridiques, à savoir la Cour internationale de justice et la Cour pénale internationale (2). Dans ce troisième paragraphe, nous verrons à quel point l'absence de discussions avancées sur le sujet n'est pas sans poser des difficultés dans leur pratique. Le cadre actuel est en effet très « rudimentaire[447] », et constitue un défi pour ces instances qui, à un moment ou un autre, seront sollicitées sur des questions impliquant le cyberespace et les

---

[444] Denys de BÉCHILLON, *Qu'est-ce qu'une règle de droit ?*, Paris, OJacob, 1997, p. 164.

[445] « La norme […] n'est pas une assertion, elle n'est pas la description d'un objet, mais une prescription… » HANS KELSEN, préc., note 33, pp. 100-101. « Les lois juridiques, en effet, sont des règles éthiques, des prescriptions ou commandements, c'est-à-dire des règles pour diriger la conduite humaine, qui s'inscrivent dans le cadre de relations humaines d'autorité. Leur fonction, c'est d'indiquer aux hommes […] la mesure de leur possibilité d'agir afin qu'ils ajustent leur conduite sur cette mesure, qu'ils s'y conforment ». Paul AMSELEK, « Lois juridiques et lois scientifiques », *Droits* 1987.6, pp. 131-141, à la page 131.

[446] Pour Denys de Béchillon, « […] c'est l'idée de commandement, d'ordre qui donnerait leur spécificité aux normes. Leur « devoir-être » équivaudrait à un « Tu dois être » ou, ce qui revient au même, à un « Tu ne dois pas être. » La norme serait impérative par essence. […] Autrement dit, l'arrière-pensée du discours normatif juridique, c'est l'obligation, le fait qu'une norme aboutit le plus souvent à interdire, à réduire le champ du possible à l'alternative du licite et de l'illicite, du permis et de l'interdit ». D. de BÉCHILLON, préc., note 444, p. 174-175.

[447] « *Le Conseil de sécurité de l'ONU se penche sur la cyberstabilité* », lecourrier.vn, 23/05/2020, en ligne : https://www.lecourrier.vn/le-conseil-de-securite-de-lonu-se-penche-sur-la-cyberstabilite /778896.html

activités qui y sont menées[448]. Déjà qu'en temps normal ces organes politiques et juridiques rencontrent des difficultés lorsqu'ils sont confrontés aux faits conventionnels, nous ne pouvons que supposer leur désarroi lorsqu'ils seront confrontés à des actions cybernétiques pour lesquelles les modalités d'encadrement juridique restent encore à préciser.

1. Le Conseil de sécurité et l'Assemblée générale face aux cyber-infractions

LES ARTICLES 41 ET 42 CNU, ET LA PROTECTION DU SYSTÈME DE SÉCURITÉ COLLECTIVE

De nos précédentes observations, se dessine une dégradation de plus en plus marquée de l'ordre international et de sa régulation juridique. Comme nous avons pu le mentionner, la tendance est aujourd'hui à l'unilatéralisme. Or ce passage d'un monde bipolaire à un monde multipolaire n'est pas sans impacter le droit international. Ses notions les mieux établies se trouvent soumises à une profonde crise, allant de l'érosion de l'interdiction du recours à la force armée à la notion de guerre préventive, lui portant un coup dur. Le démantèlement de tout le système de sécurité collective – bien qu'indirect – est en marche, et cela s'observe d'autant plus au sein des instances politiques onusiennes.

Le Conseil de sécurité a une grande part de responsabilité dans le processus de dégradation générale du droit international, et en particulier de la crise du système multilatéral collectif de sécurité. Au travers d'actes et de décisions arbitraires contraires non seulement au droit international général, mais allant également à l'encontre de la Charte, cet organe semble de plus en plus prendre la forme d'un « gouvernement mondial entre les mains des puissants[449] ». Quelques exemples suffisent pour justifier nos propos[450] parmi lesquels la résolution 1483 (2003) relative à l'intervention américaine en Irak qui

---

[448] Anna-Maria TALIHÄRM, « En quête de la cyberpaix:gérer la cyberguerre par la coopération internationale », *Chronique ONU,* 2012, en ligne : https://www.un.org/fr/chronicle/article/en-quete-de-la-cyberpaixgerer-la-cyberguerre-par-la-cooperation-internationale.

[449] Propos de Gaja GORGIO, citée dans Mireille MENDÈS FRANCE et Hugo RUIZ DIAZ BALBUENA, « La dégradation généralisée du respect au droit international », (2005) 4-60 *Revue internationale et stratégique*, p. 47.

[450] Moins récent, l'exemple de la résolution 748 de 1992 montre la capacité du Conseil de sécurité à entraver l'action de la justice internationale en empêchant la Cour internationale de justice à exercer ses compétences concernant le conflit en Libye. CONSEIL DE SÉCURITÉ, *Jamahiriya arabe libyenne*, 3063e séance, S/RES/748 (1992).

a contribué à l'érosion des règles de base des relations internationales que sont les articles 2§ 4 et 33 CNU. Au lieu de condamner fermement la violation flagrante de la Charte, le Conseil de sécurité a préféré entériner la prise de contrôle de l'Irak par les Américains[451] cautionnant ainsi la loi du plus fort. La situation est d'autant plus préoccupante qu'il apparait dorénavant comme l'organe garantissant non plus le maintien de la paix et de la sécurité internationales, mais au contraire, le gardien de l'impunité des auteurs et des responsables des grands crimes condamnés par le droit international[452]. Le DIP est ainsi détourné consciemment par « un organe d'interprétation arbitraire au service des grandes puissances, contribuant à la répudiation du pacte fondateur[453] ». Pourtant, en sa qualité d'organe des Nations Unies, le Conseil de sécurité devrait non seulement respecter les normes impératives (et pas seulement) du droit international, mais également être attentif à les faire respecter[454]. Or, il apparait très clairement dans la pratique que cela ne soit pas le cas.

Seule l'Assemblée générale semble continuer à prôner la nécessité de respecter les principes et les règles du droit international existant. Organe décisionnel et représentatif de l'ONU, elle se veut un espace de dialogue et d'échange, où à la différence du Conseil de sécurité, l'ensemble des États dispose du même droit de vote et d'expression. Elle apparait comme un formidable forum où tous les sujets peuvent

---

[451] En prolongement de la résolution 1483, le Conseil de sécurité a adopté la résolution 1511 (2003) légitimant le gouvernement iraqien mis en place par la puissance occupante, autrement dit les États-Unis. Le Conseil de sécurité se félicitera d'ailleurs « de la réaction positive qu'a inspirée à la communauté internationale [...] la mise en place du Conseil de gouvernement, largement représentatif », donnant postérieurement son appui sans faille au « gouvernement démocratique iraqien » par les résolutions 1637 (2005) et 1723 (2006). Voir CONSEIL DE SÉCURITÉ, *La situation entre l'Iraq et le Koweït*, 4844e séance, S/RES/1511 (2003), par. 2 ; CONSEIL DE SÉCURITÉ, *La situation entre l'Iraq et le Koweït*, 5300e séance, S/RES/1637 (2005) ; CONSEIL DE SÉCURITÉ, *La situation entre l'Iraq et le Koweït*, 5574e séance, S/RES/1723 (2006).

[452] Comme le remarque Mireille Mendès France et Hugo Ruiz Diaz Balbuena, « c'est ainsi que le Conseil de sécurité, en violation ouverte de l'article 16 du statut de la CPI, en écartant les normes impératives du droit international, a demandé à la Cour qu'elle n'engage ni ne mène aucune enquête ou aucune poursuite pénale à l'égard des responsables, des personnels en activités, d'anciens responsables ou personnels d'un État contributeur qui n'appartient pas au Statut de Rome en raison d'actes ou d'omissions liées à des opérations établies ou autorisées par l'ONU (résolution 1422/2002, renouvelée par la résolution 1487/2003) ». M. MENDÈS FRANCE et H. RUIZ DIAZ BALBUENA, préc., note 449, p. 48.

[453] R. KOLB, préc., note 248, p. 11.

[454] Christian DOMINICÉ, *L'ordre juridique international entre tradition et innovation: recueil d'études*, coll. Publications de l'Institut Universitaire de Hautes Études Internationales Genève, Paris, Pr. Univ. de France, 1997, pp. 218-220.

être abordés, toutes les situations évoquées[455]. La loi du plus fort présente au sein du Conseil de sécurité est ici écartée au profit de l'égalité souveraine des États. Le véto n'existe pas, et le consensus est systématiquement préféré[456]. En charge du « développement progressif du droit international[457] », elle a su jouer pendant plus de 45 ans un rôle décisif d'impulsion et de maturations des normes[458]. Aujourd'hui, force est de constater une stérilisation du processus normatif. Certes, le droit international est toujours au cœur de sa pratique, et n'est donc pas tombé en désuétude. On l'observe au travers des diverses résolutions et recommandations qu'elle propose[459]. Pour autant, un constat s'impose : « le cœur n'y est plus[460] ».

De ces observations, nous en venons à nous interroger quant à la capacité de ces organes à connaitre des cyber-infractions. Comme l'a mentionné le GEG de 2010, une cyberattaque peut désormais revêtir la forme d'une menace à la paix et à la sécurité internationales, allant ainsi à l'encontre des principes de la Charte tel que l'article 2§ 4. Le Conseil de sécurité étant l'organe compétent pour reconnaitre sa violation, ce dernier pourrait en tout logique et à son entière discrétion, qualifier la situation auquel il est confronté. Si cela devait être le cas, il est fort probable qu'il ne vienne pas à qualifier les activités cybernétiques comme relevant de l'« agression armée » au sens de l'article 51 CNU, préférant certainement utiliser le terme adouci d'« agression[461] » qu'on

---

455 Alain Pellet concernant l'Assemblée générale des Nations Unies : « l'extraordinaire nouveauté introduite par la création des organisations internationales à vocation politique générale tient moins à ce qu'elles sont dotées d'un pouvoir, toujours restreint de décision qu'au fait que, nonobstant l'article 2, paragraphe 7, de la Charte (interdiction d'intervenir dans les affaires d'un État), tous les problèmes peuvent y être abordés et discutés selon les procédures et des modalités quasi-parlementaires avec ou sans l'accord des États intéressés, même s'ils sont puissants ». A. PELLET, préc., note 261, p. 410.

456 *Id.*, p. 411.

457 Article 13 CNU.

458 Comme le souligne Alain Pellet « [...] les blocages mêmes de la guerre froide ont certainement été pour beaucoup dans l'inventivité normative des Nations Unies jusqu'à ces dernières années ». A. PELLET, préc., note 261, p. 411. Nous pouvons citer l'exemple de la résolution 377 (V) « Union pour la paix » qui a été adoptée par l'Assemblée générale pour pallier les carences du Conseil de sécurité lors de la guerre de Corée.

459 Voir par exemple, ASSEMBLÉE GÉNÉRALE DES NATIONS UNIES, *L'état de droit aux niveaux national et international*, (2019), A/RES/74/191, par. 1.

460 A. PELLET, préc., note 261, p. 412.

461 « Il s'agit de tout acte, pas nécessairement de nature armée, par lequel un État intervient physiquement sur le territoire d'un autre État de façon manifestement illicite ou y mène une action qui lèse gravement ses intérêts. Un tel acte est évidemment en soi une atteinte à la souveraineté de l'État, mais aussi brutal qu'il puisse être, il est le plus souvent bref dans le

retrouve à l'article 39 de la Charte. Cela est non seulement dû aux difficultés techniques entourant ces nouvelles armes ; mais également au tabou juridique entourant la notion d'« agression armée ». En effet, le Conseil de sécurité a toujours été réticent à mettre en œuvre ce concept considéré comme la forme « dure » de l'agression[462], stigmatisant ainsi les formes atténuées de cette dernière[463]. Quoiqu'il en soit, il reste pleinement compétent à connaitre d'une affaire pour laquelle des armes cybernétiques seraient utilisées. Il pourra ainsi émettre des recommandations, ou envisager des mesures à prendre, et ce en vertu des articles 41 et 42 de la Charte, dont voici le contenu :

> **Article 41 CNU** – « Le Conseil de sécurité peut décider quelles mesures n'impliquant pas l'emploi de la force armée doivent être prises pour donner effet à ses décisions, et peut inviter les Membres des Nations Unies à appliquer ces mesures. Celles-ci peuvent comprendre l'interruption complète ou partielle des relations économiques et des communications ferroviaires, maritimes, aériennes, postales, télégraphiques, radioélectriques et des autres moyens de communication, ainsi que la rupture des relations diplomatiques. »
>
> **Article 42 CNU** – « Si le Conseil de sécurité estime que les mesures prévues à l'Article 41 seraient inadéquates ou qu'elles se sont révélées telles, il peut entreprendre, au moyen de forces aériennes, navales ou terrestres, toute action qu'il juge nécessaire au maintien ou au rétablissement de la paix et de la sécurité internationales. Cette action peut comprendre des démonstrations, des mesures de blocus et d'autres opérations exécutées par des forces aériennes, navales ou terrestres de Membres des Nations Unies. »

---

temps et limité dans l'espace. En d'autres termes, il ne met pas en cause l'avenir de l'État qui en est victime et ne le menace pas d'une perte de territoire voire d'une possible *debellatio* ». Voir J.-P. PANCRACIO et E.-M. PETON, préc., note 371, p. 27.

462 Il s'agit « d'un usage relativement massif de la force armée susceptible en tant que tel de mettre en péril l'intégrité territoriale, l'indépendance donc la souveraineté même de l'État qui en est victime et ce faisant, de permettre le déclenchement d'une action en légitime défense internationale ». *Id.*

463 Voir Pierre D'ARGENT, Jean D'ASPREMONT LYNDEN, Frédéric DOPAGNE et Raphael VAN STEENBERGHE, « Article 39 », dans *La Charte des Nations Unies : commentaires article par article*, 3e éd. Dans le cadre du Centre international de Nanterre, 1, Paris, 2005, pp. 1146-1150. J.-P. PANCRACIO et E.-M. PETON, préc., note 371, pp. 28-29.

Si le Conseil de sécurité ne peut pas s'acquitter de sa responsabilité du fait d'un blocage, l'Assemblée générale pourra se substituer à lui[464], décidant ainsi de la qualification que revêt la cyberattaque, ainsi que les mesures qui devront être prises (articles 11 à 14 CNU).

Les chances que le Conseil de sécurité soit saisi d'une affaire impliquant des cyberattaques restent plutôt minces, sans être impossibles (à la condition tout de même que l'on soit capable de déterminer avec précision l'origine de l'attaque en s'appuyant sur des preuves solides, ce qui n'est pas sans difficulté). Il convient néanmoins d'être réaliste. Nous l'avons vu, ce dernier n'est plus considéré comme l'organe référent pour maintenir la paix et la sécurité internationales. Vivement critiqué, il apparait comme un instrument entre les mains des puissants. Les questions liées au cyberespace risquent d'ailleurs d'intensifier le ressenti global, les principaux lanceurs de cyberattaques étant parmi les cinq membres permanents qui bénéficient du droit de véto. De ce fait, il est peu probable qu'ils viennent à se sanctionner eux-mêmes. Quant à l'Assemblée générale, celle-ci semble en retrait concernant le cyberespace. Certes, elle a mandaté le GEG composé majoritairement de représentants des grandes puissances, mais ne s'investit pas outre mesure. Au-delà du fait qu'elle est reconnue l'applicabilité du DIP aux activités cybernétiques, rien n'indique qu'elle se déclarera compétente à agir en cas de blocage du Conseil de sécurité.

De ces observations, il apparait peu probable que des sanctions soient prononcées de la part de ces deux organes politiques à l'encontre des États membres ; d'autant qu'en situation normale, leurs sanctions ne sont pas pleinement effectives, car pas systématiquement prononcées lorsque l'article 2§ 4 CNU est violé[465]. Cependant, le large

---

[464] « Dans tout cas où parait exister une menace contre la paix, une rupture de la paix ou un acte d'agression et où, du fait que l'unanimité n'a pas pu se réaliser parmi ses membres permanents, le Conseil de sécurité manque à s'acquitter de sa responsabilité principale dans le maintien de la paix et de la sécurité internationales, l'Assemblée générale examinera immédiatement la question afin de faire aux Membres les recommandations appropriées sur les mesures collectives à prendre [...] ». ASSEMBLÉE GÉNÉRALE DES NATIONS UNIES, *L'Union pour la paix*, A/RES/377 (V) 377, 1950.

[465] « Les condamnations prononcées ont souvent visé des opérations déjà terminées et à l'égard desquelles elles ne pouvaient donc avoir qu'une portée morale, ou politique. Le terme d'agression a souvent été évité, même dans des circonstances où il paraissait s'imposer, au profit d'expressions dépourvues d'implications juridiques au regard de la terminologie de la Charte, telles que celle d'action militaire. [...] Il conviendrait encore, pour être complet, de tenir compte de toutes les affaires internationales où la force armée a été utilisée, à plus ou

pouvoir d'appréciation dont le Conseil de sécurité et l'Assemblée générale disposent, devrait leur permettre « de développer dans le futur des critères propres à ce qu'on appellerait une « agression informatique », en utilisant une échelle d'intensité plus adaptée[466] ». En ce sens, nous réitérons l'idée qu'un partenariat public-privé aurait toute pertinence à être mis en place pour déterminer les seuils de gravité des cyberattaques, et ainsi permettre au Conseil de sécurité et à l'Assemblée générale de remplir leurs obligations vis-à-vis de la sécurité collective. Cela serait aussi utile aux instances judiciaires internationales en cas d'affaires traitant de questions cybernétiques. En effet, il est possible que tant la CIJ que la CPI puissent être saisies pour déterminer la responsabilité des auteurs étatiques ou non-étatiques, de cyberattaques d'envergure. Cependant, nous verrons dans notre prochain paragraphe, que tout comme pour le Conseil de sécurité et l'Assemblée générale, les défis posés par le cyberespace n'assurent en rien le prononcé de sanctions par ces deux organes.

2. La Cour internationale de justice et la Cour pénale internationale face aux cybercrimes

LE JUGE ET LA DÉTERMINATION DE LA RESPONSABILITÉ DES AUTEURS DE CYBERATTAQUES

Le Conseil de sécurité et l'Assemblée générale des Nations Unies ne sont pas les seuls organes contribuant à modifier et approfondir l'ordre juridique international[467]. Les instances judiciaires internationales que sont la Cour internationale de justice et la Cour pénale internationale, jouent également un rôle important dans l'interprétation et la mise en œuvre du DIP par les affaires qu'elles traitent, les décisions qu'elles prennent et les sanctions qu'elles prononcent. Si le cyber est un nouvel espace que le droit tente encore d'appréhender et de réguler, l'un des défis qu'il pose est la détermination de la responsabilité des auteurs de cyberattaques, qu'il s'agisse des États ou des individus. Avant de nous attarder sur ce point, nous aimerions brièvement revenir sur les effets du DIP dans la pratique de ces instances, afin de mieux les apprivoiser. Ainsi, nous pourrons ensuite nous lancer dans une analyse prospective

---

moins grande échelle, mais où les organes des Nations Unies se sont abstenus de se prononcer ou n'ont pas été en mesures de prendre une décision ». Jean-Pierre COT, Alain PELLET, et NATIONS UNIES, *La Charte des Nations Unies: commentaire article par article*, Paris, Economica, 1985, pp. 119-120.

[466] E. AKOTO, préc., note 358, p. 230.

[467] A. PELLET, préc., note 261, p. 404.

consistant à envisager la possibilité que ces deux cours soient saisies d'affaires impliquant des activités cybernétiques, et les décisions et sanctions qu'elles seront amenées à rendre et à prononcer en cas de cybercrime constaté.

Commençons par l'organe judiciaire principal de l'ONU[468] faisant valoir la paix et le droit sur la scène internationale : la CIJ. Si dans les années 1970, le discrédit dont elle était victime l'empêchait de jouer un rôle important dans le développement de sa jurisprudence[469], celle-ci est aujourd'hui sortie de sa léthargie, retrouvant « le capital confiance et le respect qui en font réellement la Cour mondiale[470] ». Chargée de régler les litiges entre États[471] conformément au droit international[472], son activité doit s'efforcer de contribuer à la réalisation des buts de l'ONU parmi lesquels : maintenir la paix et la sécurité internationales. Tant dans sa fonction consultative[473] que dans sa fonction contentieuse[474], la CIJ vise à pacifier les relations inter-étatiques, et à permettre le bon fonctionnement de l'Organisation[475]. Pour ce faire, elle se réfère au droit en vigueur, et ajuste les règles aux particularités des

---

[468] Article 1 du Statut de la CIJ.

[469] Nous faisons référence à l'arrêt rendu en 1962 dans l'affaire du Sud-Ouest africain (Éthiopie c. Afrique du Sud). Le 4 novembre 1960, l'Éthiopie et le Libéria ont introduit deux requêtes auprès de la CIJ lui demandant de déclarer que les mesures prises et la politique adoptée dans le Sud-Ouest africain par l'Afrique du Sud étaient contraires aux obligations que ce pays assumait en tant que mandataire. La CIJ fut particulièrement critiquée quant aux décisions rendues. Voir Georges FISCHER, « Les réactions devant l'arrêt de la Cour internationale de Justice concernant le Sud-Ouest africain », (1966) 12 *Annuaire français de droit international,* pp. 144-154.

[470] A. PELLET, préc., note 261, p. 406.

[471] Article 34§1 du Statut de la CIJ.

[472] Article 38 du Statut de la CIJ.

[473] La procédure consultative est ouverte à cinq organes, quinze institutions spécialisées du système des Nations Unies et une organisation apparentée. L'Assemblée générale et le Conseil de sécurité sont habilités à demander des avis consultatifs sur « toute question juridique ». Les autres organes de l'Organisation des Nations Unies et les institutions spécialisées ayant été autorisés à solliciter des avis ne peuvent le faire que « sur des questions juridiques se [posant] dans le cadre de leur activité ».

[474] En matière contentieuse, seuls des États (États membres des Nations Unies et, éventuellement, autres États ayant adhéré au Statut de la Cour ou ayant accepté sa juridiction selon des conditions précises) peuvent s'adresser à celle-ci. À ce jour, 73 États ont reconnu comme obligatoire de plein droit la juridiction de la Cour sur tous les différends juridiques (article 36§2 du Statut de la CIJ). Les autres membres permanents du Conseil de sécurité sont quant à eux admis à ester devant la Cour (article 35§1 du Statut de la CIJ).

[475] Voir Jean-Philippe BUFFERNE, « La fonction de la Cour internationale de justice dans l'ordre juridique international : quelques réflexions », (2002) 15-1 *RQDI*, p. 177.

situations auxquelles elle est confrontée[476]. En agissant ainsi, elle contribue à faire évoluer le droit international existant[477]. Certes, ses décisions – bien que revêtant l'autorité de la chose jugée – sont relatives, ne valant que pour les parties au conflit, sans l'assurance d'être mises en œuvre[478]. Certains critiqueront sa « faible productivité[479] », celle-ci ne rendant pas plus de deux ou trois arrêts par an. Certains auteurs considèrent ce point comme un facteur décourageant pour les États. Pourtant, ces derniers n'hésitent pas à lui soumettre des affaires toujours plus sensibles politiquement. Le droit international, en tant qu'outil juridique diplomatique, s'avère donc pleinement effectif en ce qui la concerne, contribuant par la même au maintien de la paix[480]. La situation semble toutefois un peu différente pour la Cour pénale internationale.

Compétente pour traiter des crimes internationaux commis par des personnes physiques, la CPI est une juridiction autonome de caractère permanent. Celle-ci fait couramment appel aux principes et règles du

---

[476] « Quel que soit le respect dû aux Juges de La Haye, leur fonction judiciaire est conservatrice par essence ; elle consiste à appliquer les règles en vigueur – avec soin, imagination, souplesse même – mais à les appliquer, quitte dans certains cas, à effectuer un choix ou une hiérarchisation entre des normes contradictoires et en tenant le plus grand compte des évolutions de l'ordre juridique international ». A. PELLET, préc., note 261, p. 423.

[477] Nous constatons que l'ordre normatif a vu apparaitre en son sein des notions qui ne sont pas « statiques, mais par définition évolutives » telles que la notion de « mission sacrée de civilisation » dans les Affaires du Sud-Ouest Africain, et de « régime territorial » dans l'Affaire du plateau continental de la mer Égée. La CIJ a posé le principe que « tout instrument international doit être interprété et appliqué dans le cadre de l'ensemble du système juridique en vigueur au moment où l'interprétation a lieu ». Voir *Avis relatif aux Conséquences juridiques pour les États de la présence continue de l'Afrique du Sud en Namibie nonobstant la résolution 276 (1970) du Conseil de sécurité*, avis consultatif, CIJ, Recueil 1971, p. 251, par.31.; *Affaire du plateau continental de la mer Égée (Grèce c. Turquie),* arrêt, CIJ, Recueil 1978, p.3, par. 33-34.

[478] Propos de Serge Sur prononcés en 2014 à la minute 11:03 concernant la force exécutoire des avis de la Cour dans Florian DELORME, *Justice internationale : vers un État de droit mondial ?(3/4) - Cour internationale de justice: une justice ordinaire entre État, Cultures Monde*, Paris, France culture, 21 mai 2014, en ligne : https://www.franceculture.fr/emissions/culturesmonde/justice-internationale-vers-un-etat-de-droit-mondial-34-cour-internationale.

[479] Alain PELLET, *Remarques sur l'(in)efficacité de la Cour internationale de justice et d'autres juridictions internationales (1)*, Lancaster House - Londres, Cours et tribunaux internationaux - Les défis à relever, 6 octobre 2008, p. 194.

[480] C'est ainsi qu'elle se refusera à rendre un arrêt purement déclaratoire dans la mesure où cet acte ne rentre pas dans le cadre de sa mission, et pourrait la conduire à la méconnaître car « si le règlement judiciaire peut ouvrir la voie de l'harmonie internationale lorsqu'il existe un conflit, il n'est pas moins vrai que la vaine poursuite d'un procès compromet cette harmonie ». *Affaire des essais nucléaires (Australie c. France),* arrêt, CIJ, Recueil 1974, p. 253.

droit international existant (y compris les principes établis du droit international des conflits armés), et peut les adapter en fonction des situations auxquelles elle est confrontée[481]. Cependant et bien que la communauté internationale ait souhaité mettre en place une instance pénale indépendante, insusceptible d'ingérence de la part du Conseil de sécurité, celui-ci a su s'immiscer dans les affaires de la Cour[482] par un accord conclu en 2004[483] sur la base de l'article 2 du Statut de Rome (« Lien de la Cour avec les Nations Unies »). Limitée dans son champ d'action (article 124 du Statut de Rome), la CPI se retrouve politisée par un organe contraignant, favorisant ses membres permanents au détriment des autres États[484]. Celle-ci peut voir ses activités suspendues[485], voire même être empêchée de juger des auteurs de crimes d'agression[486]. C'est sans compter l'hostilité qu'elle peut

[481] Article 21 du Statut de Rome.

[482] Une vive opposition politique est apparue au moment de la création de la CPI, certains États étant favorables à ce qu'elle soit subordonnée au Conseil de sécurité, et d'autres étant opposés à cette idée. Les membres permanents du Conseil de sécurité voulaient faire de la Cour un organe placé sous sa tutelle, estimant que « les crimes les plus graves susceptibles de relever de la compétence de la Cour sont ceux-là même qui constituent une menace pour la paix et la sécurité internationales, et renvoient par conséquent à la responsabilité du Conseil de sécurité en vertu de la Charte ». Abdelwahab BIAD, « La Cour Pénale Internationale à la croisée des chemins », *Annuaire de la Commission de droit international* 2009, p. 97.

[483] Il s'agit de l'Accord régissant les relations entre l'ONU et la CPI. Celui-ci réaffirme la relation entre la répression pénale internationale et le maintien de la paix, déclare que les deux entités s'engagent à respecter mutuellement leur mandat et statut respectifs et consacre une obligation de coopération entre elles dans l'optique de faciliter l'exercice de leurs missions respectives.

[484] Les États-Unis, non seulement de refuser à la CPI toute coopération, ont également conclu des accords bilatéraux assurant l'immunité de leurs citoyens à l'égard de ces États cocontractants en vertu de l'article 98 du Statut de Rome. La Russie, quant à elle, a retiré en 2008 sa signature du traité de Rome qu'elle n'avait jamais ratifié et, a mis en 2014 son véto pour empêcher la saisine de la CPI au sujet de la guerre en Syrie concernant l'emploi présumé d'armes chimiques sur la population. D'autres États ont souhaité se retirer du traité tels que le Kenya en 2013, suivi par la Gambie, l'Afrique du Sud et le Burundi en 2016.

[485] Nous pouvons citer les résolutions 1497 (2003) concernant la mission de maintien de la paix au Libéria, 1593 (2005) relative au Darfour, et 1970 (2011) relative à la Libye du Conseil de sécurité qui, bien qu'elles ne se réfèrent pas explicitement à l'article 16 du Statut de Rome, empêchent la CPI d'intervenir que ce soit par une enquête ou des poursuites. Elles privent les États sur le territoire desquels ces faits seront hypothétiquement commis, de toute compétence juridictionnelle, en violation du principe de complémentarité consacré par l'article 17 du Statut de Rome et des règles d'immunité contenues par ce dernier. Voir CONSEIL DE SÉCURITÉ, *La situation au Liberia*, 4803e séance, S/RES/1497 (2003); CONSEIL DE SÉCURITÉ, *Rapports du Secrétaire général sur le Soudan*, 5158e séance, S/RES/1593 (2005); CONSEIL DE SÉCURITÉ, *Paix et sécurité en Afrique*, 6491e séance, S/RES/1970 (2011).

[486] Par l'article 15 bis §6 du Statut de Rome, le Conseil de sécurité garde la possibilité d'empêcher les enquêtes pénales du crime d'agression, notamment par le droit de véto des cinq permanents, qui se retrouvent ainsi protéger de toutes actions que la Cour souhaiterait engager

rencontrer vis-à-vis de certains États près à entraver son travail d'investigation[487]. Pourtant, elle continue à faire du respect du droit international son cheval de bataille par les sanctions qu'elle prononce, et ce malgré les difficultés rencontrées.

De l'ensemble de ces observations, nous en venons à nous interroger sur la capacité de ces instances à connaitre des affaires en lien avec des activités cybernétiques[488]. Comme nous l'avons mentionné précédemment, seuls les États ont qualité pour se présenter devant la CIJ. Ainsi, il faut qu'un pays ayant subi une cyberattaque majeure de la part d'un autre État, la sollicite pour que celle-ci puisse exercer sa pleine compétence. Sur ce point, il est impératif que l'État accusateur soit « assuré de la culpabilité » de l'État accusé. Or, la caractéristique technique de l'anonymat crée un problème d'attribution qui ne permet

---

à leur encontre. Bien que l'article 8 bis du Statut définit clairement le crime d'agression, il est impératif qu'il soit constaté en premier lieu par le Conseil de sécurité pour que la CPI puisse engager des poursuites. C'est notamment à cause de cela que les anciens président américain George W. Bush et premier ministre britannique Tony Blair n'ont pas été traduit devant la CPI pour les crimes commis en Afghanistan et en Iraq. Voir Serge SUR et FERNANDEZ, « « Il faut traduire George W. Bush et Tony Blair devant la Cour pénale internationale » », *Le Monde.fr* (9 juillet 2016), en ligne : https://www.lemonde .fr/idees/article/2016/07/09/george-w-bush-et-tony-blair-devant-la-cour-penale-internationale_496 6702_3232.html.

[487] Par exemple, les États-Unis ont pris des sanctions contre la CPI en adoptant une politique de restrictions des visas américains contre les personnes chargées par la Cour d'enquêter contre des militaires américains ayant participé au conflit iraqien. (Voir Francesco FONTEMAGGI, « Premières sanctions de Washington contre la Cour pénale internationale », Lapresse.ca (15 mars 2019), en ligne: https://www.lapresse.ca/international/etats-unis/201903/15/01-5218370-premieres-sanctions -de-washington-contre-la-cour-penale-internationale.php). Il en va de même du côté d'Israël, le premier ministre Benjamin Netanyahu, condamnant toutes mesures qui pourraient être prises à l'encontre de dirigeants israéliens pour crime de guerre concernant la possession des territoires libérés de Judée et de Samarie, et la domination menée sur les Arabes locaux (Voir « Netanyahu demande des sanctions internationales contre la Cour pénale internationale », *infos-israel.news* (21 janvier 2020), en ligne : https://infos-israel.news/netanyahu-demande-des-sanctions-internationales -contre-la-cour-penale-internationale/.). Nous ajouterions les propos de l'avocat internationaliste Juan Branco qui suite à l'acquittement de l'ex-chef de guerre et leader congolais Jean-Pierre Bemba, a déclaré que, « rendu au terme de huit ans de procédures, ce verdict résulte des approximations et de la faiblesse de l'accusation. La CPI est « hors-sol » : elle n'a pas de vrai pouvoir d'enquête, ne se rend pas sur le terrain et travaille sur des pseudo preuves transmises par des ONG ou des gouvernements partiaux, puisqu'ils sont impliqués dans les situations instruites ». (Dans *Id.*)

[488] "Cybercrime, cyberterrorism, and cyber warfare activities that may constitute a breach of international peace and security should be dealt with the competent organs of the UN system under international law. We recommend the UN and the international scientific community examine scenarios and criterias and international legal sanctions that may apply". Dans WORLD FEDERATION OF SCIENTISTS, *Toward a Universal Order of Cyberspace: Managing Threats from Cybercrime to Cyberwar*, WSIS-03/GENEVA/CONTR/6-E, Permanent Monitoring Panel on Information Security, 2003, p. 15.

pas à l'heure actuelle, d'être pleinement convaincu de l'identité de l'auteur d'un cyber-acte malveillant. Néanmoins, si la CIJ venait à être saisie d'une pareille affaire, celle-ci serait normalement compétente en vertu de l'article 36 de son statut[489], et devrait appliquer les dispositions de l'article 38 relatif aux principes et textes applicables. Les deux seules exceptions seraient si la Cour se déclarait incompétente[490], ou si par le biais de la création d'un droit du cyberespace était décidée la mise en place d'un tribunal international spécial en charge des questions cybernétiques[491]. Quant aux punitions à appliquer, l'inspirant droit de l'espace extra-atmosphérique semble préférer les traditionnelles sanctions pécuniaires déjà largement utilisées par la CIJ[492], tout autre mécanisme étant difficile à mettre en œuvre[493] sans l'assurance qu'il soit respecté par les États concernés. La problématique réside cependant dans l'évaluation des dommages causés par une cyberattaque majeure. Comme nous avons pu le constater dans notre premier chapitre, ceux-ci sont très difficiles à estimer, certaines attaques n'étant pas programmées pour être instantanées, sans compter les effets dominos qu'elles peuvent engendrer. Si le droit des espaces prévoit « un délai d'un an à compter du moment où l'étendue du dommage est exactement connue[494] », et la possibilité pour les victimes collatérales d'être également indemnisées[495], cela s'avère bien plus difficile pour les

[489] Il convient de rappeler que la CIJ ne dispose pas d'une compétence générale lui permettant de juger tous les différends qui pourraient survenir entre les États. Comme elle l'a indiqué elle-même, « la Charte des Nations Unies ne contient aucune clause spécifique conférant, par elle-même juridiction à la Cour » (*Incident aérien du 10 aout 1999 (Pakistan c. Inde)*, arrêt. CIJ, Recueil 2000. p.12, par.48). Cité dans O. CORTEN, préc., note 245, p. 558.

[490] Article 36§6 du Statut de la CIJ.

[491] Un parallèle peut être fait avec le Tribunal international du droit de la mer qui empiète sur les prérogatives de la CIJ. Celui-ci instruit et juge les différends auxquels pourraient donner lieu l'interprétation et l'application de la Convention de Montego Bay. Son champ de compétence est complémentaire à celui de l'Autorité des fonds marins. Dans le cas du cyberespace, voir Chapitre 4, Section 2, II§5 « Centraliser les mécanismes de corégulation et de contrôle des actions cybernétiques ».

[492] Georges DUBÉ, « Les sanctions du droit international public dans la Charte des Nations Unies », (1962) 5-1, p. 99.

[493] Dans un de ses rapports, le CEIS proposait la mise en place de nouvelles sanctions telles que l'embargo numérique ou le bannissement (temporaire ou non) des États des instances internationales de gouvernance d'Internet. Celui-ci est par la suite revenu sur sa décision, estimant les mesures trop difficiles à mettre en place, ce en quoi il n'a pas tout à fait tort. Voir CEIS, *Les droits maritime et de l'espace peuvent-ils inspirer un droit du cyberespace ?*, 2013 105 008 8823, Paris, DAS, Ministère de la défense français, 2013, pp. 52-53.

[494] Article 10 §3 de la Convention responsabilité et dommages des objets spatiaux.

[495] Article 8 de la Convention responsabilité et dommages des objets spatiaux.

attaques informatiques. L'exemple des cyberattaques « Octobre rouge » (découverte par Kaspersky en 2012 mais en activité depuis au moins 2007), ou encore *NotPetya*, *WannaCry* et *IloveYou* (visant des infrastructures étatiques mais ayant touché plus de 50 millions d'ordinateurs en moins d'une semaine) en sont les parfaites illustrations. Ainsi, la question des sanctions reste très difficile à mettre en œuvre du côté de la CIJ, soulignant une effectivité limitée du droit international existant à connaitre des problèmes cybers.

Du côté de la Cour pénale internationale, la situation n'est pas moins compliquée, bien au contraire. En charge des affaires traitant des crimes les plus graves commis par des personnes physiques tels que le crime contre l'humanité, les crimes de guerre, de génocide, et d'agression (depuis juillet 2018), les cyberattaques doivent être considérées, non pas comme un nouveau crime de droit international, mais comme un nouveau moyen de perpétrer un crime[496]. Pour autant, arriver à déterminer la nature de l'acte au prisme des caractéristiques techniques propres aux cyberattaques n'est pas sans difficulté. Le tableau ci-dessous s'avère utile pour le comprendre. Nous tâcherons par la suite de l'expliquer, et ce afin de saisir les difficultés entourant la qualification des attaques informatiques en ces différents crimes.

---

[496] « Les cyberattaques sont une nouvelle façon d'atteindre les mêmes objectifs que les attaques cinétiques. » Laurie R. BLANK, « International Law and Cyber Threats from Non-State Actors », (2013) 89 *International Law Studies*, p. 406.

Tableau 3 : Les crimes de droit international et les cyberattaques :

LES CRIMES DE DROIT INTERNATIONAL	PRINCIPALES DIFFICULTÉS SOULEVÉES PAR LES CYBERATTAQUES	LA QUALIFICATION EST-ELLE ENVISAGEABLE ?
Le crime de génocide	La cyberattaque doit être capable de distinguer les individus qu'il convient d'épargner, et ceux qu'il faut éliminer en raison de leur appartenance à un groupe national, ethnique, racial ou religieux.	✗
Le crime de guerre	La cyberattaque doit pouvoir constituer un conflit armé au cours duquel des crimes de guerre sont commis, ou être envisagée comme une nouvelle forme d'infraction constitutive de crime de guerre.	✓
Le crime c. l'humanité	La cyberattaque doit pouvoir constituer une attaque systémique ou généralisée contre une population civile, ou le cas échéant, être considérée comme une nouvelle forme constitutive de crime contre l'humanité.	✓
Le crime d'agression	La cyberattaque doit être assimilable à un recours à la force armée, et atteindre les seuils de gravité, d'ampleur et d'illicéité que l'on retrouve auprès des armes classiques.	✓ ✗

À la lecture de ce tableau, il paraît impossible de qualifier les cyberattaques de **crime de génocide**, compte tenu des effets domino qu'elles produisent, et de leur impossibilité à appliquer le principe de distinction entre les personnes qu'il faudrait épargner, et celles qu'il faudrait éliminer en raison de leur appartenance à un groupe national, ethnique, racial où religieux. Cependant, et comme le mentionne le Manuel de Tallinn 2.0, elles peuvent être une étape préalable au lancement d'un génocide en servant à identifier les individus appartenant à tel ou tel groupe « qui devraient être détruits[497] ». Les attaques informatiques interviendraient donc au stade de la planification. Comme le souligne Anne-Laure Chaumette, le cyber agresseur serait susceptible de voir sa responsabilité engagée à ce titre, mais il ne pourrait pas être accusé d'avoir commis un crime de génocide[498].

Poursuivons avec le **crime de guerre**. Pour qu'une cyberattaque puisse revêtir ce qualificatif en vertu du droit international pénal, celle-ci doit pouvoir constituer un conflit armé au cours duquel des crimes de guerre sont commis, ou être envisagée comme une nouvelle forme d'infraction constitutive de crime de guerre. Pour la première option, il convient de rappeler qu'en droit des conflits armés, le combat se déroule traditionnellement sur le territoire physique d'un État. Avec le cyberespace, la situation est plus complexe car comme le rappelle Kai Ambos, « cyber-attacks defy any geographical limits by state territories or borders[499] ». Cependant, la question de la déterritorialisation peut être écartée si l'on décide d'appliquer le principe selon lequel une cyberattaque peut être un conflit armé dès lors que ses conséquences sont similaires à celles des guerres classiques. Cette approche est adoptée notamment par le CICR[500]. Il faut ensuite déterminer si le conflit est international (CAI) ou non international (CANI). Se pose alors la traditionnelle question de l'attribution : qui est concrètement partie au conflit ? Dans l'hypothèse où nous serions confrontés à un CANI, deux critères devraient être envisagés : le critère de la durée (le conflit doit être prolongé) et le critère structurel (le conflit doit impliquer des entités organisées, qu'il s'agisse d'une armée ou d'un groupe rebelle). Pour la seconde option, c'est à dire celle ou une cyberattaque serait envisagée comme une nouvelle forme d'infraction

---

[497] Pour les experts du Manuel de Tallinn 2.0, une cyberattaque peut consister en une « network intrusion to acquire the names of individuals registered as a certain race in a State census in order to engage in genocide » ou encore comme un piratage de « digitised historical archives regarding a population to determine the ethnic origin of individuals with a view to facilitating genocide ». M. N. SCHMITT, L. VIHUL et CCD COE NATO, préc., note 135, pp. 66 et 536.

[498] Anne-Laure CHAUMETTE, « La responsabilité pénale internationale des individus en cas de cyberattaque », dans *Cyberattaques et droit international*, Pédone, Paris, 2018, p. 114.

[499] *Id*, pp. 116-118. Voir également Kai AMBOS, « International criminal responsability in cyberespace », (2016) 21-3 *Journal of Conflict & Security Law*, 126.

[500] CICR, préc., note 410, p. 37.

constitutive de crimes de guerre, plusieurs pistes doivent être envisagées :

1) La cyberattaque peut produire des effets qui constitueraient un crime de guerre.
   ➔ Dans le cas de l'Affaire *Stuxnet*, les dommages auraient pu être bien plus importants si par exemple la centrale nucléaire de Natanz avait explosé.

2) Une cyberattaque peut constituer en tant que telle un crime de guerre.
   ➔ La qualification par la CPI peut s'avérer difficile pour plusieurs raisons : l'interdépendance des réseaux qui ne permet pas une réelle application du principe de distinction ; et l'impossibilité de déterminer l'excessivité ou non des dommages collatéraux, certains virus pouvant devenir autonomes une fois lancés (problème du principe de proportionnalité).

3) La réaction à une cyberattaque lancée par un hacker peut être considérée comme un crime de guerre.
   ➔ Le statut du lanceur doit pouvoir être connu (combattant ou civil), à travers le port d'un signe distinctif et la manifestation d'une intention claire.

De nos observations, une interprétation large des crimes de guerre pourrait permettre d'y inclure les attaques cybernétiques[501].

Concernant le **crime contre l'humanité**, celui-ci est défini à l'article 7§ 1 du Statut de Rome comme la perpétration d'infractions « dans le cadre d'une attaque généralisée ou systématique lancée contre toute une population civile[502] ». Pour qu'une cyberattaque puisse remplir ce critère, il faudrait qu'elle soit programmée pour lancer régulièrement des virus ou d'autres programmes malveillants. Il est également nécessaire que le lanceur soit rattaché à un État ou à une organisation non étatique. Ainsi, un groupe structuré et stable de hackers pourrait satisfaire à ce critère. Également, et bien que cela n'ait pas encore été constaté, il est possible d'envisager les cyberattaques

[501] A.-L. CHAUMETTE, préc., note 498, pp. 115-122.

[502] Article 7§1 du Statut de Rome.

comme un nouveau moyen de commettre des infractions constitutives d'un crime contre l'humanité. Pour ce faire, elles doivent pouvoir revêtir la forme de meurtres ou d'actes d'extermination. Cela ne soulève pas de difficulté particulière si ce n'est qu'il faut démontrer que l'auteur avait bien l'intention d'entraîner la mort de ses cibles en lançant l'attaque informatique. En revanche, elles ne peuvent pas être considérées comme une nouvelle forme de crime contre l'humanité eu égard au principe *nullum crimen sine lege*. La seule possibilité serait de réviser le Statut de Rome. De nos observations nous en arrivons à la conclusion que bien que cette qualification soit envisageable, nous nous devons de faire preuve d'une grande prudence quant au recours à ce qualificatif.

Enfin, pour le **crime d'agression**, celui-ci est défini à l'article 8 bis du Statut de Rome comme « la planification, la préparation, le lancement ou l'exécution par une personne effectivement en mesure de contrôler ou de diriger l'action politique ou militaire d'un État, d'un acte d'agression qui, par sa nature, sa gravité et son ampleur, constitue une violation manifeste de la Charte des Nations Unies[503] ». Lors des travaux préparatoires à cette nouvelle disposition entrée en vigueur en 2018, il avait été envisagé d'y inclure les cyberattaques, mais cette proposition a finalement été rejetée[504]. Néanmoins, un des participants aux travaux a considéré que « a contemporary interpretation of the term armed force could some circumstances, include the use of computer networks as weapons[505] ». L'une des principales difficultés pour qualifier une cyberattaque de crime d'agression est la question du seuil requis. Rappelons que trois critères sont nécessaires pour déterminer si oui ou non une attaque informatique relève de la force armée :

1) Si elle produit des effets similaires à une attaque cinétique,
2) Si elle vise spécifiquement les infrastructures critiques d'un État,

[503] Article 8 bis du Statut de Rome.

[504] Sur ces deux points, voir *Report of the Special Working Group on the Crime of Aggression*, La Haye, Assembly of States Parties to the Rome Statute of the International Criminal Court, 2008, par. 35, en ligne : https://asp.icc-cpi.int/iccdocs/asp_docs/ICC-ASP-6-20-Add.1%20English.pdf., et Kai AMBOS, « International criminal responsability in cyberespace », (2016) 21-3 *Journal of Conflict & Security Law*, p. 138.

[505] Stephen BARRIGA, « Against the odds : the results of the Special Working Group on the Crime of Aggression », dans *The Princeton Process on the Crime of Aggression - Materials of the Special Working Group on the Crime of Aggression 2003-2009*, Lynne Rienner Publishers, 2010, p. 10.

3) Si elle cause des dommages d'une extrême gravité[506].

C'est ainsi que l'arme se définit par son effet, et non par sa nature. Si la cyberattaque est capable d'engendrer des effets similaires à ceux d'une arme cinétique, elle pourra être qualifiée de crime d'agression. Cependant, nous avons vu que ce scénario est hautement improbable[507]. Il apparait également que ce point de vue ne soit pas partagé de tous. Certains auteurs considèrent que les cyberattaques ne peuvent pas être qualifiées d'acte d'agression au motif que « cyber-attacks are carried out not "against the territory" of a State but against electronic systems, which are not covered by the accepted definitions of State territory[508] ». De ce fait, non seulement qualifier les cyberattaques de crime d'agression semble très incertain, mais « il reste également à savoir si la CPI acceptera avec enthousiasme cette nouvelle forme de crime d'agression lorsqu'on voit avec quelle réticence cette incrimination a été introduite dans le Statut de Rome[509] ».

De l'ensemble de nos observations, nous en venons à la conclusion que si la CPI arrive à poser un qualificatif sur le cyber-acte commis, l'identification de l'auteur et son intention derrière l'attaque n'en restent pas moins extrêmement difficiles à déterminer. Pourtant ces deux éléments sont essentiels non seulement pour traduire l'accusé devant cette instance, mais également pour choisir le mode de responsabilité, et ainsi envisager une sanction. Si la responsabilité de l'accusé est reconnue, la peine se traduira par un emprisonnement pouvant aller jusqu'à un maximum de 30 ans, ou si l'extrême gravité du crime le justifie, l'emprisonnement à perpétuité. Compte tenu des difficultés entourant les cyberattaques, il est fort peu probable que la CPI est à connaitre d'une pareille affaire. Cependant, si cela devait être le cas, rien n'assure que le cyberattaquant soit reconnu coupable, et donc condamné.

Finalement, en ouvrant de nouveaux défis au droit international existant, les cyberattaques ne nous assurent pas le prononcé de

---

[506] Voir L. R. BLANK, préc., note 496, p. 415, et Marco ROSCINI, « Cyber operations as a use of force », dans *Research Handbook on International Law and Cyberspace*, EE Publishing, Cheltenham/Northampton, 2015, p. 236.

[507] Pour de plus amples informations, voir M. FORTEAU, préc., note 13.

[508] Sergey SAYAPIN, *The Crime of Aggression in International Criminal Law: Historical Development, Comparative Analysis and Present State*, T.M.C. Asser Press, 2014, p. 273.

[509] A.-L. CHAUMETTE, préc., note 498, p. 110.

sanctions de la part des cours internationales. Certes, les juges de la CIJ et de la CPI ne sont pas pleinement démunis puisque pouvant procéder à une interprétation très large du droit[510]. Mais encore faut-il qu'on leur présente une affaire soulevant des questions cyber, et qu'ils se reconnaissent compétents et acceptent de se saisir du dossier en question. Les règles du droit international existant ne sont que d'une utilité limitée du fait qu'elles comportent nombre de concepts juridiques flottants. Rudimentaires, elles nous poussent à conclure à leur effectivité partielle face aux défis que pose le cyberespace.

En conclusion à cette troisième section, nous pouvons affirmer que la logique analogique opérée par les différents GEG met le droit international dans une situation d'inadéquation face aux spécificités des moyens cybernétiques. Le raisonnement par analogie repose sur cette idée que des situations similaires devraient être traitées de la même façon. Or le cyberespace et les armes qui s'y emploient ne sont en rien identiques aux espaces physiques et aux armes conventionnelles. En procédant de cette façon, le GEG impose au droit international d'adopter une position stricte sur la définition de ces principaux concepts, en décalage avec la nature même des opérations cybernétiques. Si pour certains la solution à son adaptation serait de recourir à l'interprétation[511], il nous apparait surtout nécessaire de repenser le DIP en lui offrant la possibilité d'évoluer, et donc d'intégrer les particularités techniques de cet espace virtuel et de ses armes 3.0. En effet, il est impossible de laisser en place une situation d'inadéquation qui avantage les États en ce qu'ils sont moins encadrés, et donc libres d'agir comme ils l'entendent sans risque réel de sanction. Finalement, nous en venons à constater une forme d'essoufflement du droit international quant à sa capacité à répondre aux besoins changeants de la société. Si par le passé ce dernier a su s'adapter aux nouveaux moyens et méthodes de guerre, les difficultés engendrées par le cyberespace montrent qu'il a atteint ses limites.

---

[510] Comme l'explique Dan Saxon, "as cyber technologies - both benigh and malevolent - continuously evolve, the technical and legal skills of prosecutors and investigators must also develop space". Dan SAXON, « Violations of International Humanitarian Law by Non-State Actors during Cyberwarfare: Challenges for Investigations and Prosecutions », (2016) 21-3 *J Conflict Security Law*, p. 574.

[511] Cela nous parait dangereux sachant que l'interprétation peut engendrer un risque de torsions susceptibles de dénaturer le droit existant.

SECTION 4 : La difficile emprise du fait cybernétique sur la formulation du DIP existant

UN CONSTAT D'ESSOUFLEMENT DU DIP FACE AUX BESOINS CHANGEANTS DE LA SOCIÉTÉ

Pour Charles de Visscher, « ce qui caractérise l'évolution présente, c'est l'emprise directe du fait sur la formulation du droit, déterminant, en dehors de toute entremise coutumière, un consensus général et immédiat à une réglementation conventionnelle dont le besoin se fait impérieusement ressentir[512] ». Dans le cas du cyberespace, aucun consensus n'est apparu au sein de la communauté internationale quant à l'élaboration d'un droit international du cyberespace. Seule l'idée de compléter les règles existantes du DIP et de la Charte par quelques-unes plus en adéquation avec le contexte cyber a été relevée par le GEG. Cela n'est pas pour nous déplaire, puisque nous pensons qu'il serait pertinent de combler les interstices du droit existant par des normes complémentaires. Cependant, nous verrons dans cette section que la révision du droit international par le biais de procédures d'évaluations *ex post* est quasiment impossible à enclencher (I). Nous constaterons qu'il est aujourd'hui très difficile de réécrire le DIP existant si bien que concernant le cyberespace, les États préfèrent l'assortir d'accords complémentaires pour pallier ses manques (II). C'est ainsi que nous en viendrons à constater la difficile emprise du fait cybernétique, et plus globalement de l'évolution de la société, sur le développement et la formulation du DIP (III), traduisant un essoufflement – pour ne pas dire une résistance – à obéir à la pression des faits.

---

512 Charles de VISSCHER, *Les effectivités du droit international public*, Paris, Pédone, 1967, p. 65.

I. Les procédures d'évaluations *ex post* du DIP

UNE RÉVISION DIFFICILE DU DROIT EXISTANT AUX TIC

> *Il ne suffit pas d'agir en amont, lors de l'élaboration de la règle ; il faut également agir en aval, une fois cette règle mise en application, et notamment en instaurant des procédures d'évaluations ex post, qui permettront, par la suite, de retoucher les dispositions légales et de mieux adapter le dispositif à la réalité*[513].
>
> **– Frédéric Rouvillois**

Nous l'avons constaté précédemment, le droit international tel qu'il existe, n'est pas satisfaisant pour encadrer efficacement les armes cybernétiques. Bien que légitime, celui-ci s'avère en l'état actuel inadéquat. Se pose alors la question d'une évaluation *a posteriori* des textes qui permettrait de :

- Vérifier si les dispositions existantes sont adaptées, satisfaisantes et efficaces pour encadrer un fait ou un objet inédit ; ou dans le cas contraire,
- Réajuster les normes existantes ou en créer pour répondre aux nouvelles réalités, aux nouveaux besoins de la société actuelle.

Concernant la Charte des Nations Unies, deux procédures existent pour réviser le texte : l'article 108 qui offre la possibilité pour l'Assemblée générale d'élaborer des amendements qui doivent par la suite être soumis au vote des États membres, et l'article 109 permettant aux États membres d'invoquer la méthode dite « extraordinaire » par le moyen d'une « conférence générale »[514]. Utilisés en 1963 dans le but de modifier le nombre de sièges au Conseil de sécurité et au Conseil économique et social, ces articles ne furent plus invoqués par la suite[515].

---

[513] Frédéric ROUVILLOIS, « La règle de droit entre efficacité et légitimité », *La Lettre* 2005.13, p. 2.

[514] Joseph NISOT, « La révision de la Charte des Nations Unies (Articles 108 et 109 de la Charte) », *RBDI* 1965.2, pp. 369-375. Charles de VISSCHER, « La Conférence de révision de la Charte des Nations Unies : article 109 de la Charte. », (1955) *Die Friedens-Warte*, pp. 37-46.

[515] Jacques DEHAUSSY, *Commentaires Articles 108 et 109*, dans J.-P. COT, A. PELLET et M. FORTEAU, préc., note 278, pp. 2191-2225.

En effet, malgré l'intérêt que peut présenter le remaniement de la Charte vieille de plus de soixante-quinze ans, l'atmosphère internationale reste défavorable à une tentative de révision[516]. Espérer que le numérique, et plus précisément les attaques informatiques poussent les États et l'ONU à réformer la Charte est donc utopique[517]. Bien que présent dans le texte[518], ce système d'évaluation *ex post* est inexistant dans la pratique onusienne. Les États sont bien trop conservateurs pour envisager une relecture complète de la Charte susceptible de les contraindre dans les actions qu'ils pourraient mener sur la scène internationale.

De son côté, le Comité international de la Croix-Rouge n'envisage pas de s'engager dans une révision ou adaptation du DIH aux cyberattaques[519]. Selon lui, les Conventions actuellement appliquées restent globalement valables. S'il devait y avoir des problèmes d'application, ces derniers seraient plus politiques que juridiques du fait de l'insuffisance des moyens et de la volonté des États de mettre en

---

[516] La question de la refonte du système onusien et d'une révision de la Charte n'est pas d'aujourd'hui. De nombreux auteurs se sont penchés sur la question dans les années 50-60. Voir par exemple : Francis O. WILCOX et Carl M. MARCY, *Proposals for changes in the United Nations*, The Brookings Institution, Washington, 1955; Andrew MARTIN et John B.S. EDWARDS, *The changing Charter : a study in the reform of the UN*, Sylvan Press, London, 1955; Michel VIRALLY et Guillaume GEORGES-PICOT, *Plan de réforme des méthodes et pratiques de l'ONU*, S.1., 1962. En 1993, Maurice Bertrand soulignait encore que « la Charte, texte constitutionnel conçu il y a un demi-siècle, dans les conditions très spécifiques de la fin de la Seconde Guerre mondiale, n'est absolument plus adaptée aux problèmes du monde actuel, et devrait être entièrement révisée. Or cette révision a très peu de chances d'être entreprise parce que l'idéologie dominante est, en ce domaine, essentiellement conservatrice […] ». Voir Maurice BERTRAND, « La réforme de l'ONU », *Politique étrangère* 1993.3, p. 611, en ligne : https://www.persee.fr/doc/polit_0032-342x_1993_num_ 58_3_6272. Ce sujet brulant est toujours d'actualité, mais malgré la volonté affichée de son Secrétaire général Antonio Guterres, la question de la réforme de l'ONU et de la Charte en est encore au point mort.

[517] En réponse à l'article de Ahmed KHAOUJA, « Nécessité de réforme de l'ONU à l'ère du numérique », *Ite.ma*, Tribune libre (30 août 2019), en ligne : https://lte.ma/necessite-de-la-reforme-de-lonu-a-lere-du-numerique.

[518] Articles 108 et 109 CNU.

[519] Le CICR ne dispose pas d'une compétence créatrice de droit, mais initiatrice. Le comité peut faire des propositions concrètes de règles susceptibles de venir compléter le droit humanitaire en vigueur et réunir des experts à cette fin. Pour ce faire, il recourt à sa méthode habituelle, c'est-à-dire qu'il réunit une documentation complète, montrant sur quels points le droit devrait être confirmé, complété et amélioré, pour ensuite établir des projets de textes conventionnels avec le concours d'experts gouvernementaux, des société nationales et d'autres institutions humanitaires. Voir Els DEBUF, « Le statut juridique et les privilèges et immunités du CICR : des outils de travail », (2015) 97-1 et 2 *Revue internationale de la Croix-Rouge*, pp. 203-230.

œuvre ces instruments[520]. Le Comité se cache ainsi derrière l'article 36 P. I. étudié précédemment demandant que toute nouvelle arme ou méthode de guerre soit soumise à une autorité d'examen qui doit, oui ou non, déclarer sa licéité. Pour le CICR, « outre l'obligation spécifique qu'elle impose aux États parties, cette règle montre que les dispositions générales du DIH s'appliquent aux nouvelles technologies[521] ». Toutefois, le Comité laisse le choix aux États de se prononcer sur la nécessité de continuer à développer le droit à mesure que les technologies évolueront, ou que l'impact humanitaire qu'elles auront sera mieux compris.

Reste alors à savoir si un autre organe serait susceptible d'être sollicité pour retoucher les dispositions du DIP, et ce en vue de les adapter aux particularités techniques des attaques informatiques. La Commission du droit international en charge du développement progressif et de la codification du droit international semble tout indiquée. Celle-ci peut se voir confier des tâches de nature variée comme rédiger une convention sur un sujet qui n'a pas encore été réglé par le DIP, ou encore préciser certaines dispositions déjà existantes afin qu'elles s'adaptent aux nouvelles réalités[522]. Or le GEG chargé d'étudier l'impact des armes cybernétiques dans le contexte de la sécurité internationale semble s'être arrogé (par l'intermédiaire de l'Assemblée générale) ces tâches, et ce malgré les compétences de la Commission. Nous avons d'ailleurs remarqué plus haut que celle-ci n'a pas été sollicitée pour participer aux travaux, que ce soit en tant que consultante, ni même en tant qu'observatrice. Elle aurait pourtant eu toute légitimité à se saisir de cette question[523]. À voir si à l'avenir, celle-ci souhaitera s'investir ou sera invitée à vérifier si les dispositions actuelles sont adéquates pour traiter des questions cyber, ou si elles nécessiteront d'être réajustées. En attendant, aucun des sujets et questions examinés actuellement par la Commission, ne traitent de

[520] Yves SANDOZ, *Position du CICR sur le droit des conflits armés aujourd'hui, Conférence de Malte sur le droit des conflits armés dans un nouvel environnement stratégique*, Malte, CICR, 1996, en ligne : https://www.icrc.org/fr/doc/resources/documents/misc/5fzezc.htm.

[521] Cordula DROEGE, « Pas de vide juridique dans le cyberespace », *Comité international de la Croix-Rouge* (16 août 2011), en ligne : https://www.icrc.org/fr/doc/resources/documents /interview/2011/cyber-warfare-interview-2011-08-16.htm.

[522] Article 15 du Statut de la Commission du droit international.

[523] F. DELERUE, préc., note 262.

l'emploi des nouvelles technologies par les États[524]. Par conséquent, nous pouvons affirmer l'absence de procédures d'évaluations *ex post* du droit international lui permettant d'évoluer et de s'adapter aux réalités cyber. En attendant de combler ou pallier les lacunes du DIP existant, certains États ont tenté de compléter le droit existant par le biais d'accords bilatéraux traitant spécifiquement de l'emploi de ces armes.

II. La tendance à assortir le DIP existant d'accords complémentaires

DES ACCORDS BILATÉRAUX POUR PALLIER LES MANQUEMENT DU DIP À L'ÉGARD DES TIC

De nombreuses spécificités du cyberespace rendent les mécanismes du droit international existant complexes à mettre en œuvre, comme par exemple la responsabilité de l'État pour fait internationalement illicite et la légitime défense que nous avons étudiées précédemment. Certes, le GEG a tenté de fournir des éléments de réponses sur une série de normes de comportements responsables des États. Si certains voient en ce rapport une avancée majeure, notamment du fait qu'il ait réuni les plus grandes puissances du cyberespace telles que les États-Unis, la Chine, la Russie, la France, le Royaume-Uni et l'Allemagne, nous verrons que la plupart de ces acteurs ont signé entre eux des accords notamment bilatéraux pour pallier les carences du droit international existant à traiter des questions cyber[525].

Comme nous avons pu l'étudier dans notre deuxième section, la Chine et la Russie, ont un rapport particulier au cyberespace. Pour l'une comme pour l'autre, la question du contrôle souverain des données et de l'information dans leurs efforts diplomatiques est primordiale, tout comme le respect du principe de non-intervention dans leurs affaires internes. Conscientes des dangers que le cyberespace peut engendrer,

---

[524] Pour de plus amples informations, voir *La Commission du droit international et son œuvre*, New York, 2009, en ligne : https://legal.un.org/avl/ILC/7th_F/Vol_I.pdf.

[525] Comme le souligne Alix Desforges, les initiatives multilatérales sont difficiles à mettre en place. L'exemple de l'absence de consensus au sein du GEG le prouve. Les initiatives bilatérales connaissent plus de succès, même s'il est difficile d'évaluer leurs modalités précises. Elles constituent un cadre privilégié de mise en place de coopération entre États sur les questions cyber. Voir Alix DESFORGES, *La coopération internationale et bilatérale en matière de cybersécurité : enjeux et rivalités*, 16, coll. Laboratoire de l'IRSEM, Paris, 2013, pp. 10-11.

« l'Empire du milieu » et la Russie ont signé en mai 2015 un pacte de non-agression[526].

Autre événement majeur : la signature d'un « cyber-pacte » de non-agression entre la Chine et les États-Unis, cette fois-ci en septembre 2015[527]. Les tensions dans le cyberespace étant à leur comble entre les deux États, et l'administration américaine ayant clairement fait entendre que des sanctions pourraient être prises contre les entreprises chinoises, un accord a dû être trouvé en urgence. Celui-ci comprend des engagements de bonne conduite et la création de mécanismes de coopération bilatérale. Ce pacte prévoit une collaboration pleine et entière des deux États en cas de demande d'assistance pour une cyberattaque majeure commise sur leur territoire respectif. Il est également question d'un engagement commun à ne pas commettre ou soutenir sciemment par des moyens cyber, des vols de propriétés intellectuelles, de secrets commerciaux ou autres données économiques confidentielles. Depuis sa mise en place, ce pacte a été mis à rude épreuve, les États-Unis ayant accusé la Chine d'avoir rompu à plusieurs reprises ses engagements[528]. Cependant, cet accord constitue une avancée dans la régulation des activités des États dans le cyberespace. Tout comme le pacte sino-russe, il vise à encourager la retenue dans les activités offensives et la mise en place des mécanismes de dialogue pour prévenir l'escalade de conflits entre États.

En plus des deux « cyber-pactes » cités ci-dessus, de nombreux accords bilatéraux portant sur une coopération défensive ou de sécurité

---

[526] Louis ADAM, « Cyberattaques - La Chine et la Russie signent un pacte de non-agression », *Zdnet.fr* (12 mai 2015), en ligne : https://www.zdnet.fr/actualites/cyberattaques-la-chine-et-la-russie-signent-un-pacte-de-non-agression-39819248.htm.

[527] Marianne KOLBASUK MCGEE, « U.S., China Reach Cyber Agreement », BankInfoSecurity (septembre 2015), en ligne : https://www.bankinfosecurity.com/us-china-a-8553.

[528] En 2018, les États-Unis ont accusé la Chine d'avoir violé cet accord en les cyber-attaquant. Voir Christopher BING, « U.S. accuses China of violating bilateral anti-hacking deal », Reuters.com (8 novembre 2018), en ligne : https://www.reuters.com/article/us-usa-china-cyber/u-s-accuses-china-of-violating-bilateral-anti-hacking-deal-idUSKCN1NE02E.

dans le cyberespace[529], ont vu le jour[530]. Plus précisément, ces derniers visent dans la grande majorité des cas à améliorer la coopération en matière de lutte contre la cybercriminalité et de poursuites à l'encontre des cyberterroristes et des pirates informatiques, ainsi qu'à élaborer des politiques internationales visant à rendre l'Internet plus sûr. Il s'agit également pour les États signataires de partager des informations entre eux et les CERT nationaux, mais aussi avec le secteur privé, et ce dans le but d'améliorer les capacités de chacun en termes de cybersécurité et cyberdéfense. Si ces accords peuvent paraitre être un faible engagement des États vis-à-vis des enjeux globaux entourant le cyberespace, ceux-ci n'en restent pas moins du droit international, insuffisant certes, mais nécessaire pour tenter de pallier les lacunes des grands textes. Par la suite, nous pouvons supposer qu'ils seront utilisés pour aider soit à l'élaboration d'un texte multilatéral au sein des Nations Unies sur un droit du cyberespace, soit de normes juridiques venant combler les interstices du droit existant, et prenant en compte les défis cyber. En attendant, les États n'ont pas d'autre choix que de se débrouiller par eux-mêmes pour assurer leur propre sécurité. Ces accords leur permettent de prendre les devants, en s'assurant auprès d'États dont on sait qu'ils sont des « cyber-voyoux », qu'ils respecteront les engagements conclus sous peine de sanction[531].

Ces engagements bilatéraux signent-ils la fin du multilatéralisme à vocation universelle ? Nous aurions tendance à répondre par la

---

[529] À ce jour, aucun accord bilatéral ou multilatéral traitant d'une coopération offensive dans le cyberespace n'a été clairement mentionné, cette question étant taboue. Bien que plusieurs États reconnaissent ouvertement avoir intégré des capacités de lutte informatique offensive dans leur arsenal militaire, très peu avouent y recourir (France, États-Unis, Japon, Israël, etc.). Cependant, peut-être existe-t-il une exception avec le cas du ver *Stuxnet* pour lequel certains experts en informatiques ont affirmé que cette attaque serait l'objet d'une action concertée entre les services américains et israéliens.

[530] En 2011, les États-Unis ont signé des accords avec l'Australie, le Japon et l'Inde. En 2013, des accords furent signés entre l'Inde et le Royaume-Uni, la Russie et les États-Unis, et l'Argentine avec le Brésil. En 2014, le Canada a signé un pacte avec les États-Unis. On peut également mentionner les accords signés en 2015 entre la France et Singapour ou encore, entre les États-Unis et le Japon. Pour plus d'informations voir Daniel VENTRE, *Les évolutions de la cybersécurité : contraintes, facteurs, variables...*, 1506388759, Paris, DGRIS, 2015, p. 29.

[531] Par exemple, l'ancien président américain Barack Obama a mis en place en 2015 un décret présidentiel permettant au Trésor américain de geler ou bloquer les avoirs des personnes, américaines ou étrangères, impliquées dans des cyberattaques d'ampleur menées contre les intérêts américains. Par ces mesures, l'ex-président visait prioritairement la Chine accusée de cyber-espionnage massif. Voir « Obama entend sanctionner les pirates incriminés dans des cyberattaques », *Journal du Geek* (avril 2015), en ligne : https://www.journaldugeek.com/2015/04/02/obama-sanctions-pirates-cyberattaques/.

négative. Pour autant, il faut bien reconnaitre que le droit international et les traités qui l'accompagnent n'intéressent plus vraiment leurs destinataires. Sans s'y arrêter, nous pouvons simplement constater un déclin par l'effectivité variable de ce droit au sein des comportements et des pratiques notamment étatiques. Dans ces conditions, espérer qu'il soit concrètement et correctement mis en œuvre dans les cas de cyberattaques est bien illusoire. Comme le souligne Serge Sur, « le droit international général n'encadre pas les cyberattaques de façon spécifique[532] ». Tout au plus, on peut l'interpréter pour tenter de l'adapter aux caractéristiques de ces nouvelles armes. Cependant, un constat s'impose : la mise en œuvre du droit international concernant le cyberespace tend indubitablement vers l'ineffectivité. Il parait évident au regard de notre étude, que celui-ci ne joue pas son rôle parfaitement. Nous pouvons ainsi en conclure que ce n'est pas parce qu'un droit est légitime qu'il sera nécessairement appliqué, et par la même efficace à encadrer toutes les situations auxquelles il sera confronté. En arriver à pareille conclusion est non seulement précipité, mais également dangereux.

III. La résistance du DIP face à « l'accélération du temps juridique[533] »

UN DROIT JEUNE ET LENT, PAS SI PROMPT À ÉVOLUER AU RYTHME DE L'INNOVATION

En 2017, David Martinon – à l'époque ambassadeur de la France pour le numérique – expliquait que « les discussions que nous avons à l'ONU se concentrent sur l'applicabilité du droit international public au cyberespace. Par exemple, nous voulons voir pleinement reconnu le fait qu'en temps de guerre comme en temps de paix, les cyberattaques peuvent donner lieu à des contremesures, ou des mesures de rétorsion. [...].[534] » À la suite de ce commentaire, le journaliste de France culture Xavier de la Porte observait : « il y a deux manières de lire ces propos : la manière optimiste consistant à considérer qu'il est intéressant que les membres de l'ONU réfléchissent à la manière de faire entrer le

[532] S. SUR, préc., note 19, p. 223.

[533] François OST, « L'accélération du temps juridique », dans *L'accélération du temps juridique*, coll. Collection générale, Bruxelles, Presses de l'Université Saint-Louis, 2019, pp. 7-14.

[534] Marie-Alix AUDET, « Cyberdéfense : quelle voix pour la France ? Entretien avec David Martinon », *Regards sur le numérique (RSLN)* (19 mai 2017), en ligne : https://archives.rsln.fr/fil/cyberdefense-quelle-voix-pour-la-france-entretien-avec-david-martinon.

cyberespace dans le droit international. La seconde est un peu plus étonnée, et pourrait se formuler comme suit : « ça fait quand même des années que des pays s'attaquent les uns les autres dans le cyberespace, et le droit international en est encore à se demander dans quel cadre juridique on peut y répondre… c'est dingue… »[535]. »

Les propos de ce journaliste illustrent parfaitement l'une des difficultés majeures du droit international : sa résistance face à l'accélération du temps juridique[536]. Force est de constater que la société internationale est plus inerte, plus rétive face aux évolutions de la société, et ce malgré ce que certains peuvent penser[537]. La Convention des Nations Unies sur le droit de la mer de 1982 est un parfait exemple de la relative rapidité du processus conventionnel puisque vingt et un ans se sont écoulés entre sa mise en chantier et son entrée en vigueur. Il a également fallu trente ans au Pacte des Nations Unies sur les droits de l'Homme pour passer du stade de l'élaboration à celui de l'application. Comme l'explique Alain Pellet, « le long écoulement du temps faisait que l'on s'accommodait de pratiques « immémoriales », et ne conduisait pas à mettre l'accent sur les changements du droit ; une fois adoptées, les règles étaient supposées correspondre aux besoins sociaux qui semblaient immuables. Du coup, […] quand un besoin de norme juridique se faisait sentir dans tel ou tel domaine, il convenait – il suffisait – de conclure un traité, d'en venir à considérer une pratique comme répondant à une nécessité juridique […][538].

---

[535] Xavier DE LA PORTE, *Le droit international dans le cyberespace nous ramène en 1648*, *France culture*, Paris, 24 mai 2017, en ligne : https://www.franceculture.fr/emissions/la-vie-numerique/le-droit-international-dans-le-cyberespace-nous-ramene-en-1648.

[536] Pour François Ost, « l'accélération se comprend comme la production d'un temps instantané, intempestif, immédiat qui, se réclamant de l'urgence, s'auto-justifie par la promptitude même de son émergence. Révélateur d'une demande sociale impérative qui ne s'accommode plus ni de la distance ni de la lenteur, inhérentes à la représentation, ce temps de l'immédiateté condamne la politique et le droit à réagir dans l'urgence ». Voir F. OST, préc., note 533.

[537] Charles de Visscher, en faisant référence aux Conventions de Genève sur le droit de la mer, voit en elles la rapidité d'exécution du droit international à proposer des « solutions novatrices clairement imposées par la pression urgente des faits ». Même s'il ne fallut que quelques années pour qu'une législation se mette en place, nous pouvons constater la lenteur du système international lorsque ce dernier est confronté à des faits ou objets nouveaux. C. de VISSCHER, préc., note 512, p. 70-71.

[538] A. PELLET, préc., note 229, pp. 17-18.

Cependant, nous faisons aujourd'hui face à de nouvelles réalités. Le rétrécissement du monde, l'accélération du temps et la multiplication des États ont complexifié les choses. C'est sans compter l'apparition des nouvelles technologies qui ont rendu plus aiguë la question de l'adaptation des règles de droit aux besoins changeants (et changeant rapidement) de la société internationale. Pour autant, certains ne se sont pas laissé rebuter par la tâche. Pour pallier le problème de la cybercriminalité, le Conseil de l'Europe a adopté en 2001 la Convention de Budapest abordant les crimes informatiques et les crimes réalisés par le biais d'Internet. C'est à se demander ce que fait l'ONU. Si l'on observe le tableau ci-dessous, nous pouvons constater la promptitude et la célérité du Conseil de l'Europe à mettre en place un droit pénal plus au fait des évolutions techniques, par le biais d'un instrument international contraignant[539], à la différence des Nations Unies qui ne savent toujours pas dans quelles mesures appliquer le droit international existant à ces nouvelles armes que sont les cyberattaques.

Tableau 4 : Le temps juridique : le Conseil de l'Europe et la cybercriminalité versus l'ONU et la cyberguerre :

LE CONSEIL DE L'EUROPE ET LA CYBERCRIMINALITÉ		L'ONU ET LA CYBERGUERRE	
Nov. 1996	Décision (CDPC/103 /211196) de créer un comité d'experts chargés de la cybercriminalité.	**1998**	Projet de résolution proposé par la Russie à l'Assemblée générale.
Fév. 1997	Création du « Comité d'experts sur la criminalité dans le cyberespace » (PC-CY) par la décision CM/Del/Dec(97)583 du Comité des Ministres.	**1999**	Adoption du projet de résolution par l'AGNU (A/RES/53/70).
Av. 1997	Début des travaux du PC-CY.	**2010**	Premier rapport du GEG (A/65/201) : les TIC peuvent être une menace à la paix et à la sécurité internationales.

[539] Sur la question d'un instrument international contraignant, voir *Rapport explicatif de la convention sur la cybercriminalité (23.XI.2001)*, 185, Budapest, Conseil de l'Europe, p. 2.

Déc. 1999	Date de fin prévue des travaux du PC-CY.	**2011**	Rapport approuvé par l'Assemblée générale (A/RES/66/24).
Déc. 2000	Date de fin de la prorogation des travaux du PC-CY.	**2012/13**	Second rapport du GEG (A/68/98) : le droit international et la Charte sont applicables.
Oct. 2000	Demande du Conseil des Ministres à l'Assemblée parlementaire pour qu'elle donne son avis sur la Convention du PC-CY.	**2013**	Rapport approuvé par l'Assemblée générale (A/RES/68/243).
Av. 2001	La Convention est adoptée par l'Assemblée.	**2014**	Dernière résolution de l'Assemblée générale (A/RES/69/28).
Juin 2001	La version révisée et définitive a été présentée pour adoption et ouverture à la signature.	**2015**	Plusieurs réunions du GEG : aucun rapport de fournis, seules sont présentées les constatations des États.
Nov. 2001	Adoption et ouverture à la signature de la Convention	**2017**	Dernière réunion du GEG. Aucun consensus de trouver quant à la manière d'appliquer le droit international au cyberespace.

Comme nous pouvons le constater, les délais entre ces deux institutions pour aboutir à une convention internationale (ou du moins, à un consensus sur la manière dont les règles existantes devraient s'appliquer aux activités cybernétiques) ne sont pas tout à fait similaires. Cette lenteur propre à l'Organisation des Nations Unies est d'ailleurs vivement critiquée par certains qui voient en cela un frein au droit international public[540]. D'autres comme Michel Virally, voient en l'absence de textes précis une généralité du droit international utile pour formuler des règles inédites à des situations sans précédent[541]. Il est

[540] Voir par exemple, DJILALI. BENAMRANE, préc., note 36.

[541] Pour Michel Virally, « la pensée juridique est habituée à ce va-et-vient, à cette induction du particulier au général, suivie d'une déduction du général au particulier. C'est le pas qui lui permet d'avancer et d'affronter la nouveauté. Le recours à des principes d'une grande abstraction lui permet d'allonger considérablement son enjambée et, peut-être, de rattraper l'histoire. Un tel recours s'est avéré particulièrement nécessaire dans l'ordre juridique

certain que compte tenu de la complexité du système onusien, le développement du droit international ne pourra se faire que pas à pas, au risque de se retrouver trop en retard, dépassé par les événements et donc d'une efficacité relative.

Des observations faites tout au long de cette section, nous en arrivons à la conclusion que la communauté internationale ne peut plus se permettre de rester fermement campée sur ses positions si elle veut pouvoir évoluer dans un environnement informatique ouvert, sûr, pacifique et accessible. Le droit international (*jus ad bellum* et *jus in bello*) aussi légitime soit-il, ne démontre qu'une efficacité relative à encadrer ces nouvelles armes. Des trous noirs demeurent et il semble difficile qu'ils puissent être éliminés à brève échéance : les normes internationales restent incertaines et pleines de lacunes, et des acteurs pourtant légitimes à intervenir dans le processus d'élaboration de règles applicables au cyberespace ont été écartés. Or comme le souligne Frédéric Rouvillois, « aujourd'hui l'efficacité est devenue un impératif et un enjeu majeur, qui devrait conduire, à terme, à repenser et à réformer les modes de production des règles[542] ». Lorsque celles-ci ne produisent pas, ou ne produisent plus, pour une raison ou pour une autre, les effets escomptés, il est indispensable d'en tenir compte, et de les modifier.

CONCLUSION PROVISOIRE :

S'il a été reconnu que le droit international existant doit s'appliquer aux cas de cyberattaques, il reste encore à en identifier les modalités. Dans ce chapitre, nous avons constaté que des États demeurent opposés à une restriction de leur marge de manœuvre dans le cyberespace, et ne parviennent pas à s'entendre sur la manière dont le DIP devrait encadrer les activités cybernétiques. Malgré la multiplication d'initiatives diplomatiques, les avancées quant à la régulation de cet espace de bataille demeurent lentes et peu matures. « En effet, jusqu'à maintenant, tout en adoptant une posture publique de soutien à la formalisation d'un canevas légal, les États ont rechigné à dépasser la phase théorique[543] ». Les cyber-armes évoluant rapidement, et les politiques de certains

---

international pour compenser la densité trop faible du réseau des règles qui le constituent. Il peut l'aider aussi, aujourd'hui, de façon efficace, à compenser la lenteur et l'insuffisance de ses modes de formation ». M. VIRALLY, préc., note 241, p. 204.

[542] F. ROUVILLOIS, préc., note 513, p. 2.

[543] OBSERVATOIRE DU MONDE CYBERNÉTIQUE, préc., note 32.

acteurs étant imprévisibles, les gouvernements préfèrent évités d'être juridiquement liés par un droit trop contraignant. Pour ce faire, ils privilégient l'application d'un DIP souple et peu précis[544], à l'instauration d'un régime de contrôle des armements cyber qui les désavantagerait stratégiquement en cas de conflit dans le cyberespace.

Bien sûr, « une révolution technologique n'appelle pas nécessairement une révolution juridique[545] ». Le droit international existant présente quantité de règles susceptibles d'apporter des éléments de réponse aux défis cyber. Cependant, nous ne pouvons pas ignorer qu'en l'état actuel, celles-ci demeurent lacunaires, et nécessitent donc pour tendre vers l'efficacité, d'être redynamisées. En ce sens, il serait sans doute souhaitable de sortir des sentiers battus, et de tirer les leçons d'une pratique déjà foisonnante dans des domaines différents du cyberespace. Il serait également pertinent de s'intéresser aux acteurs privés qui, non seulement de maitriser parfaitement la complexité et les défis techniques de cet espace virtuel, sont également producteurs de normes alternatives, contribuant ainsi à la régulation de cet espace ô combien stratégique. Envisager de pallier un manque juridique flagrant en les intégrant progressivement dans la formation d'un « droit international collaboratif[546] » n'est pas dénué de sens et d'intérêt, et mérite donc que l'on s'y attarde. Nous verrons que le secteur privé s'inquiète des faiblesses de la réglementation actuelle, et ne demande qu'à s'impliquer dans les prises de décisions. D'ailleurs, celui-ci a commencé à s'investir en publiant des propositions de politiques et de cadres juridiques. Il semble également prôner l'établissement d'un régime de sanction dans le cyberespace à l'encontre des États, considérant le comportement de ces derniers comme irresponsable et dangereux pour la cyberstabilité mondiale.

Les cyber-attaques sont un enjeu sécuritaire d'envergure qui nécessitent un encadrement pluri-acteurs à l'échelle internationale, qui soit adapté à leurs singularités et aux nouvelles réalités qu'elles imposent. L'heure n'est pas au changement, mais au progrès. Le droit international ne peut plus se complaire dans la contemplation des

---

[544] Comme l'a souligné Serge Sur, « le droit international général n'encadre pas les cyberattaques de façon spécifique. Tout au plus, nous pouvons l'interpréter pour tenter de l'adapter aux caractéristiques techniques propres aux armes cybernétiques ; mais cela s'arrête là ». S. SUR, préc., note 19, p. 223.

[545] M. GRANGE et A.-T. NORODOM, préc., note 16, p. 20.

[546] Voir Catherine KESSEDJIAN, *Le droit international collaboratif*, Pedone, Paris, 2016.

résultats acquis. S'il souhaite rester à la hauteur de ces ambitions, celui-ci n'aura pas d'autre choix que de se mettre à la page et de s'ouvrir à de nouvelles perspectives, car comme l'a énoncé Stephen Hawking, « l'intelligence, c'est la capacité à s'adapter au changement.

CHAPITRE 3

LES ACTEURS PRIVÉS ET L'ENCADREMENT JURIDIQUE DU CYBERESPACE :

ENTRE REVENDICATIONS ET INITIATIVES JURIDIQUES

INTRODUCTION

> *Si l'on peut saluer l'engagement du secteur privé à tenter de résoudre des problèmes, dont il est, pour certains, en partie à l'origine, on peut s'interroger sur la possibilité que ces démarches puissent contribuer à freiner un dialogue international réellement multilatéral, à empêcher la survenue d'une régulation contraignante pour le bénéfice des utilisateurs comme pour celui des États*[547].
>
> – **Solange GHERNAOUTI**

Le chapitre précédent nous aura permis de déterminer que la logique analogique opérée par le GEG – et à travers lui, par les États – ne pouvait mettre le droit international que dans une situation d'inadéquation face aux spécificités des moyens cybernétiques. Nous l'avons constaté, le cyberespace et les armes qui s'y emploient ne sont en rien similaires aux espaces physiques classiques et aux armes conventionnelles que nous connaissons déjà. En procédant ainsi, les experts ont écarté les défis techniques inédits posés par cet espace virtuel, et ce au profit de considérations politiques et stratégiques. Bien qu'ils aient reconnu que la coopération internationale gagnerait en

[547] Propos de Solange GHERNAOUTI recueillis par Frédéric BURNAND, « Les GAFAM veulent nous dépouiller de notre savoir-faire », *Swissinfo.ch* (10 novembre 2019), en ligne : https://www.swissinfo.ch/fre/asservissement-4.0_-les-gafam-veulent-nous-d%C3%A9pouiller-de-notre-savoir-faire-/45350828.

efficacité en intégrant les acteurs privés dans les discussions[548], ils les ont écartés du débat préférant une approche de type positiviste et donc conservatrice. Pourtant, le cyberespace est un environnement au sein duquel les normes ne sont pas essentiellement d'origine étatique. Si nous comprenons que les États veuillent rester « maitres du droit dans la cité[549] » internationale, leurs actions demeurent « à la périphérie[550] » de cet espace virtuel dont ils ne saisissent pas pleinement toute la complexité, à la différence des poids lourds de l'économie numérique, les GAFAM-BATX[551].

Dans ce troisième chapitre, nous focaliserons notre attention sur les acteurs privés[552] et leur contribution à la régulation du cyberespace. Nous constaterons à quel point ce dernier est un phénomène transnational privé qui a su se développer indépendamment de toute réglementation étatique ou interétatique[553]. Si les États tentent aujourd'hui de contrôler l'espace cybernétique, nous verrons que celui-ci se caractérise par l'importance de l'autorégulation privée, et le développement de nouvelles formes de normativité. L'objectif de ce chapitre est ainsi de mettre en lumière ces sources « réelles[554] » (ou encore « matérielles[555] ») du droit, qui bien qu'elles ne soient pas

---

[548] ASSEMBLÉE GÉNÉRALE DES NATIONS UNIES, préc., note 29, par. 31.

[549] Denys de BÉCHILLON, *Qu'est-ce qu'une règle de droit ?*, Paris, O. Jacob, 1997, p. 97.

[550] Mireille DELMAS-MARTY, *Le relatif et l'universel : les forces imaginantes du droit*, Seuil, Paris, 2004, p. 104.

[551] Pour rappel, les GAFAM représentent les grands groupes américains du web, à savoir Google, Amazon, Facebook, Microsoft et Apple. L'acronyme BATX désigne quant à lui les géants du numérique chinois, c'est-à-dire Baidu, Alibaba, Tencent et Xiaomi.

[552] Les « acteurs privés » doivent s'entendre comme les intervenants dotés d'autonomie susceptibles de provoquer par leurs actions des conséquences politiques. Dans le cyberespace, il s'agit principalement des grands groupes du web et des entreprises du numérique rattachées de près ou de loin aux États. Il peut également s'agir de sociétés (militaires ou non) privées regroupant des pirates informatiques agissant pour leur propre compte. Sur ce point, voir la note 608 relative au groupe *Dark Basin* et à l'entreprise Belltrox.

[553] Franck LATTY, *La diversité des sources du droit de l'Internet*, Paris, S.F.D.I., Pedone, Internet et le droit international - Colloque de Rouen, 2014, p. 50.

[554] Comme l'explique Robert Kolb, les sources « réelles » renvoient à « une série de critères se présentant comme autant de faits générateurs du droit en général et une série de contraintes objectives pesant sur le législateur ». Robert KOLB, *Théorie du droit international*, 2e édition, coll. Collection de droit international, n°73, Bruxelles, Bruylant, 2013, p. 171.

[555] Les sources « matérielles » font parties des sources « réelles », et prennent en compte les facteurs sociaux et les idéaux qui concourent à la création d'une règle. S'inscrivant dans une approche plus souple, cette théorie des sources « réelles » est largement utilisée chez les juristes américains qui voient en elle un instrument plus adapté au quotidien et aux nouvelles réalités.

homologuées par la théorie formaliste, n'en restent pas moins importantes pour réguler les activités se déroulant dans le cyberespace.

Ce chapitre sera également l'occasion d'étudier certaines initiatives amorcées par les acteurs privés pour encadrer les comportements étatiques dans le cyberespace. S'ils restent dans bien des cas des partenaires discrets qui n'ambitionnent pas de peser sur la politique mondiale, certaines actions menées par les acteurs publics les ont poussé à sortir du silence, et à solliciter l'élaboration d'un cadre normatif international contraignant, intégrant notamment un régime de sanctions. Bien que nous nous doutions que cette prise de position ne soit pas dénuée d'intérêts (principalement d'ordre économique), nous constaterons le rôle effectif des acteurs privés dans la conduite des affaires du monde. En effet, la sécurité internationale n'est plus du seul ressort des traités, des alliances ou des armées. Et comme le souligne Guy Carron de la Carrière, les États ne sont plus les uniques acteurs habilités à traiter et résoudre les problèmes du monde. Qu'ils le veuillent ou non, la scène internationale doit dorénavant être partagée, et cette réalité est irréversible[556].

À travers une analyse qui se voudra parfois descriptive mais surtout critique, nous tâcherons de démontrer que la gouvernance du cyberespace « n'est pas seulement la chose des pouvoirs publics[557] ». Certes, les États ont la fâcheuse tendance à ne vouloir recourir aux acteurs privés qu'en tant que support technique pour leur stratégie de cyberdéfense (**Section 1**). Pourtant, ces derniers sont bien plus que cela. Du fait de leurs compétences et de leurs savoirs, ils sont les mieux placés pour connaitre les méthodes, les capacités et les techniques des attaquants. Si jusqu'à présent, les acteurs privés ont préféré se tenir à l'écart des décisions politiques en privilégiant l'autorégulation (**Section 2**), le vent semble avoir tourné. Les activités menées par les États dans le cyberespace ont alarmé certaines grandes entreprises du numérique telle que Microsoft, les poussant à s'inviter à la table des négociations et à prôner une posture pro-régulation (**Section 3**). Nous comprenons que pour les défenseurs de la cause étatique, ces initiatives

Voir Lucie DELABIE, *Approches américaines du droit international. Entre unité et diversité*, Pedone, Paris, 2011, p. 88.

[556] Guy CARRON DE LA CARRIÈRE, « Les acteurs privés dans la diplomatie », Les cahiers Irice, 2009/1, n°3, p. 46.

[557] Marie BASTIAN, « La fragmentation d'un droit préexistant ou la fondamentalité par analogie : le cas du droit d'accès à Internet », La revue des droits de l'Homme, 2019, n°5, p. 7.

peuvent apparaitre, sinon comme un empiètement sur leurs prérogatives, du moins comme une tentative d'influence sur les politiques publiques. Pour nous, cette situation pousse surtout à s'interroger sur un possible renversement des puissances publique et privée sur la scène internationale **(Section 4)**. Nous constaterons que tant les acteurs publics que privés s'utilisent mutuellement, mais pas toujours à bon escient.

Finalement, ce troisième chapitre a pour objectif principal de montrer l'impossibilité pour les États d'ignorer les acteurs privés concernant la gestion – sous tous ses aspects – du cyberespace. S'il est impératif de borner leurs actions pour éviter tout dérapage de leur part, il est également indispensable de les écouter, de les solliciter, de les comprendre pour être capable de tirer le meilleur d'eux-mêmes, et ainsi parvenir à un système de corégulation efficace. Ce présent chapitre nous servira donc à introduire cette idée d'une coopération public-privé pour aider à la cyberpaix, idée qui sera étudiée plus concrètement dans notre prochain chapitre 4.

SECTION 1 : L'intégration des acteurs privés dans la cyberdéfense étatique

UN SUPPORT AVANT TOUT TECHNIQUE

Chaque année, des centaines de millions de cyberattaques visant les États, les entreprises ou les particuliers sont lancées à travers le monde. Alors que la logique voudrait qu'un front uni se constitue pour détecter et contrer ces menaces, la tendance est au contraire à l'unilatéralisme. Comme nous avons pu le constater dans notre chapitre précédent, le cyberespace est devenu le reflet des tensions qui parcourent le monde. Les États se trouvent ainsi confrontés à un dilemme : s'isoler ou collaborer, que ce soit entre eux ou avec le secteur privé.

Si les rapports entre les États et les acteurs privés ont toujours été marqués par un net déséquilibre en faveur des États lié principalement à leur différence de statut juridique, mais aussi en raison de la puissance de fait, des ressources et des capacités d'action de chacun, cette situation s'est trouvée bouleversée avec le cyberespace[558]. Pour bien le

---

[558] « Classically, states and non-state actors were differentiated not only by disparities in legal status, but also by significant imbalances in resources and capabilities. Not surprisingly, international law developed a state-centric bias to account for these imbalances. Cyberspace and cyber operations, however, have closed a number of formerly significant gaps between

comprendre, nous avons décidé d'effectuer un bref retour dans le passé pour revenir aux origines de l'Internet grand public. Celui-ci a émergé dans les années 80/90, période marquée par la chute du mur de Berlin, le triomphe du « Monde libre[559] » et l'avènement de la « Nouvelle économie » numérique[560]. Un vent d'indépendance, de démocratie et de liberté se met à souffler en Europe et à travers le monde. C'est dans ce contexte qu'est né Internet. Construit autour d'un mouvement ouvert, collaboratif et coordonné d'internautes, ce réseau s'appuie sur une infrastructure décentralisée[561]. Marqués par des années de totalitarisme, ses pionniers ont tenu à distance les États, refusant toute autorité normative de leur part dans cet univers dématérialisé[562]. Aucun pouvoir central n'a donc contrôlé l'émergence d'Internet. Plus encore, les États ont accepté d'être écartés des activités menées par les entreprises du Web. Cela s'observe notamment aux États-Unis avec la section 230 du *Communication Decency Act* (loi de 1996) qui protège les plateformes en ligne (Facebook, YouTube, Twitter, etc.) afin qu'elles ne puissent pas être tenues responsables des contenus publiés par des tiers, des utilisateurs ou encore des annonceurs. Pour de nombreux défenseurs des libertés numériques, cette loi constitue la pierre angulaire de l'Internet libre et ouvert[563].

---

states and non-state actors abilities to compromise international peace and security. In fact, some non-state actors now match, if not exceed, the cyber capabilities of many states in this respect. » Dans Michael N. SCHMITT et Sean WATTS, « Beyond State-Centrism: International Law and Non-State Actors in Cyberspace » », (2016) 21-3 *Journal of Conflict & Security Law*, p. 1.

[559] En relation internationale, le « monde libre » désigne les États démocratiques, par opposition aux États totalitaires, et trouve son origine dans le discours de Winston Churchill au lendemain de la seconde guerre mondiale (5 mars 1946).

[560] La « Nouvelle économie numérique » transpose dans le domaine de l'information, les principes hérités du capitalisme industriel, et notamment les rôles respectifs de l'État et des acteurs privés. Ici le gouvernement n'intervient pas dans les activités économiques parce qu'ils considèrent que la libre-concurrence entre les entreprises privées du numérique est nécessaire à la croissance économique. Benjamin LOVELUCK, « Internet, une société contre l'État? Libéralisme informationnel et économies politiques de l'auto-organisation en régime numérique », (2015) 4-192 *Réseaux*, pp. 235-270, à la page 245.

[561] Primavera DE FILIPPI et Danièle BOURCIER, « Réseaux et gouvernance : Le cas des architectures distribuées sur Internet. », *Pensée Plurielle - Parole, pratiques et réflexions du social*, 2014, p. 42.

[562] K. BENYEKHLEF, préc., note 20, p. 90.

[563] Le *Communication Decency Act* fut la première législation sur l'Internet adoptée par les États-Unis. Il visait à pénaliser la diffusion de fichiers pornographiques ou obscènes. Considérant que les États n'avaient aucun droit de souveraineté dans le cyberespace, John Barlow a rédigé en réponse la « déclaration d'indépendance du cyberespace ». Emblème des

Pourtant, au fil des ans, l'Internet s'est recentralisé[564]. L'évolution du réseau a profondément changé son architecture parfois pour des raisons techniques (par exemple, l'augmentation du trafic), mais aussi et surtout pour des raisons économiques (maximisation des profits) et politiques (faciliter le contrôle ou la censure des communications comme cela peut être le cas en Chine ou en Russie). Les États et les acteurs privés sont devenus des concurrents, et cherchent à intervenir de manière toujours plus agressive dans la régulation d'Internet afin de mieux encadrer leurs intérêts respectifs[565]. Cependant, ces acteurs sont désormais rattrapés par la réalité : les attaques informatiques non seulement d'être légions, sont de plus en plus sophistiquées et dangereuses. L'interconnexion du monde entraine des répercussions en chaine si bien que personne n'est à l'abri d'une cyberattaque d'envergure et doit donc s'en protéger.

Les acteurs privés du numérique ont su montrer par leurs compétences et leurs connaissances, qu'ils étaient capables de surpasser les États en termes de cybersécurité et de cyberdéfense, au point de se rendre indispensables. Les acteurs publics n'ont donc pas eu d'autre choix que d'envisager la mise en place de partenariats public-privé afin de consolider leurs cyber-outils de défense, et développer de nouvelles techniques d'attaques informatiques. Les acteurs privés sont ainsi sollicités tant en matière de prévention que de réaction face aux cybermenaces, ce qui n'est pas pour leur déplaire. Ceux-ci se montrent ouvertement demandeurs à la fois de coopération avec les États, mais également de reconnaissance quant à leur utilité dans cet espace

---

cyberutopies libertaires, ce texte a de quoi faire sourire, mais reflète également cette idée que le cyberespace devrait être libre de tout contrôle étatique – à plus forte raison lorsque que ce dernier émane de régimes autoritaires soucieux de verrouiller le réseau. Voir John Perry BARLOW, *Déclaration d'indépendance du cyberespace*, Éditions de l'Éclat, 2000. Voir également Rob LEVER, « Débat sur la responsabilité des plateformes en ligne », Le soleil numérique (8 décembre 2019), en ligne :https:// www.lesoleil.com/affaires/debat-sur-la-responsabilite-des-plateformes-en-ligne-411b7829b4e9181 91e49b4e668c135fb.

[564] Dès 2004, certains chercheurs ont commencé à noter « une centralisation du pouvoir inquiétante » sur le réseau. P. DE FILIPPI et D. BOURCIER, préc., note 561, p. 4.

[565] « Face aux États qui revendiquent leur faculté de contrôler et, le cas échéant, de censurer les communications du réseau afin de préserver l'ordre public et la sécurité du pays, aux grands opérateurs en ligne qui revendiquent leurs droits de surveiller les communications des internautes (pour assurer le respect du droit d'auteur par exemple) et de collecter toutes les données passant par leurs réseaux, et, enfin, aux citoyens qui revendiquent leurs droits à la liberté d'expression et au respect de la vie privée, la gouvernance du réseau se retrouve peu à peu au centre de nombreuses tensions et conflits d'intérêts ». Dans *Id.*

virtuel[566]. Ils apparaissent donc désormais comme un nouveau type de cyber-guerriers agissant en tant que bras droit des forces étatiques[567] à travers le soutien technique qu'ils fournissent.

Le support que les acteurs privés fournissent aux États est de deux ordres. Tout d'abord, ils sont sollicités en matière de défense passive. Concrètement, ils mettent leur expertise au service de la protection des systèmes d'information et des données, que ce soit par l'installation d'anti-virus ou de systèmes de pare-feu. Ils contribuent à l'évaluation des risques, mettent à jour les logiciels de protection, et aident à la détection et la correction des vulnérabilités. Ils peuvent également coopérer avec les États sur la question de l'attribution des cyberattaques. Certaines entreprises comme FireEye, Novetta, Mandiant ou CrowdStrike sont souvent sollicités par des acteurs privés et publics pour identifier les auteurs se cachant derrière des cyber-actes malveillants[568]. Cette situation n'est pas sans soulever des interrogations, puisque comme le souligne Karine Bannelier, « pour la première fois peut-être dans l'histoire du droit international, l'imputation d'un fait à l'État est assumée principalement par des acteurs privés en lieu et place des acteurs publics traditionnels, à savoir les États victimes[569] ». Si nous comprenons le choix des pays de recourir à des experts en cybersécurité pour remonter à l'origine d'une attaque, cela ne doit pas les empêcher d'assumer leur rôle de victimes, et de prendre leur responsabilité vis-à-vis de leurs cyber-agresseurs. Il est important de prendre en compte que les motivations des acteurs privés ne sont pas toujours similaires à celles des États pour lesquels ils

---

[566] Dans son livre *Inside Cyber-Warfare*, l'expert américain Jeffrey Carr prône la considération officielle (c'est-à-dire moyennant compensation financière de l'État) des projets résultant d'initiatives privées bénéfiques à la cybersécurité du pays. Comme le constate Daniel Ventre, le patriotisme de ces acteurs privés « n'est alors jamais très éloigné des intérêts économiques. Les États qui appellent au partenariat public-privé, civil-militaire dans le cadre de la cybersécurité / cyberdéfense, doivent apporter des réponses à ces attentes ». Daniel VENTRE, « Le cyber-guerrier : nouvelle figure combattante au service de la cyber-défense », (2012) 4-11 *Sécurité et stratégie*, p. 42.

[567] *Id.*

[568] Les actions malveillantes font très rarement l'objet de revendications, et ne sont généralement pas directes si bien qu'il est difficile (pour ne pas dire impossible) de remonter jusqu'à l'origine de l'attaque. Voir les propos de David GROUT, cité dans C. DURAND, préc., note 400.

[569] Karine BANNELIER et Théodore CHRISTAKIS, « Cyberattaques - Prévention-réactions : rôle des États et des acteurs privés », 2017, p. 60.

travaillent[570]. Or une action mal coordonnée peut avoir de lourdes répercussions sur la sécurité nationale et la politique étrangère des États en question[571]. Afin d'éviter tout problème, il est primordial que le rôle des acteurs privés soit déterminé dès la conclusion du partenariat ; et que durant la procédure, les actions qu'ils mènent fassent l'objet d'un contrôle étroit de la part des États qui les ont embauchés.

Cela est d'autant plus indispensable lorsque les États décident de recourir aux acteurs privés en matière de cyberdéfense active, c'est-à-dire pour conduire des actions offensives contre des cyber-actes malveillants[572]. C'est ce qu'on appelle également le « hack-back encadré ». Dans cette situation, la cyber-réponse lancée est le fait de l'État qui agit par le biais des acteurs privés. Celui-ci leur délègue certaines de ses compétences en matière d'exécution, et joue un rôle de garant de la protection et de l'exécution du droit. Par exemple, un État peut s'adjoindre temporairement les services d'une entreprise privée pour répondre à une cyberattaque menée à son encontre et constituant un « fait internationalement illicite » au regard du droit international[573]. Il peut également établir un partenariat public-privé avec des entreprises désignées pour lutter contre les cyberattaques. C'est ce que Franklin Kramer et Melanie Teplinsky appellent la *Certified Active Defense*. Celle-ci consiste à autoriser un nombre limité d'entités privées certifiées, à travailler avec le gouvernement pour prendre des mesures actives sur l'attribution dans un premier temps, puis sur la protection des informations critiques au sein de la base industrielle de la

---

570 Comme le souligne Karine Bannelier, les compagnies privées de la cybersécurité sont avant tout guidées par leurs intérêts commerciaux et la recherche de gains. Lorsqu'elles viennent à accuser des États puissants en leur attribuant des cyberattaques, celles-ci se font une belle publicité leur permettant d'attirer de nouveaux clients. Les motivations de l'État sont tout autre puisqu'en recourant aux entreprises privées, il cherche avant tout à protéger sa sécurité nationale, ainsi que les personnes morales et physiques qui dépendent de lui. *Id.*, p. 61.

571 Kristen EICHENSEHR, « Public-Private Cybersecurity », (2017) 95-3, *Texas Law Review*, p. 23.

572 « Reverse hacking involves striking back at a hacker. A hacker is someone who through various technical means gains access to a computer system without authorization. With a reverse hack, a system administrator identifies the hacker as he enters the system and sends a response back in kind. The purpose is to prevent damage to the administrator's system, while damaging the attacker's system in the hope that this will deter the hacker from attempting to try again ». Dans Renee ALBERSHEIM, « The Legal Implications of Corporate Reverse Hacking », (1999) 18 *Preventive Law Reporter*, p. 8.

573 Article 2 du Projet d'articles sur la responsabilité de l'État pour fait internationalement illicite.

défense[574]. C'est ainsi que la France (ou plus précisément le COMCYBER) a signé fin 2019 une convention de trois ans avec huit entreprises du secteur privé (Airbus, ArianeGroup, Dassault, MBDA, Naval Group, Nexter, Safran et Thalès) pour l'aider à renforcer sa sécurité – et parallèlement, celle de ces entreprises – face aux cyberattaques[575]. Cet accord a pour but de permettre un partage plus unifié des informations et plus de réactivité, tout en prévoyant des entraînements et exercices communs pour tester le processus de gestion de crise. L'objectif est aussi de veiller au respect des bonnes pratiques dans le cyberespace par ces entreprises, permettant à la France d'assurer son devoir de cyber-diligence[576].

Il arrive également que des États choisissent de recourir à des acteurs privés aux intentions clairement douteuses. En effet, toutes les entreprises ne mettent pas leurs compétences et leurs connaissances au service du patriotisme. Certaines visent le désordre international, laissant de côté toutes valeurs éthiques ou morales. Parmi elles, nous trouvons des « cyber-mercenaires ». Ces derniers prennent part aux hostilités ou développent des produits numériques qui sont utilisés pour commettre des violations des droits de l'Homme et de la liberté d'information, tout cela par appât du gain. C'est le cas de plusieurs entreprises qui ont été listées comme « Entreprises ennemies d'Internet » ou encore de « mercenaires de l'ère digitale » par Reporters Sans Frontières (RSF), à savoir : Gamma, Trovicor, Hacking Team, Amesys et Blue Coat[577], qui auraient vendu des systèmes d'intrusion à distance à divers États tels que l'Égypte, le Nigéria, l'Ouzbékistan, la

---

[574] Franklin KRAMER et Melanie TEPLINSKY, « Cybersecurity and Tailored Deterrence », *Atlantic Council*, 2013, p. 2.

[575] LE FIGARO, « Cyberdéfense: une convention avec 8 entreprises pour renforcer leur sécurité », 13/11/2019, en ligne : https://www.lefigaro.fr/flash-eco/cyberdefense-une-convention-avec-8-entreprises-pour-renforcer-leur-securite-20191113.

[576] Depuis l'Affaire de la Fonderie du Trail de 1941, les États ont le devoir de protéger les autres États des activités dangereuses susceptibles d'être menées par des individus qui leur sont rattachés de quelque façon que ce soit (agents étatiques et non étatiques). Ce devoir de vigilance a depuis été étendu au cyberespace sous l'appellation de cyber-diligence. Il s'agit pour les États d'intervenir quand ils le peuvent afin d'empêcher que des cyber-actes malveillants ne soient menés contre des pays tiers. Voir *Affaire de la Fonderie du Trail (Canada c. États-Unis)*, III. N.U., Recueil des sentences arbitrales, pp. 1905-1982.

[577] Cette liste est non exhaustive. RSF a également fiché cinq pays « Ennemis d'Internet ». Il s'agit de la Syrie, la Chine, l'Iran, le Bahreïn et le Vietnam. Pour plus d'informations, voir Flore FAUCONNIER, « 5 pays et 5 entreprises désignés comme "ennemis d'Internet" par RSF », Journal du net (12 mars 2013), en ligne : https://www.journaldunet.com/ebusiness/le-net/1108818-5-pays-et-5-entreprises-designes-comme-ennemis-d-internet-par-rsf/.

Turquie, le Maroc et la Colombie. La surveillance de masse constitue un défi émergent pour lequel les entreprises privées interviennent en vendant des outils et des technologies de traçage et de moissonnage de données aux États. Malgré les révélations d'Edward Snowden en 2013, les États continuent de recourir à ces méthodes, celles-ci étant très peu réglementée.

Finalement, nous constatons l'importance prise par les acteurs privés dans les secteurs de la sécurité et de la défense. Leur coopération avec les États est déterminante pour assurer la protection des infrastructures nationales critiques, car la plupart de celles-ci sont détenues et exploitées par des entités privées. Il est donc logique de les impliquer activement, notamment pour permettre au processus de pouvoir bénéficier de la meilleure expertise possible et ainsi assurer son efficacité. Cependant, nos observations précédentes montrent l'importance de clarifier les rapports entre acteurs publics et privés. Ces partenariats doivent être plus transparents et s'inscrire dans un climat de confiance réciproque afin de ne pas entraver la mise en œuvre d'une responsabilité effective[578]. Les approches multi-acteurs sont donc essentielles pour assurer une bonne gouvernance du cyberespace et résoudre les problèmes de cybersécurité. Elles sont également utiles pour permettre la création et la mise en œuvre de cadres juridiques efficaces. Or nous pouvons constater que dans le cyberespace, chacun établit ses propres règles de conduite. Si de manière générale, les acteurs privés ont toujours été partisans de la dérégulation, ou plutôt de l'absence de contraintes étatiques, préférant recourir à l'autorégulation, nous verrons dans notre prochaine section que les entreprises du numérique ne font pas exception à la règle.

SECTION 2 : De la dérégulation à l'autorégulation du cyberespace par les acteurs privés

LE CONSTAT D'UNE PRIVATISATION DU DROIT

En affectant les modalités d'organisation et de fonctionnement des États, la mondialisation a fini par toucher les formes et les modalités de

---

[578] DCAF, DCSD et ÉCOLE NATIONALE DE LA CYBERSÉCURITÉ, *Guide pour la bonne gouvernance de la cybersécurité*, Genève, 2019, p. 100-101. Il est également impératif d'instaurer au préalable un environnement favorisant ce type de coopération. Cela se traduirait par la formulation de politiques claires, un cadre juridique et règlementaire précis, des dispositions institutionnelles et un soutien efficace, ainsi que des investissements financiers conséquents.

la régulation juridique obligeant à repenser le droit. La production normative n'est plus une compétence exclusive à l'État, mais est au contraire partagée avec une pluralité de nouveaux acteurs parmi lesquels le secteur privé. Une privatisation du droit s'est dessinée, portée par un désir d'autonomie et le constat d'un désengagement des États à solutionner des problèmes pour lesquels ils n'ont « ni le temps, ni la volonté d'élaborer le droit nécessaire à la satisfaction des besoins des uns et des autres[579] ». Dans cette section, nous constaterons que le cyberespace n'a pas échappé à la règle, sa régulation n'étant que partiellement irriguée par les sources « orthodoxes[580] » du droit (I), celles « hétérodoxes[581] » étant privilégiées (II). L'absence de cadres juridiques nationaux et internationaux clairs a poussé les acteurs privés du numérique à adopter des règles et des cadres règlementaires volontaires, non contraignants et à caractère ponctuel. L'objectif est de pallier les insuffisances du droit moderne par le biais de normes alternatives répondant aux critères d'efficacité, de flexibilité et d'économie. En agissant ainsi, les acteurs privés viennent non seulement contester la puissance étatique dans le cyberespace, mais également remettre en question la pyramide des normes dessinées par Hans Kelsen : « de Léviathan dominant la société du haut de l'échelle, l'État deviendrait un simple partenaire parmi d'autres dans le réseau des ordres normatifs, dans le réseau des puissances normatives[582] ».

[579] Serge GUINCHARD, cité par K. BENYEKHLEF, préc., note 20, p. 778.

[580] Pour Franck, les sources « orthodoxes » du droit regroupent « les sources publiques, internes et internationales, authentifiées par les théories des sources formelles, et dont la mobilisation est susceptible de révéler le degré d'emprise des États sur l'Internet, ou du moins sur leur volonté de réguler ce phénomène ». F. LATTY, préc., note 553, p. 52.

[581] Il est important « de considérer qu'à côté des sources séculaires, il existe des sources moins majestueuses qui s'épanouissent dans les « interstices » du droit officiel. L'hétérodoxie par rapport à la conception traditionnelle se manifeste à travers l'importance prise par les sources privées dans la régulation de l'Internet, mais aussi par la déformalisation des sources publiques ». *Id.*, p. 57.

[582] Boris BARRAUD, « La corégulation d'Internet (ou comment répondre à la plurinormativité par l'internormativité) — Une contribution française », (2018) 59-1 *Les Cahiers du droit*, p. 100.

I. Le droit « orthodoxe » face à la complexité de la société du numérique

L'EFFONDREMENT DE LA PYRAMIDE AU PROFIT DU RÉSEAU

Tel que mentionné précédemment, les États ont tendance à vouloir privilégier une approche « Top-Down » plutôt que « Bottom-Up »[583]. Si nous comprenons leur attachement aux concepts traditionnels du droit « moderne », nous observons les difficultés de ce dernier à appréhender les réalités contemporaines. Face aux lacunes du droit existant, à la lourdeur des procédés formels de création de normes juridiques, et l'évolution exponentielle des réseaux numériques, les acteurs privés ont décidé d'intervenir en élaborant leurs propres règles. Ils se sont ainsi emparés d'une compétence que nous pensions jusqu'alors réservée aux États. Faut-il y voir un changement de paradigme ? Pour nous, la réponse est clairement affirmative (1) en ce sens où nous assistons à un véritable bouleversement culturel. Nous verrons que les acteurs privés n'attendent plus auprès des États qu'ils répondent aux défis juridiques et techniques posés par le cyberespace. Ces derniers prennent des initiatives qui ne sont certes pas au goût de tous - comme c'est notamment le cas avec le « hack-back » privé –, mais qui se sont imposées à eux du fait du désengagement des États à les protéger (2).

1. L'observation d'un changement de paradigme

La globalisation a profondément transformé la régulation juridique. Le droit moderne a perdu ses attributs de systématicité, de généralité et de stabilité[584]. Bien qu'il soit toujours investi d'un capital d'autorité, il n'est plus considéré comme le mode privilégié d'encadrement et de régulation des rapports sociaux. Plusieurs raisons expliquent cela. Tout d'abord, l'État dont la mission était de concentrer entre ses mains le pouvoir de contrainte, se trouve désormais concurrencé par l'apparition de nouveaux foyers normatifs. Même si les règles produites par les acteurs privés ne sont pas complètement autonomes[585], l'État semble avoir abandonné – de manière volontaire ou résignée – la production du

[583] CEIS, *Les droits maritime et de l'espace peuvent-ils inspirer un droit du cyberespace ?*, Paris, DAS, Ministère de la défense français, 2013, p. 55.

[584] Voir Jacques CHEVALLIER, « Vers un droit post-moderne ? Les transformations de la régulation juridique », *Revue du droit public et de la science politique*, pp. 659-714, à la page 663.

[585] La plupart de ces règles ne peuvent pas véritablement déployer leurs effets sans l'intermédiaire des ordres juridiques étatiques.

droit à ces derniers, perdant ainsi le privilège de la transcendance. La légitimité de ses actions ne lui est plus acquise, en ce sens où la norme produite est désormais passée au crible de l'efficacité qui, comme le souligne Jacques Chevallier, devient la condition et la caution de sa légitimité[586]. Autrement dit pour être légitime, la norme étatique doit non seulement être effective, c'est-à-dire être appliquée réellement par ses destinataires, mais aussi produire les effets recherchés par son auteur. Les résultats obtenus permettront de démontrer la légitimité du pouvoir en place, laquelle en retour poussera les sujets de droit à se conformer à la norme au motif qu'elle émane d'un pouvoir légitime[587]. Face à la multiplication des règles alternatives et à l'omniprésence du principe de subsidiarité, l'efficacité a acquis une valeur cruciale. « Elle est devenue une condition de l'existence même de la règle étatique, de sa survie face aux normes concurrentes[588] ». De ce constat, l'État n'apparait plus que comme un producteur de droit parmi d'autres.

Par ailleurs, si pour les individus les normes étatiques reflétaient « l'expression de la volonté générale », ce n'est aujourd'hui plus le cas. Eux qui plaçaient toute leur confiance en l'État, souhaitent dorénavant participer au processus de régulation par le biais de mécanismes plus démocratiques avec lesquels ils sont certains de faire entendre leurs voix. Nous pensons notamment à la multiplication des fora, réseaux, groupes, agences, comités et autres institutions informelles dans lesquels ils tentent de trouver une alternative valable à la réglementation étatique traditionnelle. Celle-ci se traduit par l'élaboration de multiples principes, codes, chartes ou recommandations a-étatiques qui se veulent complémentaires aux règles existantes, tout en étant non contraignants et souples dans leur contenu et leur application. Nous nous rapprochons ainsi de la théorie américaine des sources du droit, où au système des sources « formelles » vient se substituer un ensemble de sources « réelles »[589]. Franck Latty soulève d'ailleurs un point intéressant concernant la régulation du cyberespace en rappelant que ce dernier « est souvent présenté comme un facteur de diffusion de l'impérialisme juridique américain[590] ». Selon lui, cet espace virtuel devrait conduire à

---

[586] J. CHEVALLIER, préc., note 584, p. 666.

[587] F. ROUVILLOIS, préc., note 513, p. 6.

[588] *Id.*

[589] Voir J. CHEVALLIER, préc., note 584; F. ROUVILLOIS, préc., note 513 .ou F. LATTY, préc., note 553, p. 51.

[590] F. LATTY, préc., note 553, p. 51.

« américaniser » la théorie des sources formelles, afin qu'elle soit plus en adéquation avec la réalité et les nouveaux besoins de la société.

Si les propos de Franck Latty se veulent quelque peu provocateurs, son observation n'en est pas moins pertinente. Le cyberespace incite à repenser et dynamiser le droit existant. Avec lui, nous quittons l'univers des certitudes et faisons face à la complexité du réel. En effet, force est de constater qu'il existe très peu d'instruments juridiques susceptibles de l'encadrer efficacement, ou qui soient suffisamment dissuasifs pour conduire à son emploi responsable. Cette situation a laissé le champ libre à différentes initiatives privées allant du refus de toute régulation, à la promotion d'une autorégulation par les acteurs numériques eux-mêmes. Certaines grandes entreprises parmi les GAFAM-BATX se sont aussi engagées dans une nouvelle voie qui consiste à proposer des normes pour réguler, non plus seulement leur propre comportement dans une logique d'autorégulation, mais également le comportement des États. Nous pensons à l'initiative de Microsoft que nous étudierons plus loin dans ce chapitre, visant à proposer aux États une série de normes de cybersécurité pour aboutir à une convention de Genève du numérique. Cette privatisation du droit doit tout de même faire l'objet de certaines réserves. En effet, il ne s'agit pas d'aboutir à « une sorte de nouvelle féodalité du droit, marqué par la multiplicité des sources, la diversité des statuts, la puissance des corps intermédiaires dans le but de satisfaire les intérêts des acteurs privés les plus puissants[591] ». Cependant, nous constatons que l'État n'est plus considéré comme un « être omnipotent[592] », et n'a pas d'autre choix que de devoir coopérer avec ces nouveaux acteurs.

Finalement, nous pouvons affirmer qu'un changement de paradigme est en train de s'opérer. Nous assistons aujourd'hui à un désir de rompre

---

[591] André-Jean ARNAUD, « Critique de la raison juridique vol. 2 Gouvernants sans frontières – Entre mondialisation et post-mondialisation », *LGDJ*, 1981, p.187.

[592] Pour Gilles Paquet, « c'est un peu par paresse qu'on met au cœur de la gouvernance un pouvoir absolu [l'État] dont pourtant on sait qu'il est en érosion. On le fait surtout parce qu'on n'en est pas arrivé à se convaincre que l'on peut avoir un jeu sans maître. En fait, la sacralisation de l'État n'est rien d'autre que le refus obstiné d'abandonner les impératifs de redistribution imposés par une certaine idéologie, et une manière oblique de dénoncer l'idée d'un jeu sans maître dans lequel la redistribution serait condamnée à être relativisée ». Gilles PAQUET, « La gouvernance en tant que précautions auxiliaires », dans *La démocratie à l'épreuve de la gouvernance,* Les Presses de l'Université d'Ottawa, Ottawa, 2001, p. 224.

avec la modernité[593], et le cyberespace a accentué cette réalité. La société de l'information tend à préférer un droit pragmatique, capable de s'adapter à l'évolution du réel[594], et négocié entre les différents *stakeholders* (États, secteur privé et société civile) de la gouvernance. Nous ne sommes plus dans une logique pyramidale. Les rapports entre ces différents partenaires se veulent à l'image du réseau, c'est-à-dire empreints d'égalité. Il en va de même concernant les actions menées dans le cyberespace. En effet, la multiplication exponentielle des cyberattaques lancées à l'encontre des entreprises privées, ont conduits ces dernières à s'émanciper des États, en développant leurs propres mesures de représailles. C'est ce que nous appelons le « hack-back privé ».

2. L'exemple controversé du hack-back privé

Depuis le début de l'année 2020, les experts en informatique ont constaté une augmentation de près de 30 000 % des attaques informatiques lancées contre des ordinateurs utilisés pour le télétravail du fait de la crise du Covid-19[595]. Le secteur privé est une des cibles privilégiées des *Black Hats*. Le nombre de cyberattaques lancées à son encontre sont en constante évolution, et les conséquences économiques qui en découlent ne sont pas négligeables[596]. Cette situation a mis en lumière l'échec des gouvernements à protéger les acteurs privés de ces menaces[597], et cela a contribué à renforcer la défiance que les

[593] Sont désormais privilégiés le pluralisme, la diversité, la régulation et l'adaptabilité plutôt que l'unité, la hiérarchie, la contrainte et la stabilité. Pour Jacques Chevallier, la post-modernité juridique rompt avec les canons de la dogmatique juridique moderne, mais reste fidèle aux valeurs qui forment l'essence de la modernité. Voir J. CHEVALLIER, préc., note 584, p. 714.

[594] Le droit postmoderne se veut réflexif. Il se caractérise par la récursivité : en fonction des résultats obtenus, des mécanismes de correction seront enclenchés pour procéder aux ajustements nécessaires.

[595] Emmanuel LECLÈRE, « Cybercriminalité : avec le confinement, les attaques ont augmenté de 30 000 % », *France Inter* (5 mai 2020), en ligne : https://www.franceinter.fr/justice/cybercriminalite-avec-le-confinement-les-attaques-ont-augmente-de-30-000.

[596] En 2016, *Cybersecurity Ventures* spécialisée dans l'analyse des conséquences économiques liées aux attaques informatiques, annonçait que le coût mondial des cyberattaques pourrait atteindre la somme de 6 trillions de dollars d'ici 2021. Le montant dorénavant annoncé est de 10,5 trillions de dollars d'ici 2025. Steeve MORGAN, « Cybercrime To Cost The World $10.5 Trillion Annually By 2025 », *Cybercrime Magazine* (13 novembre 2020), en ligne : https://cybersecurityventures.com /hackerpocalypse-cybercrime-report-2016/.

[597] Lors de la crise du COVID-19, les services de l'État français, et notamment l'ANSSI, ont affiché un discours ambigu : d'un côté ils s'opposaient fermement à l'adoption de stratégies offensives de cybersécurité de la part des acteurs privés ; de l'autre, ils concentraient leurs

entreprises pouvaient déjà avoir à l'encontre des États[598]. C'est dans ces conditions que le secteur privé a décidé de mettre en place ses propres lignes de défense en développant des cyber-capacités lui permettant de se faire justice par lui-même. Cela se traduit par des cyber-actions défensives et/ou offensives[599] menées de façon spontanée, automatique et sans réelle réflexion sur les conséquences qu'elles peuvent avoir[600]. On parle alors de « hack-back privé » (ou sauvage).

Absente des textes internationaux, cette pratique n'est pas sans soulever des interrogations. Si certains États ont reconnu le droit pour les entreprises et les personnes privées de riposter cybernétiquement à une attaque[601], ce n'est pas le cas de tous[602]. Outre-Atlantique, cette « cyber-riposte » inquiète[603]. Pour les pays européens, ces actions non-contrôlées, pratiquée de façon unilatérale et autonome par les acteurs privés sont dangereuses pour la stabilité du cyberespace qui deviendrait ainsi une sorte de Far-West numérique. Autoriser le hack-back reviendrait à « ouvrir la porte aux règlements de compte en tout genre tel un O.K. Corral numérique où chacun pourrait dégainer sa souris

actions sur les seules infrastructures vitales nationales, renonçant de fait à défendre les autres secteurs d'activité.

598 Voir par exemple Joseph BARTHÉLEMY, « Cyberespace: les entreprises dénoncent l'irresponsabilité des États », Huffington Post (14 octobre 2018), en ligne : https:// quebec. huffingtonpost.ca/2018/10/14/cyberespace-entreprises-denoncent-irresponsabilite-etats_a_ 23560 538/.

599 La pratique du *hack-back* est fondée sur l'idée que *« the best defense is a good offense »*. K. BANNELIER et T. CHRISTAKIS, préc., note 569, p. 61.

600 Laura BAUDIN, « La cyber-riposte des entreprises privées », (2019) 28-3 *Dire*, p. 34.

601 En mars 2017, le représentant de l'État de Géorgie Tom Graves a légitimité la pratique du hack-back devant le Congrès américain, reconnaissant le droit des entreprises et des personnes privées de pouvoir riposter une cyberattaque lancée à leur encontre. Tom GRAVES, *Discussion Draft - Active Cyber Defense Certainty Act - 2.0*, 2017.

602 Pour la France le fait de permettre aux entreprises de répondre à des attaques informatiques dirigées contre elles, risquerait d'engendrer une escalade de la violence. Guillaume Poupard (ex directeur général de l'ANSSI) qualifiait cette pratique d'« abomination », susceptible de mener à « des délires qui coûteront cher si on n'y met pas un point d'arrêt immédiatement ». Voir Propos de Guillaume POUPARD dans FRANCE CULTURE, préc., note 239.

603 Les États européens parlent de « hack-back sauvage ». Celui-ci soulève de nombreuses préoccupations telles les risques d'escalade de la violence, de déstabilisation, d'une perte d'autorité de l'État, de tensions diplomatiques concernant la politique étrangère, de dommages collatéraux, d'un « retour de manivelle », d'une cyberdéfense active « automatique », d'une cyberdéfense active élitiste ou hypocrite, des risques pour le renseignement et la lutte contre la criminalité, et un effet dissuasif incontestable. Pour de plus amples informations, voir K. BANNELIER et T. CHRISTAKIS, préc., note 569, pp. 66-70.

comme bon lui semble [604]». C'est ainsi que tant dans l'Appel de Paris[605] que dans le *Norm Package* de la *Global Commission on the Stability of Cyberspace* (GCSC)[606] furent mentionnées l'interdiction de la cyber-riposte privée et la nécessité pour les États de prendre des mesures afin d'empêcher les acteurs non-étatiques dont le secteur privé d'y recourir.

Cela est d'autant plus problématique qu'en droit international seuls les États possèdent le monopole de la légitime défense active. Les acteurs privés ne peuvent ni s'appuyer sur la théorie des contre-mesures, ni sur celle de la « légitime défense », ni sur des mécanismes d'autoprotection comme le droit de poursuite, ni même sur les droits de l'Homme pour exercer des mesures de hack-back. La seule possibilité pour eux d'agir serait sur ordre de leur État de rattachement. Du moins, il en était ainsi jusqu'aux attentats du 11 septembre 2001, car il apparait désormais que non seulement les acteurs non étatiques peuvent agir de façon autonome, mais qu'ils en ont aussi la capacité[607]. Ces derniers disposent d'une force de frappe considérable, et profitent des vulnérabilités de l'Internet pour lancer unilatéralement des actions offensives d'envergure et/ou intégrer les théâtres d'opérations en période de conflit[608]. Dans son arrêt sur les *Activités armées sur le*

---

604 L. BAUDIN, préc., note 600, p. 30.

605 Neuf principes ont été mis en avant lors de l'Appel de Paris, parmi lesquels le principe n° 8 qui envisage des mesures pour empêcher les acteurs non-étatiques de mener des actions cyber offensives en réponse à une attaque. Celui-ci a été soutenu par les signataires du *Cybersecurity Tech Accord* qui se sont engagés à travailler ensemble pour soutenir la mise en œuvre effective de ce principe (définitions potentielles et meilleures pratiques). Voir MINISTÈRE DE L'EUROPE ET DES AFFAIRES ÉTRANGÈRES, *Appel de Paris pour la confiance et la sécurité dans le cyberespace*, novembre 2018, en ligne : https://pariscall.international/fr/. Voir également CYBERSECURITY TECH ACORD, *Implementing the Paris Call Principles - Principle #8 : No Private Hack back - No Hacking Back : Vigilante Justice vs. Good Security Online - A policymaker's guide to knowing the difference*, 13 novembre 2020, en ligne : https://cybertechaccord.org/uploads/prod/2020/11/hack-back-update-131120-pages.pdf.

606 Dans le *Norm Package* proposé par la GCSC figure la norme n°8 contre les cyber-opérations offensives menées par des acteurs non étatiques. GLOBAL COMMISSION ON THE STABILITY OF CYBERSPACE, *Faire progresser la cyberstabilité - Rapport final*, novembre 2019, pp. 44-45.

607 À titre d'exemple, la société française *Amesys*, filiale de *Bull*, a été la cible d'une instruction judiciaire en France pour complicité d'actes de tortures en Libye. Selon la Ligue des droits de l'Homme (LDH) et la Fédération internationale pour les droits humains (FIDH), *Amesys* aurait fourni au régime du colonel Kadhafi des technologies permettant d'identifier et d'arrêter des opposants qui étaient ensuite torturés. F. FAUCONNIER, préc., note 577.

608 Voir l'exemple de la messagerie ProtonMail présenté dans le Chapitre 1, Section 4 « La lutte dans le cyberespace, attaque et riposte ». À un tout autre niveau, l'exemple du groupe de hackers mercenaires *Dark Basin* doit être soulevé. Depuis 2017, celui-ci effectue des tâches allant de l'espionnage industriel aux manœuvres d'intimidations par le biais de l'entreprise indienne *BellTrox qui* a pour slogan « Vous désirez, nous agissons ! ». Pour de plus amples informations,

territoire du Congo rendu en 2005[609], la CIJ ne semble d'ailleurs plus exclure l'exercice de la force défensive face à un acteur non étatique. Certes elle n'émet pas un réel avis, mais elle laisse la porte entrouverte à une possible évolution du droit international sur la question. La communauté internationale parait également admettre la possibilité pour certains États de recourir à la légitime défense face à des actions unilatérales menées par des acteurs non étatiques, y compris le secteur privé[610].

De l'ensemble de ces observations, apparait le changement de paradigme opéré où les acteurs privés tels que des entreprises ou des individus (comme des groupes de hackers mercenaires[611]) seraient placés sur un pied d'égalité avec les États. Cette réalité s'est intensifiée avec le cyberespace qui permet aux acteurs non étatiques – quoi que certains puissent en penser – de s'émanciper et d'agir pour leur propre compte. Malheureusement, nous constatons que le droit existant reste particulièrement flou et inadapté face à cette nouvelle réalité[612]. Dans son rapport de 2015, le GEG montre d'ailleurs une forme de réticence à reconnaitre la possibilité que ces acteurs puissent agir en dehors de l'État. Cette position s'inscrit dans la logique analogique qu'il a adopté dès le départ en assimilant les armes cybernétiques aux armes conventionnelles, et les actions privées aux actions étatiques. Cela signifie-il que le comportement des acteurs privés se situe dans un *vacuum* juridique ? Selon nous, la réponse est négative. En revanche, savoir si celle-ci est adaptée aux situations de « hack-back sauvage » est

---

voir François MANENS, « Ce groupe de hackers mercenaires vantait ses services… sur LinkedIn », Cyberguerre-Numerama (10 juin 2020), en ligne : https://cyberguerre.numerama.com/5542-ce-groupe-de-hackers-mercenaire-vantait-ses-services-sur-linkedin.html

[609] *Activités armées sur le territoire du Congo (République démocratique du Congo c. Ouganda)*, arrêt, CIJ, Recueil 2005, p.168.

[610] Ce fut notamment le cas lors des attentats de 2001 commis par Al-Qaïda lorsque les États-Unis ont décidé de répliquer, non pas contre l'Iraq, mais contre le groupe terroriste, avec le soutien de la coalition. Le Conseil de sécurité, à travers les résolutions 1368 (2001) et 1373 (2001), a confirmé l'applicabilité de l'article 51 de la Charte en réponse à des agressions armées d'acteurs non étatiques. Pour Thomas Franck, « si le Conseil de sécurité peut autoriser l'usage de la force à l'encontre d'un acteur non étatique, alors l'État victime doit pouvoir exercer son droit de légitime défense ».Thomas M. FRANCK, « 'Terrorism and the Right of Self-Defence' », (2001), n°98 *American Journal of International Law*, p. 839.

[611] Voir par exemple la précédente note 608 sur *Dark Basin.*

[612] « Abstraction faite des règles générales du droit international toujours susceptibles d'être déclinées dans le domaine des communications électroniques (interdiction de l'ingérence dans les affaires intérieures, obligation de due diligence, etc.), l'indigence du droit international de l'internet » est manifeste ». F. LATTY, préc., note 553, p. 52.

un problème qui mériterait d'être envisagé dans un autre travail de recherche. En attendant, nous constatons que le droit « orthodoxe » peine à suivre la cadence de l'évolution rapide des réseaux numériques, notamment parce que la « soif du droit international[613] » n'a pas été encore suffisamment ressentie collectivement par les États. Néanmoins, nous pouvons observer que les modes de productions de *soft law* ont de plus en plus tendance à être sollicités, comme tel est souvent le cas dans les champs normatifs émergents[614]. Ce foisonnement de normes alternatives traduit cette idée que face aux insuffisances du droit moderne, la solution peut provenir de sources moins formalistes mais tout aussi déterminantes pour réguler efficacement le cyberespace.

II. L'apparition de sources « hétérodoxes » dans la régulation du cyberespace

DES NORMES ALTERNATIVES POUR PALLIER LES INSUFFISANCES DU DROIT MODERNE

Nous avons constaté les difficultés du droit « orthodoxe » à se confronter à la complexité du cyberespace. Ce dernier est fondamentalement un univers technique qui ne peut être appréhendé sans le concours des acteurs privés qui en assurent le bon fonctionnement. En effet, « l'interconnexion des réseaux, et donc la transmission d'informations, n'est possible que grâce à la collaboration des routeurs, des fournisseurs d'accès et des responsables de réseaux[615] ». Plus précisément, toutes les actions entreprises dans le cyberespace dépendent de ces acteurs. Afin de régir certains comportements, et partant véhiculer certaines valeurs, ceux-ci ont décidé non seulement d'élaborer des technologies régulatrices (1), mais aussi de produire des normes autonomes (2). Bien que moins majestueuses que les sources séculaires, ces sources « hétérodoxes » s'épanouissent dans les « interstices » du droit officiel. Dans ce second paragraphe, il s'agira s'étudier en quoi ces normes alternatives peuvent constituer une réponse aux limites inhérentes du droit moderne à réguler les activités du cyberespace.

---

613 *Id.*, p. 55.

614 Q. DINH NGUYEN, P. DAILLIER et A. PELLET, préc., note 17, p. 1421. Voir également S. MALJEAN-DUBOIS et V. RICHARD, préc., note 275.

615 Philippe AMBLARD, *Régulation de l'Internet. L'élaboration des règles de conduite par le dialogue internormatif*, Bruylant, Bruxelles, 2004, p. 70.

1. La création de technologies régulatrices par les acteurs privés

a) La régulation par la technique

Dans bien des cas, la « régulation » est associée au droit, celle-ci étant considérée comme le socle sur lequel se construisent de nouveaux corpus unifiés de règles. Pourtant, nous pouvons recourir à ce terme dans une multitude de domaines dont la cybernétique. En effet, la régulation désigne l'ensemble des mécanismes et des moyens d'action dont une entité dispose pour maintenir en équilibre un système complexe, et ce afin d'en assurer le bon fonctionnement. Comme nous l'avons mentionné dans notre premier chapitre, le cyberespace est un lieu unique présentant des caractéristiques inédites. En tant qu'outil stratégique et économique non négligeable, accessible et employé par une pluralité d'acteurs à travers le globe du fait de sa structure nuagique et de son caractère transnational, la question de sa régulation était inévitable. Les actions qui y sont menées, les comportements qui y sont adoptés ne sont pas tous louables, et nous pouvons constater que certains utilisateurs y ont pris leur aise.

Rappelons qu'Internet est né dans un contexte historique particulier. À l'image des sentiments d'indépendance et de liberté soufflant dans les années 80-90, l'architecture du réseau s'est construite autour de cette idée « d'une technologie bienfaitrice, annonciatrice d'un monde meilleur[616] ». Les États ayant laissé libre champ aux bâtisseurs du cyberespace, ces derniers ont imaginé un environnement virtuel capable de se réguler par lui-même, de façon autonome. La technique[617] se développe ainsi en fonction de sa propre logique, en normalisant les comportements dans cet espace dématérialisé. Cela a conduit à la naissance d'un courant de pensée mené par Lawrence Lessig[618] et Joël

---

[616] Éric LABBÉ, « La technique dans la sphère de la normativité : aperçu d'un mode de régulation autonome », *Revue du droit des technologies de l'information* 2000, p. 1.

[617] Dès le départ, le fonctionnement du cyberespace a reposé sur les acteurs techniques. De ce fait, l'interconnexion des réseaux (et donc la transmission d'informations) n'est possible que grâce à la collaboration des routeurs, des fournisseurs d'accès et des responsables de réseaux. Voir P. AMBLARD, préc., note 615, p. 70.

[618] Lawrence LESSIG, « The Constitution of Code : Limitations on Choice-based Critiques of Cyberespace regulation », *Commlaw Conspectus* 1997.5, pp. 181 et s.

Reidenberg[619] appelé « *Law and Technology*[620] ». Pour le premier, la gouvernance du réseau serait fondée sur le principe de régulation par le code (« *code is law* »), principe selon lequel l'architecture même du réseau va déterminer la manière dont les règles seront appliquées[621]. Quant au second, l'espace cybernétique serait en premier lieu régulé par la *Lex informatica*, c'est-à-dire par l'ensemble des contraintes et des choix technologiques[622] qui sont imposés sur les activités en ligne. Pour l'un comme pour l'autre, la technique devient un mode de régulation. Certains parlent alors de « régulation par la technique[623] », de « régulation technique[624] », ou encore de « techno-régulation[625] ».

Quel que soit le terme utilisé, cette forme de régulation vise à incorporer des règles directement au sein des architectures techniques du réseau dans le but de faciliter la réalisation de certaines activités, et/ou d'imposer des normes de comportements aux internautes[626]. Que ce soient nos ordinateurs, nos smartphones, nos tablettes, ou encore les plateformes en ligne, l'utilisation que nous en faisons ne dépend pas des règles de droit traditionnelles, mais des caractéristiques techniques de ces dispositifs[627]. Comme le souligne Primavera de Filippi, nous

---

619 Voir par exemple, Joël R. REIDENBERG, « La régulation d'Internet par la technique et la Lex Informatica », dans *Droit et économie de la régulation*, Presses de Science Po, 3, coll. Hors Collection, Paris, 2005, pp. 81-91.

620 T. SCHULTZ, préc., note 443, p. 50.

621 Voir Lawrence LESSIG, *Code and other laws of cyberspace*, Basic Books, New York, 2000.

622 Joël Reidenberg soulève quatre grands principes issus de ce système de techno-régulation : 1) les contraintes sur les flux d'informations qui ne peuvent exister qu'à travers des protocoles technologiques ; 2) l'imposition de normes positives, la technologie n'étant pas neutre ; 3) l'imposition d'un champ d'application propre, c'est-à-dire le réseau ; et 4) la mise en œuvre du phénomène d'exécution immédiate, l'application d'une règle étant directe et instantanée. Pour plus de détails, voir J. R. REIDENBERG, préc., note 619, p. 82.

623 *Id.*

624 Primavera DE FILIPPI, « Repenser le droit à l'ère numérique : entre la régulation technique et la gouvernance algorithmique », dans *Droit et Machine*, Thémis, n°3, Montréal, 2017, p. 35.

625 P. DE FILIPPI et D. BOURCIER, préc., note 561, p. 10.

626 *Id.* Une précision s'impose toutefois concernant ces normes techniques imposées aux internautes. Celles-ci ne font pas référence à un référentiel publié par un organisme de normalisation (comme les normes ISO), mais à une caractéristique technique qui va déterminer le comportement des utilisateurs du réseau (ce qu'ils peuvent ou ne peuvent pas faire avec un objet technique donné). Nous pensons par exemple aux dispositifs techniques visant à restreindre la lecture d'un support à une zone géographique prévue (*Digital Rights Management*).

627 Pour de plus amples informations, voir Niva ELKIN-KORIEN, « Copyrights in Cyberspace-Rights Without Laws », (1997) 73 *Chi.-Kent L. Review*, 1155. Voir également Niva ELKIN-

passons d'un modèle d'informatique juridique[628] à un système de régulation faisant appel à la technique « pour assister, renforcer ou suppléer les règles de droit, et ce en incorporant des normes (de nature juridique, contractuelle, ou autre) au sein de ces nouveaux objets techniques qui régissent nos comportements par l'intermédiaire de normes techniques[629] ».

Ce recours à la technique comme nouveau mode de régulation est motivé par deux raisons principales :

1) La régulation étatique, fondée sur le concept de territorialité nationale, s'applique difficilement au cyberespace du fait de son caractère transnational, et ;
2) En dépit de la flexibilité et de l'extensibilité du droit existant, la grande majorité des normes juridiques qui définissent le droit positif sont des normes anciennes et rigides, qui ne permettent pas de « réguler la complexité et l'incertitude qui caractérisent notre société moderne[630] », notamment en ce qui a trait au cyberespace.

La lenteur du procédé législatif et l'inaptitude des règles juridiques actuelles à s'adapter au paysage numérique[631] sont telles que de nombreux acteurs recourent aujourd'hui aux dispositifs techniques pour réguler les comportements des individus. Par exemple, les États utilisent des programmes de pares-feux nationaux ou des technologies de filtrage pour contrôler la circulation de contenus provenant de

---

KORIEN, « The Privatization of Information Policy », (2000) 2 *Ethics and Information Technology*, p. 201.

[628] Pour Primavera de Filippi, l'information juridique se traduit par l'informatisation du droit par l'utilisation et l'intégration des technologies numériques dans le fonctionnement de la justice et du droit. P. DE FILIPPI, préc., note 624, p. 35.

[629] *Id.* à la page 50.

[630] Propos de Lawrence LESSIG cité dans *Id.* à la page 43. De plus, pour Michael GEIST, « la plupart des normes juridiques qui définissent le droit positif sont des normes anciennes et rigides qui ont de la difficulté à s'adapter à l'évolution rapide et constante des technologies numériques ». Michael GEIST, « Cyberlaw 2.0 », (2003) 44-2 *Boston College Law Review*, p. 323.

[631] À la différence des règles de droit classiques qui n'agissent qu'indirectement et *a posteriori* sur les comportements, la techno-régulation est performative, en ce sens où elle oriente l'action des acteurs et rend leur décision immédiatement effective. Ces qualités font d'elle un outil intéressant pour non seulement assister les fonctions traditionnelles du droit, mais également soutenir, compléter, remplacer, voir même contourner les règles de droit existantes.

l'étranger sur leur réseau internet national[632]. C'est notamment le cas de la Chine, de Cuba, ou encore de la Russie. En 2019, cette dernière a promulgué plusieurs lois parmi lesquelles la loi RuNet permettant la création d'un système alternatif de noms de domaine dans le but de renforcer la mainmise du gouvernement sur les communications et les activités en ligne de sa population. Plus encore, cette loi vise à rendre possible une déconnexion de la Russie du reste de l'Internet mondial[633].

Considérées comme « le nouveau paradigme de la gouvernance des réseaux[634] », ces technologies régulatrices sont également utilisées par le secteur privé qui cherche à établir des limites sur les actions menées par les utilisateurs dans le cyberespace. C'est par exemple le cas avec l'utilisation des *cookies*. Comme certains le savent, leur usage permet aux sites internet de stocker sur le disque dur d'une personne ses données de recherche, et ce afin de suivre ses activités en ligne, et ainsi exercer une forme de surveillance. En obtenant nos informations, les sites internet peuvent ainsi cibler nos intérêts et faire apparaitre des publicités lors de notre navigation pour nous inciter par exemple, à acheter. Ces *cookies* sont une contrainte technique aux flux d'informations, et certains GAFAM comme Microsoft ont intégré un paramètre par défaut au sein des ordinateurs afin de les stocker automatiquement. Il est néanmoins prévu que l'utilisateur puisse les supprimer ou non dans les paramètres de navigation. La société civile recoure également à ces technologies régulatrices en développant des outils d'alerte, ou encore des outils de filtrage pour protéger leur vie privée ou pour échapper à la censure des États.

De ces observations, nous constatons que la régulation par la technique est utilisée par une pluralité d'acteurs qui voient en elle la réponse aux besoins changeants (et changeants rapidement) de la société. Celle-ci peut non seulement être utilisée pour servir les intérêts

---

632 P. TRUDEL, préc., note 442, p. 203.

633 Clémence MAQUET, « Russie : à l'intérieur du Red Web », Siècle Digital, sect. technologie (5 mars 2021), en ligne : https://siecledigital.fr/2021/03/05/russie-interieur-du-red-web/. Voir également le Chapitre 4, Section 1, II. « Les dangers d'un Splinternet ».

634 Selon Joël Reidenberg, la *Lex Informatica* se distingue de la règlementation étatique sur plusieurs aspects : la structure du régime, la juridiction, le contenu, les règles supplétives et leur élaboration, les sources ainsi que le mode d'exécution principal. Elle aurait ainsi pour cadre et structure les protocoles et autres standards composant l'architecture du réseau, lequel constitue sa juridiction. Voir Joël R. REIDENBERG, « Governing Networks and Rule-Making in Cyberspace », dans *Borders in Cyberspace*, MIT Press, Cambridge, Mass., 1997, pp. 84 et s. à la page 96.

politiques et stratégiques des gouvernements, mais aussi et surtout les intérêts économiques du secteur privé. Comme le rappelle Pierre Trudel, il est essentiel de ne pas oublier que « l'architecture est mise en place par les maitres des réseaux[635] », c'est-à-dire les opérateurs privés du numérique. En exploitant la dimension technique du cyberespace, ces derniers détiennent le monopole de la production des normes techniques[636], et peuvent donc aisément contrôler le réseau et ses utilisateurs. Nous pouvons donc comprendre les craintes de certains auteurs d'une pénétration trop profonde de la technique au sein du système de droit[637], le risque étant de le dénaturer. Pourtant, nous ne saurions nier que les technologies développées par ces acteurs privés sont devenues des puissances régulatrices susceptibles de devenir un outil au service du droit existant. En ce sens, il nous parait indispensable d'étudier le caractère normatif de la technique.

b) Le caractère normatif de la technique

La régulation de la société moderne se caractérise par la diversité des sources normatives qu'elle intègre. Le droit, qui depuis longtemps était considéré comme le seul moyen d'encadrer le comportement des individus, existe désormais à l'intérieur d'un écosystème beaucoup plus large[638]. Pour Lawrence Lessig, notre société serait notamment régulée par quatre différentes sources de normativités qui coexistent et qui interagissent les unes avec les autres de façon parfois complémentaire, et parfois conflictuelle : le droit, le marché, les normes sociales et l'architecture technique[639]. Chacune projetterait son propre système de normes (juridiques, contractuelles, sociales et techniques), et se distinguerait par leurs différentes portées et leurs degrés de négociabilité[640]. Cependant, et comme nous avons pu l'étudier dans la section 2 de ce chapitre, les rapports de force existant entre ces différentes sources de normativité ont fortement été perturbés avec l'arrivée d'Internet et des TIC. En peinant à faire appliquer les lois dans le cyberespace, le droit se trouve désormais concurrencé par la montée

---

[635] PIERRE TRUDEL, préc., note 442, p. 203.

[636] À la différence des États qui ont le monopole de la production des normes juridiques.

[637] P. DE FILIPPI, préc., note 624, pp. 63-64.

[638] Jean CARBONNIER, « Les phénomènes d'inter-normativité », dans *European Yearbook in Law and Sociology*, Martinus Nijhoff, La Haye, 1997, p. 42.

[639] Voir L. LESSIG, préc., note 621.

[640] P. DE FILIPPI, préc., note 624, p. 38.

en puissance de la technique dont on ne peut plus nier le caractère normatif. Celle-ci joue un rôle essentiel dans la régulation des activités menées dans le cyberespace en imposant son propre système de règles qui font effet de lois. Car en effet, « tout comme le droit, la technologie habilite, permet, autorise, interdit[641] ».

En ce sens, l'État n'a pas d'autre choix que de partager sa souveraineté avec les grands acteurs privés du numérique. Comme le souligne Primavera de Filippi, « on passe de l'État de droit à la régulation par le marché, de la puissance publique, à la suprématie des opérateurs privés[642] » qui régulent le cyberespace par le biais de la technique. Il est intéressant d'observer que cette forme de régulation est effectuée par des autorités règlementaires autodésignées. Ce sont les opérateurs eux-mêmes[643] qui se confèrent le pouvoir de créer des règles, ces derniers étant les acteurs privilégiés du réseau. Que ce soient les élites technologiques, les organisations de normalisation ou les GAFAM-BATX, tous imposent leurs modes de fonctionnement dans le cyberespace de façon arbitraire. Les technologies régulatrices auxquels ils recourent ne sont pas touchées par les contraintes procédurales connues pour la régulation juridique[644] : elles ne sont ni négociées, ni soumises à aucun critère de constitutionnalité, il n'y a pas de règle de procédure et aucune possibilité de recours contre des décisions de nature purement technique[645]. Elles sont automatiquement appliquées indépendamment de leur légitimité ou de leur légalité[646]. En permettant ou non certaines actions, et en fixant les modalités, la technique structure les flux de pouvoirs et donc les flux normatifs[647]. Comme le rappelle Thomas Schultz, ce modèle de régulation a fait l'objet de nombreuses discussions en considérant que « la souveraineté dans le cyberespace serait en réalité entre les mains des acteurs techniques (plus précisément la souveraineté des acteurs maitrisant les aspects

---

641 Pierre TRUDEL, *L'encadrement normatif des technologies : une gestion réseautique des risques*, Rapport présenté au 30ème congrès de l'Institut international de droit d'expression et d'inspiration française, Le Caire, 2006, p. 10.

642 P. DE FILIPPI, préc., note 624, p. 40.

643 Pour Thomas Schultz, les acteurs privilégiés du cyberespace sont les producteurs de techniques, c'est-à-dire les programmeurs puisque « c'est à eux que revient le choix immédiat des valeurs véhiculées par la technologie ». T. SCHULTZ, préc., note 443, p. 51.

644 Tim WU, « When Code Isn't Law », (2003) 89 *Virginia Law review*, p. 679.

645 P. DE FILIPPI, préc., note 624, p. 43.

646 *Id.* à la page 39.

647 T. SCHULTZ, préc., note 443, p. 53.

techniques du réseau)[648] ». C'est ainsi qu'à la différence d'autres sources normatives, la technique opérerait « une transformation immédiate, finale et complète de la situation régulée, une sorte d'auto-exécution des normes[649] » qu'elle véhicule. Cela lui conférerait alors « une effectivité instrumentale supérieure à toute autre forme de normativité[650] ».

Cette ascendance de la technique sur la normativité pose tout de même des difficultés particulières au regard des fondements du droit. Rappelons que dans le cyberespace, la normativité s'inscrit dans une logique de réseau[651]. Son architecture unique rend impossible, sauf modification de ses paramètres de base, la création de normes centralisatrices. Ainsi, l'État ne peut plus être au cœur de la production normative comme le veut le positivisme juridique. Également, le message prescriptif derrière les normes a changé puisqu'avec la technique, il n'est plus explicite. Le droit a toujours reposé sur cette idée que « nul n'est censé ignorer la loi ». Or la technique recourt à une logique radicalement opposée qui contraint avant même de signifier à autrui sa volonté[652]. C'est sans compter que « si les règles traditionnelles peuvent recevoir une application moins rigoureuse lorsqu'une situation particulière se produit, la technique n'admet aucune autre dérogation que celles qui sont préalablement programmées[653] ». En recourant à ce procédé, les acteurs privés s'assurent ainsi qu'il soit impossible (ou très difficile) pour les utilisateurs de contourner le système.

---

[648] *Id.*

[649] Stuart BIEGEL, *Beyond our control ? Confronting the limits of our legal system in the age of cyberspace*, MIT Press, Londres, 2001, p. 188.

[650] T. SCHULTZ, préc., note 443, p. 53.

[651] Pierre TRUDEL, « La Lex Electronica », dans *Le droit saisi par la mondialisation*, Bruylant : Éditions de l'Université de Bruxelles, coll. Collection de droit international (Bruxelles, Belgique) 46; Bruxelles, 2001, pp. 221-268 à la page 229.

[652] Alors que les règles juridiques ne s'appliquent qu'*a posteriori*, l'incorporation de normes techniques au sein d'un dispositif technologique permet une application des règles *a priori*. Plus précisément, la régulation par la technique – à la différence des autres formes de régulation – est performative, en ce sens où elle oriente l'action des acteurs et rend leur décision immédiatement active.

[653] É. LABBÉ, préc., note 616.

Du fait de ces difficultés, certains voient en la régulation technique une menace[654] et préconisent un retour vers un type de régulation plus traditionnel, à savoir la régulation juridique[655]. Pourtant, nous ne saurions nier l'importance de la technique pour encadrer les comportements dans le cyberespace, et ce face à un droit affaibli qui peine à s'y faire appliquer[656]. Si pour Éric Labbé, « les normes destinées à réglementer le monde technique n'ont d'autre alternative que de s'adapter aux règles de la technique[657] », nous considérons au contraire que toutes ces normes doivent s'adapter à l'objet qu'elles encadrent en coopérant. Comme l'a souligné Jean Carbonnier, la régulation est un phénomène dynamique qui se nourrit entre le système juridique et les autres systèmes normatifs[658]. En ce sens, le modèle du réseau nous montre clairement que la régulation du cyberespace ne doit pas être construite sur l'idée d'une intervention unilatérale d'un acteur, mais qu'il faille au contraire composer avec une pluralité de systèmes normatifs pour aboutir à un cadre juridique international efficace[659]. Établir un dialogue entre les acteurs de la technique et les États n'est donc pas dénué de sens et d'intérêts, et contribuerait à propulser le droit dans une direction plus actuelle, plus dynamique, plus en adéquation avec les besoins de la société.

2. La production privée de normes autonomes sur le cyberespace

a) L'intérêt des normes alternatives d'origine privée

Nous l'avons vu, une part significative des décisions relatives au fonctionnement et aux comportements à adopter dans le cyberespace relève d'autorités non-étatiques. Si les normativités qu'elles imposent

---

[654] La régulation technique est susceptible d'ignorer ou même contourner les normes établies par le système juridique, et peut aussi porter atteinte aux droits fondamentaux. Voir P. DE FILIPPI, préc., note 624, p. 54.

[655] Pour De Filippi, « d'une part la technique risque de s'introduire trop profondément au sein du système de droit pour en modifier la nature. […] D'autre part, les enjeux soulevés par la régulation technique entrainent une réflexion théorique sur la manière dont le droit peut (et doit) évoluer afin d'encadrer une société de plus en plus dominée par des objets techniques et des algorithmes – sans renoncer aux valeurs et aux principes démocratiques qui caractérisent notre système juridique au nom d'une plus grande flexibilité et efficacité ». *Id.* aux pages 62-63.

[656] É. LABBÉ, préc., note 616, p. 19.

[657] *Id.*, p. 16.

[658] J. CARBONNIER, préc., note 638, p. 42.

[659] T. SCHULTZ, préc., note 443, pp. 89-90.

par la technique jouent un rôle essentiel dans la régulation de cet espace virtuel, les normes qu'elles élaborent dans une idée d'auto-gestion le sont tout autant.

Rappelons que le réseau a toujours été perçu comme un espace a-étatique. Les premiers efforts de régulation par les États n'ont pas fait l'unanimité, certains acteurs privés percevant – et continuant parfois à percevoir – ces agissements comme autant d'immixtions indues[660]. C'est ainsi que l'Internet est devenu un objet de contre-pouvoir face aux gouvernements et de contrôle strict comme en témoignent le printemps arabe ou encore l'affaire *Wikileaks* vus précédemment. La légitimité de l'action des pouvoirs publics est ouvertement contestée par les acteurs du réseau qui cherchent désormais à s'en affranchir en élaborant leurs propres règles pour réguler leurs propres actions[661]. Là n'est cependant pas le seul motif à l'origine de cette autorégulation. La privatisation de la production normative peut se justifier de diverses façons : la nécessité de se substituer à la règlementation étatique en vigueur ; la volonté de relever les standards de l'industrie ; ou encore, le désir de conserver ou de restaurer une image de marque de l'entreprise[662].

Quoi qu'il en soit, nous observons une tendance à la prolifération des normes autonomes d'origine privée (codes de bonne conduite, chartes, recommandations, etc.). Nous pouvons par exemple citer la « Charte de confiance en cybersécurité » (*Charter of Trust on Cybersecurity*) initiée par l'entreprise Siemens en 2018[663]. Cette production de règles alternatives est essentiellement due à un mouvement de déréglementation fondé sur l'affaiblissement du principe hiérarchique, l'État paraissant ne plus être à-même d'appréhender efficacement les réalités contemporaines parmi lesquelles le développement des nouvelles technologies. En recourant à l'autorégulation, les acteurs privés expriment ainsi leurs préoccupations, et cherchent à combler un manque juridique et/ou à répondre à une inadaptabilité des règles de droit existantes.

[660] F. LATTY, préc., note 553, p. 57.

[661] Bertrand DU MARAIS cité dans K. BENYEKHLEF, préc., note 20, p. 740.

[662] *Id.*, p. 742.

[663] La Charte a été signé par 16 entreprises parmi lesquelles Airbus, Dell, IBM, ou encore Total. Pour de plus amples informations, voir en ligne la *Charte de confiance en cybersécurité* : https://csrc.nist.gov/CSRC/media/Projects/cyber-supply-chain-riskmanagement/documents/SSCA/Spring_2019/8MayAM1_190502_Charter_of_Trust.pdf

Comme le rappelle Laurent Pech, « le droit n'est plus assuré d'une légitimité *ab initio* [...] et est désormais soumis à une obligation permanente d'adaptation[664] ». Son espérance de vie est limitée. S'il est vrai que du fait de son histoire, celui-ci peut être perçu comme évolutif, son développement est tributaire du bon vouloir des États. Or, nous avons pu constater leurs difficultés à s'entendre sur la régulation internationale du cyberespace. En recourant à l'autorégulation, les acteurs privés peuvent ainsi tenter de répondre au désengagement des pays à solutionner les problèmes cybers et à sanctionner les mauvais comportements[665]. Plus au fait de la réalité, les normes d'origine privée cherchent ainsi à compléter la législation existante, lui apporter une valeur ajoutée, voire même la remplacer purement et simplement lorsque celle-ci s'avère inadéquate. Avec elles, on vise à mettre en place un autre droit qui se caractériserait par « son adaptation au concret, son rapprochement des individus, son adéquation au contexte exact des sociétés qu'il prétend régir[666] ». En d'autres termes les normes alternatives visent à permettre la mise en place d'un véritable droit de régulation, c'est-à-dire « concret, individualisé et contextualisé[667] ». Dans le cyberespace, celui-ci prendrait la forme d'une *Lex electronica*[668].

b) La valeur des normes alternatives d'origine privée

Dans un contexte de dégradation de la production normative classique, le droit mou a, selon une expression qui connait un grand succès, « triomphé »[669]. Nous l'avons vu, la crise de la législation a

---

[664] Laurent PECH, *Droit & Gouvernance : vers une « privatisation » du droit*, Document de travail de la Chaire Mondialisation, Citoyenneté et Démocratie (MCD), 2004-02, Montréal, UQAM, 2004, p. 59.

[665] De manière générale, l'État parait avoir trouvé dans les normes alternatives une justification parfaite pour ne pas agir. En laissant la possibilité aux acteurs privés d'établir leurs propres règles de conduite, les gouvernements se délestent de toute responsabilité en n'ayant plus à définir et imposer une politique d'intérêt général à ces derniers qui auraient toutes les ressources nécessaires pour s'y opposer.

[666] Propos de Gérard TIMSIT, cité dans K. BENYEKHLEF, préc., note 20, p. 735.

[667] *Id.*

[668] La *Lex electronica* représente le corpus de règles ayant vocation à encadrer les activités se déroulant dans le cyberespace. Parmi elles, nous trouvons la *Lex informatica* (la régulation par la technique) et toutes les autres normes établies pour réguler les actions cybernétiques qu'elles soient d'origines privées ou étatiques. Pour de plus amples informations voir P. TRUDEL, préc., note 651, ou encore F. LATTY, préc., note 553, pp. 58-60.

[669] Une idée récurrente est celle que la loi est en crise, la norme législative tendant à devenir non-prescriptive et à durée de plus en plus limitée. Voir Guy BRAIBANT, « Penser le droit sous

engendré l'apparition de normes « temporaires, évolutives, réversibles[670] ». Ces règles alternatives posent des contraintes susceptibles d'interprétations ouvertes dans le but de sécréter de l'autodiscipline par une conscience claire des intérêts communs. Elles sont un instrument emblématique du droit de la gouvernance, et tiennent aujourd'hui une place essentielle dans la régulation du cyberespace. De ce fait, il parait pertinent de se pencher sur la question de la valeur de ces normes autonomes d'origine privée.

Le terme de « valeur » prête souvent à confusion et ne s'impose pas dans le vocabulaire juridique. Elle prend sa source dans des références qui se situent majoritairement en dehors du droit (par exemple, l'économie)[671]. Notion idéaliste, relative, spéculative et subjective, la valeur peut néanmoins être utile pour déterminer la qualité normative des règles alternatives privées, et ainsi ouvrir la porte vers « une pleine juridicité[672] ». Toutes les règles alternatives ne sont pas des règles proprement normatives, certaines relevant « d'un champ plus flottant, moins formel, moins structuré (morale, mœurs)[673] ». Elles ne sont donc pas toutes susceptibles d'influencer les praticiens du droit et/ou les acteurs publics dans l'exercice de leurs fonctions.

Pour nous aider à les évaluer, nous rejoignons l'idée de Karim Benyekhlef de recourir à la théorie des trois cercles sécants de la validité développée par François Ost et Michel Van de Kerchove. Bien que celle-ci ne concerne explicitement que les seules normes juridiques, il est tout de même possible de l'appliquer aux normes alternatives. Cette théorie propose une grille d'analyse utile pour mesurer le degré de normativité des règles étudiées, et ce à travers trois critères

---

la Vème République : cohérence et codification », *Revue du droit public,* Numéro spécial sur Les 40 ans de la Vème République 1998, p. 1773, ou encore Jean CARBONNIER, *Droit et passion du droit sous la Vème République*, Flammarion, Paris, 1997.

670 Jacques Chevallier parle « d'un droit pragmatique, sous tendu par une préoccupation d'efficacité qui modifie en profondeur la conception traditionnelle de la normativité : à la rigidité fait place la souplesse et à la stabilité l'adaptabilité ». J. CHEVALLIER, préc., note 584, p. 677.

671 CHAIRE L.R. WILSON, *Valeur juridique*, Loi canadienne concernant le cadre juridique des technologies de l'information LRQ, c-1.1, en ligne : https://www.lccjti.ca/definitions/valeur-juridique/.

672 K. BENYEKHLEF, préc., note 20, p. 794.

673 *Id.*

distincts[674], trois dimensions, qui « interagissent nécessairement, tantôt se confortant, tantôt s'opposant[675] ». Le premier critère est celui de la validité formelle (la légalité liée à l'appartenance à un ordre juridique), le second, celui de la validité empirique ou factuelle (l'effectivité dépendant des attitudes, comportements et représentations des autorités et sujets de droit), et le dernier, celui de la validité axiologique (la légitimité par rapport à des valeurs méta-positives).

Privilégiée par les auteurs positivistes comme Hans Kelsen, Herbert Hart ou Ronald Dworkin, le critère de la **légalité** (ou de la validité formelle) désigne l'appartenance de la norme juridique au système juridique de référence. Comme le rappelle François Ost, ceci explique que certains auteurs préfèrent utiliser les termes de validité « interne » ou « systémique ». En effet, « est valide la règle qui présente les signes extérieurs d'appartenance, les critères d'identification que retiennent les « règles de reconnaissance » propres au système[676] ». Certains comme Dworkin parleront plutôt de « pedigree de la règle ». Pour l'essentiel, l'objectif est le même : savoir si, oui ou non, la règle a été adoptée par un auteur compétent et selon les procédures légales[677]. Pour la norme alternative, il s'agit de vérifier qu'elle respecte l'ordre public étatique et international, qu'elle ne constitue pas un abus de pouvoir, et qu'elle fait preuve de moralité lui octroyant un surcroit de crédibilité normative[678].

---

[674] Pour reprendre les termes de François Ost et Michel Van de Kerchove : « les trois dimensions de la validité interagissent sans pour autant s'identifier l'une à l'autre ; elles se recouvrent partiellement sans perdre leur spécificité ; leur autonomie est relative. On peut dès lors les représenter à l'aide de trois cercles sécants ». Pour la représentation schématique de cette théorie, voir F. OST et MICHEL VAN DE KERCHOVE, préc., note 24, p. 352.

[675] *Id.*, p. 309.

[676] *Id.*, p. 326.

[677] Sur ce point Lon L. Fuller parle de « moralité interne du droit » (ou sécurité juridique). Composée de huit éléments (généralité de la norme, publicité, absence de rétroactivité, clarté, absence de contradiction, interdiction de normes prescrivant l'impossible, stabilité, conformité des actes des autorités subordonnées aux normes générales), cette moralité représente un idéal régulateur pour le législateur qui ne doit pas perdre de vue des valeurs aussi fondamentales que la confiance légitime des citoyens, ou la stabilité de l'ordre juridique considéré, dans ses prises de décisions. Voir Lon L. FULLER, *La moralité du droit*, coll. Presse de l'université Saint-Louis--Bruxelles. Droit, n°147, Bruxelles, Presses de l'Université Saint-Louis, 2017, pp. 33 et s.

[678] Pour François Ost et Michel Van de Kerchove, la moralité interne se compose de plusieurs éléments : « généralité de la norme, publicité, absence de rétroactivité, clarté, absence de contradiction, interdiction de normes prescrivant l'impossibilité, stabilité, conformité des actes des autorités subordonnées aux normes générales ». F. OST et MICHEL VAN DE KERCHOVE, préc., note 24, p. 327.

Associée aux courants réaliste et sociologique, le critère de l'**effectivité** incarne quant à lui, la « validité empirique » ou « factuelle » de la norme juridique. Dans le sillage de la conception de la norme comme « modèle pour l'action[679] », François Ost et Michel Van de Kerchove viennent à la définir de la façon suivante : « est effective la règle utilisée par ses destinataires comme modèle pour orienter leur pratique[680] ». Dans ce contexte, la qualité essentielle de la règle juridique est sa performance, son aptitude à atteindre l'objectif poursuivi au moindre coût économique et social. Les auteurs soulignent l'existence de deux types de destinataires : les destinataires primaires, c'est-à-dire les sujets de droit, et les destinataires secondaires faisant références aux autorités administratives et répressives, chargées d'assurer la mise en œuvre et le contrôle des règles[681]. Pour remplir ce critère, les normes alternatives doivent présenter des qualités de clarté et d'adaptabilité. Elles doivent pouvoir être contrôlées et ultimement sanctionnées. « Ainsi, les normes alternatives effectives sont censées imposer un comportement, des outils de contrôle de leur application et des recours en cas de manquement[682] ».

Enfin, le troisième et dernier critère de la **légitimité** (ou validité axiologique) est avant tout valorisé par les *jusnaturalistes*. Celui-ci est évalué « à l'aune de valeurs méta-positives[683] ». Il s'agit pour l'observateur d'émettre un jugement personnel en fonction des exigences axiologiques qu'il porte, des valeurs que, selon lui, le droit devrait réaliser[684]. La norme, pour être légitime, doit répondre à un idéal propre au chercheur qui l'analyse. Son contenu est « variable, multiple

---

[679] Paul AMSELEK, *Méthode phénoménologique et théorie du droit*, coll. Bibliothèque de philosophie du droit ; v. 2, Paris, Pichon et Durand-Auzias, 1964, p. 257.

[680] *Id.*, pp. 257 et s.

[681] Pour François Ost et Michel Van de Kerchove, cette distinction en entraine également une autre : celle entre l'effectivité des normes (relatives aux normes primaires de comportement) et l'effectivité des sanctions (relatives aux normes secondaires de sanction). F. OST et MICHEL VAN DE KERCHOVE, préc., note 24, p. 330.

[682] K. BENYEKHLEF, préc., note 20, p. 798. Concernant la sanction, Karim Benyekhlef rappelle que celle-ci doit être proportionnelle aux faits reprochés, et constituer une contrainte suffisante pour les personnes qui y contreviendraient.

[683] F. OST et MICHEL VAN DE KERCHOVE, préc., note 24, p. 337.

[684] « Le droit est ici perçu en tant que science ou art du juste et de l'injuste, en tant que pratique de la vertu de justice ; mais il revient à chacun de décider de ce qui est équitable, donc juridique, et de ce qui est inéquitable. En conséquence, c'est la justice qui définit le droit et non le droit qui définit la justice ». Voir Boris BARRAUD, *Qu'est-ce que le droit ? Théorie syncrétique et échelle de juridicité*, coll. Le droit aujourd'hui, Paris, L'Harmattan, 2017, p. 59.

et hétéroclite[685] » puisque soumis à la libre appréciation de chacun. Ainsi ce qui peut paraitre légitime pour l'un, ne l'est pas forcément aux yeux de l'autre. La légitimité relève du discours prescriptif car dépendant du jugement et des préférences de la personne qui l'observe, juriste (*legal scholar*) ou chercheur. Dans le cas des normes alternatives, plusieurs éléments peuvent contribuer à leur légitimité : la transparence et le consensus dans l'élaboration, la prise en compte de l'intérêt général, une rédaction claire et sans ambiguïté pour les destinataires, etc.

Visant à modéliser ce qui doit être, la théorie des trois cercles sécants de la validité est perçue comme reflétant une tension doctrinale et philosophique orientée vers un idéal de justice à atteindre. « Lorsqu'elle n'est pas seulement souhaitée mais bien avérée, la validité plurielle, traduit une force normative importante[686] ». Recourir à cette théorie est donc utile pour déterminer la qualité normative et la validité des normes alternatives. Elle est également nécessaire pour réfléchir à leur caractère juridique, car toutes les normes ne deviennent pas du droit[687]. En ce sens, la théorie syncrétique développée par Boris Barraud peut être utile pour déterminer le degré de juridicité des règles alternatives. À travers l'étude de six critères alternatifs[688] (la valeur juridique, la validité juridique, les qualités nomo-juridiques, la sanction juridique, l'application juridique, l'effectivité), ce dernier a établi que dans bien des cas, les normes alternatives disposaient d'un niveau de juridicité moyenne-faible[689]. Cela ne signifie pas qu'elles soient dénuées de valeur, ou d'importance moindre. Celles-ci sont indispensables dans la société moderne pour répondre aux nouveaux défis que le droit existant n'est pas capable de réguler ou de solutionner. Cependant et dans leur

---

685 *Id.*

686 F. OST et Michel VAN DE KERCHOVE, préc., note 24, p. 337.

687 Le caractère normatif du *soft law* a bien souvent été débattu, notamment en droit international. Pour certains, de leur caractère non obligatoire, « on ne saurait déduire des actes concertés non conventionnels leur caractère non-juridique, car il s'agit de ne pas assimiler abusivement le « juridique » et l'« obligatoire ». Pour d'autres, les normes peu contraignantes, par exemple celles des codes de conduite, sont des normes pré-juridiques qui, même avec le temps, ne peuvent devenir « law». » L. PECH, préc., note 664, p. 57. Voir également Prosper WEIL, « Vers une normativité relative en droit international ? », *Revue générale de droit international* 1982.1, pp. 7-8.

688 Les critères doivent tous être remplis pour accéder à un niveau de juridicité absolue, mais non pour qu'existe une forme primaire du droit.

689 Voir par exemple l'espèce normative n°24 – La charte et le code de bonne conduite privés dans B. BARRAUD, préc., note 684, p. 171.

cas, la juridicité s'acquiert lorsque les auteurs de la norme ou les acteurs étatiques décident de les élever au rang de « droit » ou de s'en inspirer pour réguler une situation donnée. Les normes alternatives peuvent donc être un formidable outil d'influence que ce soit pour développer un droit du cyberespace ou encourager un changement de comportements des États dans cet espace virtuel.

c) L'influence des normes alternatives sur les acteurs étatiques

Voyons à présent l'influence des normes alternatives d'origine privée sur les acteurs étatiques. Nous avons constaté dans notre précédent chapitre les difficultés éprouvées par les États à établir un cadre juridique international efficace pour réguler les activités cybernétiques. Cela est en grande partie dû aux contraintes techniques de l'architecture du cyberespace. Bien que les États « tentent toujours plus d'en contrôler l'infrastructure, et d'en guider l'évolution[690] », ils ne saisissent pas pleinement toutes les spécificités de cet espace virtuel, et se trouvent concurrencés par les acteurs privés du numérique qui établissent leurs propres règles. Dans ces conditions, il parait difficile de penser qu'il n'y a qu'un opérateur unique susceptible de contrôler le réseau dans son ensemble et de le réguler[691]. En ce sens, le cyberespace est donc un lieu où peut aisément régner la plurinormativité[692].

Ces vingt dernières années, les États ont laissé se perpétuer « une situation de patchwork ou de juxtaposition normative[693] », soit par absence de volonté, soit par incapacité de composer avec les différents modes de normativité qui se présentaient à eux. Cela a conduit au développement de pratiques de *law shopping*, ainsi qu'à des situations de conflit et de blocage. Aujourd'hui, les normes orthodoxes et hétérodoxes cohabitent ensemble, mais il peut arriver dans certains cas que ces dernières soient amenées à circuler, à se rencontrer et à collaborer. En effet, certaines normes alternatives d'origine privée

---

[690] P. DE FILIPPI et D. BOURCIER, préc., note 561, p. 1.

[691] F. OST et MICHEL VAN DE KERCHOVE, préc., note 24, p. 26.

[692] Lorsque l'État est concurrencé dans sa fonction de producteur des normes par des pouvoirs privés, nous sommes face à une situation de plurinormativité. B. BARRAUD, préc., note 582, p. 98.

[693] Véronique CHAMPEIL-DESPLATS., « Droit, pluralité des modes de normativité et internormativité. Regard juridique », *Revue des droits de l'Homme* 2019, n°16, p. 10.

disposent d'une « force d'influence ou d'inspiration[694] » susceptible d'inciter le droit positif à les regarder différemment[695]. Cela peut, par exemple, être le cas avec la certification, les chartes éthiques ou les codes de conduite[696]. Même si leur juridicité est contestée par la doctrine, le droit positif est seul décideur pour les intégrer dans le domaine juridique que ce soit par la législation, la jurisprudence, ou encore le contrat[697]. Dans ce cas, ces normes ne sont plus considérées comme concurrentes aux normes étatiques, mais au contraire comme des alliées ou des associées, partageant un objectif commun de bonne régulation. Nous passons alors d'une situation de plurinormativité à une situation d'internormativité[698], celle-ci supposant un échange, un rapport, une relation entre les acteurs publics et privés[699].

L'encadrement juridique de la cybercriminalité représente un très bon exemple de cette coopération entre autorités publiques et prestataires techniques. Dans une logique d'autorégulation, les acteurs privés ont mis en place diverses chartes de conduite pour lutter contre les fraudes en lignes (par exemple, la Charte des fournisseurs d'accès dans la lutte contre le piratage de la musique de 2004, la Charte des plateformes en matière de commerce électronique de 2006, la Charte de déontologie des sites de comparateurs de prix de 2009, etc.). Le Conseil de l'Europe a reconnu l'importance de ces normes alternatives d'origine privée pour lutter contre la cybercriminalité, le conduisant à

---

694 Adélie POMADE, « Les implications de l'influence normative de la société civile en droit de l'environnement sur les théories des sources du droit et de la validité », (2010) 64-1 *Revue interdisciplinaire d'études juridiques,* pp. 87-122, à la page 122.

695 Jean CARBONNIER cité dans K. BENYEKHLEF, préc., note 20, p. 783. Le droit peut manifester quatre attitudes générales envers ces normes : « la condamnation, l'indifférence, l'incitation et la juridicisation ». Voir Gérard FARJAT cité dans *Id.*

696 Dans cette situation, il s'agit d'une influence « par les textes ». La Loi canadienne concernant le cadre juridique des technologies de l'information – et citée dans la note 671 – est un excellent exemple montrant l'intérêt du droit existant pour les normes privées.

697 Pour de plus amples informations, voir K. BENYEKHLEF, préc., note 20, pp. 784-791.

698 L'internormativité se situe entre la mononormativité (lorsque l'État est la puissance normative par excellence et que nul ne songe à édicter des normes en marge des procédures étatiques) et la plurinormativité. Dans cette situation, ce sont « les autorités publiques qui encouragent à l'élaboration des foyers privés de normes, lesquels sont alors associés et non des concurrents de l'État ». B. BARRAUD, préc., note 582, p. 98.

699 Karim Benyekhlef analyse l'internormativité comme « un phénomène d'incorporation ou d'acceptation par un ordre normatif d'une règle issue d'un autre ordre normatif ou porter à son attention sur les acteurs eux-mêmes ». K. BENYEKHLEF, préc., note 20, p. 771.

conclure un accord avec Microsoft en décembre 2013[700]. Par leur influence, les normes hétérodoxes peuvent ainsi servir de guides normatifs auprès des acteurs étatiques et des organisations internationales.

Nous notons également que les acteurs privés sont capables d'impulser la création de normes juridiques par le législateur, à la fois en exprimant un « besoin normatif », mais aussi en mettant l'accent sur les lacunes du système de protection juridique existant[701]. C'est notamment le cas avec la question de l'encadrement juridique de la reconnaissance faciale. En septembre 2019, John Frank, vice-président de Microsoft en charge des affaires gouvernementales pour l'Union européenne, exigeait de l'UE l'adoption d'une réglementation sur l'intelligence artificielle (IA) dans sa composante « reconnaissance faciale ». Selon lui, le Règlement général sur la protection des données personnelles (RGPD) ne peut pas complètement réguler cette technologie. Il a donc apostrophé la présidente de la Commission européenne, Ursula von der Leyen, sur cette question[702]. En réponse, cette dernière a promis de lancer une nouvelle législation sur l'IA au cours des cent premiers jours de son mandat[703]. C'est ainsi qu'en 2020 fut présenté l'Agenda digital européen mentionnant que l'UE comptait désormais encadrer l'application de l'intelligence artificielle dans certains secteurs (santé, transport, etc.), et dans des domaines à haut risque tels que les procédures de recrutement ou l'identification biométrique à distance[704].

---

[700] Pour plus d'informations, voir Brigitte PEREIRA, « La lutte contre la cybercriminalité : de l'abondance de la norme à sa perfectibilité », (2016) 3-XXX *Revue internationale de droit économique*, pp. 387-409.

[701] A. POMADE, préc., note 694, p. 98. Dans cette situation, il s'agit d'une influence « par le comportement ».

[702] Alice VITARD, « Pourquoi les GAFAM prennent-ils une posture pro-régulation ? », L'Usine digitale (23 septembre 2019), en ligne : https://www.usine-digitale.fr/article/pourquoi-les-gafam-prennent-ils-une-posture-pro-regulation.N886719.

[703] Julien BERGOUNHOUX, « Après le RGPD, la Commission européenne préparerait une réglementation sur l'intelligence artificielle », L'Usine digitale (23 août 2019), en ligne : https://www.usine-digitale.fr/article/apres-le-rgpd-la-commission-europeenne-preparerait-une-reglementation-sur-l-intelligence-artificielle.N876565.

[704] Rodolphe KOLLER, « L'intelligence artificielle aura aussi droit à sa règlementation européenne », ICT Journal (2 mars 2020), en ligne : https://www.ictjournal.ch/news/2020-03-02/lintelligence-artificielle-aura-aussi-droit-a-sa-reglementation-europeenne.

De l'ensemble de ces observations, nous pouvons affirmer que les acteurs privés sont « une des forces créatrices du droit ». Celles-ci se définissent comme « toutes les forces qui peuvent imposer une règle de nature juridique, celles qui ont poussé le législateur à l'élaborer[705] ». Les acteurs privés répondent à ces critères lorsqu'ils impulsent la création de normes juridiques ou en inspirent le contenu[706]. Ce paragraphe, et plus largement cette seconde section, nous auront permis de prouver que c'est clairement le cas, peu importe les propos de la doctrine classique. Cependant, il reste encore beaucoup de travail à faire avant que la communauté internationale reconnaisse ouvertement l'importance des acteurs privés dans la régulation du cyberespace. S'ils ont conscience de devoir s'appuyer sur eux pour des raisons techniques, les acteurs étatiques n'envisagent pas encore de les intégrer concrètement dans le processus d'élaboration d'un cadre normatif international, souhaitant conserver leur marge de manœuvre dans cet espace ô combien stratégique. Bien que nous comprenions leur position, nous ne pouvons que constater à quel point les avancées en la matière demeurent lentes et peu matures. « Jusqu'à maintenant, tout en adoptant une posture publique de soutien à la formalisation d'un canevas légal, les États ont rechigné à dépasser la phase théorique[707] ». La situation pourrait néanmoins être débloquée par les acteurs privés. D'ordinaires partisans de la dérégulation, ces derniers affichent aujourd'hui ouvertement une posture pro-régulation, souhaitant la mise en place d'un cadre légal assumé et appliqué par les États dont les comportements dans le cyberespace laissent à désirer. Plusieurs raisons peuvent expliquer cette prise de position parmi lesquelles le fait de vouloir protéger les intérêts économiques non négligeable en jeu. Certains comme Microsoft, tentent d'ailleurs ouvertement de se faire inviter à la table des négociations dans le but de peser dans le processus législatif. Si nous pensons que cette participation du privé pourrait être utile pour redynamiser le droit existant qui peine à suivre face à la rapidité des évolutions technologiques, nous ne perdons également pas de vue le fait que ces démarches puissent être envisagées dans le but de « freiner un dialogue international réellement multilatéral, et empêcher

---

[705] Georges RIPERT, *Les forces créatrices du droit*, 2ème édition, Paris, LGDJ, 1994, p. 84.

[706] A. POMADE, préc., note 694, p. 99.

[707] OBSERVATOIRE DU MONDE CYBERNÉTIQUE, préc., note 32.

la survenue d'une régulation contraignante pour le bénéfice des utilisateurs comme celui des États[708] ».

SECTION 3 : De l'autorégulation à la régulation internationale du cyberespace

QUAND LES ACTEURS PRIVÉS S'INVITENT À LA TABLE DES NÉGOCIATIONS...

Dans notre précédente section, nous avons souhaité appuyer cette idée que le cyberespace est un environnement unique appelant une régulation capable de transcender les instruments de normativités traditionnels. Le rapport du GEG de 2017 étudié brièvement dans notre chapitre 2, a montré l'incapacité des États à élaborer un encadrement juridique efficace susceptible de faire consensus. Cette situation a conduit certains acteurs privés à amorcer des initiatives afin qu'un cadre normatif contraignant soit mis en place pour réguler les comportements étatiques dans le cyberespace. Nous pensons notamment à la « convention de Genève du numérique » proposée par Microsoft qui fera l'objet de notre premier paragraphe (I). D'ordinaire partisans de la dérégulation, ceux-ci souhaitent désormais être intégrés dans les décisions liées à l'encadrement juridique du cyberespace (II). Si cela peut apparaitre comme un empiètement sur les prérogatives des États, la participation des acteurs privés au processus de régulation n'est pas dénuée de sens et d'intérêt. Non seulement d'être utiles par leurs compétences et connaissances techniques[709], ces derniers sont – selon nous - indispensables pour aider le droit international existant à sortir de sa « crise de rationalité suscitée par son incapacité croissante à rendre compte du réel et à le façonner[710] ».

---

[708] Propos de Solange GHERNAOUTI dans F. BURNAND, préc., note 547.

[709] « Quelle qu'en soit la perception, les initiatives privées confrontent les États à leurs propres contradictions : peu d'États disposent des moyens techniques et financiers pour mener à bien, seuls, l'encadrement des comportements dans le cyberespace. De fait, les efforts pour « souverainiser » – et finalement contrôler – cet espace ne peuvent aboutir sans le concours des acteurs privés du secteur des technologies de l'information et de la cybersécurité ». OBSERVATOIRE DU MONDE CYBERNÉTIQUE, préc., note 354.

[710] Pauline MAISANI et Florence WIENER citées dans M. BASTIAN, préc., note 557, p. 9.

I. Des initiatives privées favorables à une régulation contraignant les cyberactions offensives étatiques

L'EXEMPLE DE LA CONVENTION DE GENÈVE DU NUMÉRIQUE PROPOSÉE PAR MICROSOFT

D'ordinaire partisans de la dérégulation, les géants du Web américains prennent de plus en plus une posture pro-régulation, appelant publiquement les États à légiférer sur certains sujets du numérique (1). Il faut dire que les GAFAM ont reçus ces dernières années une déferlante de critiques à propos de leur capacité à protéger les données personnelles de leurs utilisateurs. Appelés à rendre des comptes sur cette question devant le sénat américain en 2018, Twitter et Google ont dû faire leur *mea culpa* en reconnaissant « les erreurs du passé »[711]. Ces derniers sont même allés jusqu'à défendre la création d'une législation encadrant l'utilisation des données personnelles proposée par le gouvernement Trump, une alternative moins contraignante au modèle du RGPD de Bruxelles[712]. Le virage à 180° de ces géants du Web ne s'arrête pas là. Microsoft ne cesse de prendre ouvertement position pour que les comportements étatiques dans le cyberespace soient mieux régulés, militant ainsi pour la création d'une convention de Genève du numérique (2). S'il est peu probable que celle-ci puisse voir le jour, il nous paraissait essentiel de revenir sur ce projet qui a su initier de nouvelles réflexions quant à l'importance des acteurs privés dans le processus de régulation du cyberespace, et sur la pertinence d'envisager la mise en place d'un droit international du numérique.

1. De la dérégulation à la pro-régulation du cyberespace

LE VIRAGE À 180° DES ACTEURS PRIVÉS

Au risque de nous répéter, la situation cybernétique actuelle est alarmante. De nombreuses cyberattaques d'envergure ont lieu quotidiennement à travers le monde, touchant tant les États, que les

---

[711] Damien Kieran, responsable de la protection des données chez Twitter, a plaidé pour « un cadre de protection de la vie privée robuste qui protège les droits individuels (...) tout en préservant la liberté d'innover ». Quant à Google, son responsable de la confidentialité Keith Enright a déclaré devant le sénat américain : « nous reconnaissons avoir commis des erreurs par le passé, desquelles nous avons appris et avons amélioré notre solide programme de protection des données ». Voir A. VITARD, préc., note 702.

[712] Florent DETROY, « Pourquoi les Gafam soutiennent-ils le RGPD made in USA ? », Décideurs Magazine (29 novembre 2018), en ligne : https://www.magazine-decideurs.com/news/pourquoi-les-gafa-soutiennent-ils-le-rgpd-made-in-usa.

entreprises privées ou les civils. Face à la dangerosité des cybermenaces, des risques d'escalade dans la violence qu'elles génèrent, et les pertes économiques exponentielles qu'elles engendrent, certains acteurs privés ont décidé d'adopter une posture pro-régulation. En 2019, Google a plaidé par exemple pour une « *smart regulation*[713] » dans les secteurs de la santé et de l'IA[714]. Aussi, nous avons vu précédemment que Microsoft souhaitait une réglementation juridique spécifique pour la reconnaissance faciale.

Si ces prises de position peuvent paraitre surprenantes, les acteurs privés se justifient par la nécessité de protéger leurs utilisateurs et les données qu'ils génèrent. L'affaire *Cambridge Analytica*, où plus de 50 millions de personnes utilisant Facebook ont vu leurs informations personnelles être piratées à des fins politiques, est encore dans tous les esprits[715]. Spécialisée dans le profilage psychographique, l'entreprise britannique utilisée par Donald Trump lors de la campagne présidentielle américaine de 2016, avait pour mission d'utiliser les données personnelles récoltées dans le but de prédire les comportements des électeurs. On l'accuse également d'avoir partagé ces informations personnelles avec les services de renseignement russes[716] soupçonnés d'avoir orchestré des piratages informatiques massifs aboutissant au vol et à la publication de milliers de courriels et de documents personnels de responsables démocrates[717]. L'entreprise américaine Crowdstrike a d'ailleurs accusé deux groupes de hackers, *Fancy Bear* (lié aux services russes de renseignement GRU) et *Cozy*

---

[713] Ce terme désigne une forme de pluralisme réglementaire qui englobe des formes flexibles imaginatives et innovantes de contrôle social. Le raisonnement sous-jacent est que le recours à des politiques multiples (gouvernements, acteurs privés et société civile) plutôt qu'à un unique acteur (l'État), serait préférable pour mettre en place une réglementation plus adaptée, et donc plus efficace pour encadrer un objet ou une situation donnée. Pour de plus amples informations, voir Neil GUNNINGHAM et Darren SINCLAIR, « Smart Regulation », dans *Regulatory Theory: Foundations and applications*, The Australian National University, Australie, 2017, pp. 133-148.

[714] A. VITARD, préc., note 702.

[715] Le lanceur d'alerte Christopher Wylie, ancien directeur de recherche à Cambridge Analytica a déclaré que « nous nous sommes servis de Facebook pour récupérer les profils de millions de personnes. Nous avons ainsi construit des modèles pour exploiter ces connaissances, et cibler leurs démons intérieurs ». A. VITARD, préc., note 702.

[716] AFP, « Cambridge Analytica a partagé des données avec la Russie, affirme un lanceur d'alerte », Radio Canada (16 mai 2018), en ligne : https://ici.radio-canada.ca/nouvelle/1101489/cambridge-analytica-partage-donnees-russie-christopher-wylie.

[717] Voir Brian J. EGAN, « International Law and Stability in Cyberspace », (2016) 35-1 *Berkeley Journal of International Law*.

Bear (lié aux services spéciaux russes FSB) d'avoir mené ces cyber-actions malveillantes pour le compte de la Russie, violant ainsi le principe de non-ingérence étatique. En réponse, les États-Unis ont décidé d'expulser 35 agents du renseignement russe[718]. La Russie, niant toute implication, a promis en retour des mesures de rétorsion « adéquates », dessinant ainsi les contours d'une nouvelle guerre froide.

De l'affaire *Cambridge Analytica*, les GAFAM ont tiré des enseignements en reconnaissant que l'instabilité du cyberespace pouvait certes être due à une utilisation malveillante par les acteurs non étatiques, mais également d'un emploi irresponsable par les acteurs étatiques. Ayant constaté les répercussions de cette affaire sur Facebook, certains grands groupes ont sollicité la mise en place d'un régime de sanctions pour éviter que cette situation ne se reproduise. Ces acteurs privés réclament désormais une plus grande transparence de la part des États et l'instauration d'un cadre légal assumé et appliqué[719]. Et parmi les initiatives privées les plus marquantes, nous avons retenu la convention de Genève du numérique proposée par Microsoft en 2017.

2. La convention de Genève du numérique proposée par Microsoft

L'IDÉE D'UN DROIT INTERNATIONAL DU NUMÉRIQUE

a) Résumé du projet de convention

Présentée à la suite de l'échec du GEG de 2017, la convention de Genève du numérique représente un investissement sans précédent de la part d'un acteur du secteur privé. Microsoft, par l'intermédiaire de son président et directeur juridique Brad Smith, a multiplié les interventions publiques pour promouvoir son projet auprès de la communauté internationale. Selon lui, la création d'une convention de

---

[718] Voir « *Présidentielle américaine. Ce que l'on sait des cyberattaques russes* », 30/12/2016, Ouest-France, en ligne : https://www.ouest-france.fr/monde/etats-unis/presidentielle-americaine -ce-que-l-sait-des-cyberattaques-russes-4711223

[719] Brad Smith, Président de Microsoft, expliquait que : « le temps est venu pour les gouvernements du monde de se réunir, de reconnaitre les normes internationales de cybersécurité qui ont émergé ces dernières années, d'adopter de nouvelles règles structurantes et de travailler à les faire respecter ». REGARDS SUR LE NUMÉRIQUE (RSLN), « Cybersécurité : et si la réponse était une "Convention de Genève numérique" ? », sect. #Pause technique (31 janvier 2018), en ligne : https://archives.rsln.fr/fil/une-convention-de-geneve-numerique-pourquoi-et-comment/.

Genève du numérique est nécessaire pour protéger les populations civiles face à la recrudescence des attaques informatiques d'origine étatique. Au même titre que les armes nucléaires et chimiques, les armes cybernétiques doivent faire l'objet d'un encadrement juridique strict et contraignant afin d'éviter que soient causés des dommages catastrophiques[720]. Microsoft a ainsi proposé une série de règles comme socles à la convention afin de contrôler le développement et l'utilisation des cyber-armes par les États. Ces derniers devraient s'engager à :

- S'abstenir d'attaquer les systèmes dont la destruction aurait des répercussions négatives sur la sûreté et la sécurité des particuliers (c'est-à-dire les infrastructures critiques telles que les hôpitaux[721], les compagnies d'électricité, etc.) ;
- S'abstenir d'attaquer les systèmes dont la destruction pourrait nuire à l'économie mondiale (par exemple, l'intégrité des transactions financières) ou provoquer d'autres perturbations majeures à l'échelle mondiale (par exemple, les services en nuage) ;
- S'abstenir de pirater les comptes personnels ou les données privées détenues par les journalistes et les personnes privées impliqués dans les processus électoraux[722] ;
- S'abstenir d'utiliser les TIC pour voler la propriété intellectuelle d'entreprises privées, y compris les secrets commerciaux ou autres informations commerciales confidentielles, et ce dans le but de procurer un avantage concurrentiel à d'autres entreprises ou secteurs commerciaux ;

---

720 Voir MICROSOFT, *A Digital Geneva Convention to protect cyberspace - Microsoft Policy Papers*, p. 1.

721 Cette mesure est d'autant plus d'actualité avec la pandémie de Covid-19. Des attaques informatiques de type rançongiciels ont été lancées contre les hôpitaux de Rouen, Dax et Villefranche-sur-Saône en France. Les soignants n'ont plus eu accès aux fiches de leurs patients, les cyberattaquants étant parvenus à crypter les données du système informatique des établissements hospitaliers. Ugo PASCOLO, « Les cyberattaques contre les hôpitaux ont bondi de 500% depuis l'arrivée du Covid », Europe1 (10 février 2021), en ligne : https://www.europe1.fr/societe/les-cyberattaques-contre-les-hopitaux-ont-bondi-de-500-depuis-larrivee-du-covid-4024455.

722 Cette mesure fait notamment référence aux élections américaines de 2016 et au scandale *Cambridge Analytica* cités précédemment. Rappelons que cette affaire a fait grand bruit, beaucoup estimant que la démocratie avait été manipulée par des entreprises privées au service de politiciens prêts à tout pour remporter une élection.

- S'abstenir d'insérer ou d'exiger la mise en place de « backdoors » dans les produits technologiques commerciaux de masse[723] ;
- Convenir d'une politique claire pour l'acquisition, la conservation, la sécurisation, l'utilisation et le signalement des vulnérabilités dans les produits et services du marché de masse[724] ;
- Faire preuve de retenue dans le développement des cyber-armes et veiller à ce que celles qui sont développées soient précises dans leur action, d'une efficacité limitée et non réutilisables. Les États devraient également veiller à garder ces armes sous contrôle dans un environnement sécurisé ;
- Convenir de limiter la prolifération des cyber-armes. Les gouvernements ne devraient pas distribuer (ou permettre à d'autres acteurs de distribuer) des cyber-armes, et devraient recourir aux services du renseignement, de l'exécution de la loi et des sanctions financières contre tous ceux qui le font ;
- Limiter l'engagement dans des opérations cyber-offensives pour éviter de créer des dommages massifs aux infrastructures ou aux installations civiles ;
- Soutenir les efforts du secteur privé pour détecter, contenir et répondre aux cyber-attaques, et aider les entreprises à se rétablir lorsqu'elles sont attaquées. En particulier, les États devraient tous avoir une *Computer Emergency Response Team*

---

[723] Les « backdoors » ou « portes dérobées » sont des vulnérabilités intégrées dans un logiciel pour prendre le contrôle partiel ou total de notre ordinateur. Elles peuvent également être la conséquence d'erreurs de conception graves. Certains États avouent ouvertement y recourir. Par exemple, les gouvernements américains et britanniques ont plaidé pour l'installation de portes dérobées dans les systèmes afin de permettre à la police et aux services de renseignement de les utiliser « légitimement » pour lutter contre la criminalité et le terrorisme. Voir John E. DUNN, « La sécurité absolue n'existe pas, retour sur 7 backdoors », Le monde informatique (2 février 2016), en ligne : https://www.lemondeinformatique.fr/actualites/lire-la-securite-absolue-n-existe-pas-retour-sur-7-backdoors-63787.html.

[724] Par exemple, d'après les protocoles du « *Vulnerability Equities Process* » (VEP) utilisé par les États-Unis, les agences de renseignement américaines sont supposées déterminer collectivement (sous l'égide de la NSA) si elles préfèrent révéler une vulnérabilité pour permettre au développeur du logiciel de la corriger, ou l'exploiter. Pour plus d'informations, voir *Vulnerabilities Equities Policy and Process for the United States Government*, 15 novembre 2017, en ligne : http://d-russia.ru/wp-content/uploads/2017/11/VEP-Charter.pdf.

(CERT)[725] pour aider le secteur privé lorsqu'il fait face à des incidents de sécurité.

L'objectif de ces mesures serait de renforcer la cybersécurité, limiter les conflits, et préserver l'utilité d'une société mondialement connectée. Afin d'aller en ce sens, Brad Smith suggère la création d'un organisme international permanent et indépendant en charge d'enquêter sur les cyberattaques lancées, afin de les analyser et de permettre leur attribution[726], à l'image de l'Agence internationale de l'énergie atomique. Il pourrait travailler avec des partenaires solides issus notamment du secteur privé, et qui disposent de moyens importants[727]. L'objectif serait ainsi de dissuader les attaques des États nations dans le cyberespace. Cette idée n'a rien de saugrenue, et nous verrons dans notre prochain Chapitre quelle pourrait être la forme de cette nouvelle organisation. Enfin, le PDG de Microsoft appuie sur l'importance d'une participation active des entreprises technologiques aux côtés des acteurs publics en matière de cybersécurité et de cyberdéfense, aux échelles nationale et mondiale[728].

b) Commentaires et critiques du projet de convention

Cette initiative de Microsoft de souhaiter la mise en place d'un droit contraignant est intéressante à plusieurs égards. Le XXIème siècle semble marquer un retour vers une phase de plus grand désordre. Malgré toutes les bonnes intentions du droit international existant, son influence sur le comportement des États reste minime, leur inclination

---

725 Un CERT est un centre d'alerte et de réaction aux cyberattaques destiné aux entreprises ou aux administrations.

726 Raquel VASQUEZ LLORENTE, *A Digital Geneva Convention ? The role of the private sector in cybersecurity*, LSE Ideas - Strategic Update, mai 2018; Anouch SEYDTAGHIA, « Genève, future capitale de la cybersécurité », Le temps (13 novembre 2017), en ligne : https://www.letemps.ch /economie/geneve-future-capitale-cybersecurite.

727 Selon le document fourni par Microsoft, la collaboration dépendra fortement de la coopération des parties prenantes, avec le soutien d'organisations à but non lucratif, et du partage des preuves, afin de déterminer qui est responsable des attaques visant à voler des informations ou à porter atteinte aux systèmes. Voir MICROSOFT, préc., note 720.

728 « De la même façon que la 4ème Convention de Genève protège les civils en temps de guerre, nous avons désormais besoin d'une Convention de Genève du numérique qui engagera les gouvernements à protéger les populations civiles en temps de paix. Et de la même façon que la Convention prévoit l'intervention de la Croix Rouge pour protéger les civils, la protection contre les cyber-attaques impliquant des pays entiers nécessite l'assistance active des entreprises de technologies ». Propos de Brad Smith dans REGARDS SUR LE NUMÉRIQUE (RSLN), préc., note 719.

à la désobéissance étant coutumière. En déclarant l'applicabilité du DIP existant aux cyberattaques, ces derniers s'assurent de préserver leur marge de manœuvre dans le cyberespace. Nous avons d'ailleurs pu constater à maintes reprises que les États ont la fâcheuse tendance à vouloir modeler le DIP en fonction des impératifs des intérêts nationaux, ce qui pour Robert Kolb conduit à une insécurité internationale beaucoup plus prononcée que celles des décennies précédentes[729]. La convention de Genève du numérique a donc pour objectif de renverser la tendance actuelle qui n'est plus à la contrainte ou à la peur de la sanction, mais à l'interprétation des règles de droit[730]. Microsoft adopte ainsi une position traditionnaliste, à savoir que la menace d'une sanction « sert incontestablement à assurer le respect de la règle, à garantir son application correcte et donc son efficacité[731] ». Pour l'entreprise, un droit contraignant serait la seule solution pour responsabiliser les États face aux activités qu'ils mènent dans le cyberespace. Nous pouvons donc comprendre que ce projet de Microsoft n'ait pas particulièrement été bien accueillie par certains États et organismes internationaux. Les États-Unis[732] et le Centre de

[729] R. KOLB, préc., note 248, p. 91.

[730] Le droit international existant est un droit au contenu général. Les dispositions qui le composent ont été rédigées de telle façon à être suffisamment larges pour permettre une certaine souplesse dans leur interprétation. Prenons le cas de la Charte des Nations Unies dont l'applicabilité aux armes cybernétiques est clairement mentionnée dans le rapport du GEG de 2015. Celle-ci ne contient aucune disposition relative aux cyberattaques, aux armes cybernétiques, ni même à l'usage que les États peuvent faire du cyberespace. Plus largement, elle ne comprend aucune règle d'interprétation ni de définitions préalables susceptibles d'orienter les États dans leur pratique, et ne désigne aucun organe d'interprétation privilégié pour l'interpréter. Dans ces conditions « résulte l'impossibilité de toute interprétation unifiée de la Charte, ainsi qu'une grande liberté politique d'interprétation de la part des États ». Chacun peut alors interpréter son contenu comme il l'entend, sans être véritablement inquiété par d'éventuelles sanctions. Voir Jean-Pierre COT, Alain PELLET et Mathias FORTEAU, *La Charte des Nations Unies: commentaire article par article*, 3e éd., CEDIN.., Paris, Economica, 2005, p. 2. Voir également O. CORTEN, préc., note 245, pp. 47-54.

[731] F. ROUVILLOIS, préc., note 513, p. 24. Pour Denys de Béchillon, « la menace d'une rétorsion tend à convaincre le sujet qu'il n'a pas intérêt à s'affranchir de la règle. Ainsi, la promesse d'une punition, qu'elle qu'en soit la teneur, vise bien à assurer l'effectivité de la norme ». Voir D. de BÉCHILLON, préc., note 470, p. 61. Cependant, si cette affirmation peut être vérifiée en droit interne, la situation est différente en droit international. Denys de Béchillon explique encore que « le prétendu droit international n'est que le résultat d'une politique de force pure. Il ne repose que sur un appareil coercitif inexistant entre les États. La présumée règle « *pacta sunt servanda* », qui oblige ceux qui passent contrat (ou traité) à respecter leurs engagements, est totalement illusoire comme ne reposant sur aucune force matérielle. » *Id.*, p. 80.

[732] Rick WEBER, « State Dept.'s top cyber official rejects call for "Digital Geneva Convention" », Daily News-Inside Cybersecurity (25 avril 2017), en ligne :

cyberdéfense de l'OTAN (CCD COE)[733] se sont clairement prononcés en défaveur de cette proposition de convention. Selon eux, il n'y aurait pas de nécessité à créer un nouveau texte, les Conventions de Genève existantes pouvant s'appliquer au cyberespace.

Pour ceux qui se sont penchés plus avant sur le contenu du texte, il est également apparu que la proposition de Microsoft était imparfaite et imprécise au regard du droit international[734]. Tout d'abord, l'entreprise aurait utilisé les principes et concepts du DIH (distinction entre civils et combattants, objectifs militaires, dommages collatéraux, etc.) à sa convenance sans les mentionner précisément, ni les développer, ni expliquer leur mode d'application dans les cas d'attaques cybernétiques. Selon Raquel Vázquez Llorente, il aurait été plus pertinent que Microsoft introduise la question de la règlementation des cyber-attaques au sein même des dispositions existantes, qui obligent les États à veiller à ce que les nouvelles armes, moyens ou méthodes de guerre soient conformes au droit international[735]. De plus, Microsoft explique à plusieurs reprises que la convention de Genève du numérique a pour ambition d'« engager les gouvernements à protéger les civils contre les attaques des Nations en temps de paix[736] ». Si nous comprenons l'idée derrière ces propos[737], il ne faut pas oublier que les Conventions de Genève existantes régissent les activités en temps de guerre. Or par cette formulation, l'entreprise contribue à cette croyance que dans le cyberespace les États sont dans un conflit armé perpétuel, et peuvent donc se sentir habilités en tout temps à utiliser librement des opérations offensives ou défensives face aux menaces en ligne, ce qui n'est pas sans danger pour les internautes (risque constant d'être un dommage collatéral).

---

https://insidecybersecurity.com/daily-news/state-depts-top-cyber-official-rejects-call-digital-geneva-convention.

[733] CCD COE, « Geneva Conventions Apply to Cyberspace: No Need for a 'Digital Geneva Convention' », 18/07/2017, en ligne : https://www.ccdcoe.org/news/2017/geneva-conventions-apply-to-cyberspace-no-need-for-a-digital-geneva-convention/.

[734] Drew MITNICK et Lucie KRAHULCOVA, *A Digital Rights Approach to The Tech Accord and The Digital Geneva Convention*, Access Now, septembre 2018, pp. 5-6.

[735] R. VASQUEZ LLORENTE, préc., note 726, p. 10.

[736] Emily TURRETTINI, « Une Convention pour protéger les internautes en temps de paix », Le temps.ch (26 mars 2017), en ligne : https://www.letemps.ch/opinions/une-convention-proteger-internautes-temps-paix.

[737] Dominique MONGIN, « Les cyberattaques, armes de guerre en temps de paix », (2013) Janvier-1 *Esprit*, pp. 32-49.

Au-delà de ces critiques, le choix de Microsoft d'intituler son projet de régulation internationale du cyberespace « convention de Genève du numérique » est fort en signification. Il vise à interpeller la communauté internationale sur la recrudescence drastique des cyberattaques lancées par les acteurs étatiques contre les civils et les entreprises, sur l'importance de responsabiliser les États dans leurs cyber-actions, de limiter le développement des cyber-armes, et de protéger les personnes vulnérables (les internautes) prises dans les cyberconflits. Elle pointe également du doigt la nécessité de parvenir à un accord universellement reconnu sur ces questions, accord qui devra être réfléchi par les États en concertation avec les acteurs privés. Si la proposition de Microsoft ne précise pas explicitement comment les différents acteurs du cyberespace devront se coordonner pour réfléchir et élaborer un texte spécifique à ce nouveau lieu de conflit, l'entreprise semble par cette proposition de convention, chercher à contrer l'unilatéralisme. Le monde, en étant tiraillé entre des exigences de sécurité nationale d'un côté, et de maintien de la paix et de la sécurité internationales de l'autre, se retrouve dépassé par des intérêts non plus communs, mais individuels. En appuyant sur la nécessité d'intégrer les entreprises technologiques dans les prises de décision, Brad Smith encourage ainsi le multilatéralisme « par le bas[738] ». Indirectement, il appuie également sur l'importance du *soft law* privé pour inspirer le *hard law* étatique existant, ou créer de nouvelles normes contraignantes[739].

c) *Valeur normative du projet de convention*

Des observations précédentes, nous avons décidé de nous intéresser à la valeur normative de la convention de Genève du numérique. En tant que simple proposition faite par un acteur privé à la communauté internationale dans le but de mettre en lumière les carences du droit international en vigueur concernant le cyberespace, celle-ci s'inscrit dans le *soft law*. Les principes qui y sont énoncés sont d'une valeur normative (très) limitée[740], le texte n'ayant aucun caractère

[738] Marie TÖRNQUIST-CHESNIER, « Le multilatéralisme « par le bas » : l'entrée en jeu d'acteurs non étatiques », dans *Le multilatéralisme*, coll. TAP/Relations internationales, Paris, La Découverte, 2007, pp. 166-181.

[739] Julien CAZALA, « Le Soft Law international entre inspiration et aspiration », (2011) 66-1 *RIEJ*, pp. 41-84.

[740] La convention de Genève du numérique n'est pas un texte abouti. Ce dernier ne contient que des suggestions qui ont pour ambition de faire réagir la communauté internationale. En ce sens,

juridiquement obligatoire[741]. Cela signifie que les États n'ont aucune obligation de considérer cette proposition de convention faites par Microsoft. Seule la courtoisie leur impose d'en examiner le contenu, mais ils restent libres de lui donner la suite qu'ils estiment nécessaire. Si jamais ils venaient à accepter le texte (ce qui n'a pas été le cas), ils ne seraient pas liés à lui définitivement puisqu'une proposition acceptée par son destinataire ne donne pas lieu à un contrat[742].

Pour autant, pouvons-nous dire de cette proposition de convention faites par Microsoft qu'elle soit restée sans effet ? Clairement la réponse est négative car elle a contribué au processus de densification normative où d'une idée peuvent naitre des normes éthiques, puis déclaratoires, obligatoires, et enfin légales[743] **(voir Figure 1 ci-après)**. Non seulement de se proposer comme texte instigateur d'une réflexion juridique poussée sur la question d'un encadrement spécifique des activités cyber étatiques, celle-ci a conduit à la signature du *Cybersecurity Tech Accord.* Ce texte d'une valeur normative forte engage plus de 80 acteurs privés du numérique à ne prêter aucune assistance à des cyberattaques menées par des États, et à construire des défenses plus efficaces pour protéger les internautes[744]. Il s'inscrit dans cette dimension désormais incontournable des organisations, à savoir la responsabilité sociale d'entreprise (RSE) qui engage les firmes à agir de façon responsable, et ce conformément aux attentes du public. Comme a pu le déclarer Yves Reding, PDG de l'entreprise *European Business Reliance Center*, « le *Cybersecurity Tech Accord* est une

---

il est impossible d'en déduire la force normative, puisque le texte ne remplit aucun des critères de légalité, de légitimité et d'effectivité.

[741] Jean. SALMON, *Dictionnaire de droit international public*, coll. Universités francophones, Bruxelles, Bruylant, 2001, p. 1039. Voir également à ce sujet la note 687.

[742] M. VIRALLY, préc., note 241, pp. 169-174.

[743] La densification normative s'inscrit dans la lignée de l'inflation législative, et s'étend au-delà en considérant la diversification des objets normalisés, l'accroissement des acteurs concernés, la multiplication des sources normatives, etc. Pour Catherine Thibierge, ce phénomène passe par un processus en spirale qui débute par une idée face à un besoin, et dont la concrétisation se traduira par la création d'une règle juridique. Pour reprendre ses propos, « la densification normative nous tend le miroir sans concession de la démesure de notre être au monde. À travers elle, nous pouvons nous voir dans un besoin croissant de sécurité, dans une soif de toute-puissance et de contrôle ou une propension à nous y soumettre, mais aussi mus par une inépuisable aspiration prométhéenne à transformer et maitriser la réalité ». Voir Catherine THIBIERGE, « Densification normative : l'essentiel » (2013), en ligne : https://www.academia.edu/17163589/Densification_normative_ lessentiel.

[744] Pour le texte « Cybersecurity Tech Accord », voir en ligne : https://cybertechaccord.org /accord/.

pierre angulaire dans la construction d'un monde plus sûr et socialement responsable de cyber-résilience[745] ».

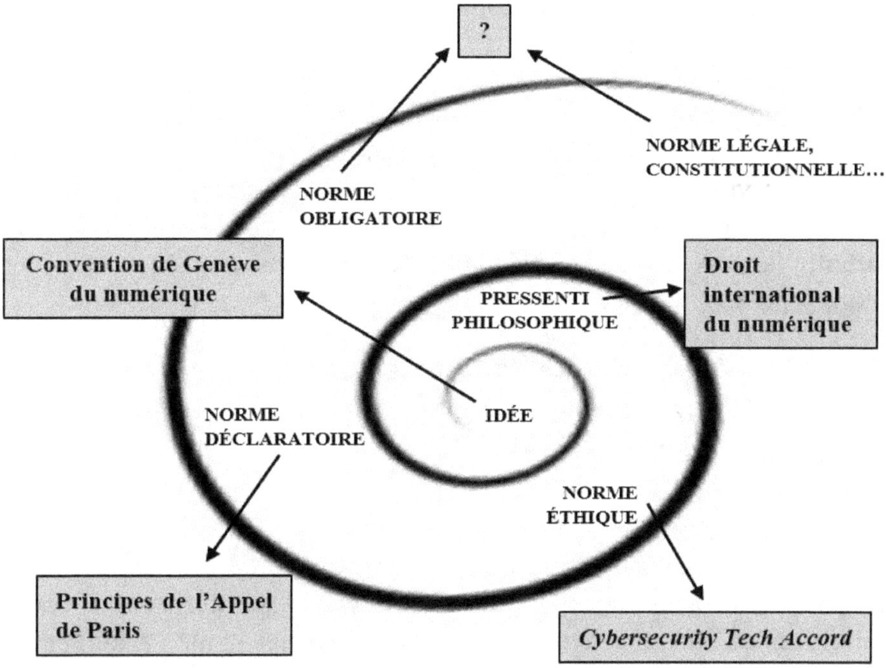

Figure 1 : La densification normative, un processus normateur. Illustration avec la convention de Genève du numérique

Source : Inspirée de C. Thibierge, *La densification normative – Découverte d'un processus*, p. 4

Par ailleurs, si pour le moment le projet de convention de Genève du numérique n'a pas concrètement inspiré le *hard law* étatique, les États ne semblent pas avoir refusé toute forme d'engagement pour encadrer leurs cyber-actions. Nous le verrons dans le prochain paragraphe, mais l'Appel de Paris pour la confiance et la sécurité dans le cyberespace de

---

[745] EBRC, « Cybersecurity Tech Accord continue son expansion mondiale et atteint près de 80 signataires » (17 février 2020), en ligne : https://www.ebrc.com/fr/entreprise/actualites-evenements/cybersecurity-tech-accord-continue-son-expansion-mondiale.

2018 se veut clairement une déclaration d'intention pour tenter de mettre sur pied une convention allant en ce sens[746].

Plus important encore, ce projet de convention a su mettre en lumière la place importante des acteurs privés dans la sécurisation du cyberespace. Là était l'un des gros objectifs de Microsoft : donner « un coup de pied dans la fourmilière » afin de pousser les gouvernements à l'action sur ce sujet. Il semble que l'entreprise y soit parvenue, les acteurs privés étant de plus en plus sollicités dans les processus d'élaboration d'un cadre normatif cyber, et dans les actions visant à garantir la paix et la sécurité dans l'espace numérique, ce que nous allons à présent étudier.

II. L'intégration des acteurs privés dans le processus d'élaboration d'un cadre normatif dédié au cyberespace

POUR UN RÔLE EFFECTIF DANS LA CONDUITE DES AFFAIRES DU MONDE

Les acteurs privés se font de plus en plus remarquer sur la scène internationale. La convention de Genève du numérique proposée par Microsoft est un parfait exemple de ce désir des entreprises à vouloir s'immiscer à la table des négociations étatiques pour participer à la conduite des affaires du monde. Diverses initiatives diplomatiques ont d'ailleurs contribué à formaliser le rôle indispensable des acteurs privés dans les processus d'élaboration d'un cadre normatif concernant le cyberespace (1). Si leur participation se justifie aisément par le fait qu'ils soient les mieux placés pour connaitre les méthodes, les capacités et techniques des cyberattaquants, elle n'est cependant pas envisagée sans arrière-pensée. Les entreprises et les États ne sont pas sur le même plan, leurs finalités étant différentes. Certes au premier abord, l'initiative de Microsoft de vouloir encadrer les comportements des acteurs étatiques dans le but d'assurer la stabilité du cyberespace peut paraitre louable ; mais dans les faits, celle-ci s'explique surtout par l'objectif de protéger les intérêts économiques non négligeables en jeu en cas de cyberattaques majeures (2).

---

[746] Chams IAZ, « La course à la Convention de Genève du numérique se poursuit », Le temps (7 octobre 2019), en ligne : https://www.letemps.ch/economie/course-convention-geneve-numerique -se-poursuit.

1. Une collaboration pour formaliser le rôle indispensable des acteurs privés dans le cyberespace

Les acteurs privés sont toujours intervenus dans les relations internationales. D'ordinaire, ils sont des partenaires discrets qui n'ambitionnent pas nécessairement de peser sur la politique mondiale, mais « privilégient les interventions ponctuelles et soigneusement ciblées[747] ». Cependant, les défis auxquels nous sommes aujourd'hui confrontés ont insufflé au phénomène une ampleur nouvelle. Nous avons pu constater la multiplication des interventions et des publications de certains grands groupes privés pour que soient établies des normes internationales de sécurisation du cyberespace afin de lutter contre les comportements irresponsables des États[748]. Le maintien de la paix et de la sécurité internationales qui relevait jusqu'à lors exclusivement des traités, des alliances ou des armées, semble désormais concerner les acteurs privés qui cherchent, par les initiatives qu'ils mènent, à se faire reconnaitre et à être respectés des acteurs étatiques. Cela semble fonctionner puisque les États les ont sollicités à plusieurs reprises pour participer aux processus d'élaboration d'un cadre normatif, formalisant ainsi leur rôle indispensable pour assurer la fiabilité, la sûreté et la stabilité du cyberespace.

Plusieurs exemples nous viennent à l'esprit[749]. En premier lieu, nous pensons au **Groupe de travail à composition non limitée sur les progrès de l'informatique et des télématiques** (*Open-Ended Working Group* ou OEWG) étudié brièvement dans le second chapitre de cette thèse. Initié par la Russie et lancé en 2019, il a pour ambition de rendre plus claires les normes actuelles et faciliter leur application aux

---

[747] G. CARRON DE LA CARRIÈRE, préc., note 556, pp. 43-44.

[748] Les travaux de la GCSC, du *Cyber Peace Institute* (ONG), de l'ICT4Peace (fondation), du *Charter of Trust* de Siemens ou encore de *Digital Peace Now* de Microsoft (pétition appelant les dirigeants à créer des règles afin d'instaurer la paix numérique) témoignent de cet engagement de la société civile et des opérateurs privés en faveur d'une régulation du cyberespace, et par la même, d'une remise en cause de l'efficacité des négociations internationales conduites dans les enceintes multinationales au niveau étatique.

[749] La « liste » des exemples présentée n'est pas exhaustive. Il existe bien d'autres processus multipartites s'intéressant à la stabilité du cyberespace comme le Forum mondial sur la Cyber Expertise, le Sommet mondial sur la gouvernance de l'Internet, ou le Sommet mondial sur la société de l'information. Nous avons fait le choix de ces trois exemples pour leur pertinence à l'égard de notre sujet (groupes de travail au sein de l'ONU, normes sérieuses à mettre en place pour assurer la cyberstabilité, coopération public-privée d'envergure).

systèmes nationaux[750]. Selon la Russie, l'échec du GEG a montré que le modèle de travail existant était arrivé à bout de souffle. Par conséquent, elle a décidé qu'il était urgent de repenser le système de réflexion actuel en ouvrant les négociations à une plus large communauté d'États et au secteur privé. Ainsi, l'un des objectifs du groupe est de permettre à tous les acteurs du cyberespace de formuler des propositions dans le processus de régulation[751]. Actuellement, l'OEWG compte dans le rang des acteurs privés des sociétés telles que Microsoft et Kaspersky.

Notre second exemple est la ***Global Commission on the Stability of Cyberspace*** (GCSC). Cette structure de recherche financée à la fois par les États et des acteurs privés comme Microsoft, Google, Afilias ou JPMorgan, illustre parfaitement ce désir de faire converger les différents acteurs vers la création de normes applicables dans le cyberespace. En 2018, la Commission a publié un pack de six normes (*Norm Package*)[752] complété en 2019 avec deux nouvelles règles applicables tant aux États qu'aux acteurs non étatiques[753]. L'objectif de cette organisation est de faire progresser la cyberstabilité en encourageant notamment l'engagement multipartite prévu dans de nombreux accords internationaux, et ce même si celui-ci est controversé. En effet, certains considèrent que la tâche d'assurer la stabilité et la sécurité internationales relève exclusivement de la responsabilité des États. Or « en pratique, le champ de bataille virtuel est conçu, déployé et géré essentiellement par des acteurs non étatiques[754] ». Par conséquent, la Commission considère que la participation du secteur privé est non seulement nécessaire pour assurer

---

[750] Il semble que l'élaboration de normes nouvelles ne soit plus une priorité pour la plupart des pays acteurs des négociations internationales, sauf à ce qu'elles servent à préciser dans le champ matériel les dispositions existantes. Et encore, tout dépend de la façon dont elles sont rédigées. Sur le sujet, voir Charles DE VISSCHER, *Théories et réalités en droit international public*, 3. éd. rev. et Augm, Paris, Pedone, 1960.

[751] Comme mentionné dans le Chapitre 2, l'OEWG n'a pas été créé sans arrière-pensée. Il n'empêche que ce groupe inclue ouvertement et officiellement les acteurs privés aux discussions, ce qui est une première concernant la question des progrès de l'informatique et des télématiques étudiée dans le cadre onusien.

[752] GLOBAL COMMISSION ON THE STABILITY OF CYBERSPACE, *Norm Package Singapore*, novembre 2018, en ligne : https://cyberstability.org/wp-content/uploads/2018/11/GCSC-Singapore-Norm-Package-3MB.pdf.

[753] GLOBAL COMMISSION ON THE STABILITY OF CYBERSPACE, préc., note 606.

[754] *Id.*

la stabilité du cyberespace, mais également inévitable puisqu'il est le premier à répondre aux cyberattaques, et à les attribuer.

Cette vision est partagée par l'**Appel de Paris pour la confiance et la sécurité dans le cyberespace** (également appelé « Appel de Paris ») lancé en 2018 à l'initiative de la France, à l'occasion de la réunion de l'UNESCO du Forum de la gouvernance de l'internet et du Forum de Paris sur la paix. Considéré comme la plus grande communauté multipartite jamais organisée de soutien des normes de cybersécurité, celui-ci vise à garantir la sécurité internationale du cyberespace à travers neuf principes communs[755]. L'ensemble des acteurs du cyberespace ont été invités à coopérer, que ce soient les États, le monde de la recherche, la société civile ou encore le secteur privé[756]. L'objectif est de travailler ensemble afin que tous adoptent des comportements responsables dans le cyberespace, et y mettent en œuvre les principes fondamentaux qui s'appliquent dans le monde physique. L'Appel de Paris est soutenu par pas moins de 81 États dont les États-Unis, l'Estonie, la France ou encore le Royaume-Uni. Cependant et en regardant de plus près la liste des soutiens, nous pouvons remarquer l'absence de la Chine et de la Russie dont les postures sont divergentes des occidentaux (pour ne pas dire complètement opposées) en ce qui concerne la stabilité et la régulation internationale du cyberespace. Du côté du secteur privé, 703 entreprises et entités ont manifesté leur soutien à l'Appel parmi lesquelles Google, Facebook, Microsoft, Linkedin, Yahoo, Dell, Huawei, Nokia, Orange, Siemens ou encore Thales[757].

Finalement, l'ensemble de ces ententes multipartites nous enseignent que les gouvernements, malgré leurs responsabilités uniques, commencent à comprendre qu'ils ne peuvent pas être les protecteurs exclusifs du cyberespace. Même s'ils maintiennent un

---

755 Parmi ces principes nous pouvons retrouver la protection des individus et des infrastructures critiques, la défense des processus électoraux, la non-prolifération des logiciels malveillants et des pratiques informatiques destinés à nuire ou encore, l'interdiction de la cyber-riposte privée.

756 « Nous reconnaissons la nécessité d'une approche multi-acteurs renforcée et d'efforts supplémentaires afin de réduire les risques qui pèsent sur la stabilité du cyberespace et pour établir davantage de fiabilité, de capacité et de confiance ». Voir MINISTÈRE DE L'EUROPE ET DES AFFAIRES ÉTRANGÈRES, préc., note 605.

757 Concernant les acteurs du secteur privé, nous pouvons remarquer l'absence parmi les GAFAM d'Amazon et d'Apple. Les BATX manquent tous à l'appel. La liste des membres n'est cependant pas figée tout comme celle des autres entités, puisque de nouveaux soutiens se sont ajoutés depuis le lancement de cet Appel.

monopole *de jure* sur l'usage légitime de la force dans cet espace virtuel, ils n'ont plus en pratique le monopole de l'attaque et de la protection, et sont incapables d'empêcher la prolifération et l'utilisation des cyberarmes. Il est également important de noter que même si les États souhaiteraient agir seuls, ils ne peuvent pas le faire. Parce que les entreprises technologiques ont la charge de l'essentiel de l'exploitation et de la maintenance des réseaux numériques, que les éditeurs de logiciels et les sociétés de cybersécurité sont détentrices des codes sources, ils s'avèrent être les mieux placés pour comprendre le fonctionnement de cet espace virtuel, en déjouer les pièges et contrer les menaces. De ce fait, ils ont toute légitimité à intervenir dans la promulgation de normes dédiées au cyberespace, et donc à voir leur rôle formalisé aux cotés des États. Pour autant, il est important de garder à l'esprit les intérêts économiques en jeu derrière la posture pro-régulation affichée par les acteurs privés, ce que nous allons à présent étudier.

2. Une réglementation internationale pour protéger les intérêts économiques des acteurs privés

Si la posture pro-régulation des acteurs privés peut se justifier par leur volonté de peser dans le processus législatif, elle s'explique surtout par les intérêts économiques en jeu. À eux seuls, les GAFAM monopolisent les premières places du classement mondial des sociétés côtés en bourse, ce qui en fait virtuellement les entreprises les plus chers au monde. Pour Guy Carron de la Carrière, ces firmes ont pris une importance telle dans l'économie de la planète que leur action éclipse celle des États. D'ailleurs, si elles devaient constituer un pays et que leur chiffre d'affaire cumulé formait un PIB, ces géants du Web se classeraient au rang de 17ème puissance mondiale devant la Turquie ou la Suisse[758].

Leur principale source de revenus provient des données fournies par leurs usagers. Celles-ci sont d'ailleurs qualifiées d'« or noir du XXIème siècle[759] » étant une ressource renouvelable et inépuisable dont l'accroissement atteint des rythmes exponentiels. Conscients de leur

---

758 Maxime CHAPPET, *Les États face au GAFAM*, coll. Géopoliticus, Paris, Lumni, 16 juin 2020.

759 Valérie RAMAROZATOVO, « Les données, l'or noir du 21ème siècle », pro.orange.fr (7 décembre 2020), en ligne : https://pro.orange.fr/actualites/les-donnees-l-or-noir-du-21eme-siecle-CNT000 0019pH8b.html.

potentiel stratégique, elles sont considérées comme une arme par les acteurs étatiques dans leur guerre de l'information[760]. Nous pouvons reprendre l'exemple de la *Syrian Electronic Army* qui utilisait des données volées par le biais des réseaux sociaux pour débusquer les dissidents au régime[761]. Également, en 2015, la cellule *Yemen Cyber Army* lança contre le Ministère des Affaires Étrangères saoudien la cyberattaque *OpSaudi*, qui s'est accompagnée du vol de plusieurs bases de données saoudiennes sensibles et classifiées[762]. Autre exemple : en 2012, Google a constaté que plusieurs comptes Gmail de ses clients avaient fait l'objet d'un piratage sponsorisé par un État. L'entreprise a alors apposé une bannière en forme d'avertissement – « *Warning : We believe state-sponsored attackers may be attempting to compromise your account or computer* » – sur les comptes en question. Derrière ces attaques étaient soupçonnées les autorités chinoises, qui par le biais du service de messagerie, ont tenté de débusquer des dissidents chinois. Toutefois, certains se sont demandé si, au regard de la réaction épidermique de Google, le vrai péril n'était pas plutôt qu'on lui dérobe le secret de l'algorithme qui fait toute sa réussite[763]. Les États recourent régulièrement au vol de données pour s'introduire dans des systèmes adverses ou concurrents soutenus par des acteurs d'importance vitale dans le but d'obtenir des secrets industriels et des informations économiques et militaires confidentielles[764].

Tout cela n'est pas sans avoir un impact sur la santé financière des entreprises du Web. Le vol de bases de données est une attaque particulièrement difficile à gérer, car elles doivent évaluer rapidement

---

[760] Jacques FONTANEL et Natalia SUSHCHEVA, « La puissance des GAFAM : réalités, apports et dangers », (2019), *Annuaire français de droit international*, pp. 199-222, à la page 201.

[761] S. BAZAN et C. VARIN, préc., note 225.

[762] Thierry BERTHIER, « Cyber-guerre : la donnée est une arme », Contrepoints (27 mai 2015), en ligne : https://www.contrepoints.org/2015/05/27/208960-cyber-guerre-la-donnee-est-une-arme.

[763] Nicolas ARPAGIAN, « Les entreprises, complices et victimes de la « cyberguerre» ? », (2012) 3-87, *Revue internationale et stratégique*, pp. 65-72.

[764] Nous pensons au piratage d'Équifax dont l'objectif était de collecter des données personnelles de consommateurs sollicitant un crédit. En 2020, le gouvernement américain a accusé des membres de l'unité de recherche de l'armée chinoise d'en être à l'origine. En parallèle, la Chine aurait également introduit des services américains dans le but de récupérer des secrets industriels et des informations confidentielles en lien avec les secteurs de l'industrie nucléaire, aéronautique er métallurgique. Voir AFP, « Des officiers chinois inculpés pour le vol de données d'Equifax », lesaffaires.com (10 février 2020), en ligne : https://www.lesaffaires.com/techno/internet/des-officiers-chinois-inculpes-pour-le-vol-de-donnees-d-equifax/615762.

l'étendue de la captation, et mesurer au plus vite ses effets potentiels sur le fonctionnement en interne. Cela engendre des coûts considérables[765] qu'il serait possible d'éviter ou de réduire si une règlementation contraignante venait à voir le jour. Du moins, nous présumons que là est l'idée des GAFAM derrière la pression exercée quant à l'instauration d'un régime de sanctions dans le cyberespace. C'est sans compter le fait que les entreprises sont quotidiennement prises pour cibles par des attaques cybernétiques d'origine étatique ou non. Si les dommages directs sont difficiles à estimer, l'impact économique négatif est souvent colossal. Envisager un cadre juridique ayant un effet dissuasif n'a donc rien de saugrenu, car bien souvent le caractère obligatoire de la règle est un argument en faveur de son efficacité. En effet, la mise en place d'une régulation internationale stricte a des avantages non négligeables parmi lesquels le fait d'avoir « un caractère général, contraignant et indiscutable. Une fois la mesure votée, les acteurs doivent se plier à la nouvelle norme qui induit aussitôt un changement rapide des comportements[766] ». Même s'il est certain que la contrainte ne suffit pas à endiguer les comportements opportunistes et irresponsables, elle permettrait tout de même de limiter les situations de déviance dans le cyberespace.

La mise en place d'une régulation internationale constituerait également une garantie nouvelle contre l'accès abusif et arbitraire des États aux données que les grands groupes du numériques détiennent, et aiderait à rétablir la confiance de l'opinion public en eux. Les révélations d'Edward Snowden faites en 2013 concernant les programmes de surveillance de masse des agences de renseignements américaines rendues possibles grâce à la mise à contribution des GAFAM, sont encore dans tous les esprits, tout comme l'Affaire *Cambridge Analytica* citée précédemment. À la suite de ce scandale, Facebook a perdu plus de 100 milliards de dollars de capitalisation

---

[765] Dans son rapport annuel *Cost of a Data Breach* de 2020, la branche de cybersécurité d'IBM a indiqué que le coût moyen d'une fuite de donnée est d'environ 4 millions de dollars pour les entreprises. Dans le cas d'une « méga » fuite de donnée impliquant au moins 50 millions de victimes, le coût s'élèverait à environ 392 millions de dollars. IBM SECURITY, *Rapport sur le coût d'une violation de la confidentialité des données*, 2020, en ligne : https://www.ibm.com/security/digital-assets/cost-data-breach-report/#/fr/pdf.

[766] Antonin PUJOS, « Régulation, autorégulation ou corégulation ? », *Revue Française de Gouvernance d'Entreprise* 2010.7.5-16, p. 8.

boursière en moins de 24h[767]. Afin de reconquérir la confiance de leurs investisseurs et utilisateurs, les GAFAM ont multiplié les déclarations d'intention, et ont signé le *Clarifying Lawful Overseas Use of Data Act* (ou *Cloud Act*) en mars 2018[768]. La proposition de Microsoft quant à l'instauration d'un cadre juridique contraignant dans le cyberespace semble sinscrire dans cette lignée de redorer leur blason auprès des États et de leurs utilisateurs. En multipliant les discours d'intention et en défendant publiquement des principes éthiques et moraux, les GAFAM s'achètent une nouvelle crédibilité[769], et se placent en acteurs indispensables à la bonne régulation du cyberspace, le mécanisme juridique souhaité ne pouvant être efficace que si les grands groupes en assurent l'effectivité.

Il convient tout de même de souligner que les entreprises ont des intérêts variés et souvent contradictoires. Elles expriment rarement un point de vue collectif, ou elles le font de manière très globale en prenant position, comme c'est le cas de Microsoft concernant la régulation du cyberspace. Parmi les GAFAM, elle est la seule entreprise à se positionner réellement et à s'impliquer dans les discussions internationales. Selon elle, les entreprises du Web ont été tirées contre leur gré, au cœur des conflits cybernétiques qui touchent également leurs clients[770]. Il y a donc une nécessité à discuter avec les gouvernements pour encadrer l'utilisation du cyberespace et encourager l'adoption de comportements responsables. Toutefois, cet activisme marqué sur les questions de diplomatie numérique interroge sur le fait qu'il serait un moyen pour l'entreprise de limiter sa responsabilité en cas de problème de ses logiciels, qui équipent de

---

767 Sébastien DUHAMEL, « Facebook : L'action s'effondre, la fortune de Zuckerberg chut », BFM Bourse (26 juillet 2018), en ligne : https://www.tradingsat.com/facebook-US30303M1027/ actualites/facebook-facebook-l-action-s-effondre-la-fortune-de-zuckerberg-chute-817397.html.

768 Le *Cloud Act* contraint les GAFAM à fournir les données de leurs utilisateurs stockées sur des serveurs américains ou étrangers dans le cadre d'une enquête pénale.

769 Luc-Marie AUGAGNEUR, « Héberger ses données chez les GAFAM : quel discours croire sur le Cloud Act ? », *RLDI* n°162, 2019, pp. 52-54. Malheureusement pour elles, leurs salariés sont leur mauvaise conscience. Que ce soit chez Microsoft, Amazon ou Google, les employés commencent à demander des comptes à leur direction leur reprochant de ne pas respecter les principes éthique et moraux qu'ils affichent au grand public. Voir J. FONTANEL et N. SUSHCHEVA, préc., note 760, pp. 217-218.

770 Martin UNTERSINGER, « Microsoft : « Aujourd'hui, la technologie est utilisée pour s'attaquer à la démocratie » », LeMonde.fr (13 novembre 2018), en ligne : https://www.lemonde.fr/pixels /article/2018/11/13/microsoft-aujourd-hui-la-technologie-est-utilisee-pour-s-attaquer-a-la-democra tie_5382851_4408996.html.

nombreux appareils connectés dans le monde tant chez les civils que les militaires. Un droit international du cyberespace lui permettrait de se dédouaner, puisque les États en seraient les premiers destinataires, et donc les premiers à être sanctionnés en cas de manquement.

Finalement, si jusqu'à présent on créditait les grandes entreprises du Web de ne raisonner qu'à partir d'une vision réaliste de leurs intérêts, sans chercher à se relier à des initiatives politiques[771], nous constatons que la situation est différente avec le cyberespace. Bien sûr, celles-ci agissent toujours dans le but de protéger leurs finances, mais la multiplication de leurs interventions montre l'importance de les reconnaitre comme des acteurs indispensables à la sécurisation du cyberespace. Qu'on le veuille ou non, le maintien de la paix dans cet espace virtuel dépend de leur contribution à vouloir le protéger ; et c'est aux États que revient la mission de s'assurer qu'il en soit ainsi[772]. La stabilité du cyberespace dépend de ce qu'ils feront pour assurer sa cohésion et garantir son avenir. Ils doivent donc vérifier que les entreprises du Web avec lesquels ils seront amenés à travailler se mettent non pas au service de leurs propres intérêts – même si nous savons que ces derniers ne sont jamais bien loin – mais au service d'objectifs d'intérêt général. De leur côté, les entreprises doivent, vis-à-vis des États, faire preuve de transparence afin de permettre aux gouvernements d'appréhender les menaces et les risques réels existants. Celles-ci se cachent bien souvent derrière les secrets commerciaux et les accords de non-divulgation pour empêcher toute compréhension de leur fonctionnement. Or cette impénétrabilité bloque toute discussion constructive sur l'évolution réelle des technologies, et sur les moyens à mettre en œuvre pour s'en protéger[773]. Les cybertechnologies développées doivent faire l'objet d'une plus grande surveillance de la part des États. Ainsi, si nous soutenons la démarche de Microsoft, nous estimons que le droit international du cyberespace à venir doit être réfléchi pour rétablir un minimum d'ordre, d'honnêteté et de sécurité entre les acteurs étatiques et les acteurs privés du numérique. En attendant, nous observons que la gestion du cyberespace tend à

---

[771] G. CARRON DE LA CARRIÈRE, préc., note 556, p. 52.

[772] *Id.*, p. 46.

[773] Marietje SCHAAKE, « The Lawless Realm : Countering the Real Cyberthreat », (2020) 99-6 *Foreign Affairs*, p. 32.

exacerber l'idée qu'il existe un renversement de la puissance étatique au profit des grandes puissances du Web.

SECTION 4 : Les acteurs privés et la domination du cyberespace

Loin de se limiter à être une « simple » entité commerciale, nous avons pu constater que les acteurs privés sont devenus des acteurs géopolitiques d'envergure sur la scène internationale en affichant ouvertement leurs prises de positions. Ces derniers ont acquis une fonction diplomatico-politique de plus en plus forte, sans perdre de vue leur objectif primordial de conquérir des marchés et de consolider leurs positions financières. Ces dix dernières années, nous avons observé le rachat massif de start-ups par les GAFAM[774]. Si ces acquisitions ont été justifiées par la volonté de recruter de nouveaux talents et renforcer leur propriété intellectuelle, elles s'expliquent surtout par le refus d'être concurrencés dans leurs activités. Cette posture monopolistique inquiète car elle permet « d'absorber l'innovation, de gagner des parts de marché et d'accaparer les données[775] ». Elle est d'autant plus préoccupante qu'elle confère à ces géants du Web un pouvoir qui bouleverse les modes de gouvernements[776], et qui défie les États dans leur souveraineté. Du fait de leurs ambitions mondiales et de leurs puissances financières, certains auteurs considèrent qu'il faudrait les assimiler à des puissances étatiques[777]. D'autres, plus prudents, considèrent qu'un « système international d'acteurs privés est en train

---

[774] En mai 2019, le CEO d'Apple a affirmé que l'entreprise rachetait en moyenne une entreprise toutes les deux ou trois semaines. En 20 ans, celle-ci en aurait acquis plus de 200 parmi lesquelles Waze, Nest et DoucleClik. De leur côté, Facebook, Microsoft et Amazon aurait respectivement acheté Surreal Vision, LinkedIn et Whole foods. Pour plus d'informations, voir Alice VITARD, « Les discrètes (et nombreuses) acquisitions de start-up des GAFAM au cœur d'une enquête », L'Usine digitale (12 février 2020), en ligne : https://www.usine-digitale.fr/editorial/les-discretes-et-nombreuses-acquisitions-de-start-up-des-gafam-au-c-ur-d-une-enquete.N929019.

[775] Clément RICHET, « Vers une co-régulation du cyberespace : entre rapports de force et impératifs de souveraineté », *Portail de l'IE - Centre de ressources et d'information sur l'intelligence économique et stratégique* (29 décembre 2020), en ligne : https://portail-ie.fr/analysis/2561/vers-une-co-regulation-du-cyberespace-entre-rapports-de-force-et-imperatifs-de-souverainete.

[776] Pauline TURK, « Définition et enjeux de la souveraineté numérique », République Française-Vie publique-Parole d'experts (14 septembre 2020), en ligne : https://www.vie-publique.fr/parole-dexpert/276125-definition-et-enjeux-de-la-souverainete-numerique.

[777] Nicolas ARPAGIAN, « Les entreprises, complices et victimes de la « cyberguerre » ? », (2012) 3-87 *Revue internationale et stratégique*, pp. 65-72, à la page 72.

de s'installer en parallèle à celui des États[778] ». Quoi qu'il en soit, tous s'accordent à reconnaitre l'importance non négligeable des puissances privées du Web sur la scène internationale, et leur influence dans la conduite des affaires cybernétiques.

Les acteurs étatiques qui jusqu'à présent, pensaient pouvoir s'appuyer sur les entreprises du numérique pour consolider leur *soft power* dans l'espace cybernétique[779], ont constaté que celles-ci pouvaient également devenir un facteur de fragilisation. Tout d'abord, parce qu'elles imposent une conception de la vie en société, une culture et une morale qui ne sont en rien universelles. L'usage des technologies enferment leurs utilisateurs dans une bulle qui facilite le profilage, le ciblage et donc la manipulation, balayant d'un revers de la main tout idéal de justice ou de démocratie. Les élections américaines de 2016 citées précédemment en sont un parfait exemple. Ensuite, parce qu'elles connaissent tout de leurs utilisateurs, quand nous ne connaissons rien d'elles. Le numérique, et plus largement le cyberespace sont des univers opaques, maitrisés principalement par ces entreprises qui profitent de l'ignorance et de l'inexpérience de leurs utilisateurs (organisations publiques et privées, individus en tout genre comprenant les dirigeants politiques et économiques) pour détourner les données transmises en les utilisant à leur avantage. Ces entreprises sont intelligentes et savent s'y prendre pour duper les gouvernements et les individus. « Elles communiquent intensément sur leur caractère incontournable et sur leurs rôles social et philanthropique. En s'appropriant le discours humanitaire et celui sur l'évolution des technosciences, elles confisquent la capacité à pouvoir contester leur action, ce qui leur pernet d'imposer les règles qui leur conviennent[780] ».

Parallèlement à ces mesures, les GAFAM ont la capacité de défier ouvertement les acteurs étatiques et les déstabiliser, que ce soit par

---

[778] G. CARRON DE LA CARRIÈRE, préc., note 556, p. 44.

[779] Considérés comme le vecteur d'une forme de culture, les géants du web sont indirectement utilisés par les États qui profitent de la situation pour étendre leur influence (et leur puissance) au-delà de leurs frontières. Lorsque Barack Obama était à la Maison Blanche, celui-ci a fait de l'industrie numérique américaine une priorité au redéveloppement économique du pays structuré autour des GAFAM et de la stratégie de sécurité des États-Unis. L'enjeu derrière cette double ambition : la maitrise des données qui sont à la fois au centre des activités économiques dans nos sociétés de l'information, et la matière première de la surveillance numérique de la planète par la NSA.

[780] F. BURNAND, préc., note 547.

exemple sur les plans fiscal[781] et monétaire[782], ou encore par leur « puissance de feu » considérable. Rappelons que ces entreprises sont *de facto* des acteurs majeurs face aux cyberattaques, non seulement par les cibles qu'elles représentent (le vol de donnée et/ou les attaques lancées contre elles), mais également par les technologies qu'elles développent, ou l'hébergement et l'assistance technique qu'elles fournissent à des organisations terroristes ou criminelles. Elles peuvent mettre en ligne des solutions permettant de mener des assauts numériques ; ou encore, leurs applications de base peuvent servir comme outils de contestation à des régimes en place (etc.). Certaines entreprises souhaitant se défendre par elles-mêmes (hack-back privé), ou ayant des intentions malveillantes sont également susceptibles de recourir aux cyberattaques pour leur propre compte. Cette cyberconflictualié est dorénavant au cœur de nouveaux rapports de forces géopolitiques, et questionne la résistance des puissances étatiques à l'ère du numérique

Les États ont essayé d'affirmer leur position pour reprendre le contrôle du cyberespace, en tentant de maitriser les acteurs privés du Web. Des pays ont par exemple, interdit l'accès à leur territoire à certaines de ces entreprises. C'est le cas de Google en Chine, ou encore de Huawei aux États-Unis[783]. L'Union européenne a également adopté le RGPD étudié précédemment, afin de renforcer le contrôle par les citoyens de l'utilisation qui peut être faite de leurs informations

---

[781] Nous pensons notamment au caractère transnational des grands groupes privés du web qui favorise l'optimisation fiscale, et ainsi leur permet de se soustraire aux impôts des États dans lesquels ils se sont implantés.

[782] Après avoir négligé les cryptomonnaies, la multiplication des cas de fraude et l'augmentation exponentielle de transactions parfois douteuses (celle-ci serviraient par exemple à financer le terrorisme) ont poussé les États à réagir. C'est ainsi que la Chine a interdit les transactions en Bitcoins, ou encore que le Venezuela a refusé l'émission d'une monnaie virtuelle d'État. La Corée du Sud a, quant à elle, choisi de n'autoriser que les plateformes dont les clients utilisent des comptes bancaires déclarés. Leur régulation est un sujet brulant pour plusieurs raisons : l'anonymat des transactions, l'impact sur les monnaies émises par les États, l'absence de cours légal, etc. Voir LE PARTICULIER, « Quel type de régulation pour les cryptomonnaies? » (10 juin 2020), Boursorama.com, en ligne : https://www.boursorama.com/patrimoine/actualites/quel-type-de-regulation-pour-les-cryptomonnaies-60a1d87dacba66f62eb49816538cd4ff.

[783] Au-delà de la concurrence, cette interdiction d'exercice reflète les rapports de force entre les deux puissances, mais également les inquiétudes quant à une utilisation stratégique de ces entreprises par les États pour « espionner » leurs activités respectives.

personnelles[784]. Une autre manifestation de cette volonté d'affirmation de la puissance étatique transparait à travers les pressions exercées par les États sur les firmes transnationales du numérique pour territorialiser la fiscalité. Par exemple, l'Union européenne a exigé d'Apple en septembre 2019, le remboursement de 13 milliards d'euros pour ne pas avoir payé l'impôt sur les bénéfices générés par la vente de ses produits, du fait d'un accord avantageux passé avec l'administration irlandaise[785]. Le caractère stratégique de ces entreprises a néanmoins poussé certains États à adopter des attitudes contradictoires à leur encontre. Prenons l'exemple du contrôle des réseaux sociaux. Depuis les attentats de 2015 à Paris, la lutte contre le terrorisme est devenue un sujet majeur dans le jeu de la politique en France, et plus largement en Europe. Les GAFAM se sont vus exigés d'épurer le Web et les réseaux sociaux des fausses informations ou des contenus jugés inappropriés, tels que les vidéos à caractère terroriste. Si cette obligation peut laisser entrevoir une forme de subordination des acteurs privés aux États, elle offre aussi aux entreprises un avantage considérable : l'ouverture d'un gigantesque marché de la modération dans lequel elles pourront user d'un pouvoir de censure, pouvoir traditionnellement réservé aux États.

L'importance des GAFAM est aujourd'hui telle, que des États ont estimé important d'interagir directement avec leurs représentants les plus influents, et ce en créant un poste quasiment unique au monde : celui d'ambassadeur du numérique ou d'ambassadeur « tech ». C'est notamment le cas des gouvernements français et danois. La Commission européenne a suivi le pas en ouvrant en 2022 une ambassade de la « tech » à San Francisco pour assurer la promotion de la politique européenne dans le numérique. Gerard de Graaf a été désigné ambassadeur européen du numérique, et est désormais en charge de défendre les textes européens auprès des entreprises

---

[784] Ce texte vise à harmoniser les règles en Europe en offrant un cadre juridique unique aux professionnels. Outre-Atlantique, le RGPD a poussé 51 entreprises du numérique américaines à réagir, en adressant une lettre ouverte au Congrès (https://s3.amazonaws.com/brt.org/BRT-CEOLetteronPrivacy-2.pdf) afin de réclamer la mise en place d'une loi similaire aux États-Unis. L'utilisation des données faisant partie intégrante de leur *business model*, l'adoption d'une législation claire leur permettrait d'éviter de payer des amendes considérables à l'image de Google. Le 21 janvier 2019, la CNIL a infligé au géant du web sa toute première amende au titre du RGPD d'un montant de 50 millions d'euros. Pour plus d'informations, voir par exemple Sébastien DUMOULIN, « RGPD : la Cnil inflige une amende historique à Google », Lesechos.fr (21 janvier 2019), en ligne : https://www.lesechos.fr/tech-medias/hightech/rgpd-google-condamne-a-50-millions-deuros-damende-par-la-cnil-802776.

[785] A. VITARD, préc., note 702.

américaines de la technologie[786]. Tout cela reflète les préoccupations étatiques quant aux défis posés par le cyberespace, et l'importance d'entretenir des relations diplomatiques avec les GAFAM qui fabriquent la révolution numérique. L'instauration de ce dialogue public-privé est plus que nécessaire d'autant que les grandes plates-formes du Web se considèrent comme des entités souveraines, et ne se laissent pas facilement approcher[787]. Comme l'a très justement énoncé l'ancien ambassadeur français du numérique David Martinon, « il faut accepter le fait qu'elles agissent comme des diplomaties privées. [...] Ces gens-là ont le succès commercial et voient les États peiner à imposer des normes quand eux l'ont déjà fait. Ils ne se considèrent pas comme des sujets de droit mais comme des acteurs du droit, capables de ne pas considérer spontanément un système de droit étatique comme étant supérieur[788] ». Le poste d'ambassadeur du numérique est donc essentiel pour préserver un dialogue avec les géants du Web qui ont entre leurs mains les cartes des conflits de demain.

Finalement, que pouvons-nous déduire de ces observations ? Sommes-nous, comme certains peuvent le prétendre, face à un renversement des puissances publique et privée ? Il est certain que les États sont confrontés à une situation complexe, ces derniers se retrouvant à la fois contestés et concurrencés dans l'exercice de leurs prérogatives classiques par les géants du Web. Il est facile de considérer les GAFAM comme des entités rivales aux acteurs étatiques, notamment parce qu'ils ont la capacité de se faire obéir et d'imposer leurs propres lois. De ce fait, si la souveraineté numérique est l'apanage des États (approche juridique), elle est également celui des grands groupes privés (approche politique et économique)[789] avec qui les pays partagent la gouvernance du monde numérique.

---

[786] Paul LOUBIERE, « Pourquoi l'UE nomme un ambassadeur tech à San Francisco », *Challenges.fr* (09 Août 2022), en ligne : https://www.challenges.fr/high-tech/pourquoi-l-ue-nomme-un-ambassadeur-tech-a-san-francisco_823774

[787] Lors des attentats de 2015, la France a pris conscience de la mesure de la propagande terroriste sur les réseaux sociaux. Mais lorsque que celle-ci a demandé à Facebook, Youtube et Twitter de contrôler les publications faites sur leur site internet, elle s'est heurtée à un mur.

[788] William AUDUREAU, « L'ambassadeur numérique de la France, un poste atypique, méconnu et stratégique », *Le Monde.fr* (23 novembre 2018), en ligne : https://www.lemonde.fr /pixels/article/2018/11/23/les-epineuses-missions-de-l-ambassadeur-francais-du-numerique_ 53876 46_4408996.html.

[789] Nous nous rapprochons ainsi de la définition de la souveraineté numérique imaginée par Pierre Trudel qui considère que ce terme n'est plus l'apanage unique des États d'autant plus du

La puissance des GAFAM les rend difficile à apprivoiser et à domestiquer et ce pour plusieurs raisons : leur caractère international, le soutien des superstructures américaines, leur entrisme sur les chemins du pouvoir d'État, leur capacité à dégager des résultats financiers considérables, leur compétence dans l'exercice d'un lobbying efficace, la fascination qu'ils exercent auprès de leurs utilisateurs[790]. Leur exercice s'inscrit dans un idéal : celui d'un Internet libre et d'une libre circulation des informations, à l'image des propos tenus par les États-Unis lors de la rencontre du GEG de 2017. Bien souvent, les États sont dépassés par l'attitude arrogante des GAFAM, et essaient de compenser en établissant des législations qui font l'objet de vives contestations (par exemple, les lois antitrust[791]). La situation est différente avec les BATX. Ces géants du numérique chinois ont été développés par la Chine, pour la Chine[792]. Ils sont subordonnés à l'État qui voit en eux un outil stratégique pour étendre la puissance chinoise au-delà de ses frontières[793]. L'Europe quant à elle, est prise en étau entre les géants américains et chinois, mais a décidé de lutter contre leur

---

fait de la position dominante des géants du web sur les marchés. Voir Pierre TRUDEL, « La souveraineté en réseau », dans *Droits et souveraineté numérique en Europe*, Bruylant, coll. Rencontres européennes, Bruxelles, 2016, pp. 5-14. et dans le même ouvrage Annie BLANDIN-OBERNESSER, « Les entreprises souveraines de l'Internet: un défi pour le droit en Europe », pp. 95-106.

[790] J. FONTANEL et N. SUSHCHEVA, préc., note 760, p. 221.

[791] « Les firmes sont de plus en plus hybrides et multiplient les gammes de production pour éviter, avec de bons avocats et du *lobbying*, de passer sous leur fourches caudines ». Voir *Id,* p. 214. Le 29 juillet 2020, Sundar Pichai (Alphabet), Tim Cook (Apple) Mark Zuckerberg (Facebook) et Jeff Bezos (Amazon) ont été entendus par la commission judiciaire de la Chambre des représentants à Washington pour des questions de vols de données, abus de position dominante, accord illicite de démarchage, puissance économique mettant en défaut l'équilibre économique de l'innovation, la création et la démocratie d'entreprendre. Voir Frans IMBERT-VIER, « Pourquoi les GAFAM Font-Ils Si Peur ? », Forbes (5 août 2020), en ligne : https://www.forbes.fr/finance/pourquoi-les-gafam %E2%80%89font-si-peur/.

[792] Selon Nicolas Mazzuchi, « jusqu'à la fin de la décennie 2000, ces entreprises se sont construites dans l'écosystème chinois, avec des utilisateurs totalement captifs, ce qui leur permis d'achever une position de leader absolu. Leur poids économique en Chine est totalement écrasant car il n'y a quasiment pas de concurrence. » Laura DULIEU, « L'expansion des BATX, les GAFAM chinois », France culture (16 septembre 2019), en ligne : https://www.franceculture.fr/numerique/ lexpansion-des-batx-les-gafam-chinois.

[793] Propos de Julien NOCETTI : « Dans le projet des "routes de la soie", vous avez un volet numérique tout à fait substantiel. Je crois que c'est quelque chose comme 1000 milliards de dollars de projets annoncés en la matière qui sont censés exporter le modèle économique et politique de Pékin. En matière numérique, c'est tout à fait fondamental car l'objectif est de contrôler, à terme, les infrastructures et par extension les données. » Hervé GARDETTE, « Faut-il avoir peur des GAFA chinois ? », France culture (28 novembre 2018), en ligne : https:// www.franceculture.fr/emissions/du-grain-a-moudre/faut-il-avoir-peur-des-gafa-chinois.

monopole. Nous sommes ainsi dans une situation de tension permanente où chacun cherche à tirer son épingle du jeu.

À ce jour, aucune puissance politique et régalienne n'est arrivée à maitriser complètement les géants du Web[794]. Pire, les acteurs étatiques ont laissé s'installer et s'accroitre « la pieuvre numérique ». Ces grands groupes ont conscience de leur position et de leur puissance. Il n'est donc pas étonnant qu'ils demandent à voir leur rôle formalisé aux côtés des acteurs publics en matière de cybersécurité et de cyberdéfense, et qu'ils souhaitent participer au processus régulatoire. Nous avons pu constater qu'ils se sont lancés dans une campagne pour lutter contre les comportements irresponsables des États dans le cyberespace. S'il est certain que la convention de Genève du numérique apparait comme un empiètement sur les prérogatives étatiques, cela montre également que les GAFAM ont conscience de leur puissance sur la scène internationale concernant le maintien de la paix et de la sécurité dans le cyberespace. Cela témoigne aussi de leur capacité à être proactifs sur des sujets sensibles, là où les acteurs étatiques en sont encore au point mort[795].

Selon nous, les États doivent dorénavant déterminer dans quelle mesure ils souhaitent intégrer les acteurs privés aux discussions. Si dans les faits, ils ne sont pas sur le même plan, nous ne pouvons pas conclure à un renversement des puissances publique et privée. Car si les acteurs privés maitrisent le numérique, les États sont maitres de la production normative internationale. En revanche, nous constatons un rapport de force important entre eux qui doit être solutionné par une approche plus collaborative. Tant les acteurs publics que privés sont essentiels pour parvenir à un encadrement juridique efficace du cyberespace. Or à l'heure actuelle, la gouvernance du monde numérique est insuffisamment multilatérale, démocratique et transparente. Il appartient donc aux États de définir les modalités de participation des entreprises dans le processus de régulation s'ils souhaitent

---

[794] À la différence des BATX, les GAFAM sont beaucoup plus difficiles à contrôler.

[795] Face à l'absence de régulation internationale concrète quant à l'emploi des TIC, rappelons que des entreprises telles que Facebook et Microsoft ont signé le Cybersecurity Tech Accord les engageant à ne prêter aucune assistance à des cyberattaques menées par des acteurs étatiques. Voir également, Marc ZAFFAGNI, « Cybersécurité : un accord signé par 34 entreprises, dont Facebook et Microsoft », Futura Tech (18 avril 2018), en ligne : https://www.futura-sciences.com/tech/actualites/securite-cybersecurite-accord-signe-34-entreprises-facebook-microsoft -70943/.

véritablement parvenir à un cyberespace ouvert, sûr, pacifique et accessible.

CONCLUSION PROVISOIRE :

Nous en arrivons à la conclusion de ce troisième chapitre. Si i jusqu'alors la sécurité dans le cyberespace était largement perçue comme relevant de la seule responsabilité des États, nous avons cherché à démontrer que ce n'était plus le cas. Les acteurs privés prennent la parole et dénoncent ouvertement le développement par certains acteurs étatiques, d'outils et de techniques cyber à des fins offensives, parfois hors de tout cadre juridique. Ils se taisent cependant sur leurs responsabilités dans ces agissements, alors même que la plupart de ces attaques résultent de l'exploitation de vulnérabilités contenues dans des produits et services développées par ces mêmes entreprises[796].

À l'heure actuelle, il ne s'agit plus de jeter le blâme sur les acteurs privés ou les acteurs étatiques, mais de trouver des solutions pour assurer la stabilité du cyberespace, et aboutir à une régulation qui soit adaptée à ses spécificités. Pour ce faire, il nous paraissait pertinent de revenir sur les différentes sources du droit qui le concernent, parmi lesquelles les normes alternatives d'origine privée. Si le droit international existant semble dégager « une légère odeur de naphtaline[797] », peut-être faudrait-il envisager de le « rafraichir » en intégrant des « nouveaux » modes de production du droit, à la discussion. Que les États le veuillent ou non, le cyberespace est régi actuellement par une pluralité de règles provenant de divers systèmes normatifs, publics et privés. Les confronter, les associer serait utile pour redynamiser un droit qui, face au cyberespace, se retrouve dépassé.

Nous pensons qu'il est essentiel que les États parviennent à établir un dialogue solide et de confiance avec les acteurs privés. L'encadrement des comportements dans le cyberespace est un impératif pour maintenir sa stabilité. Si les initiatives de certains GAFAM sont mal perçues, elles mettent en lumière une réalité que certains ne sont peut-être pas prêt à admettre ; celle que « les États ne sont pas dans leur rythme d'innovation. Vous ne pouvez pas espérer vous en tirer sans

---

796 Florian ESCUDIÉ, « Quelle régulation pour les acteurs privés dans le cyberespace ? », *Annales des mines* 2019.8, pp. 110-114, à la page 110.

797 F. LATTY, préc., note 553, p. 63.

discuter avec ces acteurs. Microsoft est meilleur en cyber que 95 % des États[798] ».

C'est donc désormais une nécessité : pour réguler le cyberespace, les acteurs étatiques ne peuvent pas se passer des entreprises du numérique, et doivent donc collaborer avec elles. En ce sens, il revient aux États de solutionner le clivage originel entre acteurs publics et privés, et ce en définissant les modalités de participation des entreprises dans le processus régulatoire international. Le point de départ pourrait être la reconnaissance d'un objectif commun : la pérennisation d'une cyber-stabilité. Notre prochain chapitre sera ainsi l'occasion de nous interroger : de quelle coopération public-privé le monde de demain a-t-il besoin pour parvenir à l'idéal tant souhaité (par l'ONU et le CCD COE semble-t-il[799]) d'une cyberpaix ?

[798] W. AUDUREAU, préc., note 835.

[799] A.-M. TALIHÄRM, préc., note 475.

CHAPITRE 4 :

EN QUÊTE DE LA CYBERPAIX :

QUELLE COOPÉRATION PUBLIC-PRIVÉ POUR DEMAIN ?

INTRODUCTION

> *Vous vous souvenez de cette scène incroyable dans Fantasia ? Mickey qui se retrouve au milieu de balais qui dansent autour de lui ? Nous sommes la mythique souris de Walt Disney et nous nous trouvons incapables de savoir où donner de la tête au milieu d'une multitude d'outils créés pour contrer les cyberattaques. Pourquoi cette incapacité à tout coordonner ensemble ? Vraisemblablement parce que si nous savons ce qu'est la cyberguerre, nous ignorons encore comment instaurer les règles de la cyberpaix*[800].
>
> – **Claude KIRCHNER**

Des précédents chapitres, nous retenons les difficultés rencontrées tant par les États que par les acteurs privés pour encadrer efficacement le cyberespace. Si les premiers sont incapables de parvenir à une régulation internationale faisant consensus, les seconds ont décidé de se protéger par eux-mêmes en recourant au hack-back privé et/ou en élaborant leurs propres normes de conduite. Aussi, ils affichent ouvertement une posture pro-régulation, et multiplient les interventions en appuyant sur la nécessité de responsabiliser les gouvernements quant aux actions qu'ils mènent dans le cyberespace. Bien que ces initiatives

800 Propos de Claude KIRCHNER, directeur de recherche à l'INRIA (l'Institut national de recherche en informatique et en automatique) recueillis par Émilie LAYSTARY, « On sait ce qu'est la cyberguerre, mais comment construire la cyberpaix ? », France24.com (10 avril 2017), en ligne : https://www.france24.com/fr/20170410-on-sait-quest-cyberguerre-mais-comment-construire-cyberpaix.

puissent apparaitre comme un empiètement sur les prérogatives des États, elles les confrontent surtout à leurs propres contradictions. Peu d'acteurs étatiques disposent des moyens techniques et financiers pour lutter seuls contre les menaces cybernétiques et encadrer les comportements déviants dans le cyberespace. De ce fait, « les efforts pour « souverainiser » – et finalement contrôler – cet espace ne peuvent aboutir sans le concours des acteurs privés du secteur des technologies de l'information et de la cybersécurité[801] ».

Déjà lors du sommet du G8 du 16 mai 2000, le président français de l'époque Jacques Chirac, exprimait ce besoin de faire intervenir tous les acteurs du numérique pour assurer la sécurité et la stabilité du cyberespace. Du fait de ses spécificités techniques, il était selon lui indispensable que les États et les entreprises privées du numérique corégulent ce nouveau lieu de conflit[802]. Vingt et un ans plus tard, l'actuel président français Emmanuel Macron a réitéré la nécessité d'un partenariat entre les États, les entreprises du Web, et la société civile, et ce afin de créer davantage de confiance et de sécurité dans le cyberespace. Avec l'Appel de Paris, nous avons pu constater que chacun de ces soutiens a admis l'importance d'une telle coopération. Mieux, ils semblent tous reconnaitre leurs responsabilités pour assurer la cyberstabilité mondiale[803], et ainsi contribuer à cette quête de cyberpaix[804]. Sur cette base, il semble donc possible d'envisager une régulation plus adaptée aux spécificités du cyberespace, même si la bataille est encore loin d'être gagnée.

Dans ce quatrième et dernier chapitre, nous nous focaliserons sur la coopération public-privé pour réguler le cyberespace. À l'heure où certains de ces acteurs tendent de plus en plus à s'enfermer dans une logique protectionniste et unilatéraliste, il est aujourd'hui plus

---

[801] OBSERVATOIRE DU MONDE CYBERNÉTIQUE, préc., note 32.

[802] « Déclaration de M. Jacques Chirac, Président de la République, sur la lutte contre la cybercriminalité organisée par les États en partenariat avec les entreprises et les associations - Conférence de Paris du G8 sur "le dialogue entre les pouvoirs publics et le secteur privé sur la sécurité et la confiance dans le cyberespace" » (16 mai 2000), en ligne : https://www.vie-publique.fr/discours/170818-declaration-de-m-jacques-chirac-president-de-la-republique.

[803] Nous entendons par « tous », les États, les acteurs privés et la société civile au sens large soutenant l'Appel de Paris.

[804] La cyberpaix reste « un terme stratégique marginal », ou encore un idéal difficile à atteindre tant les acteurs du numérique ne savent quoi protéger, ni même quelles règles établir et quel processus utiliser pour la mettre en place. Voir Daniel VENTRE, « La cyberpaix : un thème stratégique marginal », (2012) n° 87-3 *Rev. Int. Strateg.* pp. 83-91.

qu'indispensable de trouver le moyen de faire coïncider leurs intérêts et points de vue. Comme l'a énoncé Florian Escudié, « la forme que doit prendre cette régulation est aujourd'hui loin d'être arrêtée[805] ». En ce sens, il nous appartient de déterminer celle qui, selon nous, serait la plus adaptée pour parvenir à mettre en place un cyberespace sûr, stable, pacifique et accessible. Là est ainsi l'objectif de ce chapitre : arriver à concilier impératif de sécurité et protection de l'innovation, tout en tenant compte du rôle et des particularités de chacun des acteurs concernés.

À travers une analyse qui se voudra pragmatique mais également prospective, nous tâcherons de fournir des pistes de réflexion quant à la forme que devrait prendre cette coopération public-privé essentielle à la bonne régulation du cyberespace. De l'Asie à l'Europe en passant par le Moyen-Orient, de nombreux États et acteurs privés ont pris des mesures parfois très contraignantes, pour réguler Internet. La Toile tend de plus en plus à se scinder en une multitude de « splinternets[806] » ouvrant ainsi la voie vers une balkanisation du cyberespace **(Section 1)**. Or il est aujourd'hui essentiel de contrer ce phénomène qui menace grandement la cyberstabilité. C'est ainsi que nous préconisons le recours à un « pluralisme ordonné » reconnu et accepté de tous, le but étant de réunifier la communauté internationale et l'ensemble des acteurs du numérique autour d'une mission commune : la cyberpaix **(Section 2)**. Face aux insuffisances du droit international existant à appréhender les défis du cyberespace, il nous semble important de trouver une voie secondaire susceptible de reconnaitre et faciliter l'intégration des normes alternatives, tout en permettant au droit strictement étatique de conserver sa dimension symbolique et effective. En ce sens, nous tâcherons de fournir des clés pour permettre la bonne corégulation du cyberespace entre ces différents acteurs. Enfin et surtout, nous proposerons des axes de recherches qui, selon nous, devraient être prioritairement envisagés et étudiés dans le cadre de cette coopération public-privé **(Section 3)**. Bien que ces derniers tournent majoritairement autour de la question du droit international, il va de soi que les éléments qui y sont présentés ne sont pas exhaustifs, et que d'autres pistes pourraient également être envisagées.

---

[805] F. ESCUDIÉ, préc., note 796, p. 114.

[806] Synonyme de « Balkanisation du net ». Pour plus d'informations, voir la prochaine section.

À travers ce quatrième et dernier chapitre, nous nous mettons en quête d'un idéal en tentant de trouver la bonne équation pour pacifier le cyberespace. Si aujourd'hui nous ne sommes pas véritablement en guerre, nous ne sommes pas non plus en paix. Il appartient donc à tous les acteurs du numérique de contribuer et d'agir pour sécuriser cet espace hautement stratégique. C'est en ce sens qu'il convient de réunir chacune des parties afin d'ériger des règles de conduite responsable dans le cyberespace, reconnues et appliquées de tous.

SECTION 1 : Vers une balkanisation du cyberespace

ENTRE LOGIQUES PROTECTIONNISTE ET UNILATÉRALISTE

Le 6 février 2014, l'un des fondateurs du Web, Tim Berners-Lee dénonçait les dangers pesant sur la toile du futur : la cybercriminalité, la domination des grandes entreprises du numérique (Facebook, Google, Microsoft, etc.) sur l'architecture du réseau et les marchés, et enfin le poids des gouvernements qui cherchent à contrôler le cyberespace en recourant à la technique et au droit. Selon lui, ces menaces risqueraient d'engendrer une fragmentation de l'Internet, ou pour reprendre son expression, une « balkanisation »[807]. L'usage de ce terme n'est pas anodin, et « renvoie à tout un imaginaire de la violence et du chaos politique[808] ». Aujourd'hui, nous constatons le retour en force de l'unilatéralisme étatique et du protectionnisme. Les acteurs publics et privés agissent de façon indépendante et non concertée, privilégiant leurs propres intérêts. Face à des dynamiques multiples et parfois contradictoires, l'idée d'un cyberespace ouvert, sûr, pacifique et accessible relève largement du mythe (I). En effet, nous assistons à un clivage entre ceux qui prônent la gouvernance *de* l'Internet, et ceux

---

[807] Liat CLARK, « Tim Berners-Lee: we need to re-decentralise the web », Wired (6 février 2014), en ligne : http://www.wired.co.uk/news/archive/2014-02/06/tim-berners-lee-reclaim-the-web.

[808] Historiquement, le terme « balkanisation » trouve son origine dans l'évolution des Balkans au XIXème siècle. Cette région du sud-est de l'Europe a longtemps fait partie de la Turquie. Entre 1805 et 1923, elle a éclaté en une série de petits pays (Grèce, Albanie, Bulgarie, Roumanie, Serbie et Monténégro). Aujourd'hui, son utilisation présuppose une fragmentation sans fin du monde, une « prolifération étatique », aboutissant à des États fermés sur eux-mêmes, conduisant soit à des systèmes autoritaires, soit à des États non fonctionnels. Dans le cyberespace, il s'agit pour les États et plus largement pour les acteurs du web, d'utiliser leur pouvoir de coercition pour établir différentes visions de ce qu'Internet devrait être. Amaël CATTARUZZA, Didier DANET, Alix DESFORGES, Frédérick DOUZET et David NACCACHE, *La balkanisation du web : chance ou risque pour l'Europe ?*, Délégation aux affaires stratégiques, septembre 2014, p. 8.

qui veulent la gouvernance *sur* l'Internet[809]. Il devient donc urgent de penser un système permettant d'assurer la coexistence de tous, et de fixer la concertation des « règles du jeu » mondial pour assurer la sécurité collective[810], et ainsi empêcher la mise en place d'une réglementation fragmentée, maladroite, lourde et incohérente concernant le cyberespace (2).

I. Le mythe du cyberespace ouvert, sûr, pacifique et accessible

DES DYNAMIQUES MULTIPLES ET CONTRADICTOIRES

Comme nous avons pu le mentionner dans la première section du précédent chapitre, le cyberespace a été conçu comme un lieu ouvert, sûr, pacifique et accessible. Or aujourd'hui, nous constatons qu'il n'est plus porté par ces caractéristiques. Rappelons que l'architecture du réseau s'est considérablement transformée, se caractérisant « par un degré de centralisation, de surveillance et de contrôle, ainsi qu'une approche règlementaire par le haut » qui n'existaient pas (ou peu) au moment de sa création. Celui-ci est devenu l'objet d'une régulation étatique de plus en plus forte et répressive par certains États, ces derniers voulant reprendre le contrôle d'un espace trop longtemps dominé par les grands acteurs du numérique. Les GAFAM monopolisent le marché des services en lignes, collectent des quantités considérables de données et tendent de plus en plus à vouloir influencer les politiques des États concernant la régulation du cyberespace. Or en agissant de façon indépendante et non concertée, ces acteurs publics et privés engendrent une double fragmentation du réseau. Comme l'expliquent Primavera de Filippi et Danièle Bourcier, nous avons d'un côté une fragmentation par le haut imposée par les États ; et de l'autre,

---

[809] Propos Marc WATIN-AUGOUARD, dans ACTEURS PUBLICS et AGORA FIC, *20 ans de corégulation du cyberespace : quelles prochaines étapes pour l'Europe ?*, Paris, 9 décembre 2020, en ligne : https://www.youtube.com/watch?v=YMmkyY5qRzo. La gouvernance *de* l'Internet est couverte par l'élaboration de principes, normes et règles relatifs à « l'évolution » de l'Internet (infrastructure physique et logique) alors que la gouvernance *sur* l'Internet concerne davantage « l'usage » de l'Internet et ses contenus. Plus précisément, la gouvernance *sur* l'Internet correspond à la gouvernance des informations et contenus qui passent par l'Internet, une gouvernance souvent associée à la pratique de la censure mais qui recoupe également les aspects de protection des données personnelles. A. CATTARUZZA, D. DANET, A. DESFORGES, F. DOUZET et D. NACCACHE, préc., note 808, p. 38.

[810] *Id*, p. 13.

une fragmentation par le bas développée par les acteurs privés du numérique[811].

Commençons par expliquer cette fragmentation par le haut. Depuis les révélations de l'affaire Snowden, et des programmes d'écoutes et de surveillance de grande ampleur mis en place par la NSA, nous avons pu constater une volonté de plus en plus marquée des États à vouloir surveiller et filtrer les communications sur le réseau en renforçant les contrôles aux « frontières » du cyberespace. Cette affaire a également accéléré les tendances de fond de remise en question de la souveraineté américaine dans l'espace cybernétique. Si celle-ci « reste extrêmement importante à tous les niveaux (infrastructure physique, couche logique ou contenus), et dans le domaine politique de la gouvernance, de la gestion technique de l'architecture et du fonctionnement du réseau, des activités militaires et de renseignement ou encore du domaine juridique[812] », nous observons un déplacement du centre de gravité de l'Internet vers l'Asie (BATX) et le Sud[813] (BRICS). Une certaine défiance s'est créée vis-à-vis de « l'Internet américain », si bien que nous assistons de la part de certains États à une logique de repli souverain[814] prenant l'allure d'une nouvelle Guerre froide. Comme nous avons pu maintes fois le mentionner, la Chine et la Russie sont de fervents adeptes de la censure, contrôlant les contenus et les informations circulant sur leur territoire. Bien souvent d'origine étrangère, les TIC sont perçues d'un mauvais œil par ces États qui les considèrent comme une ouverture aux influences extérieures susceptibles d'interférer dans leur politique interne. Considérant la souveraineté étatique comme un principe absolu car caractérisant la puissance intrinsèque de l'État, ces derniers ont décidé de « créer » leur

---

[811] P. DE FILIPPI et D. BOURCIER, préc., note 561, pp. 2-3.

[812] IRSEM, *Synthèse - La Balkanisation du web : chance ou risque pour l'Europe ?*, 2014, p. 1.

[813] Nous assistons à la fin d'un monde unipolaire avec la montée en puissance des pays émergents, dont le Brésil, la Russie, l'Inde, la Chine et l'Afrique du Sud (BRICS). Cette ascension des puissances émergentes engendre aux Etats-Unis, la crainte d'une perte de puissance et d'une potentielle menace que ces pays pourraient représenter contre les intérêts américains dans le monde. Cette crainte s'accompagne de discours stratégiques plus ou moins alarmistes, en particulier vis-à-vis de la Chine considérée comme particulièrement offensive. Voir A. CATTARUZZA, D. DANET, A. DESFORGES, F. DOUZET et D. NACCACHE, préc., note 808, p. 11.

[814] L'Affaire Snowden a aussi entraîné une prise de conscience politique et une montée en puissance des revendications de souveraineté numérique, qui se traduit par des initiatives politiques, industrielles et juridiques permettant de préserver l'intégrité et la confidentialité des données des appétits de gouvernements étrangers. Voir *Id.*, p. 1.

propre cyberespace afin qu'il puisse le gérer conformément à leur législation nationale, et ainsi arrêter les informations (tant entrantes que sortantes) à leurs frontières[815]. Cette position va à l'encontre de la conception que les États-Unis et ses partenaires ont du cyberespace. Ces derniers prônent l'accessibilité du réseau et la libre circulation des données. Le monde se retrouve ainsi divisé en deux pôles, deux clans : américain (avec ses partenaires, principalement occidentaux), et sino-russe (avec des soutiens, comme Cuba). Face à ce constat, il n'est pas étonnant que la réunion du groupe d'experts gouvernementaux onusien de 2017 se soit soldée par un échec. Il n'est également pas étonnant que les États préfèrent coopérer entre eux sur un plan bilatéral, dans une logique de choix réciproque[816] via la signature « d'accords opaques[817] ». Cependant, en favorisant le recours à des dialogues « privés » au détriment de solutions multipartites[818], ces derniers

[815] À l'image d'un intranet gigantesque, la structure de l'Internet chinois a été pensée pour continuer à fonctionner en cas de cyberattaques ou d'interventions étrangères. Le pays a très peu de points de connexion à l'Internet mondial, n'a pas de compagnies de téléphones étrangères opérant à l'intérieur de ses frontières, et le trafic Internet Chine-Chine ne quitte jamais le pays. Cela permet à la Chine de se déconnecter à volonté de l'Internet mondial et de continuer à fonctionner, même si elle n'a pas accès aux services occidentaux. Comme l'explique Dave Allen de l'entreprise américaine en gestion de données Oracle : « en clair, en termes de résilience, la Chine pourrait effectivement se retirer de l'Internet public mondial et maintenir sa connectivité nationale. Cela signifie que le reste du monde pourrait être empêché de se connecter à la Chine, et vice versa pour les connexions externes pour les entreprises et les utilisateurs chinois ». (Voir Catalin CIMPANU, « L'Internet chinois est en réalité un intranet dit Oracle », ZDNet (24 juillet 2019), en ligne : https://www.zdnet.fr/actualites/l-internet-chinois-est-en-realite-un-intranet-dit-oracle-39888245.htm.) La structure développée par la Chine est unique dans la façon dont elle est physiquement séparée du reste du monde, mais d'autres pays comme la Russie ont commencé à adopter cette approche. Cependant, malgré le contrôle qu'ils exercent à leurs « frontières » cybernétiques, ces deux États ne sont pas moins susceptibles d'attaques illicites. En effet, la carte en temps réel des menaces informatiques de l'entreprise Kaspersky indiquait que la Russie et la Chine se classaient respectivement le 1er juillet 2021, à la 1ère et à la 3ème place des États les plus attaqués dans le monde (pour la carte, voir la note 202).

[816] Dans le domaine de la coopération interétatique, les discussions sont avant tout bilatérales et ce sont dans ces forums privilégiés que les choses se font et se négocient. Un officier de l'État-Major français en charge des questions cyber expliquait : « plutôt qu'un dispositif centralisé qui devrait tout faire, nous privilégions l'entraide internationale, au cas par cas et selon des relations de confiance existantes ». Voir Jérome SAIZ, « La délicate collaboration internationale en matière de cyber-défense » (3 juin 2014), en ligne : https://magazine.qualys.fr/cyber-pouvoirs/collaboration-internationale-cyber-defense/.

[817] A. CATTARUZZA, D. DANET, A. DESFORGES, F. DOUZET et D. NACCACHE, préc., note 808, p. 105.

[818] *Id.*, p. 113.

contribuent à accentuer les dynamiques de fragmentation du cyberespace.

Si cette balkanisation des réseaux et des systèmes d'informations à des fins de sécurité et de souveraineté semble séduire de plus en plus d'États, il est important de souligner que sa mise en place ne signifie pas forcément un meilleur contrôle, ni une meilleure maitrise des « frontières » du cyberespace. En effet, cette scission du monde numérique est « susceptible d'entrainer des effets paradoxaux et non voulus[819] ». Par exemple, cloisonner les infrastructures vitales peut se révéler difficilement réalisable d'un point de vue opérationnel et juridique. Comme le souligne la Délégation aux affaires stratégiques (DAS) du Ministère des armées françaises : « comment garantir l'application d'un droit national dans le cadre de plateformes mondiales utilisées pour les activités de l'État ? Comment garantir l'application des mesures techniques et non techniques de sécurité au sein des infrastructures vitales, majoritairement opérées et détenues par le secteur privé ?[820] » Nous pouvons constater que la plupart des pays autorisent les fournisseurs de télécommunications locaux et étrangers à opérer à l'intérieur de leurs frontières. Ces entreprises interconnectent leurs infrastructures à des points de *peering*[821] leur permettant d'agir partout à travers le globe, tant sur les réseaux civils que militaires, à l'exception de pays comme la Chine qui ont fermé dès le départ leur marché aux GAFAM, ou à ceux qui ont un accès plus limité aux technologies, comme c'est par exemple le cas en Afrique centrale[822]. Si le processus de fragmentation de certaines dimensions du cyberespace[823] s'est accéléré depuis les révélations d'Edward Snowden, il faut tout de même comprendre que cette balkanisation du Web reste « techniquement complexe à mettre en place,

---

[819] *Id.*, p. 105.

[820] *Id.*, pp. 105-106.

[821] Le *peering* (qui peut se traduire par appairage ou interconnexion d'égal à égal) désigne, dans le domaine des réseaux, l'échange du trafic Internet avec des *peers* (pairs) d'autres opérateurs ou des fournisseurs de contenus.

[822] Pour de plus amples informations sur l'implantation des GAFAM en Afrique, voir Mila KIMBUINI, « Gafam : les géants de la Tech snobent-ils les pays d'Afrique francophone? », BBC.com (20 mai 2021), en ligne : https://www.bbc.com/afrique/region-57029233.

[823] C'est notamment le cas de la cyberdéfense militaire, qui est un domaine éminemment régalien où la souveraineté nationale prévaut.

économiquement et politiquement délicate à maintenir[824] » sur du long terme[825].

En parallèle, une fragmentation par le bas s'est dessinée, développée par le secteur privé et notamment, les fournisseurs d'accès Internet qui « sont susceptibles d'adopter des politiques différentes en ce qui concerne la gestion du trafic et la priorité données à certains types d'informations ou de données[826] ». Comme mentionné plus haut, nous assistons à l'émergence de plusieurs Internet qui diffèrent au niveau des contenus qu'ils proposent et de la vitesse à laquelle ces contenus sont effectivement accessibles par le public via des plateformes d'accès à des services généraux[827]. Cela est principalement dû à la qualité des équipements de transmission des données utilisés (ADSL ou fibre optique), la qualité de la bande passante, l'expertise des fournisseurs, mais également la censure et le contrôle gouvernemental qui peut être fait par certains États[828]. En 2020, parmi les pays ayant le débit le plus rapide, nous retrouvions en tête Taïwan avec une vitesse moyenne de 85,02 mégabits par seconde. Suivaient Singapour (70,86 Mb/s), l'Ile de Jersey (67,46 Mb/s), la Suède (55,18 Mb/s), le Danemark (49,19 Mb/s), le Japon (42,77 Mb/s), le Luxembourg (41,69 Mb/s), les Pays-Bas (40,21 Mb/s), la Suisse (38,85 Mb/s), et San Marino (38,73 Mb/s). Quant à la France (30,44 Mb/s) et le Canada (28,76 Mb/s), ceux-ci se placaient respectivement à la 22ème et 25ème place du classement

---

[824] A. CATTARUZZA, D. DANET, A. DESFORGES, F. DOUZET et D. NACCACHE, préc., note 808, p. 107.

[825] Cela nécessiterait pour chaque État de se retirer de l'Internet public mondial en coupant tout accès aux fournisseurs étrangers, et ce en élaborant leur propre connectivité nationale. S'il est possible de s'isoler (en partie) du reste du monde, cette structure n'est pas évidente à mettre en place compte tenu de la dépendance d'un grand nombre d'États aux équipements et aux plates-formes étrangers (principalement chinois et américains). C'est finalement l'idée selon laquelle « il faut joindre l'une à l'autre deux vérités complémentaires : si chaque société se construit de manière autonome, elle ne peut pas pour autant s'isoler de toutes les autres sociétés ». Voir François RIGAUX, *Droit international privé*, 2ème édition, 1, coll. Théorie générale, Bruxelles, Larcier, 1987, p. 13.

[826] P. DE FILIPPI et D. BOURCIER, préc., note 561, p. 3.

[827] Comme le rappelle le rapport sur *La Balkanisation du web*, il n'existe pas un, mais des cyberespaces. « Les réseaux qui constituent l'Internet sont connectés et interopérables au niveau mondial, l'interaction des utilisateurs est globale, mais le cyberespace est néanmoins constitué de sous-ensembles linguistiques, politiques et culturels qui engendrent une grande diversité des expériences du web selon l'endroit d'où l'on se connecte sur la planète ». Voir note 808, p. 1.

[828] EQUIPE NETEXPLORER, « Comment est l'usage d'Internet dans les autres pays ? » (2 juin 2020), en ligne : https://www.netexplorer.fr/blog/quel-usage-internet-autres-pays.

mondial[829]. Cette fragmentation sur les couches supérieures du cyberespace accentuée par la marchandisation des services[830], remet considérablement en perspective l'image de neutralité du net[831]. Elle entraine également une dynamique opposée sur les couches inférieures, puisque les géants du numérique ont tout intérêt à maintenir l'ouverture et l'interopérabilité de l'Internet pour poursuivre et développer leurs activités.

Nous observons ainsi qu'il n'y a pas une logique unique de balkanisation, les acteurs publics et privés du numérique défendant leurs intérêts propres, qu'ils soient économiques, politiques ou stratégiques. Pourtant, « ce problème pourrait être (en partie) résolu en invitant toutes les parties prenantes à collaborer vers un système de gouvernance commun capable de répondre aux besoins individuels de chacun[832] ». Cela est d'autant plus vrai que les règles de gouvernance actuelles ne sont pas suffisantes pour résoudre la totalité du problème, leur portée et leur applicabilité étant limitées par les contraintes techniques de l'architecture du réseau. Pourtant, chacun préfère travailler seul, de son côté. De ce fait, la gouvernance de l'Internet est toujours plus concentrée dans les mains d'un petit nombre d'acteurs (États, acteurs privés, ICANN[833], W3C[834], etc.) qui cherchent à centraliser l'architecture même du réseau afin d'appliquer une régulation ascendante. Face à cette situation, nous pouvons observer un

---

[829] ATLATIO.COM, « Classement des États du monde par vitesse de connexion Internet », 2020, en ligne : https://atlasocio.com/classements/economie/infrastructures/classement-etats-par-vitesse-de-connexion-internet-monde.php.

[830] La monétisation de l'Internet contribue à mettre fin à cette idée que l'information est accessible à tous, et entraine donc des dynamiques de fragmentation.

[831] La neutralité du net est un principe devant garantir l'égalité de traitement de tous les flux de données sur Internet. Il exclut par exemple toute discrimination positive ou négative à l'égard de la source, de la destination ou du contenu de l'information transmise sur le réseau. Voir Tim WU, « Network neutrality, broadband discrimination », (2003) 2 *Journal of Telecommunications and high Technology law*, p. 141. Voir également Nicholas ECONOMIDES et Joachim TÅG, « Network neutrality on the Internet: A two-sided market analysis », (2012) 24-2, pp. 91-104.

[832] P. DE FILIPPI et D. BOURCIER, préc., note 561, p. 3.

[833] L'*Internet Corporation for Assigned Names and Numbers* (ICANN) est une autorité de régulation d'Internet.

[834] Le World Wide Web Consortium (W3C) est un organisme de normalisation à but non-lucratif fondé en octobre 1994, et chargé de promouvoir la compatibilité des technologies du World Wide Web telles que HTML, XHTML, XML, RDF, SPARQL, CSS, PNG, SVG et SOAP. Fonctionnant comme un consortium international, il regroupait au 14 août 2020, 434 entreprises partenaires.

sentiment grandissant de mécontentement dans la manière dont Internet est en train d'évoluer. La société civile se sentant exclue, a décidé de développer des nouvelles technologies, des systèmes et des sous-systèmes alternatifs au sein même du réseau dans le but de permettre la mise en place d'une nouvelle forme de gouvernance plus ouverte et décentralisée. Sorte de contre-pouvoirs, ces nouveaux réseaux se fondent sur l'idée de collaboration et de coopération entre pairs pour lutter contre le phénomène de centralisation et d'industrialisation croissante du Web. Nous pensons par exemple aux *mesh networking*[835] tels que GuiFi (Espagne), FreiFunk (Allemagne) ou encore Commotion[836] (États-Unis).

Au regard de l'ensemble de ces observations, il est indubitable que le cyberespace n'est plus tel qu'il avait été initialement pensé. Les dynamiques en son sein sont multiples et contradictoires. Si la fragmentation peut s'avérer nécessaire dans certains domaines spécifiques touchant aux intérêts sensibles d'un État[837], elle montre tout de même les difficultés qu'ont les acteurs publics et privés du numérique à s'entendre sur sa réglementation et son contrôle. Pour certains chercheurs, la solution d'une coexistence pacifique dans le cyberespace pourrait venir de l'Union européenne[838], et plus largement de l'Europe. Nous ne pouvons nier que tant cette organisation régionale que le Conseil de l'Europe sont à l'origine de nombreux projets fédérateurs, que ce soit le RGPD ou encore la Convention de Budapest sur la cybercriminalité de 2001. Nous avons d'ailleurs vu que parmi les États membres, la France contribue activement à la définition d'un droit international du cyberespace avec son Appel de Paris. Rappelons qu'un grand nombre d'États (dont les vingt-sept États membres de l'UE) en sont partenaires, auxquels s'ajoutent une pluralité d'acteurs tant issus

---

[835] Un réseau *mesh* est une topologie de réseau (filaire et sans fil) où tous les hôtes sont connectés pair à pair sans hiérarchie centrale, formant ainsi une structure en forme de filet. Par conséquent, chaque nœud doit recevoir, envoyer et relayer les données. Ceci évite d'avoir des points névralgiques qui, s'ils tombent en panne, isolent une partie du réseau. Si un hôte est hors service, les données empruntent une route alternative.

[836] Pour plus d'informations sur le réseau *mesh* Commotion, voir P. DE FILIPPI et D. BOURCIER, préc., note 561, pp. 5-6.

[837] Pour de plus amples informations sur les domaines dont on constate une segmentation nationale, voir William J. DRAKE, Vinton G. CERF et Wolfgang KLEINWACHTER, *Future of the Internet Initiative White Paper - Internet Fragmentation: An Overview*, World Economic Forum - Committed To Improving The State Of The World, 2016, pp. 31-48.

[838] A. CATTARUZZA, D. DANET, A. DESFORGES, F. DOUZET et D. NACCACHE, préc., note 808, p. 16.

du secteur privé que de la société civile. Bien que cette initiative constitue un pas de géant en termes de coopération public-privé, les enjeux internationaux sont tellement divergents qu'il semble difficile pour le moment d'envisager un cyberespace unifié, ainsi que la mise en place d'une réglementation commune acceptée de tous. Cette dernière est pourtant indispensable, car si chacun continue à agir comme bon lui semble, nous risquons de voir s'installer une réglementation fragmentée, maladroite, lourde et incohérente, ce qui n'est pas sans danger pour la stabilité et la sécurité mondiale.

II. Les dangers d'un « Splinternet[839] »

LES RISQUES D'UNE RÉGLEMENTATION FRAGMENTÉE, MALADROITE, LOURDE ET INCOHÉRENTE

Michael Spence, prix Nobel d'économie en 2001, a lancé une mise en garde quant à la « balkanisation du Web » et les conséquences de ce phénomène sur la réglementation du cyberespace[840]. Après avoir longtemps été perçu comme un commun mondial, l'Internet semble de plus en plus se transformer en un labyrinthe de règles nationales et régionales souvent contradictoires[841]. De l'Europe aux États-Unis, en passant par l'Inde ou le Brésil, nous constatons une activité très intense en matière de régulation autour de l'idée de « souveraineté de l'Internet ». Pour bien saisir cette réalité, nous avons décidé de revenir sur certaines initiatives juridiques qui ont été mise en place à travers le monde ces dernières années.

Commençons avec la Russie[842]. Si les TIC ne constituent pas en soi un héritage soviétique qu'il s'agirait de restaurer, elles ont acquis avec

---

[839] Le « splinternet » est l'expression anglophone de la cyberbalkanisation ou balkanisation de l'Internet. Ce terme décrit la fragmentation et la division de l'Internet en raison de divers facteurs : technologiques, commerciaux, politiques, nationalistes, religieux et de divers intérêts. *Id.*, p. 10.

[840] Pour Michael Spence, « alors que l'ensemble de l'économie mondiale est inextricablement lié à l'Internet et aux technologies numériques, il est plus important que jamais de renforcer la réglementation. Mais si cette règlementation est fragmentée, maladroite, lourde ou incohérente, les conséquences pour l'intégration économique – et, par conséquent, la prospérité – pourraient être graves ». Dans Alexandre AGET, « Il faut empêcher la balkanisation de l'Internet », Up-magazine.info, sect. Analyses (18 avril 2018), en ligne : https://up-magazine.info /decryptages/analyses/7721-il-faut-empecher-la-balkanisation-de-l-internet/.

[841] Scott L. MALCOMSON, « The open, universal internet is over. But did it ever really exist? », The Guardian (3 avril 2016), en ligne : https://www.theguardian.com/commentisfree /2016/apr/03/internet-web-politics-money-freedom-state.

[842] A. CATTARUZZA, D. DANET, A. DESFORGES, F. DOUZET et D. NACCACHE, préc., note 808, pp. 65-82.

l'affaire Snowden une dimension nouvelle, si bien que la Russie fait désormais figure d'acteur incontournable du cyberespace[843]. Celle-ci s'affirme comme une grande puissance technologique, indépendante et compétitive face à ses concurrents occidentaux ou asiatiques, et cherche à affirmer le respect de la souveraineté étatique sur le cyberespace comme principe fondamental de la vie internationale. C'est ainsi que le 1er novembre 2019 est entrée en vigueur la loi pour « l'Internet souverain » qui prévoit de développer un RuNet[844] autonome en lieu et place de l'Internet existant, c'est-à-dire un réseau fermé à l'échelle de la nation avec l'idée d'exercer un contrôle accru des échanges et de la circulation de l'information à l'intérieur des frontières. Ce projet russe illustre parfaitement les logiques de fragmentation dans l'Internet mondial en montrant que celui-ci n'est plus exclusivement une technologie occidentale. Au contraire, il s'agit dorénavant pour les gouvernements russes, chinois, cubains, biélorusses, indiens, (etc.) de s'émanciper des États-Unis en développant un cadre numérique national autosuffisant et indépendant.

Les Russes semblent également vouloir étendre leur vision de l'Internet à l'échelle internationale. Rappelons que déjà en 2011[845], puis en 2015[846], la Russie a proposé à l'ONU la création d'un code de conduite international pour la sécurité de l'information. Vivement critiqué, ce texte n'a pas été accepté, le risque étant que sa mise en place vienne légitimer la censure et les autres mesures de restrictions déjà

---

843 Les Russes sont les premiers producteurs de données en Europe, alors que le niveau de compétence en maîtrise des outils informatiques y est bien supérieur à la moyenne occidentale et qu'une économie numérique florissante s'y développe.

844 Ce projet de loi vise à isoler l'Internet russe du reste du monde. Il place tous les programmes d'échanges de données sur Internet en Russie sous la supervision du ministère des communications. Ce dernier serait ainsi en mesure d'ordonner le blocage de sites présumés dangereux. Le but serait d'avoir un Internet russe qui ne pourrait pas être atteint par des acteurs étrangers ; mais pour les critiques à ce projet, il s'agit d'une porte-ouverte à encore plus de censure. Un appel à la résistance numérique a été lancé et des milliers de personnes ont manifesté contre la mise en place d'un « nouveau rideau de fer », craignant l'instauration d'un système de surveillance s'appuyant sur le modèle chinois. Voir Nicolas Martin, Internet nationalisé, la liberté au pied du mur, La méthode scientifique - France culture, Paris, 20 novembre 2019, en ligne : https://www.franceculture. fr/emissions/la-methode-scientifique/la-methode-scientifique-emission-du-mercredi-20-novembre2019?fbclid=iwar2xuqyqy1aplcfp1bneffxnm_xr0fna3u_tjwuf590bbzkzj0guaomi4uk.

845 ASSEMBLÉE GÉNÉRALE DES NATIONS UNIES, *Lettre datée du 12 septembre 2011, adressée au Secrétaire général par les Représentants permanents de la Chine, de la Fédération de Russie, de l'Ouzbékistan et du Tadjikistan,* A/66/359, 14 septembre 2011.

846 ASSEMBLÉE GÉNÉRALE DES NATIONS UNIES, préc., note 144.

présentes en Russie et chez ses États partenaires. Aujourd'hui, la situation parait changée, notamment du fait de l'adoption par l'Assemblée générale des Nations Unies d'une résolution prévoyant la rédaction d'un traité international contre « le recours aux technologies de communication et d'information à des fins criminelles[847] ». Controversée, elle a été acceptée par 79 États membres (60 ont voté contre, et 33 se sont abstenus)[848], et ce bien que certains pays et ONG voient en elle un moyen pour les régimes répressifs de restreindre légalement l'utilisation d'Internet et la liberté d'expression sur les réseaux sociaux[849]. Sur ce sujet, la Russie s'est défendue de toute arrière-pensée bien que ses propos laissent peu de place aux doutes concernant ses réelles motivations[850]. Quant à la Chine, celle-ci s'est appuyée sur le fait qu'il existerait un vide juridique au niveau international, malgré l'existence de conventions régionales sur le

---

[847] ASSEMBLÉE GÉNÉRALE DES NATIONS UNIES, *Résolution adoptée par l'Assemblée générale le 17 décembre 2018 - Lutte contre l'utilisation des technologies de l'information et des communications à des fins criminelles*, A/RES/73/187, 14 janvier 2019.

[848] Les États autoritaires et totalitaires que sont la Chine, le Bélarus, le Cambodge, la Corée du Nord, la Birmanie, le Nicaragua et le Venezuela ont coparrainé cette résolution. Parmi les signataires, nous retrouvons les membres des BRICS, les États partenaires de la Russie lors des premières propositions d'un code de bonne conduite international, ainsi que la plupart des pays du Golfe (Iran, Émirats arabes unis, Oman, Koweït, Iraq, Arabie saoudite) et d'Afrique (Burundi, Soudan du sud, Rwanda, etc.). Tous ont cette particularité de vouloir se détacher de l'influence américaine et occidentale dans le cyberespace. Parmi les États ayant voté contre, se trouvent les États-Unis, mais également les 27 États membres de l'Union européenne, c'est-à-dire les pays prônant le libre accès à Internet. Pour de plus amples informations, voir ASSEMBLÉE GÉNÉRALE DES NATIONS UNIES, *Prévention du crime et justice pénale - Rapport de la Troisième Commission*, A/73/590, 2018, pp. 3-5 et 41-42.

[849] Pour Louis Charbonneau de l'ONG *Human Rights Watch*, cette initiative est « une mauvaise idée si l'objectif est de développer une convention qui permette à des pays de légalement fermer Internet et de pratiquer la censure tout en criminalisant la libre expression » (AFP, « Internet : l'ONU ouvrira en 2020 des négociations sur un traité international », Lapresse.ca (27 décembre 2019), en ligne : https://www.lapresse.ca/affaires/techno/2019-12-27/internet-l-onu-ouvrira-en-2020-des-negociations-sur-un-traite-international). D'ailleurs, la réunion du Conseil de sécurité du 29 juin 2021 et organisée par l'Estonie, a encore montré les dissensions profondes entre les deux clans américain/occidentaux et sino-russe sur les questions de cybersécurité et de réglementation internationale. Fut néanmoins réitérée la nécessité d'élargir la coopération internationale, et l'importance de se mettre d'accord sur les actions à mener. (Dominique DESAUNAY, « ONU: le Conseil de sécurité divisé sur la cybersécurité », rfi. fr (30 juin 2021), en ligne : https://www.rfi.fr/fr/technologies/20210630-onu-le-conseil-de-s%C3%A9curit%C3%A9-divis%C3%A9-sur-la-cybers%C3%A9curit%C3%A9.)

[850] ASSEMBLÉE GÉNÉRALE DES NATIONS UNIES, *Lutte contre l'utilisation des technologies de l'information et des communications à des fins criminelles - Rapport du Secrétaire général*, A/74/130, 2019, par. 297.

sujet[851]. Selon elle, ces instruments n'auraient « ni la même teneur, ni les mêmes États parties » conduisant à la fragmentation de la législation internationale[852]. Celle-ci a également fait remarquer que « certains pays avaient adopté des lois nationales leur permettant de contourner les voies de l'entraide judiciaire et de la coopération entre services de détection et de répression, et avaient, sur des initiatives unilatérales, recueilli des données électroniques à l'étranger, enfreignant ainsi les principes fondamentaux du droit international que sont la souveraineté et la protection des droits des sociétés et des individus[853] ». Par « l'étranger », il faut comprendre « la Chine ». La mise en place d'un tel traité permettrait au pays de faciliter l'arrêt des accès à Internet et renforcer le contrôle de ses utilisateurs derrière son « Grand Firewall[854] ». Rappelons qu'à ce jour il n'existe qu'un seul instrument contraignant en matière de cybercriminalité : la Convention de Budapest du Conseil de l'Europe. Si un nouveau texte devait être approuvé au niveau international, certains des détracteurs de l'initiative russe craignent que celui-ci puisse à terme rendre caduque le texte européen[855].

Il faut dire que l'Europe a été l'instigatrice de nombreuses initiatives concernant l'encadrement des activités dans le cyberespace. Nous pensons, certes au RGPD étudié dans le chapitre précédent, mais également à la Directive sur le droit d'auteur votée le 26 mars 2019[856],

---

[851] Voir notamment les travaux du Conseil de l'Europe, de l'Organisation de Shanghai pour la coopération, de la Ligue des états arabes et de l'Union africaine sur le sujet.

[852] ASSEMBLÉE GÉNÉRALE DES NATIONS UNIES, préc., note 850, par. 69.

[853] *Id.*, par. 71.

[854] Le « Grand Firewall de Chine », dénommé par analogie avec la grande muraille de Chine, est le nom usuel du projet « Bouclier doré », projet de surveillance et de censure d'Internet géré par le Ministère de la sécurité publique chinois.

[855] AFP, préc., note 849.

[856] Comme le précise le Parlement européen, la directive sur le droit d'auteur doit permettre aux titulaires de droits (les créateurs) et aux éditeurs de presse « d'obtenir de meilleurs accords de rémunération » pour l'utilisation de leurs œuvres et contenus « figurant sur les plateformes internet ». La loi européenne rend ainsi les plateformes « directement responsables des contenus uploadés sur leur site, et donne automatiquement le droit aux éditeurs de presse de négocier des accords au nom des journalistes pour tout article utilisé par les agrégateurs de nouvelles ». PARLEMENT EUROPÉEN et CONSEIL DE L'UNION EUROPÉENNE, *Directive (UE) 2019/790 du Parlement européen et du Conseil du 17 avril 2019 sur le droit d'auteur et les droits voisins dans le marché unique numérique et modifiant les directives 96/9/CE et 2001/29/CE*, (UE) 2019/790, Bruxelles, 2019. Pour de plus amples informations, voir également Camille RICHIR, « Qu'est-ce que la directive européenne sur le droit d'auteur ? », (2 décembre 2020), en ligne : https://www.touteleurope.eu /economie-et-social/qu-est-ce-que-la-directive-europeenne-sur-le-droit-d-auteur/.

ou encore la question du droit à l'oubli[857]. Ces textes dont la portée se limite aux frontières européennes, ont contribué à accélérer la balkanisation du Web. En effet, certains sites comme l'US Magazine, le L.A. Time, le Chicago Tribune ou encore le New York Daily News ont préféré couper leurs accès aux Européens plutôt que de se mettre en règle[858]. Concernant le droit à l'oubli, la Cour de justice de l'Union européenne (CJUE) a elle-même reconnu que celui-ci ne s'appliquait pas en dehors de l'UE donnant ainsi raison à Google dans une affaire qui l'opposait à la Commission nationale de l'informatique et des libertés (CNIL)[859]. En revanche, elle n'oublie pas de prendre en considération les détournements possibles à sa décision en intégrant cette idée qu'elle ne sera pas compétente si les internautes européens venaient à utiliser les versions étrangères de certains sites internet utilisés en Europe[860].

Sur un tout autre plan, il nous parait également intéressant de soulever la formation d'une doctrine juridique américaine du conflit cyber. Les États-Unis ont développé une approche qu'ils sont les seuls à partager concernant l'application du droit des conflits armés dans le cyberespace[861]. Pour eux, ce dernier est totalement intégré à leur

---

[857] Le droit à l'oubli numérique est un droit au déférencement, c'est-à-dire qu'un individu a le droit de demander à un moteur de recherche la suppression de résultats qui lui sont associés. Seule la personne concernée peut demander ce déférencement.

[858] Voir Benjamin FERRAN, « Les dangers d'une «balkanisation du Web» », Lefigaro.fr, (14 avril 2019), en ligne : https://www.lefigaro.fr/secteur/high-tech/les-dangers-d-une-balkanisation-du-web-20190414, et Mylène BERTAUX, « Comment les Européens se sont fait virer des sites américains », *L'ADN*, (28 mai 2018), en ligne : https://www.ladn.eu/media-mutants/comment-les-europeens-se-sont-fait-virer-des-sites-americains.

[859] CJUE, *ARRÊT DE LA COUR (grande chambre) 24 septembre 2019, « Renvoi préjudiciel – Données à caractère personnel – Protection des personnes physiques à l'égard du traitement de ces données – Directive 95/46/CE – Règlement (UE) 2016/679 – Moteurs de recherche sur Internet – Traitement des données figurant sur des pages web – Portée territoriale du droit au déréférencement »*, ECLI:EU:C:2019:772 (09 2019).

[860] Pour l'avocat Romain Perray : « Certes, le droit à l'oubli n'a vocation à s'appliquer que sur le territoire européen, mais la Cour de justice est tout à fait claire : encore faut-il que les moteurs de recherche mettent en place des mesures efficaces pour empêcher les internautes d'aller sur les versions étrangères de leur site ». Dans Guillaume ERNER, « Droit à l'oubli : pourquoi se limite-t-il aux frontières de l'Europe ? », *France Culture*, en ligne : https://www.franceculture.fr/emissions/la-question-du-jour/droit-a-loubli-limite-aux-frontieres-de-leurope-quest-ce-que-ca-change-pour-les-internautes.

[861] Pour les Américains, il n'y a pas de distinction possible d'un point de vue juridique entre l'espace cinétique et l'espace cybernétique. De plus, ils mettent en avant la possibilité de recourir en tout temps à la légitime défense préemptive, ou ce qu'ils appellent la « défense en avant ». Cette stratégie consiste à essayer de « perturber ou stopper à la source la cyberactivité malveillante », en maintenant un contact permanent avec les adversaires potentiels dans le

conception du conflit et de la guerre. Comme le souligne Sébastien-Yves Laurent, « la spécificité américaine tient aux règles d'emploi brouillant les limites classiques de ce qui est cinétique et ne l'est pas, et de ce qui est militaire et ne l'est pas[862] ». Cela s'observe d'autant plus dans les deux éditions du Manuel de Tallinn parues respectivement en 2013 et 2017. Malheureusement pour les États-Unis, leur approche n'est pas parvenue à séduire le reste de la communauté internationale. Au contraire, celle-ci rencontre de nombreuses oppositions notamment autour des interprétations de la Charte des Nations Unis, que ce soit concernant la qualification des cyberattaques en tant qu'« agression armée » (article 2§ 4 CNU) ou la reconnaissance du droit de légitime défense (article 51 CNU). La rencontre du GEG de 2017 a d'ailleurs parfaitement illustré la difficulté de parvenir à une vision commune tant les avis sur ces questions sont divisés. Ce phénomène de balkanisation se ressent donc au sein même des instances internationales, et touche directement les projets de coopération (coopération internationale de lutte contre la cybercriminalité, collaboration technique, coordination de la divulgation de vulnérabilités et partage des informations sur les menaces par le biais des CERT, CIRC, SOC, etc.)[863].

Nous aimerions d'ailleurs ouvrir une parenthèse quant aux risques sécuritaires et géopolitiques que cette fragmentation du cyberespace peut engendrer. Le principe de coopération est considéré depuis longtemps comme l'une des pierres angulaires du droit international. Si les États n'ont certes pas l'obligation de l'appliquer, celui-ci fait tout de même partie des buts des Nations Unies, l'article 1§ 3 CNU mentionnant explicitement l'utilité de son application pour résoudre les problèmes internationaux. Or en adoptant une logique de repli sur eux-mêmes et/ou d'isolement, les États viennent à entraver leur capacité

---

monde entiers – y compris sur leurs propres réseaux. Le but est d'imposer « une confrontation tactique et des coûts stratégiques aux adversaires en les obligeants à mobiliser des ressources pour leur défense et à réduire leurs attaques ». Voir Sébastien-Yves LAURENT, *Les gouvernances mondiales fragmentées*, Rapport de recherche ANR-14-CE28-0024-02, coll. Programme « UTIC France-Europe » - Livrable n8 v.06, Bordeaux, IRM / Université de Bordeaux, 2019, p. 11. Voir également Susan DAVIS, *L'OTAN et le cyberespace : Renforcer la sécurité et la défense, stabiliser la dissuasion - Rapport général*, n°148 STC 19 F, Commission des sciences et des technologies, 2019, p. 4; US CYBER COMMAND, *Achieve and Maintain Cyberspace Superiority - Command Vision for US Cyber Command*, 2018 ; et, DOD - USA, *Summary - Department of Defense Cyber Strategy*, 2018.

[862] S.-Y. LAURENT, préc., note 861, p. 11.

[863] A. CATTARUZZA, D. DANET, A. DESFORGES, F. DOUZET et D. NACCACHE, préc., note 808, p. 106.

conjointe à combattre les cybermenaces, puisqu'il est fort probable que leurs centres d'alertes et de réactions aux cyberattaques ne rendront plus les informations accessibles à tous, c'est-à-dire aux centres de compétences réseaux, aux opérateurs et fournisseurs d'accès à Internet, ainsi qu'aux CERT nationaux et internationaux. Par conséquent, en s'abstenant de partager les vulnérabilités et les incidents de sécurité, les États et le secteur privé seront plus exposés aux menaces, et auront plus de difficultés à les prévenir, à être réactifs, et à agir de façon efficace et cohérente. Sans dialogues internationaux et régionaux entre l'ensemble des acteurs du numérique, il sera beaucoup plus compliqué d'instaurer des bonnes pratiques (et/ou des mesures de bonnes conduites), et de réduire les effets des cyber risques dans le monde virtuel ou physique, puisque chaque pays se retrouvera livré à lui-même[864]. Nous ajouterions qu'une fragmentation par cloisonnement peut fortement augmenter les risques d'escalade involontaire et de violence incontrôlée entre les acteurs du numérique, et ce en l'absence de seuils de représailles clairement identifiés en droit international[865]. Comme l'a très justement souligné Martin Libicki, une crise dans le cyberespace a plus de chance d'être le résultat d'une méfiance mutuelle ou d'un manque de confiance réciproque (*mutual mistrust*) entre États[866]. En effet, l'opacité entourant les opérations cybernétiques renforce largement ce sentiment, tout comme l'absence de précédent de crises ou de conflits dans l'espace numérique. Les États ne pouvant pas anticiper les réactions de l'adversaire, ces derniers auront tendance à envisager les pires scénarios, ce qui en retour constitue un terreau favorable à l'éclosion d'une crise. Nous fermerons donc cette parenthèse en soulignant l'importance de la coopération et de la transparence entre tous les acteurs du numérique pour maintenir la cyberstabilité mondiale.

Concernant cette intensification des initiatives étatiques de régulation du réseau observée un peu partout à travers le monde, celle-ci montre que le système d'autorégulation mis en place par les acteurs

---

[864] Eugène KASPERSKY, « Cyber sécurité : les États vont devoir choisir entre balkanisation ou coopération », Silicon (3 octobre 2018), en ligne : https://www.silicon.fr/avis-expert/cyber-securite-les-etats-vont-devoir-choisir-entre-balkanisation-ou-cooperation.

[865] A. CATTARUZZA, D. DANET, A. DESFORGES, F. DOUZET et D. NACCACHE, préc., note 808, p. 106.

[866] Voir le Chapitre 1 de Martin C. LIBICKI, *Crisis and Escalation in Cyberspace*, Santa Monica, CA, RAND, 2012.

privés n'est plus suffisant[867]. Si les États veulent contrôler tous les pans du numérique, et exercer leur souveraineté dans le cyberespace, il faut comprendre que ce sont les acteurs privés qui supportent les coûts que la fragmentation du réseau engendre[868]. Konstantinos Komaitis, directeur politique et stratégique de l'*Internet Society*, souligne cette tendance dérangeante des gouvernements à interférer directement avec Internet[869]. Selon lui, les États essayent de résoudre des questions politiques de court terme sans se soucier des dommages qu'ils créent à long terme[870]. C'est notamment ce qu'il s'est passé en Inde[871], ou encore en Irak[872] en 2019. Du fait de cette situation, l'Internet Socicty

---

[867] On s'aperçoit aujourd'hui que dans de nombreux domaines, comme la chasse aux contenus répréhensibles, les grandes plateformes du numérique rechignent à réguler et attendre des directives des tribunaux ou des régulateurs. Ce fut le cas lors des attentats de 2015 en France. A. AGET, préc., note 839.

[868] Cela a été le cas il y a quelques années, concernant la loi servant à relocaliser les données des internautes russes sur des serveurs basés en Russie. Des opérateurs russes ont dû supporter le coût de ces mesures. C'est également le cas avec la loi RuNet de 2019, puisque les acteurs privés ont dû mettre la main à la poche pour mettre en place des équipements permettant la mise en place d'une surveillance par les autorités russes en temps réel. Nous pensons à l'agence Roskomnadzor (Service fédéral de supervision des communications, des technologies de l'information et des médias de masse) qui est, en quelques sortes, le « gendarme » des télécoms russes. N. MARTIN, préc., note 844.

[869] "From the news of Belarus cutting off civilian access to parts of the Internet during protests over the disputed election, to the Trump administration introducing the 'Clean Network program' and banning Chinese apps, TikTok and WeChat, a raft of proposals to control the Internet has left it at increasing risk of becoming the "Splinternet," a less resilient, efficient, dynamic and open network." Dans « Internet Society Launches First Ever Toolkit to Gauge the Impact of Regulation on the Internet », *Internet Society* (9 septembre 2020), en ligne : https://www.internetsociety.org/news/ press-releases/2020/internet-society-launches-first-ever-toolkit-to-gauge-the-impact-of-regulation-on-the-internet/.

[870] Marjorie PAILLON, « "Splinternet" : halte à la fragmentation du web ! », *France 24*, sect. eco/tech (11 septembre 2020), en ligne : https://www.france24.com/fr/%C3%A9co-tech/20200911-splinternet-halte-%C3%A0-la-fragmentation-du-web.

[871] De violentes manifestations ont eu lieu en Inde en décembre 2019 à la suite de l'adoption d'une loi jugée discriminatoire pour les musulmans. Afin de contenir le mouvement de contestation, le gouvernement a coupé partiellement ou totalement des connections Internet dans certains endroits du pays. Marie DE FOURNAS, « Coupure Internet en Inde: l'arme privilégié du gouvernement pour étouffer les manifestations marchera-t-elle ? », 20minutes.fr (27 décembre 2019), en ligne : https://www.20minutes.fr/high-tech/2680727-20191222-coupures-internet-inde-arme-privilegiee -gouvernement-etouffer-manifestations-marchera.

[872] La jeunesse iraqienne a dénoncé la corruption, le chômage et la déliquescence des services publics dans le pays. Pour tenter d'étouffer les mouvements de contestation, le gouvernement a décidé en octobre 2019, non seulement de tirer à balles réelles sur les manifestants, mais également de couper l'accès à Internet dans tout le pays. Marie DE FOURNAS, « Manifestations en Irak: En coupant Internet, le gouvernement ne fait qu'amplifier la contestation », 20minutes.fr (28 octobre 2019), en ligne : https://www.20minutes.fr/high-tech/2637271-20191026-manifestations-irak-coupant-internet-gouvernement-fait-amplifier-contestation.

a décidé de proposer aux gouvernements une boite à outils composée de cinq questions afin de les aider à analyser si une loi, une décision ou une « tendance technologique » peut nuire aux fondements de l'Internet. Ce kit d'évaluation décrit l'Internet dans son état optimal, c'est-à-dire un réseau de réseaux universellement accessible, décentralisé et ouvert, facilitant la circulation libre et efficace des connaissances, des idées et des informations. Il se base sur le document *Internet Way of Networking (IWN) : Defining the Critical Properties of the Internet*[873] publié en 2020, qui explique comment la fondation unique de l'Internet est responsable de sa force et de son succès. Celui-ci identifie également les propriétés critiques qui doivent être protégées pour permettre à l'Internet d'atteindre son plein potentiel :

- Un réseau polyvalent et neutre sur le plan technologique – un environnement dynamique simple et adaptable qui offre des possibilités infinies d'innovation ;

- Une architecture ouverte composée d'éléments constitutifs interopérables et réutilisables – une infrastructure ouverte avec un ensemble de normes permettant une innovation sans autorisation ;

- Une gestion décentralisée et un système de routage distribué unique – le routage distribué permet aux réseaux locaux de se développer, tout en maintenant la connectivité mondiale ;

- Identifiants mondiaux communs – un identifiant commun unique permettant aux ordinateurs et aux dispositifs du monde entier de communiquer entre eux ;

- Une infrastructure accessible dotée d'un protocole commun – un « langage commun » permettant une connectivité mondiale et un accès illimité à l'Internet.

À travers ce kit qui se veut un référentiel d'évaluation réglementaire, l'*Internet Society* cherche à mettre les gouvernements devant leurs responsabilités. Pour Konstantinos Komaitis, « si après cette évaluation les États décident quand même d'exercer certaines politiques

[873] Pour de plus amples informations, voir « The Internet Way of Networking: Defining the critical properties of the Internet », *Internet Society*, en ligne : https://www.internetsociety.org/resources/doc/2020/internet-impact-assessment-toolkit/critical-properties-of-the-internet/.

susceptibles de mettre en danger l'Internet, on pourra les pointer du doigt et leur demander de rendre des comptes[874] ».

Finalement, que retenons-nous de ces observations ? Déjà que la balkanisation du Web est un phénomène principalement (mais pas exclusivement, puisque nous avons vu dans le paragraphe précédent que les acteurs privés créent une fragmentation par le bas) voulu par les États qui cherchent à reprendre le contrôle du Web en adoptant une logique protectionniste et unilatéraliste, et ce à travers la reconnaissance du principe de souveraineté étatique dans le cyberespace, et l'établissement de règlementations nationales spécifiques aux activités numériques. Ensuite, que ce « Splinternet » tend à nous orienter vers un contrôle de plus en plus étendu du réseau, qui risque – si on ne trouve aucune solution de coopération ou que l'on décide d'adopter une posture passive – de se transformer en un Internet à deux niveaux : un Internet mondial uniquement accessible aux propriétaires d'entreprises (tels que les GAFAM) et aux gouvernements, et un intranet local pour les citoyens qui sera propre à chaque nation[875] à l'image de ce qui existe déjà dans certains pays totalitaires. Cette scission du monde numérique créée des risques sécuritaires et géopolitiques majeurs. De ce fait, nous sommes en droit de nous demander comment espérer un droit international reconnu et accepté de tous, au contenu clair et précis, cohérent avec les objectifs de maintien de la paix et de la sécurité internationales, et efficace à réguler toutes les activités cybernétiques, lorsque nous faisons aujourd'hui face à la multiplication d'outils régulatoires nationaux et régionaux aux intérêts contradictoires. Les acteurs du numérique (États, acteurs privés et société civile) vont nécessairement devoir se positionner : veulent-ils coopérer, ou être divisés ? S'il semble acquis que la gouvernance du cyberespace n'est pas seulement la chose des pouvoirs publics (comme l'a notamment prouvé l'Appel de Paris), il est aujourd'hui impératif d'harmoniser l'ensemble des vues en recourant au concept développé par Mireille Delmas-Marty : le « pluralisme ordonné[876] ».

---

[874] M. PAILLON, préc., note 870.

[875] Kevin TOWNSEND, « La liberté sur Internet, entre balkanisation et mondialisation », (20/02/2020) en ligne : https://blog.avast.com/fr/is-the-internet-becoming-less-open-avast.

[876] « Pluralisme » pour répondre au risque d'hégémonie du droit d'un État sur les autres (on pense ici à la tendance à une « américanisation du droit de l'Internet); et « ordonné » pour éviter à la fois la fragmentation et l'incohérence, en organisant le pluralisme autour de notions communes. M. BASTIAN, préc., note 557, p. 8. Voir «également Mireille DELMAS-MARTY, *Le*

SECTION 2 : Préconiser un « pluralisme ordonné » reconnu et accepté de tous

DESSINER ENSEMBLE LA RÉGULATION DU CYBERESPACE

« Ce qui domine le paysage juridique actuel, c'est le grand désordre d'un monde à la fois fragmenté à l'excès [...] et trop vite unifié, voire uniformisé, par une intégration hégémonique qui se réalise simultanément dans le silence du marché et le fracas des armes. Ordonner le multiple sans le réduire à l'identique, admettre le pluralisme sans renoncer à un droit commun [...], peut dès lors sembler un objectif inaccessible et même contradictoire[877] ». Pourtant, il est loin d'être inatteignable. Il nécessite de respecter la diversité des acteurs qui composent notre monde, tout en permettant une harmonie d'ensemble. Les organisations internationales comme l'ONU, ont d'ailleurs reconnu l'utilité de l'approche multi-acteurs pour gérer les systèmes complexes dont Internet et le cyberespace font parties. Elle n'est certes pas un remède miracle[878], mais elle peut offrir des clés utiles pour une bonne gouvernance de l'Internet, telles que le recours à la corégulation[879] (I) et à l'internormativité (II). Pour fonctionner, elle nécessitera tout de même l'application des principes d'inclusion et de transparence pour que tous les acteurs du numérique puissent se faire confiance (III). Le but serait ainsi qu'ils dessinent ensemble la régulation du cyberespace, tout en gardant à l'esprit que cela nécessitera de faire des compromis[880] ; car selon nous, on obtient de bien meilleures réponses

---

Pluralisme ordonné. Les Forces imaginantes du droit, 2, Éditions du seuil, coll. La Couleur des Idées, Paris, 2006.

[877] Mireille DELMAS-MARTY, *Le pluralisme ordonné et les interactions entre ensembles juridiques*, Texte inspiré d'une conférence présentée le 26 janvier 2006 à l'Université Bordeaux IV sur l'invitation de M.- C. Ponthoreau, par renvoi au livre Les forces imaginantes du droit (II), Le pluralisme ordonné, Seuil, 2006., p. 1.

[878] Pour reprendre les propos de l'*Internet Society,* « l'approche multi-acteurs est une trousse à outils, pas un remède miracle ». INTERNET SOCIETY, *Gouvernance de l'Internet – Pourquoi l'approche multipartite fonctionne*, 7 juin 2016, p. 1.

[879] « La bonne gouvernance par la corégulation insiste notamment sur l'ouverture et la participation ». Karim BENYEKHLEF, « Une introduction au droit global » (8 janvier 2017), en ligne : https:// www.karimbenyekhlef.ca/blogue/2017/01/08/une-introduction-au-droit-global/.

[880] Un accord international obtenu dans un cadre multilatéral (ou dans notre cas, un cadre *multistakeholder*) sera dans la majorité des cas « construit autour de compromis qui respectent en totalité ou en partie les intérêts spécifiques des parties ou encore, au nom d'un intérêt dit supérieur et ce, en l'absence de proposition considérée par une ou des parties comme inacceptable ». (Voir Pierre BINETTE, « Analyse des paramètres et des facteurs qui agissent sur les processus de négociation dans les organisations internationales », dans *Négociations*, coll. Des Hauts et Débats, L'Harmattan, 2018, p. 93-112 à la page 94. En ce sens la corégulation du cyberespace devra être pensée et instaurée par les acteurs du numérique, non pas sur la base de

aux problématiques globales lorsque toutes les personnes concernées peuvent contribuer de manière significative à leur résolution.

I. La corégulation du cyberespace

CHOISIR UNE « MÉTHODE ADAPTÉE AUX TEMPS NOUVEAUX[881] »

« 20 ans de discours politiques pour un seul constat : la régulation du monde immatériel est insuffisante voire inexistante[882] ». La multiplication des attaques informatiques à travers le monde démontre cette inefficacité du droit international actuel à encadrer les activités cybernétiques. Parce qu'il en a toujours été ainsi, les États se sont octroyé le droit de décider seuls de l'avenir du cyberespace et de sa réglementation internationale. Pourtant, le vent semble aujourd'hui tourner dans un tout autre sens : celui d'une gouvernance *multistakeholder* où chacun des acteurs du numérique aurait sa place dans le processus régulatoire. Dans ce paragraphe, il s'agira d'expliquer en quoi consiste cette corégulation (1) prônée par Emmanuel Macron lors de l'Appel de Paris[883]. Nous nous attarderons ensuite sur l'*Internet*

---

la domination ou de la soumission des intérêts des parties en présence, mais sur le consensus et le compromis. Plus encore, nous pensons qu'une coopération fondée sur la confiance mutuelle et le respect des droits fondamentaux peut résoudre de nombreux conflits, dont ceux relatifs aux activités menées dans le cyberespace. Il est certain que cela ne se fera pas sans difficulté, du fait notamment des rivalités qui existent entre les États-Unis et le clan sino-russe (opposition entre les théories d'un Internet ouvert et international du réseau et celles d'un réseau Internet clos où le pouvoir politique régional et national peut s'appliquer sans concurrence). Cependant, celles-ci sont principalement dues au manque de confiance qui existe entre ces États, problème qui peut être surmonté s'ils « comprennent pourquoi et comment l'autre conçoit ses actions en intégrant leurs conséquences sur le plan national et international ». (Voir Ping HUANG et Michèle RIOUX, « Gouvernance de l'Internet – vers l'émergence d'une cyberpuissance chinoise ? », (2015) 1-41 *Monde Chinois*, pp. 79-94 à la page 91.) Ce manque de confiance s'observe également entre les États et les acteurs privés qui ont pourtant comme intérêt commun, la stabilité du cyberespace et la confiance des utilisateurs. Il leur appartiendra donc de trouver le bon compromis pour arriver à la fois à transposer la souveraineté territoriale dans l'espace cybernétique (voulue par les gouvernements), et assurer la continuité et le développement des activités économiques (voulue par le secteur privé).

[881] Propos de Christian PAUL cité dans K. BENYEKHLEF, préc., note 20, p. 744.

[882] C. RICHET, préc., note 775.

[883] Pour Emmanuel Macron, « la saine défiance entretenue par les entreprises et les sociétés civiles à l'encontre des gouvernements ne doit pas nous empêcher de poursuivre un intérêt commun. Il y aura inévitablement à l'avenir davantage de régulation, et vous serez les premiers (sous-entendu les entreprises privées et la société civile) à faire les frais de règles mal élaborées. Entre la complète autogestion, sans gouvernance (soit un Internet californien) et un Internet cloisonné et entièrement surveillé par des États forts et autoritaires (soit un Internet chinois), nous plaidons pour une troisième voie française et européenne (sous-entendu, qui se fonde sur la corégulation) ». Amaelle GUITON, « Internet : Macron se pose en champion de la corégulation », *Libération*, sect. International (13 novembre 2018), en ligne :

Corporation for Assigned Names and Numbers ou ICANN (2), autorité phare du cyberespace ayant expérimenté cette méthode collaborative/coopérative de régulation. De cette analyse, nous constaterons que la corégulation est plus qu'adaptée pour encadrer efficacement les activités cybernétiques en droit international.

1. La signification de la corégulation

Pour Boris Barraud, « la régulation consiste en l'ensemble des actions dont l'objet est d'assurer le bon fonctionnement d'un système complexe, d'une société ou d'un secteur d'activité, et ce au moyen de normes et de règlementations, mais aussi d'actes de gestion n'aboutissant pas à créer des « devoir-être »[884] ». À ce titre, il existerait donc trois formes de régulation : l'autorégulation que nous avons déjà étudiée dans notre précédent chapitre, la régulation publique (ou étatique) vue notamment au Chapitre 2 ; et enfin, la corégulation qui se situe entre la première et la deuxième notion. Avec elle, la régulation ne serait plus l'affaire d'un seul acteur (privé ou public), mais de tous. En effet, l'utilisation du préfixe « co » (du latin *cum*) indique l'idée d'association, de participation, de simultanéité[885]. De ce fait, la corégulation désignerait l'idée de « réguler ensemble[886] » ; mais encore faut-il connaitre le degré exact d'investissement de ces différents acteurs. Le concept est ouvert et flexible, et ce afin de correspondre aux besoins précis de régulation des différents secteurs d'activités[887].

Pour des États comme la France, la corégulation existe lorsque le législateur et le gouvernement élaborent la loi et le règlement après avoir recueilli l'avis des destinataires des normes. Ici, les acteurs non étatiques ne sont perçus que comme de simples consultants, et les actes normatifs qui en découlent demeurent classiques[888], c'est-à-dire purement étatiques. Dans ces conditions, peut-on véritablement parler de corégulation ? Pour nous, la réponse est mitigée, car la « participation » des acteurs privés et de la société civile est plus

---

https://www.liberation.fr/planete/2018/11/13/internet-macron-se-pose-en-champion-de-la-coregulation_1691697/.

[884] B. BARRAUD, préc., note 582, p. 93.

[885] « co- », dans Larousse, en ligne : https://www.larousse.fr/dictionnaires/francais/co-/16723.

[886] Jacques IGALENS, « Autorégulation et corégulation », dans *Dictionnaire critique de la RSE*, Presses universitaires du Septentrion, Villeneuve d'Ascq, 2013, p. 90.

[887] K. BENYEKHLEF, préc., note 20, p. 744.

[888] B. BARRAUD, préc., note 582, p. 94.

artificielle que réelle. Cette corégulation « à la française » semble en effet se satisfaire d'une simple mise en relation, d'une simple prise de contacts entre toutes les parties, ce qui ne correspond pas à la vision que nous avons d'une méthode de régulation coopérative pluri-acteurs. Selon nous, il est impératif que la volonté de collaborer soit partagée par les pouvoirs publics et par le secteur privé, et qu'ils décident ensemble des dispositions dont ils sont destinataires.

Une autre forme de corégulation a été présentée par l'Union européenne en 2003 avec son Accord interinstitutionnel « Mieux légiférer »[889]. Elle a été définie comme « le mécanisme par lequel un acte législatif [...] confère la réalisation des objectifs définis par l'autorité législative aux parties concernées reconnues dans le domaine

---

[889] Ce programme a pour objectif déclaré de renforcer l'efficacité de l'UE à travers une amélioration de sa production juridique. Dans le livre blanc sur la « gouvernance européenne », qui constitue le document central du programme « Mieux légiférer », est notamment mentionnée l'utilisation d'instruments alternatifs de politique publique par le biais de l'autorégulation et de la corégulation, le but étant de permettre l'intervention d'une série d'acteurs jugés légitimes (dépassant le triangle institutionnel) afin qu'ils puissent faire valoir leur point de vue et coordonnent leurs actions. (Voir Fabienne PERALDI-LENEUF, « Vers une externalisation de la production du droit de l'Union européenne. L'exemple de la corégulation (policy cooperation) », dans *L'Union européenne et l'idéal de la meilleure législation*, Pedone, coll. Cahiers européens, n°5, Paris, 2013, pp. 191-208.) En associant les destinataires au processus d'élaboration des normes, on assiste à un changement de philosophie. En effet, avec ce programme le législateur ne jouit plus des privilèges d'antan, et le droit ne bénéficie plus d'une légitimité de principe. Pour reprendre les termes de Jacques Chevallier : « le droit se trouve investi par une rationalité managériale, sous tendue par l'impératif d'efficacité ». (Voir Jacques CHEVALLIER, « Peut-on rationaliser la production du droit ? », dans *L'Union européenne et l'idéal de la meilleure législation*, Pedone, coll. Cahiers européens, n°5, Paris, 2013, pp. 17-30.) Pour Arnaud van Waeyenberge, l'accord « Mieux légiférer » s'inscrirait ainsi dans le mouvement *New Public Management* en reprenant ses principales recettes, à savoir : « la gestion doit être dirigée vers le citoyen, offrir plus de latitudes aux gestionnaires pour innover, être axée sur les résultats et les objectifs, et l'utilisation des instruments de gestion et de contrôle du management privé est profitable pour le secteur public ». (Voir Arnaud VAN WAEYENBERGE, « Vers une meilleure méthode communautaire? », dans *L'Union européenne et l'idéal de la meilleure législation*, Pedone, coll. Cahiers européens, n°5, Paris, 2013, pp. 7-16 à la page 15.) Toutefois, et comme le souligne Sophie Robin-Olivier ce programme néglige « une autre justification essentielle de la loi [...] : celle de la justice sociale ». (Voir Sophie ROBIN-OLIVIER, « Mieux légiférer en matière sociale : la règlementation intelligente confrontée à l'objectif d'égalisation dans le progrès des conditions de vie et de travail », dans *L'Union européenne et l'idéal de la meilleure législation*, Pedone, coll. Cahiers européens, n°5, Paris, 2013, pp. 97-114.) C'est ainsi que pour Arnaud van Waeyenberge, le système devrait être améliorer notamment en permettant l'accès équitable au processus décisionnel de toutes les parties prenantes. (Voir A. VAN WAEYENBERGE, préc., à la page 16.) Pour de plus amples informations concernant « le nouveau modèle européen de production normative », voir également Arnaud VAN WAEYENBERGE, *Nouveaux instruments juridiques de l'Union européenne: Évolution de la méthode communautaire*, coll. Études, Belgique, Larcier, 2015, pp. 142-174.

(notamment les opérateurs économiques, les partenaires sociaux, les organisations non gouvernementales ou les associations)[890] ». Il y aurait donc corégulation lorsque les pouvoirs publics fixent des exigences essentielles, puis laissent aux acteurs privés le soin d'établir leurs propres cadres normatifs dans le respect de ses exigences. Le meilleur exemple est celui du Règlement général sur la protection des données. Ce texte étudié brièvement dans notre précédent chapitre, est le fruit d'un accord passé entre le Conseil de l'UE, la Commission européenne et le Parlement européen. Il invite les entreprises du secteur privé à se responsabiliser, et à définir par elles-mêmes les mesures de mises en conformité qu'elles estiment les plus adaptées pour être en accord avec les buts visés par le Règlement, et ainsi protéger les données de leurs utilisateurs (salariés et clients)[891]. À la différence de l'exemple précédent, la corégulation impliquerait ici un acte public positif imposant aux acteurs privés de s'auto-réguler sous peine de sanction. Cette situation rejoint la vision que Boris Barraud a de la corégulation, à savoir « une autorégulation encadrée, une autorégulation dirigée, une autorégulation provoquée[892] » par les acteurs étatiques. De ces observations, nous en venons à nous interroger sur le fonctionnement de cette corégulation « à l'européenne », qui se veut être un « partage de compétences » entre acteurs publics et privés. Celle-ci semble plus revêtir la forme d'une contrainte que d'une réelle collaboration. En effet, les acteurs publics peuvent obliger légalement les acteurs privés à respecter les dispositions mises en place, comme ils sont aussi en mesure de leur offrir certains avantages en échange du travail fourni. En cas de manque de normes privées, les États peuvent également les menacer d'édicter une règlementation stricte. Dans ces conditions, il parait difficile de considérer que les acteurs étatiques et le secteur privé soient sur un pied d'égalité.

---

[890] PARLEMENT EUROPÉEN, CONSEIL DE L'UE ET COMMISSION EUROPÉENNE, *Accord interinstitutionnel « Mieux légiférer »*, (2003) J.O. C321/01, art. 18.

[891] Pour de plus amples informations, voir PARLEMENT EUROPÉEN et CONSEIL DE L'UNION EUROPÉENNE, *Règlement relatif à la protection des personnes physiques à l'égard du traitement des données à caractère personnel et à la libre circulation de ces données, et abrogeant la directive 95/46/CE (RGPD)*, (UE) 2016/679 (27 avril 2016), en ligne : https://eur-lex.europa.eu/legal-content/fr/txt/html/?uri=celex:32016r0679#d1e3068-1-1.

[892] Pour Boris Barraud, « cela signifie qu'il y aurait corégulation lorsque des acteurs privés élaborent des normes dans un cadre arrêté au préalable par les institutions publiques, lesquelles conservent un droit de regard sur les normes produites, qui peuvent être validées ou non à l'intérieur de l'ordre juridique étatique ». B. BARRAUD, préc., note 582, p. 95.

Finalement, notre conception de la corégulation s'inscrit dans une démarche plus postmoderne, en la considérant « comme un lieu d'échange, de négociation entre les « parties prenantes » et les titulaires de la contrainte légitime où se comparent les bonnes pratiques, afin de les ériger en recommandations[893] ». Plus précisément, nous l'envisageons comme un réel partenariat entre les pouvoirs publics et les opérateurs privés. Il ne s'agit pas, comme dans les conceptions françaises et européennes, de simplement consulter ou même contraindre les acteurs privés (ou transférer des pouvoirs). L'idée est que les décisions soient prises collectivement, en permettant à tous les acteurs de s'exprimer et de participer directement au processus régulatoire[894]. Pour reprendre les propos de l'*Internet society* : « plus le problème est difficile et interdépendant, plus la voie vers la solution doit être multi-acteurs[895] ». Du fait de son caractère ouvert, distribué, interconnecté et transnational, le cyberespace nécessite une approche *multistakeholder*. Cette pratique est déjà largement acceptée comme la meilleure manière de prendre des décisions politiques pour un réseau distribué à l'échelle mondiale. Par exemple en 2005, l'Assemblée générale des Nations Unies a convenu d'organiser le Sommet mondial sur la société de l'information dans un cadre multi-acteurs[896].

Nous comprenons que pour ceux qui tiennent au maintien du rôle de la puissance publique, la corégulation (telle que perçue par exemple en France ou dans l'UE) puisse présenter une garantie de l'implication de l'État, mais également asseoir sa place au sommet de la pyramide décisionnelle. Cependant, les organisations internationales (comme l'ONU et ses différents GEG) en conservant des mécanismes de

---

[893] Propos de Bertrand DU MARAIS cité dans K. BENYEKHLEF, préc., note 20, p. 743.

[894] « La participation « directe » d'acteurs non étatiques assurerait une légitimité renouvelée, différente, aux organisations internationales et aux normes qui sont adoptées en leur sein ». Benoit FRYDMAN, Corinne CLAVE, Olivier CORTEN, Damien DE BLIC, Nicolas ANGELET, Pierre KLEIN, Ruth MACKENZIE, Philippe SANDS et Laurence WEERTS, *Société civile et démocratisation des organisations internationales*, coll. Série Science et Société, Gand, Belgique, Academia Press, 2005, p. 3.

[895] INTERNET SOCIETY, préc., note 878, p. 3.

[896] Depuis 2005, de nombreuses organisations ont exprimé leur soutien à cette approche en considérant que l'expertise technique des acteurs privés était plus que nécessaire pour une bonne gouvernance de l'Internet. Nous pensons par exemple à l'Organisation de coopération et de développement économiques (2008), le Conseil de l'Europe (2009), la Conférence plénipotentiaire de l'UIT (2010), le NETmundial sur l'avenir de la gouvernance au Brésil (2014), ou encore le SMSI+10 mené par l'Assemblée générale des Nations Unies qui réitère son soutien à l'approche multi-acteurs, et au Forum sur la gouvernance de l'Internet (2015).

décision traditionnels exclusivement aux mains des États et des diplomates, ne permettent plus de répondre correctement aux besoins et aux nouvelles réalités de la société. Les revendications des acteurs privés du numérique comme Microsoft et sa convention de Genève du numérique, montrent leur volonté d'être désormais intégrés à la table des négociations internationales, et donc d'être considérés et reconnus comme des acteurs à part entière de la bonne gouvernance du cyberespace[897]. La corégulation, telle que nous l'entendons, aurait ainsi pour vocation de contribuer à une « recomposition du paysage juridique [qui soit] celle d'un enchevêtrement de logiques, des éléments de production du droit en réseau venant s'insérer dans les interstices, de plus en plus larges, ouverts dans la construction pyramidale traditionnelle[898] ». Nous passerions alors, comme le souligne Boris Barraud, « d'une pyramide de réseau » ou plutôt « des pyramides de réseaux », car le « réseau » serait un « réseau de pyramides »[899]. Par ce pluralisme, nous entrerions alors dans l'internormativité, la vraie ; celle de « la paix des sources[900] », où les puissances tant étatiques que privées s'associeraient. Nous l'étudierons plus avant dans notre second paragraphe à cette section. En attendant, nous avons décidé de revenir sur l'un des organismes les plus essentiel au sein du droit de l'Internet qui expérimente quotidiennement la corégulation : l'*Internet Corporation for Assigned Names and Numbers* (ou ICANN).

2. L'expérimentation de la corégulation : l'exemple de l'ICANN

« Le réseau mondial de communication qu'est Internet est né aux États-Unis et son « cœur », s'il existe vraiment, s'y trouve aujourd'hui

[897] Nous n'oublions pas les intérêts économiques et stratégiques en jeu derrière cette volonté affichée de vouloir participer au processus régulatoire. Pour autant, la complexité du réseau nécessite que les acteurs privés soient intégrés dans les discussions et les prises de décisions.

[898] B. Barraud, préc., note 582, p. 116.

[899] *Id.* Se référer également aux propos de Pierre Larouche sur l'intégration des acteurs publics et privés dans la gouvernance, et le dilemme que cela pose aux organisations internationales (Pierre Larouche dans *Les organisations internationales en transformation*, Thème 1 : Comment le contexte actuel (protectionnisme, intelligence artificielle, géographie, etc.) transforme-t-il les organisations internationales?, Montréal, Canada, 20/01/2021, à 10-20 min, en ligne : https://www.youtube.com/watch?v=9xtH_Owo8fE&list=PLlxZfr8XRJE0_E8gmhu8A5sRtm6oSYEbr&index=5.), ainsi qu'à ceux de Jean-Louis Bergel sur l'émergence d'une multitude de systèmes juridiques particuliers, distincts des ordres juridiques étatiques ou internationaux publics, et leur impact (Jean-Louis Bergel, *Théorie générale du droit*, 5e éd., coll. Méthodes du droit, Paris, Dalloz, 2012, p. 177)

[900] B. Barraud, préc., note 582, p. 103.

encore, y compris sous l'angle du droit ou de la gouvernance d'Internet[901] ». L'ICANN, autorité phare du cyberespace, est une institution particulièrement intéressante à étudier en termes de corégulation et d'internormativité. Cette instance est née le 30 septembre 1998 à la suite d'un processus amorcé par la *National Telecommunications and Information Administration* (NTIA) du Département du commerce américain en juin 1998. Suivant la proposition de l'Administration Clinton dans « *The Framework of Global Electronic Commerce*[902] », un livre vert[903] fut publié dans le but de recueillir les observations du public quant à la manière de gérer le système des noms de domaines (DNS). Des réponses obtenues, la NTIA présenta un livre blanc[904] dans lequel était mentionnée la possibilité d'une privatisation de la gestion du DNS[905] par la création d'une organisation en charge des « fonctions IANA » (*Internet Assigned Numbers Authority*). Plus précisément, celle-ci aurait pour mission d'administrer plusieurs ressources[906], et permettre l'instauration de mécanismes de prise de décision ascendante (*bottom-up*) afin d'accroitre la flexibilité du système. C'est ainsi que l'ICANN, société privée à but non lucratif destinée au bien public et régie par le droit californien, fut créée.

Pendant longtemps, cette organisation a entretenu une relation étroite avec le gouvernement américain, relation qui fit l'objet de vives contestations parmi les membres de la communauté internationale. Bien que les États-Unis aient régulièrement affirmé la privatisation totale de

---

901 *Id.*, p. 110.

902 THE WHITE HOUSE, « The Framework for Global Electronic Commerce », en ligne : https://clintonwhitehouse4.archives.gov/WH/New/Commerce/.

903 Ce Livre vert s'intitule « Proposition visant à améliorer la gestion technique des noms et des adresses Internet ». Pour de plus amples informations sur son contenu, voir NTIA, *A Proposal to Improve the Technical Management of Internet Names and Addresses*, 20 février 1998, en ligne :https://www.ntia.doc.gov/federal-register-notice/1998/improvement-technical-management-internet-names-and-addresses-proposed-.

904 Ce Livre blanc s'intitule « Gestion des noms et des adresses Internet ». Pour de plus amples informations sur son contenu, voir NTIA, *Management of Internet Names and Adresses*, 5 juin 1998, en ligne : https://www.ntia.doc.gov/federal-register-notice/1998/statement-policy-management-internet-names-and-addresses.

905 Le gouvernement américain avait déclaré : « nous nous engageons à mettre en œuvre une transition qui permettra au secteur privé de conduire la gestion du DNS ». Valérie TROVALETTO, *L'infrastructure d'internet entre régulation et gouvernance*, citée dans B. BARRAUD, préc., note 582, p. 111.

906 Plus précisément, ces ressources consistent en la zone racine DNS, l'annuaire de l'Internet, le découpage et l'attribution des adresses IP aux registres régionaux.

l'ICANN, leur influence sur le DNS est demeurée forte pendant plusieurs années. Celle-ci s'est traduite de diverses façons. Tout d'abord, l'ICANN avait pour obligation de transmettre des rapports réguliers de ses activités au Département du commerce américain[907]. Ensuite, les fonctions mêmes de l'organisation étaient tributaires du bon vouloir du gouvernement à lui en laisser la gestion par un ensemble de contrats à durée déterminée[908]. Ainsi, il conservait le pouvoir d'en reprendre le contrôle en tout temps. Enfin, les États-Unis détenaient un droit de *veto* concernant les modifications susceptibles d'être apportées au fichier racine[909]. Ce « droit de tutelle[910] » exercé par le gouvernement[911] à l'encontre de l'ICANN en a d'ailleurs poussé certains à qualifier l'organisation de « régulateur mi-privé mi-public[912] ».

Les tensions autour de l'influence américaine sur l'ICANN se sont trouvées particulièrement exacerbées lors du Sommet mondial sur la société de l'information (SMSI) de 2003, où certains États se sont manifestés en faveur d'une internationalisation de l'ICANN[913], alors

---

907 Pour en savoir plus, voir le Protocole d'accord signé entre l'ICANN et le NTIA : *Memorandum of Understanding between the U.S. Department of commerce and Internet Corporation for Assigned Names and Numbers,* 1998, en ligne : https://www.icann.org/resources/unthemed-pages/icann-mou-1998-11-25-en.

908 Nous pouvons citer trois accords : le *Memorendum of Understanding* (voir note précédente) conclu en 1998 et remplacé par un *Joint Project Agreement*, auquel s'est substitué une *Affirmation of Commitments* en 2009 ; le *Cooperative Research and Development Agreement* (CRADA) ; et, le contrat relatif à la fonction IANA. Voir Patrick JACOB, « La gouvernance de l'Internet du point de vue du droit international public », (2010) 56 *Annuaire français de droit international*, pp. 543-563, à la page 552.

909 Le fichier racine est un fichier texte de 454 kilo-octets répertoriant tous les domaines de premier niveau (ou TLD) qui sont utilisés sur l'Internet (.com, .uk. ca, etc.). La gestion de ce fichier confère à son détenteur un pouvoir économique et morale, car la création de nouvelles extensions permet de générer de nouvelles richesses et de nouveaux actifs numériques, mais aussi d'édicter les normes relatives à l'usage des extensions et des noms de domaine.

910 B. BARRAUD, préc., note 582, p. 110.

911 Cette mainmise du gouvernement américain sur l'ICANN a notamment conduit à cette idée que nous faisions face à une américanisation du droit de l'Internet, et à la domination des États-Unis sur sa gouvernance. Voir sur le sujet F. LATTY, préc., note 553, p. 51; B. BARRAUD, préc., note 582, p. 110.

912 Évelyne CLERC, « La gestion semi-privée de l'internet », dans *Le droit saisi par la mondialisation*, Bruxelles, Bruylant, 2001 à la page 333.

913 Le degré de l'internationalisation envisagé était lui-même variable, puisque comme le souligne Guillaume Le Floch, certains défendaient une prise en main de ses fonctions par une OI comme l'UIT, d'autres proposaient le remplacement de l'ICANN par une nouvelle OI, d'autres encore suggéraient qu'elle continue d'exercer ses fonctions sous le contrôle d'un

que d'autres étaient pour sa privatisation totale[914]. Ces critiques furent réitérées avec l'Agenda de Tunis de 2005, les participants soulignant l'importance de permettre à tous les gouvernements de jouer un rôle et avoir une responsabilité égale dans la gouvernance internationale de l'Internet, ainsi que dans le maintien de la stabilité, de la sécurité et de la continuité de ce réseau[915]. La situation a quelque peu été rectifiée en 2009 lorsque l'Union européenne a obtenu un droit de regard et de suggestion plus important au sein de l'instance. Cependant, il a fallu attendre les révélations d'Edward Snowden pour que les États-Unis fassent un réel geste d'ouverture en faveur de l'abandon de leur tutelle sur l'ICANN. Souhaitant certainement détourner l'attention de la communauté internationale de ses programmes de surveillance, le gouvernement américain a tenté de réorienter le débat en se focalisant sur la gouvernance de l'Internet. Plus précisément, en mars 2014, celui-ci a annoncé le retrait de la NTIA de la supervision des fonctions IANA, chargeant l'ICANN d'organiser un processus de transition vers « une communauté multipartite mondiale[916] ». En réalité, les discussions sur le sujet ne sont pas nouvelles puisque déjà en 2013, les instances techniques de la gestion de l'Internet annonçaient dans la Déclaration de Montevideo, la nécessité d'accélérer « la mondialisation des fonctions de l'IANA et de l'ICANN vers un environnement dans lequel toutes les parties prenantes, y compris tous les gouvernements, participeraient sur un pied d'égalité[917] ». Néanmoins, il est plus que

organe intergouvernemental plutôt que sous celui des États-Unis. Guillaume LE FLOCH, « Le sommet mondial de Tunis sur la société de l'information », *AFDI*, 2005, pp. 475-478.

914 Le représentant du Brésil au Forum de la gouvernance de l'Internet de 2008 synthétise ces positions : "We should work with the solutions of having either no governments at all, like the case of IETF, *World Wide Web Consortium*, Number resource organization, or we have all governments on board, like ITU or UNESCO. But, please, let's also avoid models driven by one single government, like ICANN". Dans FGI D'HYDERABAD, *Arrangements for Internet governance, global, and national/regional*, 5 décembre 2008, en ligne : https://www.intgovforum.org/ multilingual/content/the-igf-2008-meeting.

915 B. BARRAUD, préc., note 582, p. 91.

916 "To support and enhance the multistakeholder model of Internet policymaking and governance, the U.S. Commerce Department's National Telecommunications and Information Administration (NTIA) today announces its intent to transition key Internet domain name functions to the global multistakeholder community." Dans NTIA, *NTIA Announces Intent to Transition Key Internet Domain Name Functions*, 14 mars 2014, en ligne : https://www.ntia.doc.gov/press-release/2014/ntia-announces-intent-transition-key-internet-domain-name-functions.

917 « Déclaration de Montevideo sur l'avenir de la coopération pour l'Internet », *Icann.org* (7 octobre 2013), en ligne : https://www.icann.org/fr/announcements/details/montevideo-statement-on-the-future-of-internet-cooperation-7-10-2013-fr.

probable que les événements sur les capacités de surveillance de la NSA aient accéléré le processus[918]. D'ailleurs le lien entre surveillance et gouvernance a maintes fois été mentionné lors du Sommet NetMundial d'avril 2014, et des critiques ont encore été formulées à l'encontre du contrôle exercé par les États-Unis sur le réseau, notamment par le Brésil qui souhaitait la mise en place d'une gouvernance de l'Internet plus équitable[919].

Le chemin fut donc semé d'embûches avant que l'ICANN devienne l'« entité internationale autonome à but non lucratif » que nous connaissons aujourd'hui. Néanmoins, si la transition de sa supervision a été plutôt bien accueillie par certains[920], d'autres comme les représentants républicains du Congrès américain se sont clairement manifestés contre le modèle multi-acteurs craignant que des États totalitaires ne viennent à censurer directement des noms de domaine[921]. Le gouvernement américain a ainsi maintenu la pression sur l'organisation jusqu'à son émancipation en 2016, et ce afin de s'assurer que sa gouvernance se ferait bien par l'ensemble de la « communauté Internet », et non uniquement par les acteurs étatiques. La France et des pays d'Amérique Latine et d'Afrique ont dénoncé cette marginalisation

---

[918] A. CATTARUZZA, D. DANET, A. DESFORGES, F. DOUZET et D. NACCACHE, préc., note 808, p. 47.

[919] L'ancienne présidente du Brésil Dilma Roussef a déclaré lors de l'ouverture du sommet : « La gouvernance de l'Internet devrait être multisectorielle, multilatérale, démocratique et transparente par nature (…). Je dirais que j'attache particulièrement une grande importance à la perspective multilatérale, selon laquelle la participation des gouvernements devrait se faire sur des bases équitables de façon à ce qu'aucun pays n'ait plus de poids que les autres (…) Je parle d'égalité entre les États ». *Id.*, p. 48.

[920] Cette transition été saluée par le ministre des télécommunications chinois ainsi que par le Liban lors du sommet ICANN50 à Londres. Le président-directeur général de l'ICANN de l'époque, Fadi Chehadé a d'ailleurs applaudie les annonces faites par les deux États qui « témoignent d'un engagement mondial croissant vis-à-vis d'un modèle de gouvernance multipartite et inclusif de l'Internet, tout comme le niveau remarquablement élevé de participation de gens venus de toutes les régions de la planète ». Voir « La plus grande réunion jamais tenue par l'ICANN a lieu à Londres | Affirmation du modèle multipartite de gouvernance de l'Internet par les dirigeants mondiaux », *icann.org* (23 juin 2016), en ligne : https://www.icann.org/fr/announcements/details/release-largest-ever-icann-meeting-convenes-in-london--affirmation-of-multistakeholder-model-for-internet-governance-by-world-leaders-23-6-2014-fr.

[921] Ces parlementaires ont cherché à bloquer le processus par une proposition de loi : le *Dotcom Act*, le but étant, entre autres, d'empêcher que des États comme la Chine ou la Russie n'utilisent à mauvais escient ce changement de supervision pour mieux contrôler « leur » internet. Voir Brian FUNG, « What House lawmakers still don't get about control of the Internet », washingtonpost.com (3 avril 2014), en ligne : https://www.washingtonpost.com/news/the-switch/wp/2014/04/03/what-house-lawmakers-still-dont-get-about-control-of-the-internet/.

des États « dans les processus de décision [...], notamment en comparaison du rôle accordé au secteur privé[922] ». Quoi qu'il en soit, la gouvernance de l'Internet est désormais partagée entre gouvernements, entreprises et société civile, et l'ICANN peut, en ce sens, être considérée comme un « environnement unique à intervenants multiples[923] ». D'ailleurs, l'organisation a fait de l'ouverture, la participation, la documentation, la confiance, la transparence, l'impartialité et la responsabilité ses chevaux de bataille[924]. Ses principes se fondent sur l'idée de permettre à toutes les parties intéressées, de participer à l'élaboration des normes de manière décisoire ou consultative[925], et ce afin de faciliter le règlement des conflits de noms de domaine[926]. Celle-ci s'efforce également d'accorder à des organismes tant publics que privés le soin d'arbitrer ces conflits[927].

Toutefois, il est important de souligner que si l'ensemble des acteurs de la « communauté Internet » sont présents au sein de l'ICANN, ils ne sont pas pour autant tous sur un pied d'égalité, la haute main revenant au conseil d'administration (*Board of Directors*, ou CA). Composé de seize administrateurs (ayant le droit de vote) et quatre agents de liaison (sans droit de vote), tous issus du secteur privé (y compris les parties prenantes commerciales, la société civile, la communauté technique, les universités et les utilisateurs finaux), le CA a pour principal objectif de

---

[922] L'ex-secrétaire d'État au numérique française, Axelle Lemaire, s'élevait contre « certains éléments [qui] auront pour conséquence de marginaliser les États dans les processus de décision [...], notamment en comparaison du rôle accordé au secteur privé ». Axelle LEMAIRE, *Réaction d'Axelle Lemaire à la conclusion de la 55ème réunion de l'ICANN - Communiqué de presse N°1282*, 24 mars 2016, en ligne : http://proxy-pubminefi.diffusion.finances.gouv.fr/pub/document/18/ 20672.pdf.

[923] K. BENYEKHLEF, préc., note 20, p. 96.

[924] B. BARRAUD, préc., note 582, p. 112.

[925] L'ICANN « s'efforce depuis toujours, de paraître la plus légitime aux yeux d'un maximum d'acteurs du Web et d'Internet. Pour ce faire, elle recourt à des procédés « démocratiques » dans son mode de prise de décision et impose de rigoureuses normes déontologiques à ceux qui participent à ses travaux ». *Id.*

[926] Pour de plus amples informations, voir en ligne les « Principes directeurs pour un règlement uniforme des litiges relatifs aux noms de domaine » : https://www.icann.org/resources/pages/help/dndr/udrp-fr ; et les « Règles pour la procédure uniforme de résolution des litiges en matière de noms de domaine » : https://www.icann.org/resources/pages/udrp-rules-2015-03-12-fr

[927] Pour de plus amples informations, voir en ligne la « Liste des fournisseurs de services de règlement de litiges approuvés » : https://www.icann.org/resources/pages/providers-2012-02-25-fr

préserver et renforcer l'administration du DNS, ainsi que la stabilité opérationnelle, la fiabilité, la sécurité, l'interopérabilité mondiale, la résilience et le caractère ouvert de l'Internet. Les gouvernements et les autorités publiques sont quant à eux représentés au sein du *Governmental Advisory Commitee* (GAC).

Le GAC est ouvert à tous les gouvernements accrédités à l'ONU[928] et aux organisations ciblées. L'UIT en est par exemple membre. Le comité exerce principalement une fonction consultative auprès du conseil d'administration de l'ICANN[929]. Son siège étant celui d'un observateur, il ne dispose d'aucun droit de vote, et ne peut donc pas influencer les organisations de support, notamment lorsqu'il s'agit de questions touchant aux noms de domaine génériques. Sa mission consiste surtout à fournir des avis au CA sur tout projet susceptible d'affecter les politiques publiques. Plus précisément, il pourra être sollicité sur les activités ou les politiques de l'ICANN qui viendraient à se confronter aux lois nationales ou aux accords internationaux. Ses avis peuvent prendre la forme de communiqués, de lettres ou encore de principes généraux, et doivent être pris en considération par le CA, qui peut néanmoins s'en écarter[930]. Toutefois, en cas de désaccord, le GAC peut réclamer au conseil une consultation. Si celle-ci est un échec, l'ICANN devra expliquer les raisons ayant empêché l'atteinte du consensus aux utilisateurs, et les gouvernements pourront alors légiférer localement sur les sujets controversés[931]. Des critiques sont

---

[928] On compte actuellement 174 États parties au sein du GAC, parmi lesquels les cinq membres permanents du Conseil de sécurité. Cependant, il semble que peu d'entre eux participe régulièrement aux rencontres. Voir Nathan ADAM, « L'ICANN et la gouvernance d'Internet : une histoire organisationnelle », *Cahier de recherche - CEIM*, 2007,.07-01.1, p. 20.

[929] Il en va de même pour l'*Internet Engineering Task Force* (IETF), le *Security and Stability Advisory Committee* (SSAC), et le *Root Server System Advisory Committee* (RSSAC). Pour l'organigramme de l'ICANN, voir : https://www.icann.org/resources/pages/groups-2012-02-06-en

[930] Néanmoins, l'ICANN, pour mener à bien ses missions, a besoin d'un soutien minimal de la part des principaux gouvernements de la planète, si bien que ses organes directeurs s'efforcent d'écouter les recommandations du GAC. (Voir B. BARRAUD, préc., note 582, p. 114.) D'ailleurs l'article 48 des principes opérationnels du GAC stipule que : « Le GAC peut donner son avis sur toute autre question relevant des fonctions et des responsabilités de l'ICANN, à la demande du Conseil de l'ICANN, ou de sa propre initiative. Le Conseil d'administration tiendra compte des avis du GAC avant de prendre une décision. »

[931] Comme le souligne Nathan Adam, « ce pouvoir est quelquefois galvaudé sous l'appellation de « *GAC veto right* » mais il ne faut pas tomber dans le piège que nous tend la rhétorique : outre les problématiques au niveau des contenus — certains des gouvernements ne désirant pas octroyer la même liberté d'expression que le reste de la communauté, par exemple — une régulation nationale d'Internet serait techniquement difficile. En effet, les codes et protocoles

tout de même formulées à l'encontre du GAC, parmi lesquelles la faible importance de son rôle, sa composition discutable[932], ou encore le brouillard entourant les domaines et les procédures dans lesquels il intervient[933]. Patrick Jacob constate d'ailleurs les difficultés du comité à s'imposer comme l'organe susceptible d'asseoir définitivement la légitimité internationale de l'ICANN[934]. Selon lui, « en plaçant au mieux les États dans la situation de parties prenantes parmi d'autres dans la gouvernance de l'Internet, le GAC tend à les réduire à un groupe de pression, davantage soucieux des intérêts propres de ses membres que de ceux de la communauté[935] ».

Finalement, que dire de l'ICANN en tant qu'organe de corégulation ? Il est certain que le « modèle icannien » ne répond pas aux standards d'égalité et d'équitabilité que nous préconisons entre les acteurs du numérique pour discuter et décider de la régulation du cyberespace. D'ailleurs, il est amusant de constater qu'au sein de l'ICANN les perspectives sont inversées : tandis que les travaux du GEG de l'ONU associent les entités non étatiques (acteurs privés et société civile) à un processus essentiellement intergouvernemental, ce sont ici les États qui sont associés à un processus essentiellement privé[936]. D'un côté, nous avons les acteurs privés qui réclament que leur rôle soit formalisé sur la scène internationale en ce qui concerne l'encadrement juridique des comportements dans le cyberespace au côté des États (GEG) ; de l'autre, nous trouvons les États qui demandent une meilleure représentativité afin de participer également à la régulation de l'environnement numérique au côté des acteurs privés

---

universels ont des impacts politiques *par design* et les abroger peut être risqué dans le meilleur des cas ». N. ADAM, préc., note 928, p. 20.

932 Si depuis ses débuts le nombre des États s'intéressant à l'ICANN a augmenté, ces derniers ne sont pas encore tous représentés au sein du GAC, et tous ne participent pas aux réunions. C'est sans compter la question des représentants qui y siègent. Comme le souligne Patrick Jacob , « s'il doit bien s'agir d'individus dotés d'une fonction officielle au sein de l'État, il ne semble pas que leurs pouvoirs soient vérifiés ainsi qu'il est d'usage au sein des organisations et conférences internationales ». Voir P. JACOB, préc., note 908, p. 556. Voir également N. ADAM, préc., note 928, p. 15.

933 Par exemple en 2010, l'*Accountability and Transparency Review Team* a considéré que "the current Board-GAC relationship is dysfunctional and has been so for several years". Voir ATRT, *Final recommendations*, 31 décembre 2010, par. 37, en ligne : https://www.icann.org /en/system/ files/files/final-recommendations-31dec10-en.pdf.

934 P. JACOB, préc., note 908, p. 556.

935 *Id.*

936 Cette observation est également faite par Patrick Jacob, soit *Id.* p. 555.

(ICANN). Ainsi, si à la différence du GEG la gouvernance de l'Internet au sein de l'ICANN est vraiment multipartite puisque tous les acteurs du numérique y sont représentés, nous ne pouvons pas réellement parler de corégulation ; du moins, pas dans le sens où nous l'entendons. Les critiques faites à l'encontre de l'ICANN et plus précisément du GAC, sont selon nous légitimes, dans le sens où les États devraient disposer d'un siège au sein du *Board of Directors,* et donc avoir eux aussi un pouvoir de décision au même titre que les acteurs privés. Il est certain que cela légitimerait les choix et les actions de l'organisation, et permettrait également de satisfaire l'ensemble des acteurs du numérique en évitant certaines frustrations et/ou tensions. Si le modèle « icannien » n'est pas parfait, il offre toutefois des pistes de réflexions intéressantes pour la suite de notre travail. Notamment, il montre que du rapport dialectique qui s'est instauré entre les États et les acteurs privés peut naitre des institutions et des modes de régulation hybrides[937] permettant la rencontre entre des sources de normes publiques et privées (internormativité). Il convient donc à présent de voir quels seraient les moyens les plus efficaces à mettre en place pour parvenir à une bonne corégulation du cyberespace.

II. L'internormativité dans le cyberespace

PENSER DES MOYENS EFFICACES POUR UNE BONNE CORÉGULATION

Ce second paragraphe s'inscrit dans une démarche prospective, en ce sens où nous allons essayer de penser et proposer les moyens qui, selon nous, seraient les plus efficaces pour parvenir à une bonne corégulation du cyberespace. Nous tenterons de répondre aux questions posées par la fragmentation, de comprendre et harmoniser un droit qui se veut aujourd'hui pluriel, tout en gardant à l'esprit « la centralité symbolique et effective du droit étatique[938] » dans un monde qui tend à devenir global. Notre objectif est de trouver une solution au clivage originel entre des États qui cherchent à transposer la souveraineté territoriale dans le cyberespace, et des acteurs privés soucieux d'assurer la continuité et le développement de leurs activités. Le point de départ pourrait être la reconnaissance d'un principe commun à l'ensemble de ces acteurs (1). Il serait ensuite utile de redéterminer concrètement la

[937] Toutefois, il faut que ce soient les États qui en soient à l'origine pour apporter de la légitimité aux décisions et actions menées par ces nouvelles instances, ainsi qu'aux modes de régulation hybrides choisis. C'est d'ailleurs l'une des critiques qui est faite à l'ICANN concernant le GAC.

[938] K. BENYEKHLEF, préc., note 20, p. 814.

place de chacun dans le processus régulatoire (2), et d'intégrer aux discussions la société civile qui, en tant qu'utilisatrice du réseau, devrait elle-aussi pouvoir s'exprimer sur les problématiques cyber (3). Nous ajouterions qu'il est primordial de définir précisément les règles de collaboration entre les acteurs non étatiques et étatiques (4). Enfin, il nous parait indispensable que soient centralisés les mécanismes de corégulation et de contrôle des actions cybernétiques par la création d'une instance dédiée à ces questions (5).

1. Reconnaitre un principe commun à l'ensemble des acteurs de l'Internet

« Richesse commune de la société humaine, Internet transforme le monde en un village planétaire. Dans le cyberespace, tous les pays sont interconnectés entre eux et voient leurs intérêts et destins étroitement liés. Préserver la paix et la sécurité dans le cyberespace, y promouvoir l'ouverture, la coopération et le développement ordonné et y construire ensemble une communauté de destin, cela correspond aux intérêts communs et constitue une responsabilité partagée de la communauté internationale[939] ». Il est surprenant de constater que ces propos ont été tenus par la Chine, d'autant plus lorsqu'on connait sa position sur le cyberespace. Pourtant, ceux-ci reflètent très précisément le vœu, le souhait de bon nombre d'États et d'acteurs issus du secteur privé.

Le cyberespace a transformé la société, et d'une certaine façon, l'humanité[940]. Le réseau (ou village global/planétaire[941]) a pris forme par le biais des technologies qui ont permis de connecter les acteurs du numérique entre eux[942], renforçant ainsi l'idée selon laquelle « le

---

[939] MINISTRY OF FOREIGN AFFAIRS OF THE PEOPLE'S REPUBLIC OF CHINA, *Stratégie de la Coopération internationale dans le Cyberespace*, 1 mars 2017, en ligne : https://www.fmprc.gov.cn/fra/wjdt /wjzc/ty/t1442395.shtml.

[940] « L'Internet a une autre identité, pré-datant celle que le commun des mortels lui connaît. Sous cette identité, l'Internet est le cyberespace, lieu de rencontres des communautés virtuelles. Peut-être bien plus que les médias traditionnels, le cyberespace risque d'avoir des effets inédits sur la société et l'humanité. Ces effets auront probablement plus d'ampleur et plus de portée vu la rapidité avec laquelle le cyberespace étend ses tentacules sur le monde ». Mohamed LOUADI, « Le cyberespace et la transformation de l'humanité », *Le Manager*, 2001.55, pp. 40-46, à la page 40.

[941] Le village planétaire (ou village global) est une expression de Marshall McLuhan, tirée de son ouvrage *The Medium in the Message* (1967), pour qualifier les effets de la mondialisation, des médias et des technologies de l'information et des communications.

[942] Les États, mais également toutes les entités qui en dépendent, c'est-à-dire les individus, les entreprises, etc.

Monde est petit ». Par interconnexion, nous faisons tous partie de la communauté Internet (États, secteur privé, société civile), pour le meilleur et pour le pire. En effet, nous bénéficions tous des bienfaits du cyberespace comme nous pouvons tous être victimes d'une cyberattaque, si bien qu'il parait évident de se réunir pour décider ensemble de son avenir. Mais encore faut-il trouver sous quelle bannière se rassembler. Nous avons constaté la logique de replis (protectionnisme et unilatéralisme) opérée par plusieurs pays provoquant un schisme au sein des discussions sur la règlementation du cyberespace. Certains souhaitent désormais se cacher derrière des murailles numériques, alors que d'autres prônent un cyberespace ouvert. En parallèle, les acteurs privés cherchent à défendre leurs intérêts économiques, alors que la société civile veut protéger la neutralité du net. Marie de Flavigny, Comtesse d'Agoult disait : « l'habitude ou la règle fait les camarades ; la passion ou l'intérêt fait les complices ; un certain bien commun fait les associés. Il n'est donné qu'à la vertu de faire les amis[943] ». Si les acteurs du numérique semblent déjà être des camarades, voire des complices sur certaines questions cyber ; il parait aujourd'hui essentiel d'en faire des associés, et ce en se fondant sur un principe commun : celui de l'importance d'approfondir le partage d'informations et le partage de bonnes pratiques entre tous les acteurs pour une meilleure maitrise des comportements dans le cyberespace, et ainsi en faire un lieu sûr et sécurisé. Il n'y a qu'ainsi que la corégulation pourra fonctionner et donc être efficace.

2. Redéterminer la place des acteurs privés et publics dans le processus régulatoire

Nous l'avons déjà souligné, les rapports entre les États et les acteurs privés se sont trouvés bouleversés avec le cyberespace. Chacun contribue à la gouvernance de l'Internet par le flux normatif qu'il crée, par la prétention de normativité qu'il exerce. Rappelons également que ces acteurs poursuivent des objectifs différents, et qu'ils défendent des intérêts divergents. De ce fait, leur interaction prend souvent la forme d'une concurrence, chacun tentant d'imposer ses règles[944]. Pour Thomas Schultz, cette situation n'est pas propre au cyberespace ;

---

[943] Marie de Flavigny, Comtesse d'Agoult (sous le pseudonyme de Daniel Stern), Esquisses Morales, 1849.

[944] L. LESSIG, préc., note 621, pp. 39-42; S. BIEGEL, préc., note 691, p. 9.

toutefois, elle y semble particulièrement intense à la différence des autres domaines de la vie sociale[945]. Trois raisons expliqueraient cela :

- La relative absence de régulation préalable qui suscite une course accrue à la régulation ; d'autant que le cyberespace est un univers en constante évolution, ce qui nécessite des réactions normatives incessantes pour adapter la réglementation[946].
- L'État serait plus ou moins affaibli, ce qui accroitrait l'entrée en scène de nouveaux acteurs. Nous dirions surtout que l'environnement technique du cyberespace a permis le développement du pouvoir normatif des acteurs privés qui maitrisent beaucoup mieux les facettes de la technologie[947].
- Le cyberespace serait encore marqué par une idéologie libertaire renforçant les velléités à l'encontre du pouvoir étatique, et de toutes nouvelles formes de règlementations dont celles d'origine privée.

De ce constat, il parait essentiel, dans un premier temps, de reconnaitre un principe commun à l'ensemble de ces acteurs. C'est ce que nous avons vu dans le précédent paragraphe. Mais, il convient également de redéterminer la place de chacun pour éviter que ces diverses prétentions à la souveraineté dans la régulation du cyberespace conduisent à des confrontations, à des collisions. Certes, les États tendent de plus en plus à reconnaitre l'intérêt d'intégrer les acteurs privés lors d'événements sur les questions de sécurité dans le cyberespace, comme ce fût le cas avec l'Appel de Paris. Pour autant, la place de chacun n'est pas clairement précisée. Dans les esprits, il existe « un flux normatif dominant et un modèle de régulation spécifique prévoyant une primauté institutionnalisée ou *a priori* d'un type

---

[945] T. SCHULTZ, préc., note 443, pp. 59-60.

[946] Nous constatons aujourd'hui une augmentation des textes et normes pour réguler les activités dans le cyberespace, que ce soit le RGPD, la Convention de Budapest sur la cybercriminalité, les nouvelles dispositions dans les codes civil, pénal et procédure civile français sur la cybersurveillance, le Manuel de Tallinn, le *Cybersecurity Tech Accord*, le *Patriot Act*, le *California Consumer Privacy Act,* etc.

[947] Sur l'apparition des nouveaux acteurs, voir par exemple Yves POULLET, « La technologie et le droit : du défi à l'alliance », dans *Liber amicorum Guy Horsmans*, Bruylant, Bruxelles, 2004, pp. 946-947.

d'acteurs de la production normative[948] », sous-entendu les États. Or des acteurs privés comme Microsoft, tentent dorénavant de renverser cette hiérarchie, en voulant être reconnus comme des acteurs majeurs dans la réglementation du cyberespace. Plus qu'une coexistence des systèmes normatifs, il apparait désormais essentiel que ces derniers coopèrent. C'est en ce sens que le passage de la pyramide au réseau doit désormais s'opérer.

Tous ces acteurs doivent participer à la production des règles juridiques internationales encadrant le cyberespace sur un pied d'égalité, et ce puisque chacun est à la tête des hiérarchies normatives. C'est ce que nous énoncions précédemment dans notre paragraphe sur la corégulation concernant le « réseau des pyramides » présenté par Boris Barraud. Chaque système juridique étant dominé par un acteur (par exemple, un État, un groupe d'usagers ou encore un groupe d'acteurs techniques), il est impératif d'équilibrer les rapports, et donc de s'assurer du bon dosage entre les éléments publics et les éléments privés pour une corégulation efficace. En ce sens, il nous parait judicieux de s'inspirer du tripartisme de l'Organisation internationale du travail (OIT).

Généralement, au sein des organisations internationales, les États membres sont représentés par leur gouvernement. L'OIT constitue à cet égard une exception notable puisque dès sa création, il fut décidé qu'il était nécessaire de concilier les intérêts de tous les acteurs du monde du travail afin d'assurer la paix sociale. Le tripartisme de l'OIT garantit dès lors un partenariat entre gouvernements et représentants des travailleurs et des employeurs. Il présente d'ailleurs deux caractéristiques notables : il s'étend à l'ensemble des organes de l'organisation[949], et il confère aux délégués des travailleurs et des employeurs les mêmes pouvoirs que les délégués gouvernementaux. À cet égard, ils peuvent proposer des mesures normatives, demander l'inscription d'un point à l'ordre du jour, négocier et, fait exceptionnel en droit international, voter[950]. Les acteurs non étatiques sont ainsi associés à toutes les étapes de l'élaboration des normes au sein de l'organisation, de leur naissance à leur adoption ; et

---

[948] T. SCHULTZ, préc., note 443, p. 61.

[949] À l'exception du Bureau International du travail, ainsi que du Secrétariat de l'organisation qui se composent de fonctionnaires internationaux.

[950] L'originalité de l'OIT repose sur le principe de l'autonomie des groupes. Chaque délégué a le droit de voter individuellement, et de déterminer sa position sans interférence aucune des autres membres de sa délégation nationale.

peuvent mettre en échec la volonté d'une majorité de gouvernements[951]. Certes, le fonctionnement de l'OIT soulève des difficultés, mais le tripartisme permet tout de même d'associer les forces vives de la production aux gouvernements[952]. Surtout, il montre l'importance de la participation directe des acteurs non étatiques dans le processus décisionnel. Non seulement d'offrir un cadre plus démocratique, il permet d'assurer une légitimité renouvelée, différente aux organisations internationales et aux normes qu'elles produisent.

Benoit Frydman et ses coauteurs se sont d'ailleurs interrogés sur la façon dont les acteurs non étatiques percevaient les voies d'accès à la décision qui leurs sont offertes[953]. Au regard de la proposition de Microsoft avec sa convention de Genève du numérique, ou encore la posture pro-régulation prise par diverses entreprises du secteur privé, il est certain qu'elles paraissent insuffisantes. Si la seule consultation pouvait jusqu'alors paraitre satisfaisante, les acteurs non étatiques se sentent aujourd'hui exclus des décisions qui les concernent, et ce malgré les efforts fournis par certains États pour y remédier. En ce sens, il parait intéressant de transposer le fonctionnement de l'OIT au sein de l'ONU pour élaborer un cadre juridique dédié aux activités cybernétiques[954]. Le tripartisme pourrait être utilisé en intégrant des représentants des gouvernements, des entreprises du numériques, et de la société civile, ou du moins des usagers de l'Internet (chaire de recherches, fondations, universités, *think tanks*, organisations à but non lucratifs, etc.) aux discussions[955]. Tout comme à l'OIT, chacun aurait

[951] Les projets de conventions sont adoptés à la majorité des deux tiers, et les votes sont attribués aux représentants, et non pas à la délégation nationale. L'organisation recourt aussi au principe de l'équilibre des votes entre employeurs et travailleurs. Si une délégation nationale ne comprend pas de délégué travailleur, le délégué employeur aura seulement un droit de parole et non de vote. Il en va de même dans l'autre sens.

[952] B. FRYDMAN et al., préc., note 894, pp. 13-17.

[953] *Id.*, p. 4.

[954] Pour Patrick Jacob, il n'est pas nécessaire de créer une nouvelle institution internationale pour élaborer un instrument de DIP dédié aux activités cybernétiques. Selon lui, « les organisations existantes, en particulier l'ONU, peuvent fort bien se servir de cadre de discussions pour la mise au point de textes de ce type, que ce soit suivant une logique interétatique ou en élargissant la discussion pour y inclure les acteurs privés, comme c'est le cas avec le Forum sur la Gouvernance d'Internet qui fonctionne suivant une logique multi-parties prenantes ». Voir Patrick JACOB, « Faut-il créer une organisation internationale dédiée à la lutte contre les cyberattaques ? Une question qui en appelle beaucoup d'autres », dans *Cyberattaques et droit international*, Pedone, Paris, 2018, pp. 89-102 à la page 95.

[955] Chaque délégation est composée de deux représentants gouvernementaux, un représentant des employeurs, et un représentant des employés. Le choix des délégués non gouvernementaux

l'occasion de participer à l'élaboration des normes relatives au cyberespace, et bénéficierait entre autres d'un droit de vote. En parallèle, et pour aider l'ONU dans cette mission, nous pensons qu'il serait également souhaitable de créer une organisation dédiée aux questions cybernétiques, que nous étudierons plus avant dans le cinquième sous-paragraphe intitulé « Centraliser les mécanismes de corégulation et de contrôle des actions cybernétiques ». En attendant, revenons sur la question de l'intégration des usagers d'Internet aux discussions internationales.

3. Introduire les usagers d'Internet aux discussions

Dans ce travail, nous avons fait le choix de privilégier la question de la régulation internationale du cyberespace par les acteurs étatiques et les acteurs privés. Cependant, le modèle du tripartisme que nous suggérons ne peut pas fonctionner sans cette logique du « jamais deux sans trois », d'où l'idée d'intégrer aux discussions les usagers de l'Internet.

Comme l'a très justement souligné Thomas Schultz, le cyberespace était au départ fortement marqué par une culture libertaire, considéré comme « un eldorado de parfaite liberté pour son usager, libre de toute réglementation par l'État[956] ». Nous avons pu constater que ce dogme est aujourd'hui très largement erroné, les gouvernements ne se privant plus d'agir dans cet espace ô combien stratégique. Pour autant, une certaine « souveraineté de l'usager[957] » subsiste. En effet, le cyberespace est un lieu pluriel dans lequel les usagers ont le loisir de se diriger vers des lieux régulés selon leurs attentes et leurs valeurs, ou aller prendre des risques dans des sites à la régulation plus

---

de l'OIT fait l'objet d'un contrôle strict de la part des organisations les plus représentatives du pays concerné (Article 3§5 de la constitution de l'OIT). Il faudrait donc qu'il en soit de même au sein de l'ONU, c'est-à-dire qu'il y ait pour chaque délégation deux représentants des États, un représentant du secteur privé, et un représentant des usagers. Ils seraient tous indépendants et disposeraient d'un droit de vote individuel. Les représentants du secteur privé et des usagers seraient choisis en accord avec les organisations du secteur privé d'un côté, et de la société civile de l'autre, ONG comprises. En effet, à la différence de l'OIT où ces dernières ont un rôle purement consultatif du fait notamment, que les représentants des travailleurs sont des organisations solides et importantes, rompues aux négociations, la situation est tout autre avec Internet. En ce sens, les ONG seraient utiles pour aider les usagers du web à se faire entendre.

[956] T. SCHULTZ, préc., note 443, p. 54.

[957] P. TRUDEL, préc., note 442, pp. 191-192.

contingente[958]. En agissant ainsi, les usagers « s'auto-régulent » si bien que les normes développées dans le cadre d'Internet tendent de plus en plus à refléter les usages et les pratiques qu'ils développent. On parle alors de « nétiquette », c'est-à-dire des principes de bonne conduite généralement reconnus par la communauté des usagers d'Internet[959]. Elle est peut-être peu de choses, mais elle traduit bien le sentiment des internautes qu'il existe des règles à suivre[960], même sur les réseaux sociaux[961]. Comme le rappelle Pierre Trudel, les usagers des groupe *Usenet* ont pris leurs propres arrangements quant aux conduites à respecter et, le cas échéant, aux remèdes et sanctions à appliquer[962]. Il en va de même des institutions universitaires, centres de recherches, *think tanks* ou autres institutions de la société civile qui ont su se doter de politiques et de règles délimitant les droits et les prérogatives de ceux qui font usage des capacités informatiques des institutions. Dans une telle perspective, il devient essentiel pour la plupart de ces acteurs de prendre part au développement de normes de conduite dans Internet, et plus largement dans le cyberespace. Nous ajouterions que cette participation se justifie d'autant plus que les usagers sont bien souvent

---

[958] T. SCHULTZ, préc., note 443, pp. 56-57.

[959] « Si à l'origine, elle s'apparentait davantage à un assortiment de principes de courtoisie qu'à des règles de droit, la Netiquette a néanmoins fait naitre des « générations spontanées d'usages forgés par les utilisateurs eux-mêmes au fil de leur pratique », codifiées parfois dans des chartes d'usagers ». F. LATTY, préc., note 553, p. 59.

[960] Michel VIVANT, « Internet et droit », dans *El desarrollo tecnológico y la propiedad intelectual*, 1ère édition, coll. Doctrina júridica, Mexico, Instituto de investigaciones jurídicas (UNAM), 2004, pp. 95-117 à la page 107.

[961] En parcourant les commentaires de certains sites et réseaux sociaux, nous pouvons avoir l'impression que les règles de bonne conduite n'existent pas sur Internet. Certes, il n'y a pas de netiquette commune à toutes les plateformes. Pourtant, celle-ci est bien présente, et s'applique notamment par l'intermédiaire des modérateurs. C'est à eux que revient le rôle de déterminer quelles règles spécifiques de savoir-vivre s'appliquent dans un forum en ligne, un espace membre ou sur les groupes des réseaux sociaux. Ils veillent également à ce que la nétiquette soit respectée, ceux qui ne s'y conformeraient pas risquant d'être exclus de la discussion ou de recevoir un avertissement de leur part. Il n'est par exemple pas rare sur Facebook ou Twitter que des comptes utilisateurs et/ou des commentaires soient bloqués ou supprimés pour ne pas avoir respecté les règles et principes de bonne conduite mis en place (généralement, être calme, poli et respectueux dans notre façon d'interagir avec les autres membres de la plateforme ou du groupe). Il est également arrivé que le non-respect de la nétiquette ait mené à des poursuites judiciaires. Voir par exemple, *R c. Huot*, [2018], Cour du Québec (QC), 2018 QCCQ 4650 (CanLII), en ligne : https://www.canlii.org/fr/qc/ qccq/doc/2018/2018qccq4650/2018 qccq4650.html; *Gagnier c. Fortin*, [2018], Cour du Québec (QC), 2018 QCCQ 4650 (CanLII), en ligne : https://www.canlii.org/fr/qc/qccq/doc/2018/2018qccq4470/2018qccq4470.html; Cour de cassation, Chambre criminelle, 15 octobre 2019, 18-85.365, en ligne : https://www.legifrance.gouv.fr/juri/id/JURITEXT000039285274.

[962] P. TRUDEL, préc., note 442, p. 205.

les premières victimes des cyber-attaques, soit en étant visés directement, soit en étant victimes par ricochet, soit enfin en étant utilisés à leur insu comme relais de ces attaques. C'est ainsi que, à l'image de ce qui se fait à l'OIT, les États, les entreprises et les usagers de l'Internet devraient participer et décider ensemble de l'avenir du cyberespace et de sa réglementation.

Pour les réfractaires à la participation directe des usagers aux décisions/discussions, il serait possible d'envisager l'utilisation des NTIC pour « dynamiser la démocratie, en fournissant de nouveaux moyens d'interaction entre entités publiques et citoyens[963] ». De plus en plus d'organisations publiques font appel à cette « cyberdémocratie[964] », que ce soit pour faire connaitre leurs actions au public, ou pour le consulter sur l'une ou l'autre de leurs politiques. Cependant, peu d'organisation internationales recourent à ce procédé, ou du moins utilisent les technologies pour des consultations en ligne de leurs propositions normatives[965]. Ce n'est par exemple pas le cas de l'OIT, ni de l'ONU. Comme le soulignent Benoit Frydman et ses coauteurs, l'optimisme à l'égard de cette pratique n'est pas partagé par tout le monde, puisque les acteurs non étatiques qui s'expriment n'ont pas la certitude d'être vraiment entendus[966]. En ce sens, le modèle de l'OIT parait être celui à privilégier, car il assure une vraie représentation des usagers de l'Internet, ces derniers pouvant participer directement au processus décisionnel (droit de vote) et d'élaboration des normes.

Avant de définir concrètement les règles de collaboration entre les acteurs non étatiques et les États, nous aimerions préciser un point : la

---

963 B. FRYDMAN et al., préc., note 894, p. 33.

964 La cyberdiplomatie, par le recours aux consultations en ligne, invite le public à commenter une proposition normative postée sur le site internet d'une organisation. Les personnes concernées ont ainsi la possibilité de s'exprimer, en vue d'améliorer les politiques élaborées par l'institution, sans toutefois avoir le droit de participer pleinement au processus décisionnel. Le public peut seulement donner son avis.

965 La Commission européenne et la Banque mondiale ont très souvent recours aux consultations en ligne, « sans que l'on puisse toutefois considérer qu'il s'agit d'une politique généralisée, toutes leurs propositions normatives ne faisant pas l'objet de telles consultations ». B. FRYDMAN et al., préc., note 894, pp. 33-40. Dans son rapport sur le développement mondial de 2004, la Banque mondiale expliquait que : "The e-discussion is an opportunity for a wide range of stakeholders from government, business, and civil society to exchange views about the content and main ideas of the draft report." Voir BANQUE MONDIALE, *World Development report 2004. Making Services Work For Poor People : e-Discussion*, 2004, en ligne : https://openknowledge.worldbank.org.

966 B. FRYDMAN et al., préc., note 894, p. 70.

place des ONG dans ce tripartisme. En effet, comme les usagers d'Internet, celles-ci font parties de la société civile et pourraient donc être sollicitées pour participer aux travaux de régulation et de réglementation du cyberespace. Toutefois, si nous nous calquons sur ce qui se fait à l'OIT, celles-ci ne devraient pas bénéficier des mêmes pouvoirs que les représentants des gouvernements, des entreprises, et des usagers, et ne revêtiraient donc qu'un statut consultatif[967]. C'est ce qui se fait déjà aux Nations Unies, puisque les ONG peuvent assister et participer dans une certaine mesure, aux travaux de l'organisation, et venir y défendre leur point de vue. Certaines se sont d'ailleurs directement impliquées dans l'élaboration de conventions internationales, comme la Commission internationale des juristes ou encore Amnesty International[968]. D'autres ont su prendre une place considérable dans la création de normes internationales. Par exemple, dans le cadre de la Commission des droits de l'Homme de l'ONU, celles-ci sont allées au-delà des droits qui leurs sont reconnues en participant pleinement et activement aux travaux d'élaboration de propositions normatives[969]. C'est en ce sens que nous envisageons le rôle des ONG concernant la règlementation du cyberespace. À la différence de l'OIT où les représentants des travailleurs sont des organisations syndicales chevronnées, habituées à proposer, débattre et se prononcer sur des sujets sensibles en lien notamment avec les normes internationales du travail, les usagers d'Internet ne sont pas familiers des négociations internationales. Ils peuvent rencontrer des difficultés à exposer et défendre leurs préoccupations et intérêts, d'autant plus face à des acteurs coutumiers du fait, à savoir les États ou les grands groupes privés du numérique. De ce fait, les ONG peuvent être utiles pour rééquilibrer la balance et permettre aux utilisateurs du Web, non seulement de se faire entendre, mais également de prendre part aux débats/discussions/négociations, et ainsi contribuer à la prise de

[967] Le rôle des ONG apparait comme étant celui d'un auxiliaire, qui peut fournir des informations utiles aux décideurs, et comme étant celui de relais de l'opinion publique. Pour pouvoir être qualifiées d' « ONG », une organisation doit revêtir plusieurs critères : être d'origine privée, dénuée d'esprit de lucre, être représentative à l'égard de ses membres. Pour plus d'informations, voir *Id.*, pp. 16 et 25-33.

[968] Nous pensons par exemple à la Convention des Nations Unies sur la torture de 1984, les conférences des Nations Unies sur le développement (Rio, 1992), les droits de la personne (Vienne,1993) ou encore le développement social (Copenhague, 1995). Pour de plus amples informations, voir par exemple, Gaëlle LE GOFF, « Les clés de l'influence des ONG dans la négociation de quelques instruments internationaux », (2001), RQDI, 13-2, pp. 169-200.

[969] B. FRYDMAN et al., préc., note 894, p. 29.

décision. En ce sens, il parait pertinent de leur attribuer un statut disons plus « décisionnel ».

Parmi les ONG susceptibles de représenter les intérêts des internautes, nous pensons à toutes celles spécialisées dans les conflits[970], mais encore plus à celle créée spécifiquement pour défendre la « cyberpaix » : le *Cyberpeace Institute*[971]. Celle-ci a été mise en place pour porter assistance aux organisations civiles victimes de cyberattaques d'ampleur[972], et améliorer la connaissance du champ de bataille numérique en contribuant au processus d'identification et d'attribution[973], et en analysant les réponses aux violations du droit international existant. Du fait de ses fonctions, elle aurait donc toute légitimité à intégrer les négociations liées à la régulation et à la réglementation des activités cybernétiques. Il est également intéressant de constater que parmi ses trois principaux donateurs[974] figure Microsoft, porte-parole zélé de la pacification du cyberespace, que ce soit avec sa proposition de conventions de Genève sur le numérique, ou encore sa participation remarquée à l'Appel de Paris. Le *Cyberpeace Institute* contribue ainsi à souligner le lobbying actif de ce GAFAM sur

---

[970] *Amnesty International, Center for Civilian in Conflict*, FIDH, *The International Network on Explosive Weapons, International Rescue Committee*, Oxfam, *War Child*, etc.

[971] Le *Cyberpeace Institute* a été créé le 26 septembre 2019, et est basé à Genève. Ses principales missions sont : 1) porter assistance aux civils victimes de cyberattaques d'envergure lorsque les autorités nationales sont inexistantes ou déficientes en matière de sécurité numérique, ou lorsque les populations ne peuvent pas nécessairement se payer les services d'entreprises spécialisées ; 2) servir de source d'information neutre en matière de cyberattaques en procédant à des travaux d'analyse et de décorticage d'attaques numériques ; 3) jouer un rôle de lobbying en faveur de la pacification du cyberespace, à tout le moins des règles internationales claires en matière de conflits numériques. Pour de plus amples informations, voir le site internet du *Cyberpeace Institute* : https://cyberpeaceinstitute.org/

[972] Propos de la présidente du *Cyberpeace Institute* Marietje Schaake, concernant les attaques numériques d'envergure : « Il y a des communautés vulnérables touchées par l'escalade de ces conflits. Nous voulons nous concentrer sur cet impact ». Dans Martin UNTERSINGER, « Le Cyberpeace Institute : une ONG pour défendre la « cyberpaix », *Le Monde.fr* (26 septembre 2019), en ligne : https://www.lemonde.fr/pixels/article/2019/09/26/le-cyberpeace-institute-une-ong-pour-defendre-la-cyberpaix_6013073_4408996.html.

[973] La présidente du *Cyberpeace Institute* Marietje Schaake précise que « les entreprises privées, qui construisent et gèrent les réseaux, disposent de beaucoup d'informations, mais ces éléments ne sont pas systématiquement communiqués au public et ce dernier ne les comprend pas toujours ». *Id.*

[974] Les principaux donateurs sont Mastercard, la Fondation Hewlett et Microsoft, les deux derniers ayant chacun investit à hauteur de 5 millions de dollars US. De nombreuses autres entreprises ou organisations contribuent également, à des niveaux moindres, au fonctionnement de cette ONG telles que l'Institut GEODE, la *Globale Cyber Alliance* ou encore la *Digital Society*.

la question de la sécurité du Web, et montre à quel point le secteur privé est intéressé à trouver des solutions en ce sens. Finalement et de ces observations, si nous devions représenter notre tripartisme onusien, celui-ci prendrait la configuration suivante (**voir Figure 2 ci-après**) :

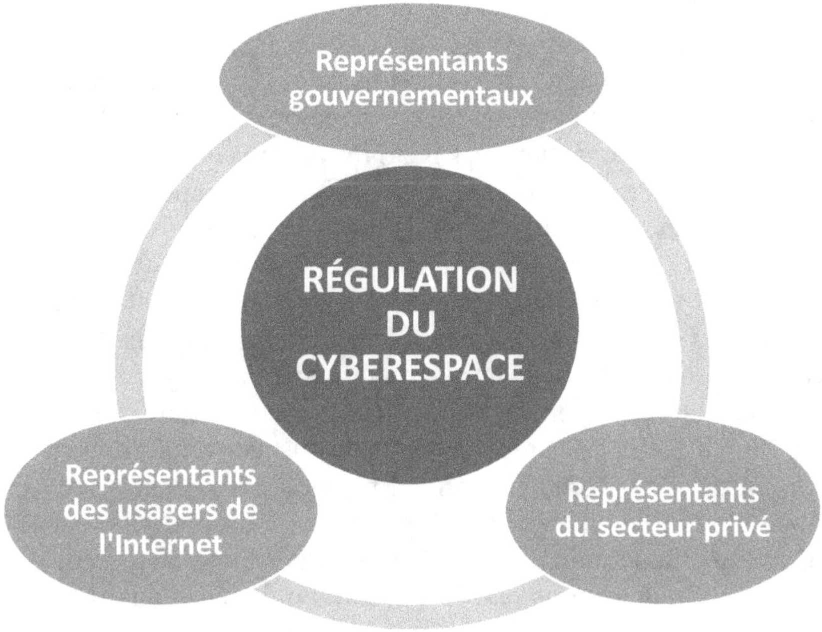

Figure 2 : Le tripartisme de l'OIT appliqué à la régulation du cyberespace

Inspirée des propos de B. Frydman et al., *Société civile et démocratisation des organisations internationales*, pp. 10-17

4. Définir les règles de collaboration entre les acteurs non étatiques et les États

S'il nous semble que le tripartisme serait le modèle le plus adéquat pour intégrer efficacement l'ensemble des acteurs du numérique aux discussions/décisions, encore faut-il déterminer les règles de collaboration. Tout d'abord, il est impératif de reconnaitre un principe commun susceptible de réunir les États et les acteurs non étatiques autour d'un même objectif. Plus précisément, il faut déterminer la raison d'être de cette réunion d'acteurs : garantir le maintien de la paix et de la sécurité internationales du cyberespace. Les règles serviront à la préserver, à orienter ceux qui ne l'auraient pas comprise et à sanctionner/neutraliser ceux qui ne la respectent pas. Le but est que tous les acteurs travaillent ensemble en se mettant au service d'une cause commune.

Plus important encore, il est primordial que les représentants des gouvernements, des entreprises et des usagers de l'Internet se soutiennent mutuellement, et se reconnaissent comme étant tous utiles à la bonne régulation du cyberespace. Rappelons que les États-Unis ont mis du temps à se détacher de l'ICANN principalement parce qu'ils voulaient s'assurer qu'aucun acteur (principalement les États) ne domine les autres. À l'image de l'OIT, tous les acteurs devraient donc bénéficier des mêmes compétences et avantages (privilèges et immunités), et les États devraient aider les acteurs non étatiques dans leurs fonctions en prenant, par exemple, en charge les frais de séjour et de voyage des délégués non gouvernementaux participant aux conférences et aux rencontres[975]. Cela permettrait d'assurer la participation effective des représentants des usagers et du secteur privé aux travaux de l'organisation. En agissant ainsi, les États contribueraient à développer un réel sentiment d'appartenance en valorisant les acteurs non étatiques au sein du groupe de discussions et de décisions. En étant tous placés sur un même pied d'égalité, chacun devrait accepter les règles, et veiller à leurs respects par les autres acteurs.

Également, lorsqu'on décide de travailler avec des acteurs qui ne sont pas issus d'un même domaine, d'un même champ disciplinaire, et dont les intérêts divergents, il est essentiel de définir des repères clairs. En observant diverses règles des organisations internationales, nous constatons que beaucoup d'efforts sont mis en place pour harmoniser les nomenclatures et les terminologies. En ce sens, il apparait absolument essentiel au fonctionnement de tout groupe de travail que les repères sémantiques et conceptuels soient les mêmes pour tous. Le premier objectif serait donc de définir des termes que l'on pense clairs dans l'esprit de tous, mais qui pourtant n'ont fait l'objet d'aucune définition commune, à savoir : cyberespace, cyberattaques, cyberarmes, cyberguerre, menaces cybernétiques, cyberdiligence, etc. Il n'y a qu'en parlant un langage commun que tous ces acteurs

---

[975] B. FRYDMAN et al., préc., note 894, p. 12.

parviendront à bien communiquer, s'entendre et établir un objectif partenarial négocié et partagé.

Nous ajouterions à la précédente observation l'importance de prendre en considération le caractère dynamique de l'internormativité, les difficultés d'échanges entre les acteurs des différents systèmes normatifs et des obstacles que ces acteurs peuvent poser aux échanges[976]. En « confrontant » des acteurs étatiques à des acteurs du secteur privé et de la société civile, il faut s'attendre à des tensions, et à ce que se mettent en place des rapports de force. Guy Rocher donnait un exemple très parlant pour mettre en évidence la confrontation des différents systèmes : les rapports difficiles entre les administrateurs du système hospitalier, très attachés aux normes techniques et de gestion, et les médecins dont les intérêts se placent du côté de la pratique médicale et des soins aux patients[977]. C'est dans ces conditions que sont utiles les « passeurs de normes » qui, par leur statut, facilitent les échanges et les rapports, et atténuent les résistances en traduisant ou en décodant des normes issues d'un univers (par exemple, militaire, technique, social, etc.) à un autre, dans le but de les rendre acceptables et assimilables[978]. L'internormativité suppose ainsi un échange, un rapport, une relation entre des acteurs appartenant à des mondes distincts. Elle nécessite un dialogue, une compréhension commune de l'objet visé par la règlementation, pour ainsi parvenir à concilier des visions différentes et/ou opposées, et aboutir à un accord universellement reconnu et accepté de tous.

5. Centraliser les mécanismes de corégulation et de contrôle des actions cybernétiques

Si la création d'un cadre juridique relatif aux activités cybernétiques ne nécessite pas forcément la création d'une instance dédiée[979], nous aurions tout de même une dernière suggestion quant aux moyens à

---

[976] K. BENYEKHLEF, préc., note 20, pp. 770-771.

[977] Guy ROCHER, « Les "phénomènes d'internormativité" : faits et obstacles », dans *Le droit soluble. Contributions québécoises à l'étude d'internormativité*, L.G.D.J., Paris, 1996, p. 32.

[978] « Du côté de l'internormativité effective, on peut observer le jeu de certains acteurs dans le rôle de traducteurs ou de décodeurs des normes administratives qui rendent celles-ci acceptables et assimilables dans la culture médicale. On peut encore appeler ces acteurs des passeurs de normes : ils remplissent la fonction des anciens passeurs qui faisaient traverser passagers et biens d'une rive à l'autre le long des rivières et des fleuves ». *Id.*

[979] Cela nécessiterait tout de même quelques aménagements notamment en ce qui concerne la mise en place du modèle du tripartisme.

mettre en œuvre pour assurer une bonne corégulation du cyberespace : créer une organisation internationale dédiée à la sécurité du numérique, capable de fédérer les efforts des acteurs publics et privés en vue de lutter contre les cyberattaques[980]. Cette idée n'est d'ailleurs pas que la nôtre, puisque des États, entreprises privées et auteurs de la doctrine semblent abonder en ce sens. Patrick Jacob aborde ce sujet avec humour en soulignant « que chaque nouveau problème dont les dimensions excèdent le champ clos d'un État voit fleurir son lot de projets d'organisations internationales[981] ». Si Karine Bannelier semble penser que l'ère n'est plus à l'adoption de structures lourdes, et à la création de nouvelles instances à vocation universelle dotées de pouvoirs normatifs[982], nous pensons tout de même que la mise en place d'un organe onusien dédié aux problèmes cyber est une idée qui n'a rien de saugrenue. Ce ne serait d'ailleurs pas la première fois qu'une organisation internationale serait créée pour aider l'ONU dans sa mission de maintien de la paix et de la sécurité internationales.

Prenons l'exemple de l'Agence internationale de l'énergie atomique (AIEA). Placée sous l'égide des Nations unies, cette OI a été mise en place pour aider à réfléchir aux mesures d'urgence visant à contrôler l'énergie nucléaire et à lutter contre la prolifération des armes qui en découlent. À la suite de la ratification du Traité de non-prolifération (TNP), l'AIEA est devenue responsable de la surveillance et de la bonne application du texte par les États. Celle-ci peut également être sollicitée par le Conseil de sécurité afin de lui apporter son expertise technique. Il arrive également qu'elle doive lui rendre des comptes dans

---

[980] Le directeur des affaires juridiques de Microsoft, Brad Smith a appelé en 2017 à la création d'une OI capable de gérer le problème cyber. "What the World needs is a new independent organization, a bit like the International Atomic Energy Agency that has addressed nuclear non-proliferation for decades. We need an agency that brings together the best and the brightest in the private sector, the best and the brightest in academia and the public sector. We need an agency that has the international credibility not only to observe what's happening, but to call the question and even identify the attackers when nation-state attacks happen". Brad SMITH, *The need for a digital Geneva Convention*, 14 février 2017, en ligne : https://blogs.microsoft.com/on-the-issues/2017/02/14/need-digital-geneva-convention/.

[981] P. JACOB, préc., note 954, p. 89.

[982] Karine Bannelier appuie son raisonnement sur le fait que nous assistons à une multiplication de fora, et autres institutions informelles « qui, peut-être, ne correspondent pas vraiment à la définition classique de l'organisation internationale, mais qui remplissent leurs fonctions avec une certaine efficacité ». Elle cite d'ailleurs les propos d'Eyal Benvenisti qui énonçait : "Alternatives to international law are created through diverse intergovernmental coordinated actions that do not involve the setting up of international organizations that are subjects of international law". Voir K. BANNELIER et T. CHRISTAKIS, préc., note 569, pp. 86-87.

l'hypothèse où les contrôles qu'elle mène révéleraient des faits de nature à être considérés comme une menace à la paix et à la sécurité internationales[983]. C'est alors à l'organe exécutif de l'ONU de qualifier la situation et d'en tirer les conséquences. Comme le souligne Patrick Jacob, des arrangements de ce type pourraient très bien être envisagés concernant les cyberattaques, ce domaine étant tout autant spécialisé et susceptible de menacer la stabilité mondiale que le nucléaire[984]. Rien n'empêche également la mise en place ponctuelle de commissions d'enquête par le Conseil de sécurité, afin d'analyser de plus près une cyberattaque d'envergure. Toutefois, à l'image de l'AIEA, nous pensons qu'il serait utile d'envisager l'édification d'un cadre institutionnel pérenne, puisque parmi les fonctions qui pourraient lui être confiées, certaines nécessiteraient fort probablement une surveillance et un suivi constants.

Nous l'avons maintes fois souligné au cours de ce travail : les difficultés d'encadrement juridique des attaques informatiques tiennent à leurs particularités techniques. Être capable de qualifier un cyber-acte et de le sanctionner requiert de pouvoir en retracer la source et de l'attribuer, c'est-à-dire de déterminer avec certitude qui en est l'auteur. Or il est impossible de remonter précisément jusqu'à l'origine de la cyberattaque. Certains États comme le Japon, ont tenté de pallier cette difficulté en essayant de créer un antivirus capable de tracer les attaques cybernétiques, mais sans grand résultat[985]. Des équipes de chercheurs internationaux se sont également penchés sur le sujet, et ont offert des pistes intéressantes, mais dont la mise en œuvre parait difficile notamment au niveau mondial[986]. En attendant, et comme le souligne Patrick Jacob, la tâche de l'attribution se fait en ordre dispersé, et la détermination de l'auteur est, dans bien des cas, totalement subjective, « au risque bien connu d'un engrenage de faits et de contre-mesures

---

983 Article XII §C du Statut de l'AIEA.

984 P. JACOB, préc., note 954, pp. 92-93.

985 Michel BAUD, « La cyberguerre n'aura pas lieu, mais il faut s'y préparer », (2012) Eté-2 *Polit. Étrangère*, pp. 305-316.

986 Voir la Méthode InCA (*Intelligent Cyber Attribution*) développée afin d'attribuer l'origine d'une cyberopération par le biais d'un algorithme censé être capable d'expliquer les raisons de cette attribution, et expliquée dans Paul SHAKARIAN, Gerardo I. SIMARI, Geoffrey MOORES, Simon PARSONS, Marcelo A. FALLAPA, *An Argumentation-Based Framework to Address the Attribution Problem in Cyber-Warfare*, 27 avril 2014, en ligne : https://arxiv.org/pdf/1404.6699.pdf Voir aussi Cyril NALPAS, *Les progrès dans l'identification et l'attribution des cyberattaques*, FIC.com, 9 septembre 2014, en ligne : https://observatoire-fic.com/les-progres-dans-lidentification-et-lattribution-des-cyberattaques/#fn4

illicites[987] ». Créer une organisation internationale capable de surveiller les cyberattaques lancées à travers le globe (recueil et échanges d'informations pouvant mener à des alertes), de les analyser et de les qualifier juridiquement (de façon objective) en fonction de leur degré d'intensité et des objectifs qu'elles visent, de remonter jusqu'aux auteurs pour déterminer les réactions appropriées (par exemple, une assistance aux États touchés) et fixer les conditions de leur mise en œuvre, voire permettre, le cas échéant, de prononcer une sanction, faciliterait grandement le travail des organes exécutifs et judiciaires onusiens que sont le Conseil de sécurité et la Cour internationale de justice. Toutefois, les fonctions et les pouvoirs qui seront confiés à cette nouvelle OI (qui pourrait prendre le nom d'« Agence internationale du cyberespace ») vont dépendre de ce que ses promoteurs attendent d'elle[988]. Il en ira de même de sa composition. En charge d'un domaine très technique, nous pensons qu'elle devrait obligatoirement se composer de membres issus du secteur privé et de la société civile. Les menaces à la paix et à la sécurité internationales étant dans bien des cas d'origine étatique, il est indiscutable que les États devront également participer aux débats. Il s'agira d'appliquer nos suggestions précédentes pour trouver le juste équilibre entre ces différents acteurs (notamment celle du tripartisme qui permet une représentation égale et équitable de l'ensemble des acteurs du numérique aux discussions et décisions), et ainsi assurer la neutralité et l'impartialité de cette nouvelle organisation. Enfin, il conviendra de :

1) Définir ses modalités de financements. Ceux-ci devront s'équilibrer entre les secteurs publics et privés et ;
2) Instaurer des mécanismes permettant de s'assurer qu'elle rend compte de ses actions à ceux dont elle est censée contribuer à la protection[989].

Il est certain que cette seule organisation de lutte contre les cyberattaques ne pourra suffire à protéger la paix mondiale. Il est en effet essentiel de développer et adapter un cadre normatif susceptible

---

987 P. JACOB, préc., note 954, p. 91.

988 Il faudra notamment que les statuts de cette nouvelle organisation de lutte contre les menaces précisent clairement ses objectifs et fonctions, et déterminent concrètement son rôle, à savoir assurer un usage sûr et pacifique des technologies et des sciences liées au cyberespace.

989 Kristen EICHENSEHR, « Public-Private Cybersecurity », (2017) 95-3 *Texas Law Review*, p. 504.

de contribuer à la prévention de ces armes et de régler les conditions et les modalités de réaction. Si comme nous l'avons souligné plus haut, certains, considèrent qu'une telle organisation ne devrait pas détenir de pouvoirs normatifs[990], nous pensons qu'il serait pertinent d'envisager cette option, d'autant que les discussions du GEG relatives à la réglementation internationale des activités cybernétiques sont dans une impasse. Son fonctionnement pourrait ainsi être adapté pour servir à l'élaboration de textes susceptibles de prendre par la suite la forme de traités, ou de déclarations de principes dont l'Assemblée générale pourrait prendre note[991]. Bien évidemment, le choix final d'attribuer une fonction normative à cette nouvelle OI sera à la discrétion de ses promoteurs. Toutefois, nous leur suggérons fortement d'envisager cette option qui, selon nous, serait la plus à même de fournir un cadre règlementaire efficace pour encadrer correctement les activités cybernétiques.

Finalement, avec ce second paragraphe sur l'internormativité du cyberespace, nous avons tenté de fournir des clés ou, du moins, des pistes de réflexions sur la meilleure manière de garantir la sécurité de cet espace virtuel. Il est plus que nécessaire qu'une réelle collaboration se mette en place entre tous les acteurs du numérique. Le cyberespace étant un univers d'interconnexions, sa réglementation ne peut pas être autrement que plurielle. Mais attention, ce pluralisme ne peut pas être désorganisé, sinon il n'aura aucun effet, si ce n'est de semer le trouble et mener à la confrontation entre les différents systèmes normatifs. Il est impératif qu'il soit ordonné, organisé ; nous dirions même qu'il soit harmonisé, et ce en s'inscrivant dans une dynamique d'ouverture, de mise en mouvement, de réflexion, d'écoute, de compréhension, et enfin d'adaptation. Pour y parvenir, cela va nécessiter des acteurs du numériques qu'ils souscrivent à un élément fondamental et essentiel à toutes bonnes relations humaines et professionnelles : la confiance.

---

[990] Pour Karine Bannelier, cet organe ne pourra être efficace que s'il est souple, ouvert et dépourvu de pouvoirs normatifs qui pourraient éveiller les craintes de nombreux États. Ses missions seraient notamment « de fédérer les initiatives politiques, d'assurer le suivi des décisions mais aussi de générer des études ou encore de dispenser des formations et de promouvoir une culture d'hygiène informatique ». K. BANNELIER et T. CHRISTAKIS, préc., note 569, p. 87.

[991] Cette dernière formule est certes plus souple, mais plus aisément universalisable.

III. La confiance dans le cyberespace

SOUSCRIRE À LA TRANSPARENCE

Tout au long de cette section, nous avons tenté de fournir des clés pour aider à la mise en place d'une corégulation efficace du cyberespace entre les États et les acteurs non étatiques. Cependant, les propositions soumises ne peuvent fonctionner selon nous, que si une condition est pleinement remplie : l'instauration de la confiance par la transparence. Comme l'a si bien rappelé l'entreprise Kaspersky, « nous accordons tous une place majeure à la confiance dans nos relations. Dans le domaine de la cybersécurité, la confiance est encore plus importante : en effet, la cybersécurité ne s'appuie pas sur la confiance. Elle en dépend entièrement[992] ». La transparence serait donc essentielle pour comprendre la position de ses alliées et celle de ses adversaires[993], mais également pour partager des connaissances. En ce sens, il s'agirait presque de demander à l'ensemble des acteurs du numériques d'être sincères et vrais dans leurs propos et leurs attitudes. Or, nous avons bien conscience que cela est impossible, pour ne pas dire utopique[994].

Pourtant, dès le départ, le groupe d'experts gouvernementaux de l'ONU en charge des progrès de la téléinformatique dans le contexte de la sécurité internationale s'est intéressé à la mise en place de mesures de transparence et de confiance auprès des États. Selon lui, ces mesures seraient indispensables pour aboutir à un cyberespace plus sûr. Sur le fond, cette idée se justifie aisément. En effet, les mesures de transparence et de confiance sont des éléments de politiques internationales utiles depuis longtemps à la communauté internationale pour gérer des questions de sécurité internationale[995]. Comme le

---

[992] « Renforcer la confiance dans le cyberespace grâce à l'Appel de Paris », *Kaspersky daily* (15 juillet 2019), en ligne : https://www.kaspersky.fr/blog/paris-call/11943/.

[993] Ben BASELEY-WALKER, *Les mesures de transparence et de confiance dans le cyberespace : vers des normes de conduite*, 4, coll. Faire face aux cyberconflits, Suisse, UNIDIR - Forum du désarmement, 2011, p. 36.

[994] Voir Sidonie GALLOT et Lise VERLAET, « La transparence : l'utopie du numérique ? », *Communication et organisation* 2016.49.203-217, p. 204.

[995] Les Nations Unies encouragent depuis longtemps ces mesures pour favoriser la sécurité entre les États membres. Par exemple dans les années 80, la Commission du désarmement de l'ONU présenta un ensemble de directives concernant les mesures de transparence et de confiance. Voir ASSEMBLÉE GÉNÉRALE DES NATIONS UNIES, *Rapport de la Commission du désarmement, document des Nations Unies A/S-15/3*, 1988, p. 29. Elles furent également utiles pour gérer les questions liées au domaine des armes nucléaires. Voir Jana ROBINSON, *The Role of Transparency and Confidence-Building Measures in Advancing Space Security*, European Space Policy Institute Report 28, 2010, pp. 14-26.

rappelle Ben Baseley-Walker, celles-ci sont généralement considérées comme une étape avant que des instruments juridiquement contraignants soient mis en place, et peuvent dans certains cas avoir elles-mêmes force obligatoire[996]. Cependant et à la lecture des rapports des différents GEG, nous pouvons constater que ces mesures ne sont pas imposées, mais suggérées aux États, et qu'elles ne sont donc pas contraignantes[997]. Le groupe d'experts recommande leur mise en place volontaire, ce qui signifie que les États sont libres de les adopter et de les appliquer, ou bien de les ignorer. Or il ne faut pas oublier que le cyberespace est un lieu stratégique qui, du fait de ses particularités techniques, permet secrets et manigances. Si le GEG semble s'efforcer de restaurer la clarté dans un univers opaque[998] en tentant de responsabiliser les États, c'est à eux que revient la décision finale de transparence. Comme le rappelle le groupe d'experts gouvernementaux, les États sont responsables au premier chef du maintien d'un environnement informatique sûr et pacifique. Il leur appartient donc de choisir si oui ou non ils souhaitent agir en ce sens, en adoptant un comportement responsable. Les multiples cyber-attaques lancées à travers le globe, le discours de certains pays[999], et la signature de pactes de non-agression plutôt que de pactes de confiance[1000] montrent que nous en sommes encore loin.

---

[996] B. BASELEY-WALKER, préc., note 993, p. 34.

[997] Voir ASSEMBLÉE GÉNÉRALE DES NATIONS UNIES, préc., note 233; ASSEMBLÉE GÉNÉRALE DES NATIONS UNIES, préc., note 234; ASSEMBLÉE GÉNÉRALE DES NATIONS UNIES, préc., note 29.

[998] Avec le cyberespace, nous sommes aujourd'hui au cœur d'un paradoxe : celui d'une société hypercommunicante et hyperinformative, qui apparait finalement, au regard des usages et des enjeux stratégiques, comme restreinte, cloisonnée et secrète. Voir S. GALLOT et L. VERLAET, préc., note 994, p. 207. La transparence devient opaque, souvent anonyme, voire aveugle. Laurent Cohen-Tanugi constate que « la révolution numérique complexifie la problématique traditionnelle de la transparence et du secret. Dans cet univers où l'information devient un actif clé, et où la réglementation est *a priori* exclue ou subsidiaire, la diffusion, la consommation et la rétention d'informations requièrent de nouvelles disciplines individuelles ou collectives, dont l'apprentissage ne sera pas, demain, le moindre enjeu de la réduction du « fossé numérique » au sein des sociétés développées ». Voir Laurent COHEN-TANUGI, « Le clair-obscur d'Internet », (2001) 2-97 *Le Seuil*, pp. 85-90, aux pages 88 et 89-90.

[999] Nous pouvons prendre l'exemple des États-Unis qui, sous l'administration Trump, prônaient une posture suprématiste et offensive dans le cyberespace vis-à-vis de leurs adversaires. Voir SEAL OF THE PRESIDENT OF THE UNITED STATES, *National Cyber Strategy of the United States of America*, Washington (DC), USA, The White House, 2018, en ligne : https://www.whitehouse.gov/wp-content/uploads/2018/09/National-Cyber-Strategy.pdf.

[1000] En ce sens où les accords entre États se font, non pas dans une optique de transparence, mais de préservation et de protection. On ne souhaite pas dévoiler ses cartes (quelles sont nos infrastructures vitales, nos capacités cyber concrètes, les acteurs qui agissent pour nous, etc.),

Pourtant, l'Appel de Paris semble avoir redynamiser ce désir de confiance et de transparence dans le cyberespace en s'inscrivant dans une situation jusque-là inédite :

1) La confiance et la transparence ne seraient plus l'apanage des seuls États, mais concerneraient également les acteurs non étatiques[1001] ; et,

2) Elles seraient envisagées tout au long de la chaîne d'approvisionnement informatique, et ne se limiterait donc plus à la seule période de l'usage, de l'emploi des cyberarmes par les États[1002].

Jusqu'à présent, la licéité de l'utilisation des nouvelles technologies dans les conflits était évaluée au regard du seul article 36 du Protocole I additionnel aux Conventions de Genève étudié dans notre Chapitre 2. Nous avions constaté que, bien que ce dernier semble exprimer une obligation, les États restaient libres de développer des méthodes et moyens de combat susceptibles d'être en désaccord avec les principes du DIH. Nous avions également observé qu'une autorité d'examen pouvait être saisie pour vérifier la licéité de ces armes sur la base d'un usage normal, mais que cette situation était très rare, la très grande majorité des pays ne disposant pas d'une pareille organisation. Nous avions conclu à la dangerosité de ce manque de rigueur (et de transparence) de la part des États quant au contrôle des armes et méthodes de guerre qu'ils développent.

Face à cela, nous pouvons comprendre que des entreprises comme Microsoft, souhaitent responsabiliser les États en demandant la création

---

mais on s'assure que nous ne ferons pas l'objet d'actions offensives de la part des États partenaires (signataires du pacte).

1001 En 2014, Microsoft a présenté dans son rapport les normes internationales en matière de cybersécurité. Voir Angela McKay, Jan Neutze, Paul Nicholas et Kevin Sullivan, *International Cybersecurity Norms: Reducing conflict in an Internet dependent world*, Microsoft, Décembre 2014, p. 17. Avec l'Appel de Paris de 2018, la situation semble clairement avoir changé.

1002 Comme l'a énoncé Kaspersky, ce cadre permettrait de définir les conditions que doivent respecter les produits informatiques pour mériter la confiance de l'ensemble des acteurs du numérique. Il servirait à évaluer leur « trustworthiness » (fiabilité). Kaspersky, *Appel de Paris pour la Confiance et la Sécurité dans le Cyberespace - La proposition de Kaspersky pour soutenir et concrétiser les initiatives nées de l'Appel de Paris*, novembre 2019, en ligne : https://media.kasperskydaily.com/wp-content/uploads/sites/93/2019/11/05143036/5941_gti-paris-pf_call-kl-contribution_fr_final.pdf.

d'une convention de Genève du numérique, et insistent sur l'importance de la confiance et de la transparence dans le cyberespace. Nous comprenons également la décision de l'Appel de Paris quant à la nécessité de mettre en place un réel suivi dans la création, l'élaboration, la fabrication et l'utilisation de ces armes. Nous comprenons encore plus, la position de l'entreprise Kaspersky qui prône le paradigme de la « Confiance rationnelle », dont l'objectif est de réfléchir à une nouvelle approche qui serait davantage fondée sur des données probantes plutôt que sur des impressions[1003]. Dorénavant, les acteurs du numérique et notamment les entreprises, veulent se fonder sur du concret, plutôt que sur des suppositions. Pour y parvenir, il est nécessaire d'élaborer un nouveau cadre, d'instaurer un nouvel état d'esprit, qui seraient fondés sur une approche effective et claire de l'évaluation des risques[1004]. C'est en ce sens que Kaspersky a élaboré la *Global Transparency Initiative*[1005] qui vise à renforcer la résilience de son infrastructure informatique face à tout risque susceptible de nuire à la confiance. L'entreprise a ainsi transféré le stockage et le traitement des données de ses utilisateurs européens à Zurich en Suisse, et a ouvert des centres de transparence à travers le monde[1006]. Cela n'est pas sans rappeler la suggestion de Brad Smith d'intituler sa proposition de texte « Convention de Genève du numérique », la Suisse se voulant être une terre de neutralité, et donc idéale pour mettre en place un cadre de discussions et de décisions fondé sur la confiance et la transparence[1007].

De nos observations, nous constatons qu'il n'existe pas de recette miracle pour instaurer la confiance. Elle se gagne, elle se perd, et n'est donc que rarement acquise pour toujours. Toutefois, en souscrivant à la transparence, les acteurs du numérique aideront à la maintenir en place, car elle reste un symbole de vérité et de démocratie[1008]. Le cyberespace

---

[1003] *Id.*

[1004] *Id.*

[1005] Concernant la nécessité de cette nouvelle initiative, voir les propos d'Eugene Kaspersky (PDG de Kaspersky Lab) dans KASPERSKY, « Kaspersky Lab présente sa « Global Transparency Initiative » », *Kaspersky daily* (23 octobre 2017), en ligne : https://www.kaspersky.fr/blog/ transparency-initiative/9657/.

[1006] Notamment à Madrid et à Kuala Lumpur.

[1007] On a d'ailleurs longtemps parlé d'une « Suisse numérique ».Voir par exemple, C. IAZ, préc., note 746; E. TURRETTINI, préc., note 736.

[1008] Le concept de transparence « doit s'inscrire dans les usages et les pratiques pour s'établir comme une norme de l'information et des communications, voire en symbole du Web et de la transparence de la Toile dont l'idéal de vérité, la culture ouverte de l'information, la

étant déjà en soi un univers opaque et nébuleux, il appartient à tous ses acteurs de dissiper le flou qui l'entoure, plutôt que de le maintenir et l'encourager[1009]. Si l'objectif de la communauté internationale est de garantir la paix et la sécurité dans cet espace virtuel, la confiance par la transparence permettrait de mieux anticiper et cerner les cybermenaces[1010]. À cela devrait s'ajouter un encadrement juridique efficace, clair et précis des activités cybernétiques pour encadrer les comportements étatiques et non étatiques. Il vaut en effet mieux « prévenir que guérir », et un cadre précis permettrait de poser des limites et de dissuader les éventuels réfractaires à ne pas respecter ces principes sous peine de sanction.

Finalement, cette seconde section s'est voulue force de propositions pour arriver à dessiner ensemble la régulation du cyberespace. Selon nous, la communauté internationale est partie sur de mauvaises bases ; et il nous paraissait important de fournir des éléments de réflexions sur la méthode et les moyens à mettre en œuvre, pour que les acteurs du numérique travaillent main dans la main, et parviennent à trouver des solutions aux défis cybernétiques. Dans notre prochaine section, nous souhaiterions cette fois-ci suggérer les axes de recherches que nous considérons comme prioritaires, et qui devraient être étudiés conjointement par les États et les acteurs non étatiques, cela toujours dans l'optique de garantir la paix et la sécurité internationales dans le cyberespace.

---

responsabilité citoyenne, la participation et l'information démocratique ou encore la gouvernance ouverte sont des concepts-clé ». S. GALLOT et L. VERLAET, préc., note 994, p. 206.

1009 Pour Olivier Aïm, dans nos sociétés l'utopie de la transparence doit être appréhendée comme « double », d'une part via la transparence supposée du support numérique (dimension strictement technique), et d'autre part en termes de « transparence active » des acteurs, qui « s'inscrivent dans une volonté politique affichée, celle de l'engagement et de la publicité faisant de leur communication, une action, une « maxime de la transparence » qui ne serait autre qu'une forme renouvelée et contemporaine d'une « maxime de la vérité ». Olivier AÏM, « La transparence rendue visible. Médiations informatiques de l'écriture », (2006) 147-1 *Commun. Lang.* pp. 31-45.

1010 C'est par exemple en cela que les exercices conjoints développés par le centre de cyberdéfense de l'OTAN (CCD COE) sont utiles, car ils permettent d'avoir un aperçu des techniques et des moyens de combat développés par les différents États participants aux exercices.

SECTION 3 : Quels axes prioritaires de recherches dans la coopération public-privé ?

SUGGESTIONS POUR GARANTIR LA PAIX ET LA SÉCURITÉ INTERNATIONALES DANS LE CYBERESPACE

Le développement de comportements offensifs utilisant des moyens cybernétiques (agression, sabotage, espionnage, etc.) par des acteurs étatiques ou non (entreprises privés, mercenaires, groupes terroristes, etc.) font peser une menace sans précédent pour la stabilité mondiale. En ce sens, il est essentiel que la coopération public-privé s'attache à préserver la paix et la sécurité internationales dans le cyberespace en ciblant quatre axes prioritaires de recherches centrés principalement autour de questions techniques et de droit international. Ses travaux porteraient sur les thématiques suivantes : le *jus ad bellum* face aux cyberattaques (I), le *jus in bello* face aux cyberattaques (II), le cyberespace et les nouveaux acteurs de la violence (III) et enfin, la création (ou non) d'un droit international spécifique au cyberespace (IV). Plus précisément, il s'agirait dans le premier axe de s'intéresser au recalibrage des principes de la Charte des Nations Unies existants, et de trouver une solution au problème de l'attribution. Dans le second axe, l'objectif serait principalement de se pencher sur l'élargissement des principes du DIH, et solutionner le problème de l'imprévisibilité des cyberattaques. Dans le troisième axe, l'analyse porterait sur les moyens à mettre en œuvre pour améliorer la lisibilité des conflits et éviter le camouflage juridique, notamment face à la recrudescence des activités offensives d'origine privées. Enfin le quatrième axe viserait à étudier la question plus large de l'adaptabilité du droit international existant aux nouvelles réalités, parmi lesquelles le recours aux nouvelles technologies comme armes et méthodes de combat.

I. Axe 1 : Le *jus ad bellum* face aux cyberattaques

RECALIBRER LES PRINCIPES DE LA CHARTE DES NATIONS UNIES ET SOLUTIONNER LE PROBLÈME DE L'ATTRIBUTION

Dans notre second chapitre, nous avons constaté que les principes et normes du *jus ad bellum* sont désormais reconnus, de façon générale, comme étant applicables aux cyberattaques[1011]. Pourquoi ? Parce que les États ont souhaité se positionner dans un régime juridique qui leur est favorable politiquement et stratégiquement parlant. En effet, la

---

[1011] ASSEMBLÉE GÉNÉRALE DES NATIONS UNIES, préc., note 233; ASSEMBLÉE GÉNÉRALE DES NATIONS UNIES, préc., note 234; ASSEMBLÉE GÉNÉRALE DES NATIONS UNIES, préc., note 29.

Charte des Nations Unies présente ce double intérêt d'offrir des règles universellement reconnues, dont le contenu est suffisamment large pour être transposées aux cyberattaques[1012]. Toutefois, face aux particularités techniques de ces nouvelles armes, il est ressorti de notre étude que vouloir appliquer par analogie le *jus ad bellum* prévu pour des situations tangibles, est non seulement difficilement réalisable, mais aussi peu judicieux, voire dangereux. Si la Charte se doit de refléter les réalités contemporaines, celle-ci n'a pas été réfléchie pour être confrontée aux spécificités des moyens cybernétiques. La stabilité dans le cyberespace dépendant en partie de sa capacité d'adaptation, il nous semble évident que le premier axe de recherche de cette coopération multi-acteurs doit porter sur le recalibrage des grands principes de la Charte, à savoir l'agression armée et le recours à la force. L'objectif serait ainsi d'aider à la qualification des cyberattaques pour déterminer les mesures coercitives susceptibles d'être mises en œuvre, notamment lorsqu'elles ne respectent pas les règles du DIP.

Bien sûr, toute attaque informatique présentant des caractéristiques similaires aux attaques conventionnelles doit pouvoir être qualifiée d'« attaque armée » lorsque la situation s'y prête. Cependant, il est important d'intégrer que la létalité et la destruction physique ne sont plus les uniques critères à cette qualification. Doivent désormais être retenus le caractère immatériel, la brièveté et les conséquences complexes de ces attaques, qui sont parfois de faible intensité[1013]. Plus précisément, nous rejoignons l'idée développée par Mathias Forteau sur la nécessité de définir précisément le seuil qu'une cyberattaque doit atteindre pour mesurer son degré de gravité, et ainsi permettre une réponse par des moyens adéquats[1014]. Si actuellement le DIP n'offre pas véritablement de critères clairs sur cette question, il apparait pertinent que cela soit discuté sur le plan *multistakeholder*[1015] avant d'envisager une transposition pure et simple des règles et principes existants au

---

[1012] Les principes peuvent s'appliquer car ils sont très généraux, mais il faut que l'ensemble des États soit d'accord pour que cela fonctionne. Or, il y a un réel intérêt à ce qu'ils ne trouvent pas de consensus sur ces questions (par exemple, le risque d'un ralentissement de la course aux cyber-armements, le fait de pouvoir continuer à tester des nouvelles armes sans qu'un qualificatif puisse leur être attribué, ou encore l'absence de sanction de la part des instances internationales (Conseil de sécurité et CIJ).

[1013] B. LOUIS-SIDNEY, préc., note 386, p. 77.

[1014] Voir M. FORTEAU, préc., note 13.

[1015] Il serait plus que pertinent que cette question soit discutée entre les différents acteurs du numérique au sein d'une instance dédiée aux problèmes cyber tel que proposée précédemment.

cyberespace. Les exemples de cyberattaques d'envergure lancées ces dernières années ne manquant pas, ils pourraient contribuer à la réflexion et aider à l'élaboration des critères de gravité. Certaines ont d'ailleurs clairement menacé la prospérité, la sécurité et la stabilité mondiale. Nous pensons aux virus *Shamoon*[1016], *WannaCry*, *NotPetya*, *Stuxnet* étudiés dans notre premier chapitre, ou en encore les attaques par déni de service distribué (DDos) lancées par le biais de l'IdO (l'Internet des objets)[1017]. Relativement malléables, les critères développés par Michael N. Schmitt dans le Manuel de Tallinn[1018] pourraient également servir de base à l'élaboration d'une échelle de gravité. Se fondant sur une approche par analogie avec l'usage d'armes ou de moyens cinétiques, ceux-ci devraient cependant être complétés par la prise en considération de critères complémentaires tels que le degré de dépendance d'un État aux TIC[1019], la réversibilité ou non des effets produits par les cyberattaques[1020], ou encore l'absence de dommages visibles aux conséquences pourtant néfastes[1021]. L'application de ces divers critères restent tout de même empreint

---

[1016] Considéré comme l'un des malwares les plus dangereux au monde, le virus *Shamoon* est apparu en 2012, et visait la société *Saudi Aramco* (compagnie pétrolière saoudienne). La première attaque a ravagé le parc informatique de la société en effaçant les données de plus de 30 000 ordinateurs. L'activité de la société a été arrêtée pendant plusieurs jours, ce qui a entrainé des conséquences financières catastrophiques. La deuxième attaque a eu lieu contre une firme pétrolière du Qatar. En 2018, des traces du virus furent observées au sein du réseau de la compagnie pétrolière italienne *Saipem*, ainsi qu'auprès d'une entreprise originaire des Émirats Arabes Unis.

[1017] Une attaque DDos vise à rendre une application informatique incapable de répondre aux requêtes de ses utilisateurs en la submergeant de fausses demandes de synchronisation jusqu'à saturation. En 2016, une attaque de ce type a bloqué de nombreux serveurs et sites Internet les rendant inaccessibles pendant une journée entière (Twitter, PlayStation, CNN, Spotify, Verizon, ou encore Comcast). Profitant de la forte croissance du nombre d'objets connectés faiblement sécurisés, les cyberattaquants les utilisent de plus en plus comme Botnets (progression de plus de 200% au cours des dernières années) pour lancer leurs attaques par déni de services.

[1018] Voir M. N. SCHMITT et NATO COOPERATIVE CYBER DEFENCE CENTRE OF EXCELLENCE, préc., note 367, pp. 48-52.

[1019] Plus un État est dépendant des TIC, plus les cyberattaques ciblant ses réseaux et systèmes informatiques auront des conséquences directes auprès de son gouvernement, de son économie et/ou de sa population.

[1020] Une cyberattaque pourrait être qualifiée d'agression armée si elle vise à causer des dommages physiques ou non de grande ampleur et irréversibles, en s'attaquant aux systèmes et réseaux informatiques dont un État dépend.

[1021] Ce point a longuement été débattu par les experts du Manuel de Tallinn sans que ces derniers ne parviennent à dégager de conclusion. Pourtant, de nombreuses cyberattaques sont programmées pour ne produire aucun effet physique direct. Leurs conséquences n'en restent pas moins intenses comme ce fut par exemple le cas avec le virus *Shamoon* (voir note 1016).

d'incertitudes du fait que chaque attaque informatique est unique, nécessitant une analyse au cas par cas. Afin de distinguer les actes de cyber-hostilités de ceux relevant de l'agression, une typologie devrait ainsi être élaborée pour aider les États, notamment lorsque la situation nécessite une réaction en urgence.

En parallèle, il apparait nécessaire de faciliter la question de l'attribution. En effet, l'application de la Charte des Nations Unies, et plus précisément de l'article 51, suppose que l'identification de l'auteur de la cyberattaque est techniquement possible. Or dans les faits, la situation est tout autre. Nous l'avons vu, les cyberattaques soulèvent des difficultés particulières parce que les auteurs sont souvent non étatiques, que leur participation aux hostilités peut être fugace, ou bien encore car les virus « transitent » par les ordinateurs de civils à leur insu[1022]. Si les États ont souhaité rendre accessible le réseau au monde, ils ont compliqué la localisation et donc l'identification des auteurs d'attaques informatiques[1023], préalable pourtant nécessaire à la mise en œuvre de la plupart des réponses licites en DIP. Afin d'éviter une escalade dans la violence, il est impératif que des professionnels dotés d'une forte expertise technique soient mandatés pour trouver une solution à la question de l'attribution. Afin d'être les plus impartiaux possibles, ces derniers devraient être choisis sur la base d'une représentation géographique diversifiée et être soumis à examen par des pairs. Ce groupe pourrait par exemple être mandaté par l'organisation internationale dédiée à la sécurité du numérique que nous avons étudié précédemment, et donc être commandité par l'ensemble des acteurs issus tant du secteur public que privé[1024]. Une autre option est que cette nouvelle instance pourrait être composée de plusieurs sous-sections dont l'une d'entre elles serait précisément composée d'experts

---

1022 M. GRANGE, préc., note 378, p. 197.

1023 Les États ont également tout intérêt à ne pas solutionner la question de l'attribution du fait que cela risquerait de ralentir la course aux cyber-armements, les empêcherait de continuer à tester leurs cyberarmes (exemple de la Chine), et ouvrirait la porte aux possibles sanctions de la part des instances internationales dont le Conseil de sécurité et la CIJ.

1024 Microsoft s'est exprimé en ce sens, mentionnant qu'il était temps d'améliorer les processus d'attribution des cyberattaques avant d'envisager l'application des normes internationales existantes. Pour le vice-président *corporate* Scott Charney, ces dernières n'ont aucune chance d'être efficaces pour réguler les cyberattaques tant que l'identification précise des auteurs ne pourra être correctement faite. Voir Valéry MARCHIVE, « Cyberattaques : Microsoft appelle à un tiers indépendant pour l'attribution », *LeMagIT* (13 juillet 2016), en ligne : https://www.lemagit.fr/actualites/450300222/Cyberattaques-Microsoft-appelle-a-un-tiers-independant-pour-lattribution.

techniques en charge de la question de l'attribution, choisis selon les modalités de sélection citées ci-dessus. Nous considérons que la résolution du problème de l'attribution est la clef d'une plus grande sécurité dans le cyberespace, car elle sera le pilier d'une dissuasion pour les cyberattaquants étatiques ou non. Celle-ci devrait donc être une priorité pour la communauté internationale avant d'envisager l'encadrement juridique même des armes cybernétiques.

II. Axe 2 : Le *jus in bello* face aux cyberattaques

ÉLARGIR LES PRINCIPES DU DIH ET SOLUTIONNER LE PROBLÈME DE L'IMPRÉVISIBILITÉ DES ATTAQUES

À la différence du *jus ad bellum*, les normes et principes du *jus in bello* n'ont pas été reconnus applicables unanimement aux armes cybernétiques au sein du GEG. Seuls ont été mentionnés les critères d'humanité, de nécessité, de proportionnalité et de distinction, sans plus de précisions. Si le droit international humanitaire est considéré par beaucoup comme « un ultime rempart élevé dans la barbarie de la guerre contre le supplément de barbarie que serait la violation de ces règles[1025] », ce dernier n'a pas vocation à s'adapter à tous les défis posés par les États. Bien qu'il soit capable de gérer des situations imprévues, sa logique a toujours reposé sur une constante : la dimension physique des conflits et des armes qui y sont employées. Or le développement des TIC a entrainé la création du cyberespace qui dispose de caractéristiques qui lui sont propres du fait de sa virtualité (interconnectivité, anonymat, etc.). Celles-ci sont méconnues du *jus in bello* car il a été conçu pour les opérations conventionnelles et les armes traditionnelles dont le recours engendre des conséquences physiques, ce qui n'est pas le cas dans le cyberespace. En procédant par analogie, l'adaptabilité des normes et principes du DIH présente ainsi ses limites, ce dernier étant dans l'impossibilité d'encadrer correctement ces armes. Alors que les États expriment de plus en plus leur intention de réagir aux attaques menées dans le cyberespace, le DIH s'avère ici inadéquat.

Afin de pallier cette situation, plusieurs solutions peuvent être envisagées afin de contribuer à cette idée qu'il n'existe pas de vide juridique dans le cyberespace. Si le DIH souhaite régir des situations impliquant l'emploi d'armes cybernétiques, ses normes et principes n'auront pas d'autres choix que de s'élargir aux spécificités de ce

---

[1025] Eric DAVID, *Principes de droit des conflits armés*, Bruxelles, Bruylant, 2002, p. 94.

nouvel espace de combat. Comme mentionné dans notre précédent paragraphe, une solution devra tout d'abord être trouvée concernant le problème de l'anonymat. À partir du moment où les États décident de recourir à ces armes en temps de conflit, il doit être possible de retracer avec précision les cyberattaques lancées pour en identifier les auteurs. Les acteurs publics et privés devraient également discuter du principe de distinction entre les objectifs militaires et civils. En effet, ces derniers doivent être mieux déterminés du fait de l'interconnectivité du réseau, et une décision stricte doit être prise concernant les infrastructures à usage dual[1026] afin de protéger les populations civiles. Il est également impératif d'intégrer la virtualité de cet espace, en considérant désormais les dommages causés à l'encontre de biens immatériels.

La question de l'imprévisibilité des attaques informatiques devrait également être au cœur des préoccupations de cette coopération *multistakeholder*, et s'inscrire dans les axes prioritaires de recherches. Leur potentiel pandémique incontrôlable entraine des difficultés pour appréhender avec précision les conséquences qu'elles vont engendrer. Bien sûr en temps de conflit, le risque zéro n'existe pas. Cependant, leur utilisation n'est clairement pas maitrisée. Comme nous avons pu le voir, même si une attaque informatique a été élaborée pour viser une infrastructure militaire, les dommages collatéraux à l'encontre des civils sont inévitables et exponentiels. L'interconnectivité du réseau entraine des effets dominos, et ce à très grande échelle. Tout dans ces observations, nous conduit à déduire que les attaques informatiques n'ont pas fait l'objet d'une étude poussée au sens de l'article 36 du Protocole I. vu précédemment. Si cela avait été le cas, il est fort à parier que leur utilisation n'aurait pas été approuvée par les comités d'examen. Un parallèle peut être fait entre ces armes et les armes de destruction massive (ADM). Si ces dernières sont « définies[1027] » comme des armes capables de tuer les hommes en très grande quantité, les attaques cybernétiques sont capables de toucher et d'endommager des personnes, des objets et des infrastructures civiles en très grand nombre. Si le désarmement est la meilleure protection contre le danger des ADM, peut-être faudrait-il également interdire l'emploi des attaques informatiques en période de conflit, tant qu'elles n'auront pas

[1026] Rappelons que les infrastructures à usage dual servent à la fois à des fins militaires et civiles.

[1027] À ce jour, il n'existe pas de définition officielle de ce que sont les armes de destruction massive en droit international.

fait l'objet d'un examen plus poussé par l'organisation internationale dédiée à la sécurité du numérique (dont nous préconisons plus haut la création), et qu'elles ne seront pas mieux maitrisées par leurs utilisateurs.

III. Axe 3 : Le cyberespace et les nouveaux acteurs de la violence

AMÉLIORER LA LISIBILITÉ DES CONFLITS POUR EMPÊCHER LE CAMOUFLAGE JURIDIQUE

Lors de nos précédents chapitres, nous avons cherché à démontrer que le cyberespace a conduit à de nouvelles transformations. C'est en effet là l'un des grands bouleversements induits par la révolution numérique : le cyberespace comme lieu de confrontation confère au secteur privé, et notamment à un certain nombre d'acteurs privés systémiques, un rôle et une responsabilité inédites dans la préservation de la paix et de la sécurité internationales, car leurs actions peuvent affecter la stabilité mondiale[1028]. Comme l'a souligné l'ex-ministre de la défense français Jean-Yves Le Drian, ces derniers interviennent à plusieurs niveaux, que ce soit en travaillant pour un État, ou pour leur propre compte, avec des intentions et des objectifs divers et variés. Ces acteurs disposent d'une panoplie de mesures fondées sur des technologies défensives, mais également offensives. Or, il est certain que de telles actions sont susceptibles d'entrainer un risque d'escalade d'autant plus dangereux que le risque d'attribution erronée se pose de la même manière pour le secteur privé que pour les États[1029].

Dans ces conditions, il apparait nécessaire d'améliorer la lisibilité des conflits, c'est-à-dire qu'il faudrait que les États affichent ouvertement leurs partenariats avec les acteurs privés pour que les États victimes puissent savoir contre qui se retourner/riposter s'ils venaient à être cyber-attaqués. Cela signifie que les accords mis en place entre le public et le privé devraient idéalement faire l'objet d'une publicité officielle mentionnant que telle entreprise, tel groupe d'hackers ou de cyber-mercenaires a été recruté par un État, que ce soit en contrat à

[1028] L'ancien Secrétaire général des Nations Unies Ban Ki-moon, a reconnu les défis posés par l'interconnectivité du cyberespace permettant à de nouveaux acteurs (extrémistes, terroristes, groupes criminels organisés) de mener des activités déstabilisatrices pour le compte ou à l'encontre des États. Voir ASSEMBLÉE GÉNÉRALE DES NATIONS UNIES, préc., note 29, par. 5.

[1029] Jean-Yves LE DRIAN, *Le rôle et la responsabilité des acteurs privés dans le renforcement de la stabilité et de la sécurité internationale du cyberespace*, Assemblée générale des Nations Unies, Prolifération des menaces dans le cyberespace, 18 septembre 2017, en ligne : https://onu.delegfrance.org/Proliferation-des-menaces-dans-le-cyberspace.

durée déterminée (sur du court terme, comme cela peut souvent être le cas avec les mercenaires ou les entreprises militaires et de sécurité privées qui sont bien souvent engagés et rémunérés pour une mission spécifique) ou indéterminée (sur du long terme, sans date précise de fin de contrat), en précisant les tâches pour lesquelles ils ont été employés[1030]. Cette publicité devrait notamment être faite auprès de l'organisation internationale dédiée à la sécurité numérique mentionnée précédemment, dont l'une des missions serait d'effectuer un suivi sur ce point. En ce sens, il apparait primordial que celle-ci soit en contact direct et constant avec les États et leurs Ministères de la défense respectifs. Par ailleurs, chaque cyberattaque d'origine étatique lancée

---

[1030] Au premier abord, nous convenons que cette proposition peut paraitre naïve. Le recours à l'externalisation des activités de l'armée à des entreprises militaires et de sécurité privée (EMSP) donne en effet plusieurs avantages tels que : une réduction considérable des coûts de la guerre, des interventions rapides, et surtout une responsabilité *a minima* des gouvernements dans les conflits. Depuis les guerres en Afghanistan et en Iraq, on constate que leur marché a explosé, à tel point que le débat sur un cadre normatif est rapidement monté au niveau des États et des OI, donnant naissance en 2008, au Document de Montreux. Bien que celui-ci ne soit pas juridiquement contraignant et d'une portée limitée (seuls 57 États l'ont signé parmi lesquels les États-Unis, la France, la Chine et le Royaume-Uni), il montre la volonté des gouvernements à agir pour réguler les activités menées par les acteurs privés pour le compte des États. Point important, il y est notamment mentionné que les pays contractants doivent « déterminer les services qui peuvent ou ne peuvent pas être sous-traités à des EMSP […] ». La question de la publicité des contrats est également énoncée très clairement dans le paragraphe II « Procédures pour la sélection et l'engagement des EMSP » §4 a) et b), puisque pour « assurer la transparence et la supervision lors de la sélection et de l'engagement des EMSP, les mécanismes pertinents peuvent inclure : a) la divulgation publique des règlements, pratiques et procédures relatifs à l'engagement des EMSP ; b) la divulgation publique des informations générales relatives à des contrats spécifiques, si nécessaire rédigées de façon à satisfaire aux exigences de la sécurité nationale, de la vie privée et de la confidentialité commerciale ; […] ». (CICR et DFAE SUISSE, *Le Document de Montreux sur les obligations juridiques pertinentes et les bonnes pratiques pour les États en ce qui concerne les opérations des entreprises militaires et de sécurité privées pendant les conflits armés*, 2008, p. 17.) En parallèle, un code de conduite internationale des entreprises privées (ICOC) a été mis en place et rédigé par des gouvernements, des experts de la sécurité, des chefs d'entreprise et des juristes, leur demandant de s'engager à respecter toutes les législations en vigueur, ainsi que le DIH et les droits de l'Homme au moment de fournir leurs services. (Pour de plus amples informations, voir le site de *l'International Code of Conduct Association* : https://icoca.ch/fr/). Ainsi, au même titre que pour les EMSP, les États devraient être transparents vis-à-vis du public quant aux entreprises du numérique, groupe d'hackers ou de cyber-mercenaires qu'ils engagent. Quant à ces derniers, ils devraient se conformer à l'ICOC lors des activités cybernétiques qu'ils mènent pour le compte de leur contractant. Certains États comme les États-Unis, ont d'ailleurs incorporé le code de conduite international dans leur processus de recrutement afin de s'assurer du sérieux de l'EMSP susceptible d'être embauchée. (Voir DEPARTMENT OF STATE, « State Department to incorporate International Code of Conduct into Worldwide Protective Services contracts » (16 août 2013), en ligne : https://2009-2017.state.gov/r/pa/prs/ps/2013/08/213212.htm.) Il serait intéressant qu'il en aille de même avec les acteurs privés du numérique. Leur recrutement par les États ne serait alors possible qu'à la condition qu'ils aient adhéré à ce code de conduite internationale.

par les forces militaires ou par le biais d'acteurs privés mandatés par un État, devrait pouvoir être attribuées directement, et ce sans ambiguïté aucune en affichant par exemple un signe distinctif indiquant clairement sa provenance.

Il est également impératif que les États exercent en tout temps une veille et un contrôle sur les activités des acteurs privés avec lesquels ils travaillent. Trop de pays se contentent de leur donner « carte blanche » pour mener des actions dans le cyberespace en les laissant libres d'apprécier la nécessité d'agir ou non, et de choisir les moyens de réponses à utiliser[1031]. En leur laissant du lest, ces derniers peuvent se considérer comme habilités à agir comme bon leur semble, et ainsi exercer un droit de représailles inadapté à la situation donnée. Non seulement d'engendrer de vives tensions au sein de la communauté internationale et menacer la paix et la sécurité mondiales, cette situation pourrait conduire à une escalade de la violence en période de conflit, et déstabiliser les États. Les mesures de « hack-back » menées par des acteurs privés devraient par conséquent être encadrées en tout temps sous peine de voir la responsabilisé des États les employant, engagée, et ce en vertu des articles 7[1032] et 8[1033] du projet de la Commission du

[1031] C'est notamment le cas des groupes *Goblin Panda* et *Wicked Panda* pour la Chine, *Fancy Bear* et *Venomous Bear* pour la Russie, *Helix Kitten* et *Static Kitten* pour l'Iran, ou encore *Labyrinth Chollima* et *Velvet Chollima* pour la Corée du Nord. La liste de ces groupes de hackers privés parrainés par ces différents États n'est pas exhaustive. Pour plus d'informations voir CROWDSTRIKE, préc., note 159, pp. 29-49.

[1032] Pour que cet article puisse être invoqué, il faut que les acteurs privés aient été habilités à exercer des prérogatives de puissance publique (PPP) en vertu de l'article 5 du projet de la CDI.

[1033] L'article 8 du projet de la CDI dispose que le comportement d'une personne ou d'un groupe de personnes est considéré comme un fait de l'État, si cette personne ou ce groupe de personnes, en adoptant ce comportement, agit en fait sur les instructions ou les directives ou sous le contrôle de cet État. Cela peut s'illustrer par le recrutement de personnes privées par un pays à titre de soutien, tout en restant en dehors des structures officielles de l'État. Un exemple nous vient à l'esprit avec les vastes cyberattaques lancées en juin 2020 par le Parti communiste chinois contre l'Australie. (Voir FRANCE24, « L'Australie victime d'une vaste cyberattaque, la Chine soupçonnée » (19 juin 2020), en ligne : https://www.france24.com/fr/20200619-l-australie-victime-d-une-vaste-cyberattaque-la-chine-soup%C3%A7onn%C3%A9e.) Compte tenu de l'ampleur et de la nature des objectifs et des techniques utilisées, il ne faisait aucun doute pour le gouvernement australien de Scott Morrison que l'attaque était d'origine chinoise. Michael Shoebridge qui travaille pour l'Institut australien de politique stratégique, explique cette certitude par le fait que « la cyber-activité chinoise est plus forte parce qu'elle est plus riche, qu'ils ont de nombreuses technologies locales qu'ils peuvent utiliser, et aussi parce c'est une entreprise d'État qui peut obliger les sociétés publiques et privées à travailler pour l'État, ce qui augmente sa capacité ». (Voir Daniel Y. TENG, « Pékin serait le cyberacteur d'État caché derrière les cyber-attaques menées contre l'Australie », *The Epoch Times* 2020, en ligne : https: //fr.theepochtimes.com/pekin-serait-le-cyberacteur-detat-cache-derriere-les-cyberattaques-

droit international (CDI). En ce sens, un suivi devrait être fait par la nouvelle OI en charge de la sécurité numérique pour vérifier que les États agissent conformément à ce qui est attendu d'eux. Dans le cas contraire, celle-ci pourrait leur faire un rappel à l'ordre (une mise en garde) en leur indiquant que s'ils venaient à continuer sur cette lancée, les instances exécutives et/ou judiciaires onusiennes que sont le Conseil de sécurité et la CIJ pourraient être saisies, ouvrant ainsi la porte à de possibles sanctions.

Nous ajouterions que dans bien des cas, les États profitent de l'opacité du cyberespace pour camoufler leur identité et celles de leurs partenaires. Il est ainsi très difficile de déterminer précisément s'ils sont auteurs, commandants, commanditaires, soutiens passifs ou au contraire, ignorants des cyberattaques lancées. L'imputation de la responsabilité des attaques informatiques est alors très compliquée à déterminer. Également, beaucoup profitent du flou entourant la question de l'attribution pour fermer les yeux sur les activités cybernétiques menées par des acteurs privés depuis leur territoire. Pourtant, il convient de rappeler que ces derniers ont un devoir de cyber-diligence[1034]. Ils ne peuvent donc pas se permettre de tolérer et d'abriter des acteurs non étatiques qui menacent la stabilité mondiale

---

menees-contre-laustralie-1424385.html.) Cette remarque est d'autant plus vraie que ces dernières années, la Chine a adopté une série de lois destinées à renforcer son emprise sur le secteur privé. Nous pensons notamment à la Loi de 2017 sur le renseignement militaire national qui oblige les entreprises établies en Chine à fournir des données et des informations à l'État si nécessaire. Plus précisément l'article 7 mentionne que “any organization or citizen shall support, assist and cooperate with the state intelligence work in accordance with the law, and keep the secrets of the national intelligence work known to the public. The State protects individuals and organizations that support, assist and cooperate with national intelligence work.” (Voir CHINESE NATIONAL PEOPLE'S CONGRESS NETWORK, « National Intelligence Law of the People's Republic (Adopted at the 28th meeting of the Standing Committee of the 12th National People's Congress on June 27, 2017) », 2017, en ligne : https://cs.brown.edu/courses/csci1800/sources/2017_PRC_NationalIntelligenceLaw.pdf.) Les entreprises ont également l'obligation de laisser libre accès à leurs technologies civiles afin qu'elles puissent être utilisées à des fins militaires. (Voir Chris STREET, « Chinese Army Employs Military-Civil Fusion to Weaponize Industrial Base », *The Epoch Times* 2019, en ligne : https://www.theepochtimes.com/chinese-army-employs-military-civil-fusion-to-weaponize-industrial-base_3101117.html.) En conséquence, les entreprises Zoom, Huawei, Tencent et ZTE font désormais l'objet d'une surveillance accrue de la part des gouvernements occidentaux. (Voir D. Y. TENG, préc, même note).

[1034] Bien que le DIP s'intéresse prioritairement aux relations interétatiques, celui-ci prévoit l'obligation pour les pays de respecter leur devoir de diligence à l'égard des activités menées par des acteurs privés sur leur territoire, sous leur juridiction ou sous leur contrôle, sous peine de voir leur responsabilité engagée. Ce principe a été étendu au cyberespace sous l'appellation de « cyber-diligence » étatique.

en se faisant « juge de leur propre cause »[1035], et devraient donc tout faire pour éradiquer le danger que ces derniers représentent[1036]. Sur ce point, la nouvelle OI chargée de la sécurité numérique devrait faire preuve de vigilance, et lister les groupes privés du Web susceptibles de menacer la paix et la sécurité internationales et vérifier leurs potentiels liens avec les gouvernements.

En ce sens, il nous parait essentiel que le troisième axe de recherche de cette coopération public-privé porte sur les nouveaux acteurs de la violence. Déjà l'Appel de Paris a exposé la nécessité de se pencher sur les mesures lancées par les acteurs non étatiques dans le cyberespace. Cette menace grandissante devrait être au cœur des discussions, car si la transparence est une réalité inhérente à la révolution numérique, l'opacité du cyberespace est la clé de la liberté d'action des acteurs qui l'utilisent. Les opérations cybernétiques ne se prêtent pas à la logique et aux mécanismes d'investigation et d'établissement de la preuve dont le droit international a besoin pour s'appliquer. Elles transgressent et brouillent les frontières des activités et des catégories favorisant le « camouflage juridique » de leurs auteurs publics et privés. Des solutions doivent donc être trouvées pour contrer ces difficultés.

En ce sens, nous pensons que le quatrième axe de recherche devrait porter sur les moyens à mettre en œuvre pour adapter le droit international existant aux nouvelles réalités du cyberespace, qu'elles soient d'ordre technique, ou liées à la prépondérance des acteurs privés sur la scène internationale. Plus précisément, il s'agirait pour les acteurs du numérique de discuter de la nécessité de créer un droit spécifique à cet espace virtuel ou, au contraire, de compléter le droit existant en y

[1035] Nous pensons par exemple au groupe de hackers particulièrement actifs *China Girl Security Team* qui pratique le « hacking rouge » à forte teneur nationaliste et anti-occidentale. Leurs cibles sont principalement des sites taïwanais, japonais et américains, les attaques contre la Chine étant évidemment interdites. Il semble également que les grandes universités chinoises spécialisées en sciences informatiques (Jiaotong ou Lanxiang) demandent à leurs étudiants de se pratiquer en piratant des sites étrangers. (Voir Stéphane PAMBRUN, « A la rencontre d'une hackeuse chinoise », Slate (27 novembre 2011 - mis à jour le le 28/07/2020), en ligne : http://www.slate.fr/story/46737/ hacker-chinois.) C'est ainsi qu'en 2010, Google fut la cible d'une vaste opération de piratage menée par des étudiants de Lanxiang. (Voir Jessica E. VASCELLARO, Jason DEAN et Siobhan GORMAN, « Google Warns of China Exit Over Hacking », The Wall Street Journal (13 janvier 2010), en ligne : https://www.wsj.com/articles/SB126333757451026659.) Dans cette situation, l'État n'a pas participé ouvertement aux cyber-actions menées, même si l'on suppose qu'il en a été informé et qu'il les a approuvées.

[1036] Voir par exemple, l'article 11 du projet de la CDI.

insérant de nouvelles règles susceptibles de répondre aux défis posés par les activités cybernétiques.

IV. Axe 4 : La création d'un droit international spécifique au cyberespace ?

REPENSER LE DROIT INTERNATIONAL EXISTANT AU SENS LARGE POUR L'ADAPTER AUX NOUVELLES RÉALITÉS

Lorsqu'en 2014, Orane Barat-Ginies posait la question « existe-t-il un droit international du cyberespace[1037] ? », celle-ci était rhétorique. Chaque État développait sa propre politique de défense et ses stratégies nationales, et ce en se référant à sa propre législation. Il s'agissait en priorité de définir ses besoins, ses attentes, les moyens de se protéger, de réparer ou prévenir les attaques futures susceptibles de toucher l'État et ses infrastructures. L'encadrement juridique international de l'espace numérique et des armes qui s'y emploient était secondaire. Le choix du GEG d'appliquer le DIP existant au cyberespace, non seulement logique, était également facile car peu susceptible de contestations de la part des États. Cependant, savoir comment rendre ce droit applicable au cyberespace, tant du point de vue formel que matériel était – et est encore – une question soulevant de nombreuses difficultés. De façon générale, les États sont enclins à réformer le droit international lorsqu'il en va de leur sécurité nationale. Si ces derniers ne trouvent pas d'intérêt dans ces changements, cette situation ne pourra qu'entrainer un blocage au moment des discussions. C'est ce que nous avons observé au moment des réunions du GEG de 2017. Or dans un monde en constante évolution, il apparait de plus en plus nécessaire de repenser le droit existant pour l'adapter aux nouvelles réalités contemporaines, et c'est pour cela que cette coopération public-privé est indispensable.

Si nous avons conscience que le DIP peut s'appliquer à l'espace cybernétique et à ses armes au prix de l'analogie, cela ne signifie pas qu'il soit adapté. Pour être correctement exécutés, la très grande majorité des règles et principes découlant du *jus ad bellum* et du *jus in bello* dépendent de la mise en œuvre de certains principes qui n'existent pas ou plus avec le cyberespace. La qualification et l'attribution des cyberattaques, l'absence d'effets physiques, l'intégration des acteurs privés dans les conflits et la menace qu'ils représentent pour la paix et la sécurité internationales, l'imprévisibilité de ces armes, les dommages

---

1037 Oriane BARAT-GINIES, « Existe-t-il un droit international du cyberespace ? », *Hérodote* 2014, n°152-153, pp 201-220.

collatéraux inévitables sont autant d'éléments qui font de ce nouvel espace de combat un domaine à part entière. Faut-il pour autant envisager la création d'un instrument juridique contraignant rassemblant le droit international existant applicable au cyberespace ? Comme le soulignent Maryline Grange et Anne-Thida Norodom, « l'adoption d'une convention *ad hoc* serait sans doute l'occasion d'ajouter de nouvelles règles spécifiques au cyberespace qui seront, soit adaptées au moment présent mais risqueront d'être rapidement obsolètes au regard de l'évolution des nouvelles technologies, soit très (voire trop) générales pour pouvoir s'appliquer aux évolutions technologiques futures[1038] ». Nous partageons ce point de vue, d'autant que le processus d'élaboration d'un pareil texte risque d'être particulièrement long, avec une forte probabilité d'échec compte tenu des divergences flagrantes d'opinions sur le sujet. De plus, si les États parvenaient à un accord, il n'est pas garanti qu'un nombre suffisant d'entre eux acceptent de s'y soumettre. En revanche, l'ONU pourrait servir de cadre de discussions aux États et aux acteurs non étatiques pour étudier de manière plus approfondie cette question.

Elle pourrait également être utile pour que ces derniers échangent sur une autre option qui selon nous, parait plus adaptée aux défis posés par les activités cybernétiques : pallier ce manque juridique en comblant les interstices du droit international positif par des normes nouvelles s'appuyant sur le corpus des règles existantes. Si pour Loïc Simonet cette proposition parait peu surprenante[1039], nous estimons qu'il ne peut pas en être autrement. En effet le cyberespace est désormais utilisé quotidiennement par les États ; et les armes cybernétiques font parties de leur stratégie de défense, puisque ces derniers les ont intégrés dans leur arsenal militaire. Il est donc trop tard pour adapter ces armes au droit international. En revanche, préconiser l'adaptation du droit international au cyberespace parait cohérent. Nous partageons l'idée de Michael N. Schmitt de revisiter la notion d'usage de la force[1040], ou encore celle de Barbara Louis-Sidney qui suggère de repenser la notion d'agression armée afin de l'ajuster aux conflits

---

[1038] M. GRANGE et A.-T. NORODOM, préc., note 16, p. 15.

[1039] « Il n'est donc pas étonnant que la plupart des juristes qui se sont récemment penchés sur l'objet de cette étude aient succombé à la tentation de préconiser l'adaptation du droit international au cyberespace, faute d'être en mesure de procéder inversement ». Voir L. SIMONET, préc., note 368, p. 127.

[1040] M. N. SCHMITT, préc., note 367, p. 913.

cybernétiques[1041]. L'objectif serait de partir des textes existants pour y intégrer les modifications nécessaires à leur juste application aux défis posés par les nouvelles technologies. Selon nous, la flexibilité du droit international ne doit pas s'inscrire uniquement dans son interprétation, mais également dans sa capacité à faire évoluer son contenu. En effet, pourquoi repartir de zéro quand le *jus ad bellum* et le *jus in bello* existants mériteraient simplement d'être précisés et complétés.

Le bon sens nous demande d'envisager également l'option selon laquelle les États n'accepteraient pas d'actualiser et adapter les règles et principes existants aux nouvelles réalités cybernétiques. Dans ce cas, nous proposerions une autre alternative : conserver le droit international existant, et faire en sorte que l'organisation internationale en charge de la sécurité numérique dont nous proposons plus haut la création, soumette à la CIJ pour avis consultatif, la question suivante : « Est-il permis en droit international de recourir à la menace ou à l'emploi d'armes cybernétiques en toute circonstance ? » Le but : examiner la licéité ou l'illicéité d'un recours à ces armes à la lumière des dispositions de la Charte qui ont trait à la menace ou à l'emploi de la force. La Cour pourrait également se pencher sur le droit applicable dans les situations de conflit armé. Nous pensons que compte tenu des particularités uniques de ces armes, les conclusions de la CIJ seraient similaires à ce qu'elle avait pu décider pour les armes nucléaires. Selon elle, leur utilisation ne serait guère conciliable avec le respect des exigences du *jus in bello*, et nécessiterait des négociations conduisant au désarmement dans tous ses aspects, sous un contrôle international, strict et efficace[1042]. Cette solution pourrait être envisagée pour les armes cybernétiques.

À cela pourrait s'ajouter un Traité de non-prolifération des armes cybernétiques qui s'appuierait sur trois piliers :

1) Des engagements de non-prolifération des armes cybernétiques (par exemple, en interdisant aux entreprises et aux États de vendre des produits cybernétiques offensifs à quiconque) ;

2) Des engagements de coopération sur les usages pacifiques du cyberespace et des technologies de l'information et des

[1041] B. LOUIS-SIDNEY, préc., note 386, p. 77.

[1042] Voir CIJ, *Licéité de la menace ou de l'emploi d'armes nucléaires - Vue d'ensemble de l'affaire*, en ligne : https://www.icj-cij.org/fr/affaire/95.

communications (par exemple, en aidant les États à renforcer leurs capacités afin de promouvoir l'utilisation des TIC à des fins pacifiques) ;

3) Des engagements de désarmement (par exemple, en discutant sur des mesures à adopter pour aider les États à se détacher des cyberattaques tant que ces dernières n'auront pas été mieux cernées, et que le droit international ne sera pas plus adapté à les encadrer).

Si un parallèle peut être fait avec les armes nucléaires, il est possible que l'adoption d'un tel texte aboutisse à un Traité d'interdiction complète de l'emploi des armes cybernétiques. Cela nous parait peu probable, mais cette idée méritait tout de même d'être exposée. En effet, de nombreux armements (armements navals, armes de destruction massive ou bactériologiques, missiles balistiques, etc.) ont déjà fait l'objet d'encadrements spécifiques.

À l'heure actuelle, il est plus qu'utile de poursuivre les travaux sur la manière dont le droit international doit s'appliquer, mais nous partageons l'avis de Michael N. Schmitt que « les progrès sont d'une lenteur atroce[1043] ». La technologie a rendu l'humanité plus puissante et en même temps plus fragile. Face à ce constat, il est important que le DIP se développe plus rapidement pour répondre aux nouvelles réalités, aux nouveaux besoins de la société internationale. Et si cela doit bien évidemment passer par les États, un certain nombre d'acteurs ont un rôle important à jouer pour déterminer la manière dont le DIP doit se développer pour répondre aux défis posés par le cyberespace, et ce « au nom du modèle de gouvernance multi-parties prenantes de l'Internet[1044] ». Nous l'avons vu, le secteur privé ne demande qu'à participer au processus décisionnel, et il y aurait d'ailleurs toute légitimité tant par sa compréhension de la dimension technique du

[1043] "Although states are now examining how current international law governs cyberspace in fora like the U.N. Group of Governmental Experts (GEG), progress is agonizingly slow". Voir Michael N. Schmitt, « In Defense of Due Diligence in Cyberspace », *The Yale Law Journal Forum* 2015, 69, en ligne : https://www.ilsa.org/Jessup/Jessup16/Batch%202/Schmitt DueDiligence.pdf.

[1044] Sommet mondial de la société de l'information, *Déclaration de principes, Construire la société de l'information : un défi mondial pour le nouveau millénaire, Document WSIS-03/GENEVA/DOC/4-F*, 12 mai 2004.

cyberespace, que par les normes qu'il crée[1045]. Il n'appartient donc qu'aux États d'accepter ce partenariat.

Finalement, à travers cette section, nous avons souhaité appuyer sur les éléments qui, selon nous, mériteraient d'être étudiés plus avant dans cette coopération pluri-acteurs, le but étant de faire progresser la cyber-stabilité mondiale. Ces recommandations, ou plutôt ces propositions, visent à établir davantage de fiabilité, de capacité et de confiance dans le cyberespace[1046]. Bien évidemment, d'autres points pourraient être envisagés dans chacun de ces axes, et il appartient aux acteurs du numérique de les déterminer ensemble[1047]. Les gouvernements, les entreprises de la technologie et la société civile doivent assembler toutes les pièces du puzzle pour accroitre la responsabilité, et assurer un cyberespace qui soit véritablement sûr, pacifique et accessible. Nous en sommes encore loin, mais les initiatives lancées un peu partout à travers le globe montrent une volonté de coopération quant à la manière de renforcer les normes internationales pertinentes à ce lieu de conflit. Pour reprendre les termes de Florian Escudié, « il ne s'agit plus de rejeter le blâme sur d'autres acteurs mais bien de rechercher ensemble les moyens d'assurer la stabilité du cyberespace, et la protection de ceux qui s'y meuvent[1048] ».

CONCLUSION PROVISOIRE :

Nous voici arrivés à la conclusion de ce quatrième et dernier chapitre. À travers celui-ci, nous avons souhaité pointer du doigt les dangers posés par la fragmentation du cyberespace qui peut être observée un peu partout à travers le globe. Nous avons constaté que les États ne craignent plus de façonner le réseau à leur manière, et votent des lois à la chaîne pour l'encadrer. En parallèle, le secteur privé souhaite aussi défendre ses intérêts, développant ainsi ses propres règles. Cette scission du monde numérique est dangereuse, et fait courir de nombreux risques tant sécuritaires que géopolitiques. Face à un contrôle qui se veut de plus en plus étendu et de plus en plus strict, il apparait urgent de trouver une solution pour pousser les acteurs du

---

[1045] K. BANNELIER et T. CHRISTAKIS, préc., note 569, p. 87.

[1046] GLOBAL COMMISSION ON THE STABILITY OF CYBERSPACE, préc., note 648, p. 16.

[1047] Nous pensons, par exemple, aux moyens à mettre en œuvre pour faciliter la résolution pacifique des différends, aux questions liées à la preuve et ou aux sanctions, au respect des droits de l'Homme, au principe de retenue, ou de la nécessité d'agir, etc.

[1048] F. ESCUDIÉ, préc., note 796, p. 110.

numériques à coopérer, afin qu'ils garantissent ensemble la stabilité et la sécurité du cyberespace.

Cette mission ne peut plus revenir aux seuls États, d'autant que ces dernières années le nombre de cyberattaques lancées par des acteurs non étatiques a considérablement augmenté. Experts de la dimension technique et producteurs de normes alternatives, leur participation à la régulation du cyberespace est nécessaire, pour ne pas dire indispensable. En effet, s'il ne leur appartient pas de fixer les règles, ils ont un rôle très important à jouer en promouvant des bonnes pratiques, et en contribuant aux discussions préalables à l'adoption de nouvelles règles juridiquement contraignantes[1049]. L'importance de leur contribution a d'ailleurs maintes fois été soulignée, que ce soit par exemple lors de l'Appel de Paris, ou au sein du GEG. Le groupe d'experts avait notamment demandé aux États membres de réfléchir à la meilleure façon de coopérer entre eux dans l'application des normes et principes de comportements responsables, mais également avec le secteur privé et les organisations de la société civile. Ce chapitre a donc été pour nous l'occasion de nous soumettre à cet exercice, en tentant de fournir des pistes de réflexions quant à la forme que devrait prendre cette corégulation du cyberespace, ainsi que les axes de recherches qui seraient à étudier prioritairement, en droit international notamment.

Le mot de la fin serait que : la cyberpaix est aussi dure à mettre en place que la paix tout court. Mais comme l'a énoncé Francesca Bosco, experte attachée à l'Institut interrégional de recherche des Nations Unies sur la criminalité et la justice (UNICRI), « en sensibilisant toute la communauté internationale à ces questions, en mettant en commun des solutions, en partageant des retours d'expérience et en se gardant de désigner trop rapidement un ennemi, nous contribuerons tous ensemble à établir un début de vivre-ensemble[1050] ».

[1049] *Id.*, p. 114.

[1050] É. LAYSTARY, préc., note 800.

CONCLUSION GÉNÉRALE

> *Internet est une évidence menacée dans sa structure, ses contenus et ses services, ses idéaux et ses valeurs. [...] Il faut apprendre à réguler ensemble en inventant un nouveau multilatéralisme adapté à la réalité de l'espace numérique, tout en étant efficace. La solution ne peut venir que du droit et de la coopération*[1051].
>
> **– Emmanuel MACRON**

La présente thèse nous aura permis de démontrer deux choses. La première, c'est que le droit international (le *jus ad bellum* et le *jus in bello*) peut contribuer à encadrer les activités cybernétiques, mais est – en l'état actuel – d'une utilité limitée[1052]. Face à la recrudescence de cyberattaques toujours plus virulentes et sophistiquées, nous avons constaté ses difficultés à fournir un encadrement juridique suffisamment clair et précis, applicable sans risque d'ambiguïté ou de détournement de la part des États. N'ayant pas été conçu, ni même pensé pour encadrer des armes dont l'emploi s'inscrit dans un espace autre que physique[1053], et dont les spécificités techniques sont inédites, celui-ci se trouve dépassé et donc inadapté. Certes, les principes et les règles qui le composent peuvent être considérés comme un élément d'une panoplie de prévention et de réaction. Toutefois, ces derniers demeurent insuffisants pour assurer un encadrement juridique efficace, nous conduisant à nous interroger sur les moyens à mettre en œuvre pour combler les lacunes juridiques actuelles. La seconde, c'est que les acteurs privés (dont les GAFAM-BATX) sont devenus des régulateurs d'Internet, en produisant des normes d'une force et d'une efficacité

[1051] *Discours d'Emmanuel Macron pour l'ouverture du Forum sur la gouvernance d'Internet à l'UNESCO*, Paris, 12 novembre 2018, en ligne : https://www.ladepeche.fr/article/2018/11/12/2904946-france-tente-relancer-negociations-internationales-cyberespace.html.

[1052] S. SUR, préc., note 19, p. 222.

[1053] Sous-entendu la terre, la mer, l'air et l'espace.

redoutables[1054]. Se situant bien souvent à côté de la « pyramide » plutôt qu'à sa base, celles-ci sont réputées répondre plus adéquatement aux défis techniques posés par le réseau des réseaux. D'ailleurs, elles remportent quotidiennement de nouveaux succès, et tendent de plus en plus à concurrencer les sources publiques. L'efficacité de ces normes d'origine privée s'explique aisément du fait que leurs concepteurs, en ayant la charge de l'essentiel de l'exploitation et de la maintenance des réseaux numériques, comprennent mieux que quiconque le fonctionnement de cet environnement technique, ainsi que les méthodes, les capacités et les techniques des attaquants. De ce fait, il leur est « plus facile de contraindre » les utilisateurs du numérique dans leurs activités conduites en ligne.

De ces observations, c'est « moins la question de l'« internet face au droit » que celle du droit devant Internet qui méritait d'être posée, le droit étant interrogé par ce réseau plus qu'il ne le remet en question, puisque c'est bien le réseau mondial qui est un « vecteur de déstabilisation créatrice » [1055] ». En effet, le monopole normatif de l'État en tant qu'unique régulateur du cyberespace peut aujourd'hui être aisément remis en question face à des acteurs privés dont on peut dire qu'ils façonnent dans une large mesure le droit de l'Internet par les normes qu'ils créent. Conscient de l'apport non négligeable qu'une collaboration public-privé pourrait apporter, nous nous sommes appliqués à trouver des solutions réalistes et réalisables, le but étant que la réglementation des activités cybernétiques prenne davantage la forme d'une alliance des puissances plutôt que d'une guerre des puissances.

La démarche coopérative défendue dans cette thèse s'inscrit dans la lignée de nombreux travaux universitaires, mais également d'initiatives internationales[1056] visant à démontrer l'utilité de concilier les intérêts publics et privés des acteurs du numérique, et ce pour assurer la

---

[1054] Par exemple, pour Boris Barraud, « ces normes d'origine privée font régulièrement preuve d'autant de force et d'efficacité que les normes produites par les États ». B. BARRAUD, préc., note 582, p. 89.

[1055] *Id.*, pp 90-91 ; Étienne MONTERO, *Internet face au droit*, Story-Scientia, Bruxelles, 1997; Jean-Pierre CORNIOU, *Le web : 15 ans déjà... et après ?*, Paris, Dunod, 2009, p. 5.

[1056] Nous pensons par exemple à la déclaration finale du Sommet mondial sur la société de l'information de Tunis de 2005 qui énonçait que « la gestion internationale de l'Internet devrait s'opérer de façon multilatérale, transparente et démocratique, avec la pleine participation des États, du secteur privé, de la société civile et des organisations internationales ». SOMMET MONDIAL SUR LA SOCIÉTÉ DE L'INFORMATION, *Agenda de Tunis pour la société de l'information*, Doc. WSIS-05/TUNIS/DOC/6(Rév.1)-F, Tunis, 2005, par. 29.

cyberstabilité mondiale. À l'image du réseau, la régulation du cyberespace devrait être envisagée dans un cadre *multistakeholder,* où chacun des acteurs du numérique serait placé sur un pied d'égalité, et aurait la possibilité de s'exprimer et de décider. La mise en place d'un tel cadre permettrait non seulement de réunir différentes expertises dans le but de cerner efficacement, et sous tous les angles, la situation et/ou l'objet étudié(e) ; mais également, d'assurer un échange entre différents systèmes normatifs ayant vocation à s'appliquer d'une toute autre manière à une même situation, à un même objet. En recourant à la corégulation et à l'internormativité, on permettrait alors au droit international existant de combler son retard et ses lacunes par la production de normes complémentaires adaptées à ces armes atypiques que sont les cyberattaques.

Si pour certains auteurs, la coopération entre les États et les acteurs privés, pour être efficace, devrait être informelle[1057], nous ne souscrivons pas à ce point de vue. En effet, ce n'est pas parce tous les membres de « l'équipe » partagent le désir de développer une approche collaborative[1058], que des solutions seront automatiquement trouvées. Il est donc impératif de poser un cadre et de déterminer le rôle de chacun dans le processus régulatoire du cyberespace, et ce afin d'éviter tous malentendus, conflits, et ultimement, désenchantement. En ce sens, nous proposons que soit créée une instance onusienne dédiée à la sécurité numérique et à la régulation du cyberespace. Sa construction serait calquée sur le modèle de l'AIEA, en tant qu'organisation internationale placée sous l'égide de l'ONU, et dont la principale mission serait de promouvoir les usages pacifiques du cyberespace, et limiter le développement des applications malveillantes militaires et civiles. En revanche, nous estimons que sa composition devrait s'appuyer sur le tripartisme en vigueur à l'OIT afin d'assurer la

---

[1057] S. Sur, préc., note 19, p. 226.

[1058] Nous avons pu constater dans ce travail, la tendance de plus en plus marquée des États à solliciter ouvertement les acteurs privés afin qu'ils contribuent au renforcement de la confiance et de la sécurité dans le cyberespace. C'est notamment le cas avec l'Appel de Paris où la coopération se veut avant tout technique. Pour autant, la question reste clairement en suspens en ce qui concerne une éventuelle coopération normative. Ce n'est pourtant pas faute pour certains acteurs privés comme Microsoft, d'essayer de se faire inviter aux tables de négociations, en multipliant les initiatives et les interventions, et en plaidant pour des normes internationales de sécurisation du cyberespace et une définition des comportements responsable.

représentativité et la participation démocratique[1059] de l'ensemble des acteurs du numérique (États, acteurs privés et société civile) aux décisions et à leur contrôle. Cette situation se justifie aisément au regard de la stabilité que les acteurs non étatiques sont censés offrir à l'ordre politique, par le biais de la garantie du respect du compromis réputé refléter l'intérêt général[1060]. Le tripartisme apparait ainsi comme un mécanisme fort d'intégration[1061], nécessitant pour être pleinement efficace, structuration et organisation de la part des différents groupes représentés[1062].

Par ailleurs, cette nouvelle organisation serait fort utile pour envisager la mise en place d'un système juridique hybride à vocation universelle. Celui-ci pourrait associer (ou permettre l'interpénétration) des règles internationales, des normes obligatoires et recommandatoires, mais aussi des normes alternatives et des règles issues de la technique[1063]. Cependant, avant de mettre en place un tel système, il faudra que les acteurs du numérique parviennent à qualifier juridiquement les cyberattaques. Nous l'avons vu, celles-ci ne sont pour le moment que des faits bruts. Les membres de cette nouvelle organisation internationale devront donc se concerter pour faire d'elles des faits juridiques, et ainsi définir le cadre juridique applicable et adapté à leurs spécificités, mais également les moyens techniques à mettre en œuvre pour réguler les activités cybernétiques. Cette réflexion commune, cette concertation dans l'élaboration de la norme devra se fonder sur des mesures de confiance, tous les acteurs du numérique devant souscrire à l'exigence de transparence et de transfert/partage des connaissances. Pour obtenir le consensus tant recherché, les nouvelles normes encadrant les activités cybernétiques devront donc être négociées entre les différents systèmes normatifs, le but étant de

---

[1059] K. BENYEKHLEF, préc., note 20, pp. 778-779.

[1060] « Le compromis est précisément le fruit d'une négociation, menée par deux (ou plusieurs) intérêts collectifs, et finalement dépassés, réconciliés. En ce sens, l'intérêt collectif n'est plus un intérêt particulier, il « intègre » les intérêts particuliers, et se fixe dans un intérêt sectoriel ; il est ensuite opposé à d'autres intérêts collectifs dans le cadre de la négociation. Le compromis issu de cette négociation reflète alors l'intérêt général ». B. FRYDMAN et al., préc., note 894, p. 227.

[1061] En ce sens où le tripartisme permet la mise en relation de régulations de nature différente (juridique, sociale, économique, technique et culturelle).

[1062] B. FRYDMAN et al., préc., note 894, p. 228.

[1063] S. SUR, préc., note 19, p. 227.

parvenir à un droit pragmatique[1064] capable de répondre aux exigences contemporaines d'efficacité, de flexibilité et d'économie[1065]. En agissant ainsi, nous en viendrons à bousculer la conception traditionnelle de la normativité, qui ne sera donc plus statique et unifiée, mais vivante et dynamique[1066]. La rigidité fera alors place à la souplesse et la stabilité à l'adaptabilité[1067].

À l'heure actuelle, il est certain que le cadre de réflexion dans lequel est discutée la régulation des activités cybernétiques ne fonctionne pas et doit être repensé. À travers cette thèse, nous avons souhaité proposer des pistes de réflexions qui selon nous, sont susceptibles d'offrir des solutions solides et efficaces sur le long terme aux défis posés par le cyberespace. Nous ne voyons qu'un obstacle à leur réalisation : les États. Ces derniers doivent être les architectes de cette corégulation, non seulement parce que la création d'une nouvelle instance internationale spécialisée dans la sécurité numérique n'est possible que si les États membres de l'ONU donnent leur accord à travers la rédaction d'un instrument juridique (charte, convention, etc.), mais également parce que c'est à eux que revient la tâche de formaliser officiellement la place des acteurs privés dans cette régulation. Parce qu'ils disposent des capacités, et du même coup des vulnérabilités les plus importantes, ils devraient être les premiers intéressés à mettre en place une règlementation universelle réfléchie dans un cadre multi-acteurs. Au lieu de cela, ils ne se mobilisent pas ou peu. Certes, l'objectif est ambitieux. Cependant et comme le souligne Serge Sur, s'ils continuent à ignorer la réalité, « on demeurera longtemps au stade des projets et des regrets[1068] ».

1064 Nous passerions alors du droit moderne au droit post-moderne.

1065 « La gouvernance va au-delà du contenu de la norme, elle affecte également les techniques de régulation en encourageant la puissance publique et les protagonistes sociaux et économiques à élaborer des instruments de guidage et de gestion avec comme seuls objectifs, non pas leur légalité au regard des canons du droit moderne, mais leur efficacité et leur moindre coût ». K. BENYEKHLEF, préc., note 20, p. 780.

1066 Emmanuelle BERNHEIM, « Le « pluralisme normatif » : un nouveau paradigme pour appréhender les mutations sociales et juridiques ? », (2011) 67 *RIEJ*, pp. 1-41, à la page 38.

1067 J. CHEVALLIER, préc., note 584, p. 677.

1068 S. SUR, préc., note 19, p. 227.

BIBLIOGRAPHIE

I. MONOGRAPHIES ET OUVRAGES COLLECTIFS

ABI-SAAB, G., *Le développement du droit international : réflexions d'un demi-siècle*, 1re éd., Collection International, Paris, PUF, 2013.

AMBLARD, P., *Régulation de l'Internet. L'élaboration des règles de conduite par le dialogue internormatif*, Bruxelles, Bruylant, 2004.

AMSELEK, P., *Méthode phénoménologique et théorie du droit*, coll. Bibliothèque de philosophie du droit ; v. 2, Paris, Pichon et Durand-Auzias, 1964.

ARNAUD, A.-J., *Critique de la raison juridique vol. 2 Gouvernants sans frontières – Entre mondialisation et post-mondialisation*, Paris, LGDJ, 1981.

ARPAGIAN, N., *La cyberguerre : La guerre numérique a commencé*, Paris, Vuibert, 2009.

ATTALI, J., *Demain, qui gouvernera le monde ?*, Paris, Fayard, 2011.

BARLOW, J. P., *Déclaration d'indépendance du cyberespace*, Paris, Éditions de l'Éclat, 2000.

BARDEAU, F. et N. DANET, *Anonymous : peuvent-ils changer le monde*, Paris, FYP, 2011.

BARRAUD, B., *Qu'est-ce que le droit ? Théorie syncrétique et échelle de juridicité*, coll. Le droit aujourd'hui, Paris, L'Harmattan, 2017.

BAUDIN, L., *Les cyber-attaques dans les conflits armés : qualification juridique, imputabilité et moyens de réponse envisagés en droit international humanitaire*, coll. Le droit aujourd'hui, Paris, L'Harmattan, 2014.

BEAUFRE, G. A., *Introduction à la stratégie*, Paris, Fayard/Pluriel, 1985.

BÉCHILLON, D. de, *Qu'est-ce qu'une règle de droit ?*, Paris, Éditions Odile Jacob, 1997.

BEN ACHOUR, R. et S. LAGHMANI, *Acteurs non étatiques et droit international, Colloque des 6, 7 et 8 avril 2006,* Coll. rencontre internationale de la faculté des sciences juridiques, politiques et sociales de Tunis, Paris, Pedone, 2007.

BENYEKHLEF, K., *Gouvernance et risque : les défis de la régulation dans un monde global*, Montréal, Thémis, 2013

BENYEKHLEF, K., *Une possible histoire de la norme : les normativités émergentes de la mondialisation*, 2e éd., Montréal, Éditions Thémis, 2015.

BENYEKHLEF, K., *Vers un droit global ?,* Montréal, Thémis, 2016.

BERGEL, J.-L., *Théorie générale du droit*, 5e éd., coll. Méthodes du droit, Paris, Dalloz, 2012.

BIEGEL, S., *Beyond our control ? Confronting the limits of our legal system in the age of cyberspace*, Londres, MIT Press, 2001.

BLANDIN-OBERNESSER, A., *Droits et souveraineté numérique en Europe*, Coll. Rencontres européennes, Paris, Larcier, 2016.

BOLEWSKI, W., *Diplomacy and international law in globalized relations*, Berlin, NY, Springer, 2007.

BROWNLIE, I., *International Law and the use of force by States*, Oxford, Clarendon Press, 1963.

BURGOGNE-LARSEN, L. et E. DUBOUT, A. MAITROT, S. TOUZÉ, L*es interactions normatives : Droit de l'Union européenne et droit international*, Coll. Cahiers européens, Paris, pedone, 2012.

CARBONNIER, J., *Droit et passion du droit sous la Vème République*, Paris, Flammarion, 1997.

CASSESE, A., *Le Droit international dans un monde divisé*, Paris, Berger-Levrault, 1986.

CHAMAYOU, G., *Théorie du drone*, Paris, La Fabrique, 2013.

COHEN-TANUGI, L., *Le droit sans l'État : sur la démocratie en France et en Amérique*, 2e éd., Collection Quadrille, Paris, PUF, 2007.

CORNIOU, J.-P., *Le web : 15 ans déjà... et après ?*, Paris, Dunod, 2009.

CORTEN, O., *Une introduction critique au droit international*, Bruxelles, Éditions de l'Université de Bruxelles, 2017.

COT, J.-P., A. PELLET, et NATIONS UNIES, *La Charte des Nations Unies : commentaire article par article*, Paris, Economica, 1985.

COT, J.-P., A. PELLET et M. FORTEAU, *La Charte des Nations Unies : commentaire article par article*, 3e éd., mise à jour, Rev. Augm., Paris, Economica, 2005.

CREVELD, M. V., *Command in War*, Cambridge, Mass., Harvard University Press, 1987.

DANET, D. et A. CATTARUZZA, *La cyberdéfense : quel territoire ? Quel droit ?,* Paris, Economica, 2015.

DAVID, F., *Principes de droit des conflits armés*, Bruxelles, Bruylant, 2002.

DE LA GORCE, P.-M., *Le dernier Empire*, Paris, Grasset, 1996.

DE VISSCHER, C., *Théories et réalités en droit international public*, 3e éd. Rev. Augm, Paris, Pedone, 1960.

DELABIE, L., *Approches américaines du droit international. Entre unité et diversité*, Paris, Pedone, 2011.

DELERUE, F., *Cyber operations and international law*, Ny, USA, Cambridge University Press, 2020.

DELMAS-MARTY, M., *Le relatif et l'universel : les forces imaginantes du droit*, Paris, Seuil, 2004.

DELMAS-MARTY, M., *Le Pluralisme ordonné. Les Forces imaginantes du droit, 2*, coll. La Couleur des Idées, Paris, Seuil, 2006.

DELPLANQUE, M., *Gouvernance globale : gouvernement du monde*, coll. Libelli, Nice, Bénévent, 2004.

DE SENARCLENS, P., *Les frontières dans tous leurs états : les relations internationales eu défi de la mondialisation*, Bruxelles, Bruylant, 2009

DINH NGUYEN, Q., P. DAILLIER et A. PELLET, *Droit international public*, 8e éd., Paris, LGDJ, 2009.

DJILALI. BENAMRANE, *L'ONU : source ou frein au droit public international ?*, Paris, L'Harmattan, 2014.

DOMINICÉ, C., *L'ordre juridique international entre tradition et innovation : recueil d'études*, coll. Publications de l'Institut Universitaire de Hautes Études Internationales Genève, Paris, PUF, 1997.

FATIN-ROUGE STÉFANINI, M., L. GAY et A. VIDAL-NAQUET, *L'efficacité de la norme juridique : nouveau vecteur de légitimité ?*, coll. À la croisée des droits ; 6, Bruxelles, Bruylant, 2012.

FRYDMAN, B., *Petit manuel pratique de droit global*, coll. L'Académie en poche, Bruxelles, Académie royale de la Belgique, 2014.

FRYDMAN, B., C. CLAVE, O. CORTEN, D. DE BLIC, N. ANGELET, P. KLEIN, R. MACKENZIE, P. SANDS et L. WEERTS, *Société civile et démocratisation des organisations internationales*, coll. Série Science et Société, Gand, Academia Press, 2005.

FUENTES-CAMACHO, T., *Les dimensions internationales du droit du cyberespace*, coll. Droit du cyberespace, Paris, Économica, 2000.

FULLER, L. L., *La moralité du droit*, coll. Droit, n° 147, Bruxelles, Presses de l'Université Saint-Louis, 2017.

GIBSON, W., *Neuromancien*, J'ai Lu, Paris, coll. SF, 2001.

GOLDSMITH, J, ET T. WU, *Who controls the Internet? Illusions of a borderless world*, NYC, Oxford University Press, 2020.

GRANGE, M. et A.-T. NORODOM, *Cyberattaques et droit international*, coll. Numérique et droit, Paris, Pedone, 2019.

GREWE, W. G., *The epochs of international law*, Berlin, Walter de Gruyter, 2000.

GUGGENHEIM, P., *Traité de droit international public, avec mention de la pratique internationale et suisse,* 2e éd. Rev. Augm.., Genève, Georg, 1967.

HEINLEIN, R. A., *L'Enfant tombé des étoiles*, Paris, Terre de Brume, 2010.

HENROTIN, J., *Techno-guérilla et guerre hybride : le pire des deux mondes*, Paris, Nuvis, 2014.

HOBBES, T., *Le Léviathan ou La Matière, la forme et la puissance d'un État ecclésiastique et civil*, coll. Entreprises, économie et droit, Paris, Dalloz, 1999.

INGOLD, T., *Une brève histoire des lignes*, Paris, Zones sensibles, 2011.

KELLER, H. K. E. L., *Droit naturel et droit positif en droit international public (étude de méthode)*, Paris, Sirey, 1931.

KELSEN, H., *Théorie pure du droit*, coll. Philosophie du droit ; 7, Paris, Dalloz, 1962.

KESSEDJIAN, C., *Le droit international collaboratif*, Paris, Pedone, 2016.

KITTICHAISAREE K., *Public international law of cyberspace*, coll. Law, Governance and technology series, vol.32, Springer, 2018.

KOLB, R., *Droit relatif au maintien de la paix internationale : évolution historique, valeurs fondatrices et tendances actuelles*, coll. Cours et travaux (Université de droit, d'économie et de sciences sociales de Paris. Institut des hautes études internationales) n° 4, Paris, Pedone, 2005.

KOLB, R, *Théorie du droit international*, 2e édition, coll. Collection de droit international, Bruxelles, Bruylant, 2013.

LAUTERPACHT, S. H. *Règles générales du droit de la paix*, Buffalo, NY : William SHein & Co,2011, 1937

LESSIG, L., *Code and other laws of cyberspace*, New York, Basic Books, 2000.

LEWIS, J. A., *Rethinking Cybersecurity: Strategy, Mass Effect, and States,* Center for Strategic and International Studies, Washington, 2018

LIBICKI, M. C., *Crisis and Escalation in Cyberspace*, CA, Santa Monica, RAND, 2012.

LIBICKI, M. C., *Cyberdeterrence and Cyberwar*, USA, RAND Corporation, 2009.

LUCAS, G. R, *Ethics, and cyber warfare; the quest for responsible security in the age of digital warfare*, NYC, USA, Oxford University Press, 2017.

MARTIN, A. et J. B. S. EDWARDS, *The changing Charter : a study in the reform of the UN*, London, Sylvan Press, 1955.

MATHIEU, M.-L., *Les représentations dans la pensée des juristes*, coll. Les voies du droit, Paris, IRJS Éditions, 2014.

MCLUHAN, M., *Guerre et paix dans le village planétaire ; un inventaire de quelques situation spasmodiques courantes qui pourraient être supprimées par le feedforward*, Paris, Laffont, 1970.

MONTERO, É., *Internet face au droit*, Bruxelles, Story-Scientia, 1997.

OST, F. et MICHEL VAN DE KERCHOVE, *De la pyramide au réseau ? : Pour une théorie dialectique du droit*, Bruxelles, Publications des Facultés universitaires Saint-Louis, 2002.

PELLET, A. *L'adaptation du droit international aux besoins changeants de la société internationale : conférence inaugurale, session de droit international public,* Buffalo, NY : William SHein & Co, 2007.

PILLOUD, C., Y. SANDOZ, C. SWINARSKI, B. ZIMMERMANN, et COMITÉ INTERNATIONAL DE LA CROIX-ROUGE, *Commentaire des Protocoles additionnels du 8 juin 1977 aux Conventions de Genève du 12 août 1949*, Genève, Nijhoff, 1986.

RIGAUX, F., *Droit international privé*, 2e éd., 1, coll. Théorie générale, Bruxelles, Larcier, 1987.

RIPERT, G., *Les forces créatrices du droit*, 2e éd., Paris, LGDJ, 1994.

ROSCINI M., *Cyber operations and the use of force in international law*, Oxford, Oxford University Press, 2014.

SALMON, J., *Dictionnaire de droit international public*, coll. Universités francophones, Bruxelles, Bruylant, 2001.

SANGER, D. E., *The Perfect Weapon: War, Sabotage, and Fear in the Cyber Age*, New York, Crown, 2018.

SAYAPIN, S., *The Crime of Aggression in International Criminal Law: Historical Development, Comparative Analysis and Present State*, Suisse, T.M.C. Asser Press, 2014.

SCHMITT, M. N. et NATO COOPERATIVE CYBER DEFENCE CENTRE OF EXCELLENCE, *Tallinn Manual on The International Law Applicable to Cyber Warfare*, New York, Cambridge University Press, 2013.

SCHMITT, M. N., L. VIHUL et NATO COOPERATIVE CYBER DEFENCE CENTRE OF EXCELLENCE, *Tallinn Manual 2.0 on The International Law Applicable to Cyber Operations*, 2nd ed., New York, Cambridge University Press, 2017.

SCHOPENHAUER, A., V. SPIERLING et J. LAUNAY, *Un abécédaire*, Paris, Éditions du Rocher, 2004.

SCIORA, R., *Planète ONU : les Nations Unies face aux défis du XXIe siècle*, Genève, Éditions du Tricorne, 2009.

SHARP, W. G., *Cyber-Space and the Use of Force*, Aegis Research Corporation 1999.

THIBIERGE, C., *La densification normative : découverte d'un processus*, Paris, 2013.

TROPER, M., *La philosophie du droit*, coll. Que sais-je ? ; 857, Paris, PUF, 2003.

TRUDEL, P. ET M. BEAUPRÉ (ET AUTRES), *Droit du cyberespace*, Montréal, Université de Montréal, CRDP, 1997.

VENTRE, D., *Cyberattaque et cyberdéfense*, coll. Collection Cyberconflits et cybercriminalité, Paris, Hermès science publications : Lavoisier, 2011.

VENTRE, D., *Cyberespace et acteurs du cyberconflit*, coll. Cyberconflits et cybercriminalité, Paris, Hermès science publications : Lavoisier, 2011.

VIRALLY, M., *Le droit international en devenir : essais écrits au fil des ans*, 1re éd., Paris, PUF, 1990.

VIRALLY, M. et G. GEORGES-PICOT, *Plan de réforme des méthodes et pratiques de l'ONU*, Paris, SLND, 1962.

VISSCHER, C. de, *Les effectivités du droit international public*, Paris, Pédone, 1967.

WAEYENBERGE, A. VAN, *Nouveaux instruments juridiques de l'Union européenne : Évolution de la méthode communautaire*, coll. Études, Belgique, Larcier, 2015.

WEIL. P., *Le droit international en quête de son identité : cours général de droit international public*, Buffalo, NY : William SHein & Co, 1992.

WILCOX, F. O. et C. M. MARCY, *Proposals for changes in the United Nations*, Washington, The Brookings Institution, 1955.

II. ARTICLES DE PÉRIODIQUES

ABI-SAAB, G., « Cours général de droit international public », (1987), VII:207, *R.C.A.D.I.,* 9-463.

AÏM, O., « La transparence rendue visible. Médiations informatiques de l'écriture », (2006) 147 : 1 *Commun. Lang.* 31-45.

AKOTO, E., « Les cyberattaques étatiques constituent-elles des actes d'agression en vertu du droit international public ? : Deuxième partie », (2015) 46:2 *Revue de droit d'Ottawa*, pp. 199-230, en ligne : https://hal.archives-ouvertes.fr/hal-01244601/document.

ALBERSHEIM, R., « The Legal Implications of Corporate Reverse Hacking », (1999) 18 *Preventive Law Reporter*.

AMBOS, K., « International criminal responsability in cyberespace », (2016) 21:3 *Journal of Conflict & Security Law*.

AMSELEK, P., « Lois juridiques et lois scientifiques », (1987), 6, *Droits*, pp. 131-141.

ARPAGIAN, N., « Les entreprises, complices et victimes de la « cyberguerre» ? », (2012) 3:87 *Revue internationale et stratégique,* pp. 65-72, en ligne : https://www.cairn.info/revue-internationale-et-strategique-2012-3-page-65.htm.

AUGAGNEUR, L.-M., « Héberger ses données chez les GAFAM : quel discours croire sur le Cloud Act ? », (2019), 162 *RLDI*, pp. 52-54.

BARAT-GINIES, O., « Existe-t-il un droit international du cyberespace ? », (2014) 152-153 *Hérodote,* pp. 201-220, en ligne : https://www.cairn.info/ revue-herodote-2014-1-page-201.htm.

BARRAUD, B., « La corégulation d'Internet (ou comment répondre à la plurinormativité par l'internormativité) — Une contribution française », (2018) 59:1 *Les Cahiers du droit,* pp. 85-116.

BASTIAN, M., « La fragmentation d'un droit préexistant ou la fondamentalité par analogie : le cas du droit d'accès à Internet », (2019),15, *Revue des droits de l'Homme,* pp. 1-14.

BAUD, M., « La cyberguerre n'aura pas lieu, mais il faut s'y préparer », (2012) Eté-2 *Polit. Etrangere,* pp. 305-316, en ligne : https://www .cairn.info/revue-politique-etrangere-2012-2-page305.htm.

BAUDIN, L., « La cyber-riposte des entreprises privées », (2019) 28:3 *Dire* pp. 30-35, en ligne : https://www.ficsum.com/wpcontent/ uploads/2019/09/ DIRE _AUTOMNE_19_P30_35.pdf.

BAUTZMANN, A., « Vers un droit international du cyberespace ? », (2001) 2 : 42, *Revue internationale et stratégique*, pp. 171-175.

BAZAN, S. et C. VARIN, « Le Web à l'épreuve de la " cyberguerre " en Syrie », (2012) 417, *Études*, pp. 595-606, en ligne : https://www.cairn.info /revue-etudes-2012-12-page-595.htm.

BENYEKHLEF, K., « L'Internet : un reflet de la concurrence des souverainetés », (2002), 8 : 1, *Lex Electronica*, en ligne : https://www.lex-electronica.org/files/sites/103/8-1_benyekhlef.pdf

BERNHEIM, E., « Le « pluralisme normatif » : un nouveau paradigme pour appréhender les mutations sociales et juridiques ? », (2011) 67 *RIEJ*, pp. 1-41, en ligne : https://archipel.uqam.ca/7285/2/ BernheimRIEJ.pdf.

BERTRAND, M., « La réforme de l'ONU », (1993) 58:3, *Politique étrangère*, pp. 611-619 en ligne : https://www.persee.fr/doc/ polit_0032-342x_1993_num_58_3_6272.

BIAD, A., « La Cour Pénale Internationale à la croisée des chemins », (2009) 2, *Annuaire de la Commission de droit international*, pp. 87-111.

BLANDIN-OBERNESSER, A., « Les entreprises souveraines de l'Internet : un défi pour le droit en Europe », dans *Droits et souveraineté numérique en Europe*, coll. Rencontres européennes, Bruxelles, Bruylant, 2016, pp. 95-106.

BLANK, L. R., « International Law and Cyber Threats from Non-State Actors », (2013) 89 *International Law Studies*.

BORIES, C., « Appréhender la cyberguerre en droit international. Quelques réflexions et mises au point », (2014) 5:6, Revue des droits de l'Homme, en ligne : https://journals.openedition.org/revdh/984

BRAIBANT, G., « Penser le droit sous la Vème République : cohérence et codification », (1998) numéro spécial sur Les 40 ans de la Vème République, *Revue du droit public*.

BREDEHOFT, T. A., « Le continuum Gibson : le Cyberespace et les récits du Mervyn Kihn de Gibson », (1995) 22:2 *Science-Fiction Studies*, pp. 252-263, en ligne : https://journals.openedition.org /resf/1167?lang=en#ftn

BWELE, C., « Peut-on dissuader dans le cyberespace ? », (2010) 731 *Rev. Déf. Natl.* pp. 25-30, en ligne : http://www.calameo.com /read/0005 58115aab90a03d17d.

BUFFERNE, J.-P., « La fonction de la Cour internationale de justice dans l'ordre juridique international : quelques réflexions », (2002) 15 : 1 *RQDI*, en ligne : https://www.persee.fr/doc/rqdi_0828-9999_2002 _num_15_1_ 2040.

BURKE-WHITE, W. ET A.-M. SLAUGHTER, The Future of International Law is Domestic (or, the European Way of law), (2006) 47:2, *Penn Law :Legal Scholarship Repository*, en ligne : https://scholarship.law .upenn.edu/cgi/viewcontent.cgi?article=1958&context=faculty_schola rship

CARRARO, V., « Electing the experts: Expertise and independence in the UN human rights treaty bodies », (2019) 25:3, *European Journal of International Relations*, pp. 827-851, en ligne : https://journals. sagepub. com/doi/pdf/10.1177/1354066118819138.

CARRON DE LA CARRIÈRE, G., « Les acteurs privés dans la diplomatie », (2009) 1:3, *Les Cahiers Irice*, pp. 41-58 en ligne : https://www.cairn. info/revue-les-cahiers-irice-2009-1-page-41.htm.

CAZALA, J., « Le Soft Law international entre inspiration et aspiration », (2011) 66:1 *RIEJ* pp. 41-84, en ligne : https://www.cairn.info/revue-interdisciplinaire-d-etudes-juridiques-2011-1-page-41.htm.

CHALIAND, G. et J. HENROTIN, « Les mutations de la guerre irrégulière », (2016) 1:111 *Stratégie,* pp. 141-147.

CHAMPEIL-DESPLATS., V., « Droit, pluralité des modes de normativité et internormativité. Regard juridique », (2019) 16, *Revue des droits de l'Homme*, pp. 1-16 en ligne : http://journals.openedition.org /revdh/6413.

CHEVALLIER, J., « Vers un droit post-moderne ? Les transformations de la régulation juridique », (1998) *Revue du droit public et de la science politique*, pp. 659-714, en ligne : https://hal.archives-ouvertes.fr/hal-01728684.

COHEN-TANUGI, L., « Le clair-obscur d'Internet », (2001) 2:97, *Pouvoirs*, pp. 85-90, en ligne : https://www.cairn.info/revue-pouvoirs-2001-2-page-85.htm.

DAUGIRDAS, K. et J. D. MORTENSON, « Contemporary Practice of the United States Relating to International Law », (2015) 109:2 *AJIL*, pp. 174-213.

DE MAUPÉOU, S., « World War Web 3.0 : l'informatique dans les conflits », (2010) 728 *Revue de la Défense nationale*, pp. 83-88.

DEBUF, E., « Le statut juridique et les privilèges et immunités du CICR : des outils de travail », (2015) 97:1 et 2, *Revue internationale de la Croix-Rouge,* pp. 203-230.

DELERUE, F., « The Codification of the International Law Applicable to Cyber Operations A Matter for the ILC? », (2018) 7:4 *ESIL Reflections*, en ligne : https://esil-sedi.eu/wp-content/uploads/2018/06/ESIL-Reflection-Delerue.pdf.

DELMAS-MARTY, M. « Le pluralisme ordonné et les interactions entre ensembles juridiques », (2006) *Recueil Dalloz*, pp. 951-957, en ligne : https://ieim.uqam.ca/IMG/pdf/article_Dalloz.pdf

DESFORGES, A., « Les représentations du cyberespace : un outil géopolitique », (2014) 1:152-153 *Herodote,* pp. 67-81, en ligne : https://www.cairn.info/revue-herodote-2014-1-page-67.htm.

DUBÉ, G., « Les sanctions du droit international public dans la Charte des Nations Unies », (1962) 5-1, *Les Cahiers de droit*, pp. 98-103, en ligne : https://www.erudit.org/fr/revues/cd1/1962-v5-n1-cd5000869/1004167ar.pdf.

DUBÉ, G., « Le rapport entre la politique et le droit dans l'ordre international », (1963) 5:2, *Les Cahiers de droit*, pp. 47-56, en ligne : https://id.erudit.org/iderudit/1004176ar.

ECONOMIDES, N. et J. TÅG, « Network neutrality on the Internet: A two-sided market analysis », (2012) 24:2, *Information Economics and Policy*, pp. 91-104, en ligne : https://www.sciencedirect.com /science/article/pii/ S0167624512000029.

EICHENSEHR, K., « Public-Private Cybersecurity », (2017) 95:3 *Texas Law Review*, pp. 467-538, en ligne : https://texaslawreview.org/wp-content/uploads/2017/03/Eichensehr.pdf.

ELKIN-KORIEN, N., « Copyrights in Cyberspace-Rights Without Laws », (1998) 73 *Chi.-Kent L. Review,* pp. 1156-1201, en ligne : https://scholarship.kentlaw.iit.edu/cgi/viewcontent.cgi?article=3146& context=cklawreview.

ELKIN-KORIEN, N., « The Privatization of Information Policy », (2000) 2 *Ethics and Information Technology,* pp. 201-209.

ESCUDIÉ, F., « Quelle régulation pour les acteurs privés dans le cyberespace ? », (2009) 8, *Annales des mines*, pp. 110-114, en ligne : http://annales.org/enjeux-numeriques/2019/resumes/decembre/20-en-resum-FR-AN-decembre-2019.html.

FILIPPI, P. DE et D. BOURCIER, « Réseaux et gouvernance : Le cas des architectures distribuées sur Internet », (2014) 2:36, *Pensée Plurielle - Parole, pratiques et réflexions du social* 2014, pp. 37-53, en ligne : https://www.cairn.info/revue-pensee-plurielle-2014-2-page-37.htm.

FISCHER, G., « Les réactions devant l'arrêt de la Cour internationale de Justice concernant le Sud-Ouest africain », (1966) 12 *Annuaire français de droit international,* pp. 144-154, en ligne : https://www.persee.fr/doc/afdi_0066-3085_1966_num_12_1_1877.

FOLTZ, A. C., « Stuxnet, Schmitt Analysis and the Cyber "Use of Force" Debate », (2012) 67-4 *Joint Force Q*.

FONTANEL, J. et N. SUSHCHEVA, « La puissance des GAFAM : réalités, apports et dangers », (2019) XX *Annuaire français de droit international*, pp. 199-222.

FRANCK, T. M., « 'Terrorism and the Right of Self-Defence' », (2001) 98 *American Journal of International Law*.

FRANCK, T. M., « What Happens Now? The United Nations After Iraq », (2003) 97:3 *Am. J. Int. Law,* pp. 607-620, en ligne : https://www.cambridge.org/core/journals/american-journal-of-international-law /article/what-happens-now-the-united-nations-afteriraq/E33A27E40A 73D204F F2E0458B2A45004#.

GALLOT, S. et L. VERLAET, « La transparence : l'utopie du numérique ? », (2016) 49, *Communication et organisation*, pp. 203-217, en ligne : http://journals.openedition.org/communication organisation /5277.

GEIST, M., « Cyberlaw 2.0 », (2003) 44-2, *Boston College Law Review*, en ligne : https://lawdigitalcommons.bc.edu/bclr/vol44/iss2/3/.

HENRIKSEN, A., « Lawful State Responses to Low-Level Cyber Attacks », (2015) 84:2, *Nordic Journal of International Law,* pp. 323-351, en ligne : https://brill.com/view/journals/nord/84/2/article-p323_8.xml?language= en.

HENROTIN, J., « Des concepts de cyberstratégie et de cyberguerre, et de leur application », (2017) Hors-série 52, Cyberguerre : L'heure de l'action, *RSI*, pp. 60-66.

HOLLIS, D. B., « Why states need an informational law for information operations », (2007) 11:4 *Lewis & Clark Law Review*, pp. 1023-1061, en ligne : https://law.lclark.edu/live/files/9551-lcb114art7hollis.pdf.

HUANG, P. et M. RIOUX, « Gouvernance de l'Internet – vers l'émergence d'une cyberpuissance chinoise ? », (2015) 1:41, *Revue du Monde Chinois,* pp. 79-94, en ligne : https://www.cairn.info/revue-monde-chinois-2015-1-page-79.htm?contenu=resume.

EGAN, B. J., « International Law and Stability in Cyberspace », (2016) 35:1 *Berkeley Journal of International Law*, pp. 169-180, en ligne : https://www.law.berkeley.edu/wp-content/uploads/2016/12/BJIL-article-International-Law-and-Stability-in-Cyberspace.pdf.

IMBERT, C., « Cyberespace : une histoire à plusieurs entrées – De la roue pascaline au numérique », (2015) Hors-série « Cybersécurité » *Res Militaris*, en ligne : http://www.resmilitaris.net/ressources/10207/85 /res_militaris_article_imbert_cyberespace__une_histoire___plusieurs _entr_es.pdf.

JACOB, P., « La gouvernance de l'Internet du point de vue du droit international public », (2010) 56, *Annuaire français de droit international,* pp. 543-563, en ligne : https://www.persee.fr/doc/afdi_ 0066- 3085_2010_ num _56_1_4625.

JOUBERT, V., « L'impact du cyberespace dans les relations internationales. Révolution géopolitique ou continuité stratégique par d'autres moyens ? », (2014) XV *Annuaire français de droit international,* pp. 831-844, en ligne : https://www.afri-ct.org/wp-content/uploads/2015/06/Article_Joubert.pdf.

JOUBERT, V. et J.-L. SAMAAN, « L'intergouvernementalité dans le cyberespace : étude comparée des initiatives de l'OTAN et de l'UE », (2014) 1-2 : 152-153, *Hérodote*, pp. 261-275, en ligne : https://www.cairn .info/journal-herodote-2014-1-page-261.htm

KELSEY, J. T. G., « Hacking into International Humanitarian Law: The Principles of Distinction and Neutrality in the Age of Cyber Warfare », (2008) 106 *Michigan Law Review*.

KEMPF, O., « Cyberespace et dynamique des frontières », (2015) 3:30, *Inflexions*, pp. 141-149, en ligne : https://www.cairn.info/revue-inflexions-2015-3-page-141.htm.

KEMPF, O., « Le cyberterrorisme : un discours plus une réalité », (2014) 1-2 : 152-153, *Hérodote*, pp. 82-97, en ligne : https://www.cairn.info/revue-herodote-2014-1-page-82.htm

KOH, H. H., « International Law in Cyberspace », (2012) 54 *Harvard International Law Journal*, en ligne : https://digitalcommons.law.yale.edu/cgi/viewcontent.cgi?article=5858&context=fss_papers.

KU, J., « How China's Views on the Law of Jus ad Bellum Will Shape Its Legal Approach to Cyberwarfare », (2017) Aegis Series Paper 1707, *A Hoover Institution Essay*, en ligne : https://www.hoover.org/sites/default/files/research/docs/ku_webreadypdf.pdf.

LABBÉ, É., « La technique dans la sphère de la normativité : aperçu d'un mode de régulation autonome », (2000) *Revue du droit des technologies de l'information,* en ligne : http://lthoumyre.chez.com/uni/doc/20001108 .htm.

LA CHAPELLE, B., « Souveraineté et juridiction dans le cyberespace », (2014) 1 : 152-153, *Hérodote*, pp. 174-184, en ligne : https://www.cairn.info/revue-herodote-2014-1-page-174.htm

LA TRIBUNE DES EXPERTS, « Cybermonde – pour le meilleur et pour le pire : Les cyberattaques – repères chronologiques », (2013) *Revue de l'OTAN magazine*, en ligne : https://www.nato.int/docu/review/2013/Cyber/timeline /FR/index.htm.

LE FLOCH, G., « Le sommet mondial de Tunis sur la société de l'information », (2005) *AFDI*, pp. 464-486.

LE GOFF, G., « Les clés de l'influence des ONG dans la négociation de quelques instruments internationaux », (2001) 13:2, RQDI, pp. 169-200, en ligne : https://www.sqdi.org/wp-content/uploads/13.2_-_legoff.pdf.

LESSIG, L., « The Constitution of Code : Limitations on Choice-based Critiques of Cyberespace regulation », (1997) 5, *Common law Conspectus*, pp. 181 et s.

LIBICKI, M. C., « De Tallinn à Las Vegas : une cyberattaque d'importance justifie-t-elle une réponse cybernétique ? » (2014), 1-2 :

152-153, Hérodote, en ligne : https://www.cairn.info/revue-herodote-2014-1-page-221.htm

LIN, H. S., « Offensive Cyber Operations and the Use of Force », (2010) 4:63, *Journal of National Security Law & Policy,* pp. 63-86, en ligne : http://jnslp.com/wp-content/uploads/2010/08/06_Lin.pdf.

LOHARD, A., « La genèse inattendue du cyberespace de William Gibson », 66 *Quaderni* pp. 11-13, en ligne : https://www.persee.fr/doc/quad_0987-1381_2008_num_66_1_1842.

LONGUET, P., « L'efficacité de la norme : le point de vue de l'Union européenne », (2005) 13, *La lettre*.

LOUADI, M., « Le cyberespace et la transformation de l'humanité », (2001) 55, *Le Manager*, pp. 40-46.

LOUIS-SIDNEY, B., « La dimension juridique du cyberespace », (2012) 2:87, *La Revue Internationale et Stratégique*, pp. 73-82, en ligne : https://www.cairn.info/revue-internationale-et-strategique-2012-3-page-73.htm

LOVELUCK, B., « Internet, une société contre l'État ? Libéralisme informationnel et économies politiques de l'auto-organisation en régime numérique », (2015) 4:192 *Réseaux,* pp. 235-270, en ligne : https:// www.cairn.info/revue-reseaux-2015-4-page-235.htm.

MCCAFFERY, L., « An Interview with William Gibson », (1991) *Durh. NC Duke UP*, pp. 263-285.

MENDÈS FRANCE, M. et H. RUIZ DIAZ BALBUENA, « La dégradation généralisée du respect au droit international », (2005) 4:60 *Revue internationale et stratégique*, pp. 43-58, en ligne : https://www.cairn.info/revue-internationale-et-strategique-2005-4-page-43.htm.

MONGIN, D., « Les cyberattaques, armes de guerre en temps de paix », (2013) 1-Janvier *Esprit,* pp. 32-49, en ligne : http://www.cairn.info/resume.php?ID_ARTICLE=ESPRI_1301_0032.

MOUSSU, N., A.-L. LLOUQUET et G. CHAUMEIL, « EMA : une veille permanente », Doss. Cyberespace – Le 5ème Champ Bataille, (2011) 365, *Armées d'Aujourd'hui*, 47, en ligne : https://www.irsem.fr/data/files/irsem/documents/document/file/790/ADA365.pdf.

NISOT, J., « La révision de la Charte des Nations Unies (Articles 108 et 109 de la Charte) », (1965) 2, *RBDI.*

NYE, JR, J. S., « Power and National Security in Cyberspace », (2011) 2, *Am. Cyber Future - Secur. Prosper. Inf. Age,* pp. 5-24, en ligne : https://www.files.ethz.ch/isn/129907/CNAS_Cyber_Volume%20II_2.pdf.

OBSERVATOIRE DU MONDE CYBERNÉTIQUE, « Cyberarme japonaise et course à l'armement informatique », (2012) 3, *Lettre Mensuelle de l'OMC.*

OBSERVATOIRE DU MONDE CYBERNÉTIQUE, « Le rapprochement sino-russe dans le cyberespace », (2015) 38, *Lettre Mensuelle de l'OMC.*

OBSERVATOIRE DU MONDE CYBERNÉTIQUE, « Les BRICS : une nouvelle puissance dans le cyberespace ? », (2015) 41, *Lettre Mensuelle de l'OMC.*

OBSERVATOIRE DU MONDE CYBERNÉTIQUE, « Panorama du marché mondiale des câbles sous-marins », (2015) 41, *Lettre Mensuelle de l'OMC.*

PELLET, A., « La formation du droit international dans le cadre des Nations Unies », (1995) 6, *EJIL,* pp. 401-425, en ligne : http://www.ejil.org/ pdfs/6/1/1304.pdf.

PEREIRA, B., « La lutte contre la cybercriminalité : de l'abondance de la norme à sa perfectibilité », (2016) 3 : XXX, *Revue internationale de droit économique,* pp. 387-409.

POMADE, A., « Les implications de l'influence normative de la société civile en droit de l'environnement sur les théories des sources du droit et de la validité », (2010) 64:1, *Revue interdisciplinaire d'études juridiques,* pp. 87-122, en ligne : https://www.cairn.info/revue-interdisciplinaire-d-etudesjuridiques- 2010-1-page-87.htm.

POMÈS, É., « Le cadre juridique de la cyberdéfense active », (2017) Hors-série 52, Cyberguerre : L'heure de l'action, *RSI*, pp. 34-37.

PUJOS, A., « Régulation, autorégulation ou corégulation ? », (2010) 7, *Revue Française de Gouvernance d'Entreprise*, pp. 5-16.

RID, T. et P. MCBURNEY, « Cyber-Weapons », (2012) 157:1, *RUSI J.*, pp. 6-13, en ligne : https://doi.org/10.1080/03071847.2012.664354.

ROBINSON, N., « Cyber Defence at NATO: from Wales to Warsaw, and Beyond », (2017) *Turkish Policy Quarterly*, en ligne :

http://turkishpolicy.com/article/887/cyber-defense-at-nato-from-wales - to-warsaw-and-beyond.

ROCHE, E. M. et M. J. BLAINE, « Convention internationale sur l'utilisation pacifique du cyberespace », (2013) 27:3/4, *Netcom Réseaux Commun. Territ.*, pp. 309-330, en ligne : https://netcom.revues.org/1449.

ROSCINI, M., « Evidentiary Issues in International Disputes Related to State Responsibility for Cyber Operations », (2015) 50:2 *Texas International Law Journal.*

ROUVILLOIS, F., « La règle de droit entre efficacité et légitimité », (2005) 13, *La Lettre* 2005, pp. 1-2, en ligne : https://www.fondapol.org/app/uploads/2020/05/Lettre13-1.pdf.

RUYS, T. et S. VERHOEVEN, « Attacks by Private Actors and the Right of Self-Defence », (2005) 3:10 *Journal of Conflict & Security Law.*

SAXON, D., « Violations of International Humanitarian Law by Non-State Actors during Cyberwarfare: Challenges for Investigations and Prosecutions », (2016) 21:3 *J Conflict Security Law*, en ligne : https://academic.oup.com/jcsl/article/21/3/555/2567000.

SCHAAKE, M., « The Lawless Realm : Countering the Real Cyberthreat », (2020) 99:6 *Foreign Affairs.*

SCHMITT, M. N., « Computer Network Attack and the Use of Force international Law: Thoughts a Normative Framework », (1999) 37:885 *Columbia Journal of Transnational Law.*

SCHMITT, M. N., « In Defense of Due Diligence in Cyberspace », (2015) *The Yale Law Journal Forum*, en ligne : https://www.ilsa.org/Jessup/Jessup16/Batch%202/SchmittDueDiligence.pdf.

SCHMITT, M. N. et S. WATTS, « Beyond State-Centrism: International Law and Non-State Actors in Cyberspace » », (2016) 21:3 *Journal of Conflict & Security Law.*

SCHULTZ, T., « La régulation en réseau du cyberespace », (2005) 55:2, *RIEJ,* pp. 31-90, en ligne : https://www.cairn.info/revue-interdisciplinaire-d-etudesjuridiques- 2005-2-page-31.htm.

SCHWEBEL, S. M., « Aggression, Intervention and Self-Defence in Modern International Law (Volume 136) », (1972) 136 *Collect.*

Courses Hague Acad. Int. Law, en ligne : http://dx.doi.org/10.1163/1875-8096_ pplrdc_A9789028606333_04.

SHACKELFORD, S. J., « From Nuclear War to Net War : Analogizing Cyber Attacks in International Law », (2009) 27:1 *Berkeley Journal of International Law*.

SIMONET, L., « L'usage de la force dans le cyberespace et le droit international », (2012) 58, *Annuaire français de droit international*, pp. 117-143, en ligne : https://www.persee.fr/doc/afdi_0066-3085_ 2012_num _58_1_4673.

TRUDEL, P., « Quel droit et quelle régulation dans le cyberespace ? », (2000) 32:2 *Sociologie et sociétés*.

VENTRE, D., « Le cyber-guerrier : nouvelle figure combattante au service de la cyber-défense », (2012) 4:11, *Sécurité et stratégie*.

VENTRE, D., « La cyberpaix : un thème stratégique marginal », (2012) 87:3, *Rev. Int. Strateg.*, pp. 83-91, en ligne : https://www.cairn.info/revue-internationale-et-strategique-2012-3-page-83.htm.

VIRALLY, M., « Droit international et décolonisation devant les Nations Unies », (1963) 9 *Annuaire français de droit international*, pp. 508-541, en ligne : https://www.persee.fr/docAsPDF/afdi_0066-3085_1963_num_9_1 _1045.pdf.

VISSCHER, C. de, « La Conférence de révision de la Charte des Nations Unies : article 109 de la Charte. », (1955) 53:56, *Die Friedens-Warte*, pp. 37-46.

WEIL, P., « Vers une normativité relative en droit international ? », (1982) 1, *Revue générale de droit international*, pp. 7-47, en ligne : https://www.sfdi.org/wp-content/uploads/2020/04/Weil-Vers-une-norma tivit%C3%A9-relative.pdf.

WU, T., « Network neutrality, broadband discrimination », (2003) 2 *Journal of Telecommunications and high Technology law*.

WU, T., « When Code Isn't Law », (2003) 89 *Virginia Law review*.

III. ARTICLES D'OUVRAGES COLLECTIFS

BARRIGA, S., « Against the odds : the results of the Special Working Group on the Crime of Aggression », dans *The Princeton Process on the Crime of Aggression - Materials of the Special Working Group on the Crime of Aggression 2003-2009*, Lynne Rienner Publishers, 2010, pp. 621-643.

BIAD, A.-W., « Cyberguerre et lex specialis, : évolution ou révolution ? » dans *Colloque de Rouen : Internet et le droit international*, Paris, Société française pour le droit international, Paris, Pedone, 2014, pp. 253-264.

BINETTE, P., « Analyse des paramètres et des facteurs qui agissent sur les processus de négociation dans les organisations internationales », dans *Négociations*, coll. Des Hauts et Débats, Paris, L'Harmattan, 2018, pp. 93-112.

CARBONNIER, J., « Les phénomènes d'inter-normativité », dans *European Yearbook in Law and Sociology*, La Haye, Martinus Nijhoff, 1977, pp. 42-52.

CHAUMETTE, A.-L., « La responsabilité pénale internationale des individus en cas de cyberattaque », dans *Cyberattaques et droit international*, coll. Numérique et droit, Pedone, Paris, 2018, pp. 107-136.

CHEVALLIER, J., « Peut-on rationaliser la production du droit ? », dans *L'Union européenne et l'idéal de la meilleure législation*, coll. Cahiers européens, n°5, Paris, Pedone, 2013, pp. 17-30.

CLERC, É., « La gestion semi-privée de l'internet », dans *Le droit saisi par la mondialisation*, Bruxelles, Bruylant, 2001, pp. 333-396.

D'ARGENT, P., J. D'ASPREMONT LYNDEN, F. DOPAGNE et R. VAN STEENBERGHE, « Article 39 », dans *La Charte des Nations Unies : commentaires article par article*, 3e éd., mise À jour, Rev.Augm. Dans le cadre du Centre international de Nanterre, 1, Paris, Economica, 2005.

DAVID, M., « Le concept « zéro mort » ou les hésitations face à l'engagement terrestre des forces », dans *Des conflits en mutation ? : de la guerre froide aux nouveaux conflits : essai de typologie : de 1947 à nos jours*, coll. Interventions, Paris, Complexe, 2003, pp. 333-342.

DE PREUX, J., « Commentaires sur l'article 36 », dans *Commentaire des Protocoles additionnels du 8 juin 1977 aux Conventions de Genève du 12 août 1949*, Genève, Nijhoff, 1986.

DELERUE, F., « Cyber opérations : quel régime de preuve ? », dans *Cyberattaques et droit international*, coll. Numérique et droit, Paris, Pedone, 2018, pp. 47-68.

DELMAS-MARTY, M., La Charte des Nations Unis et la mondialisation du droit, dans *La Charte des Nations Unies, constitution mondiale*, coll. Cahiers internationaux 20, Paris, Pedone, 2006, pp.211-214.

DENNING, D. E. et B. J. STRAWSER, « Active Cyber Defense : Applying Air Defense to the Cyber Domain », dans *Cyber Analogies, Technical Report sponsored by United States Cyber Command*, Naval Postgraduate School, Monterey, 2014.

DOUZET, F., « Préface », dans *Cyberattaques et droit international*, coll. Numérique et droit, Paris, Pedone, 2018, pp. 5-8.

FILIPPI, P. DE, « Repenser le droit à l'ère numérique : entre la régulation technique et la gouvernance algorithmique », dans *Droit et Machine*, n°3, Montréal, Thémis, 2017, pp. 33-76.

FORTEAU, M., « Les seuils de gravité d'une cyberattaque », dans *Cyberattaques et droit international*, coll. Numérique et droit, Paris, Pedone, 2018, pp. 23-44.

GAUTRAIS, V., « Normativités et droit du technique », dans *Juristes sans Frontières- Mélanges Ejan Mackaay*, Montreal, Les Éditions Thémis, 2015, pp. 311-340.

GRANGE, M., « Réactions d'un État victime d'une cyberattaque, sans recourir à la force », dans *Cyberattaques et droit international*, coll. Numérique et droit, Paris, Pedone, 2018, pp. 177-198.

GRANGE, M. et A.-T. NORODOM, « Propos introductif », dans *Cyberattaques et droit international*, Pedone, coll. Numérique et droit, Paris, 2018, pp. 11-20.

GUNNINGHAM, N. et D. SINCLAIR, « Smart Regulation », dans *Regulatory Theory : Foundations and applications*, Australie, The Australian National University, 2017, pp. 133-148, en ligne : http://press-files.anu.edu .au/downloads/press/n2304/pdf/ch08.pdf.

IGALENS, J., « Autorégulation et corégulation », dans *Dictionnaire critique de la RSE*, Villeneuve d'Ascq, Presses universitaires du Septentrion, 2013.

ITEANU, O., « L'ICANN, un exemple de gouvernance originale ou un cas de Law intelligence ? », dans *La gouvernance de l'Internet*, Les cahiers du numérique, Paris, Lavoisier, 2002, pp.145-157.

JACOB, P., « Faut-il créer une organisation internationale dédiée à la lutte contre les cyberattaques ? Une question qui en appelle beaucoup d'autres », dans *Cyberattaques et droit international*, Paris, Pedone, 2018, pp. 89-102.

JOUANNET, E. et A. GESLIN, « Propos introductifs : Décoloniser et refonder le droit international au prisme de la reconnaissance », dans *Droit international et reconnaissance*, Paris, Pedone, 2016, pp. 11-15.

KLEIN, H., « ICANN et la gouvernance d'Internet : la coordination technique comme levier d'une politique publique mondiale », dans *La gouvernance de l'Internet*, Les cahiers du numérique, Paris, Lavoisier, 2002, pp.93-128.

KOLB, R., « L'application du droit international, notamment humanitaire, dans les conflits armés auxquels prennent part des entités non-étatiques », dans *Commentaire article par article de la Résolution de l'Institut de droit international*, Pedone, coll. Série brochure de l'IDI, Paris, 2003, pp. 18-48.

LAGRANGE, E., « Panorama des institutions impliquées dans la gouvernance de l,Internet », dans *Colloque de Rouen : Internet et le droit international*, Paris, Société française pour le droit international, Paris, Pedone, 2014, pp. 199-225.

LAGRANGE, P., « Internet et l'évolution normative du droit international : d'un droit international applicable à l'Internet à un droit international du cyberespace », dans *Colloque de Rouen : Internet et le droit international*, Paris, Société française pour le droit international, Paris, Pedone, 2014, pp. 65-85.

LATTY, F., *La diversité des sources du droit de l'Internet*, dans *Colloque de Rouen : Internet et le droit international*, Paris, Société française pour le droit international, Paris, Pedone, 2014, pp. 49-64.

LEMAY, V. et M. CUMYN, « La recherche et l'enseignement en faculté de droit : le coeur juridique et là périphérie interdisciplinaire d'une discipline éprouvée », dans *Les nouveaux chantiers de la doctrine juridique*, Yvon Blais, coll. Actes des 4e et 5e journées d'étude sur la méthodologie et l'épistémologie juridique, Cowansville, 2017, pp. 39-93.

MALJEAN-DUBOIS, S. et V. RICHARD, « L'efficacité des normes internationales : quelles spécificités ? Illustrations à partir du droit international de l'environnement », dans *L'efficacité de la norme juridique : nouveau vecteur de légitimité ?*, coll. À la croisée des droits, n°6, Bruxelles, Bruylant, 2012, pp. 233-251.

NORODOM, A.-T., « L'attribution des cyberattaques : de l'apport des systèmes d'enquêtes internationaux existants », dans *Cyberattaques et droit international*, coll. Numérique et droit, Paris, Pedone, 2018, pp.69-88.

NORODOM, A.-T., « Internet et le droit international : défi ou opportunité », dans *Colloque de Rouen : Internet et le droit international*, Paris, Société française pour le droit international, Paris, Pedone, 2014, pp. 11-35.

OST, F., « L'accélération du temps juridique », dans *L'accélération du temps juridique*, coll. Collection générale, Bruxelles, Presses de l'Université Saint-Louis, 2019, pp. 7-14, en ligne : http://books.openedition.org/pusl/19818.

PAQUET, G., « La gouvernance en tant que précautions auxiliaires », dans *La démocratie à l'épreuve de la gouvernance,* Ottawa, Les Presses de l'Université d'Ottawa, 2001, en ligne : http://www.gouvernance.ca/publications/00-24.pdf.

PELLET, A., « Chapitre 13 : Le droit », dans *La puissance internationale*, coll. Relations Internationales et stratégiques, Paris, Dunod, 1994, pp. 145-156.

PELLET, A., « Remarques sur l'(in)efficacité de la Cour internationale de justice et d'autres juridictions internationales », dans *Liber Amicorum Jean-Pierre Cot. Le procès international*, Bruxelles, Bruylant, 2009, pp. 193-213.

PERALDI-LENEUF, F., « Vers une externalisation de la production du droit de l'Union européenne. L'exemple de la corégulation (policy cooperation) », dans *L'Union européenne et l'idéal de la meilleure législation*, coll. Cahiers européens, n°5, Paris, Pedone, 2013, pp. 191-208.

POULLET, Y., « La technologie et le droit : du défi à l'alliance », dans *Liber amicorum Guy Horsmans*, Bruylant, Bruxelles, 2004, pp. 943-967.

REIDENBERG, J. R., « Governing Networks and Rule-Making in Cyberspace », dans *Borders in Cyberspace*, MIT Press, Cambridge, Mass., 1997, pp. 84 et s.

REIDENBERG, J. R., « La régulation d'Internet par la technique et la Lex Informatica », dans *Droit et économie de la régulation*, Presses de Science Po, 3, coll. Hors Collection, Paris, 2005, pp. 81-91, en ligne : https://www.cairn.info/droit-et-economie-de-la-regulation-3--9782247063 611-page-81.htm.

ROBIN-OLIVIER, S., « Mieux légiférer en matière sociale : la règlementation intelligente confrontée à l'objectif d'égalisation dans le progrès des conditions de vie et de travail », dans *L'Union européenne et l'idéal de la meilleure législation*, coll. Cahiers européens, n°5, Paris, Pedone, 2013, pp. 97-114.

RIPERT, J.-M., « La réforme des Nations Unies », dans *La Charte des Nations Unies, constitution mondiale*, coll. Cahiers internationaux 20, Paris, Pedone, 2006, pp.95-100.

ROCHER, G., « Les "phénomènes d'internormativité" : faits et obstacles », dans *Le droit soluble. Contributions québécoises à l'étude d'internormativité*, coll. Droits et sociétés, Paris, L.G.D.J., 1996, pp. 25-42.

ROSCINI, M., « Cyber operations as a use of force », dans *Research Handbook on International Law and Cyberspace*, Cheltenham/Northampton, EE Publishing, 2015, pp. 233-254.

RUIZ FABRI, H., « Les catégories de sujet du droit international », dans *Le sujet en droit international*, Paris, 2005, Pedone, pp. 55-72, en ligne : http://pedone.info/sfdi/le_mans/le_mans_p55-72.pdf.

SUR, S., « Cyberattaques et droit international ou Attrape-moi si tu peux », dans *Cyberattaques et droit international*, coll. Numérique et droit, Paris, Pedone, 2018, pp.215-228.

TÖRNQUIST-CHESNIER, M., « Le multilatéralisme « par le bas » : l'entrée en jeu d'acteurs non étatiques », dans *Le multilatéralisme*, coll. TAP/Relations internationales, Paris, La Découverte, 2007, pp. 166-181, en ligne : https://www.cairn.info/le-multilateralisme--9782707153333-page-166.htm.

TRUDEL, P., « La Lex Electronica », dans *Le droit saisi par la mondialisation*, Bruxelles, Bruylant, 2001, pp. 221-268.

TRUDEL, P., « La souveraineté en réseau », dans *Droits et souveraineté numérique en Europe*, coll. Rencontres européennes, Bruxelles, Bruylant, 2016, pp. 5-14.

VIRALLY, M., « Sur la prétendue “primitivité” du droit international », dans *Le droit international en devenir : Essais écrits au fil des ans*, coll. International, Genève, Graduate Institute Publications, 2015, pp. 91-101, en ligne : http://books.openedition.org/iheid/4385.

VIVANT, M., « Internet et droit », dans *El desarrollo tecnológico y la propiedad intelectual*, 1ère édition, coll. Doctrina júridica, Mexico, Instituto de investigaciones jurídicas (UNAM), 2004, pp. 95-117, en ligne:https://archivos.juridicas.unam.mx/www/bjv/libros/3/1328/6.pdf

WAEYENBERGE, A. VAN, « Vers une meilleure méthode communautaire ? », dans *L'Union européenne et l'idéal de la meilleure législation*, Pedone, coll. Cahiers européens, n°5, Paris, 2013, pp. 7-16.

ZASOVA, S., « La légitime défense des États et la guerre cybernétique », dans *Colloque de Rouen : Internet et le droit international*, Paris, Société française pour le droit international, Paris, Pedone, 2014, pp. 265-275

IV. ACTES DE COLLOQUES :

CHATILLON, G., *Le droit international de l'Internet – Actes du Colloque, Ministère de la justice,* PARIS, 19-20 NOVEMBRE 2001, 2003 Bruxelles, Bruylant, 2003.

GEISS, R., « The legal regulation of cyber attacks in times of armed conflict », dans *Actes du 11ème Colloque de Bruges du 21-22 octobre 2010*, Bruges, CICR et Collège de l'Europe, 2011.

HEUSCHLING, L., « Le relativisme des valeurs, la science du droit et la légitimité. Retour sur l'épistémologie de Max Weber », dans *Droit et légitimité : actes du colloque organisé par le Centre de recherche sur les droits fondamentaux et les évolutions du droit de l'Université de Caen*, coll. Droit et justice, n°96, Bruxelles, Némésis, 2011.

V. THÈSES ET DISSERTATIONS

LOPEZ, T., *L'adaptabilité du droit international humanitaire aux évolutions des conflits armés contemporains*, Mémoire pour le Master mention Droit public parcours Carrières internationales, Université Clermont Auvergne, France, 2018.

PERSOZ, G., *Légitime défense et acteurs non étatiques : évolution en droit international et impact sur la neutralité suisse ?*, Mémoire de Master en droit international, Université de Lausanne, Suisse, 2016.

RABUSSIER, C., *L'application du droit international dans le cyberespace*, Mémoire Master 2 Droit Comparé, Université Paris II Panthéon-Assas, Paris, 2019.

RAGOT, S., *Cyberespace, relations internationales et pays émergents : évolution ou révolution ?*, Mémoire pour la Maitrise en Science politique, Université du Québec à Montréal, Montréal, 2015.

SCHMIT, L.-M., *Les définitions en droit privé*, Thèse de doctorat, Université Toulouse 1 Capitole, Toulouse, 2005.

VI. RAPPORTS ET ÉTUDES

ADAM, N., *L'ICANN et la gouvernance d'Internet : une histoire organisationnelle*, Montréal, Cahier de recherche 07-01, Centre d'Études Internationales et Mondialisation, Novembre 2007, en ligne : https://ieim.uqam.ca/IMG/pdf/AdamN_ICANN-FINAL-2007.pdf

ABRASZEWSKI, A. T., A. DUQUE GONZÁLEZ et S. KUYAMA, *L'emploi des consultants à l'Organisation des Nations Unies*, JIU/REP/2000/2, Genève, Corps commun d'inspection des Nations Unies, 2000, en ligne : https://www.unjiu.org/sites/www.unjiu.org/files/jiu_document_files/products/fr/reportsnotes/JIU%20Products/JIU_REP_2000_2_French.pdf.

ACCOUNTABILITY AND TRANSPARENCY REVIEW TEAM (ATRT), *Final recommandations*, 31 décembre 2010, en ligne : https://www.icann.org/en/system/files/files/final-recommendations-31dec10-fr.pdf

BANNELIER, K. et T. CHRISTAKIS, *Cyberattaques - Prévention-réactions : rôle des États et des acteurs privés*, Les Cahiers de la Revue Défense nationale, Paris, 2017, en ligne : https://www.irsem.fr

/data/files/irsem/documents/document/file/2283/Cahier_Bannelier_Christakis%20-%20 Cyberattaques%20(FR).pdf

BANQUE MONDIALE, *World Development report 2004. Making Services Work For Poor People : e-Discussion*, Washington, 2004, en ligne : https://documents1.worldbank.org/curated/en/794031468175469279/pdf/26886010french010paper.pdf.

BASELEY-WALKER, B., *Les mesures de transparence et de confiance dans le cyberespace : vers des normes de conduite*, 4, Forum du désarmement : Faire face aux cyberconflits, Suisse, UNIDIR, 2011, pp. 33-44 en ligne : https://www.unidir.org/files/publications/pdfs/faire-face-aux-cyberconflits-en-473.pdf.

CATTARUZZA, A., D. DANET, A. DESFORGES, F. DOUZET et D. NACCACHE. *La balkanisation du web : chance ou risque pour l'Europe ?*, Paris, Délégation aux affaires stratégiques, septembre 2014.

CATTARUZZA, A., D. DANET, A. DESFORGES, F. DOUZET et D. NACCACHE., *Synthèse - La Balkanisation du web : chance ou risque pour l'Europe ?*, 2014.

CDDH, *Official Records of the Diplomatic Conference on the Reaffirmation and Development of International Humanitarian Law Applicable in Armed Conflicts*, CCDH/215/Rev.1, Genève, 1974, en ligne : https://www.loc.gov/rr/frd/Military_Law/pdf/RC-records_Vol-15.pdf.

CEIS, *Les droits maritime et de l'espace peuvent-ils inspirer un droit du cyberespace ?*, Paris, DAS, Ministère de la défense français, 2013.

CICR, *La mise en œuvre nationale du droit international humanitaire : Un manuel*, Genève, 2012, en ligne : https://www.icrc.org/fr/doc/assets/files/publications/icrc-001-4028.pdf.

CICR, *Le Droit International Humanitaire et les défis posés par les conflits armés contemporains,* Rapport présenté lors de la 32ème Conférence internationale de la Croix-Rouge et du Croissant-Rouge, 32IC/15/11, Genève, 2015.

CROWDSTRIKE, *Global Threat Report : Adversary Tradecraft and the importance of speed*, 2019, en ligne : https://go.crowdstrike.com/2019-Global-Threat-Report.html ?

CYBERSECURITY TECH ACORD. *Implementing the Paris Call Principles - Principle #8 : No Private Hack back - No Hacking Back : Vigilante*

Justice vs. Good Security Online - A policymaker's guide to knowing the difference, 13 novembre 2020, en ligne : https://cybertechaccord.org/uploads/prod/2020/11/hack-back-update-131120-pages.pdf.

DAVIS, S., *L'OTAN et le cyberespace : Renforcer la sécurité et la défense, stabiliser la dissuasion - Rapport général*, 148 STC 19 F, OTAN, Commission des sciences et des technologies, 2019.

DCAF, DCSD et ÉCOLE NATIONALE DE LA CYBERSÉCURITÉ. *Guide pour la bonne gouvernance de la cybersecurité*, Genève, 2019.

DELERUE, F., *Cyberopérations et Droit international : De l'opportunité de saisir la Commission du droit international des Nations unies de la question du droit international applicable aux cyberopérations*, Note de recherche-n°59, IRSEM, 2018, en ligne : https://www.irsem.fr/data/files/irsem/documents/document/file/2433/NR_IRSEM_n59_2018.pdf.

DELERUE, F., *Schéma sur l'application du droit international aux opérations cybernétiques*, Note de recherche n°84, IRSEM, 2019, en ligne :https://www.irsem.fr/data/files/irsem/documents/document/file/3214/NR_IRSEM_n84_2019.pdf.

DESFORGES, A., *La coopération internationale et bilatérale en matière de cybersécurité : enjeux et rivalités*, Laboratoire de l'IRSEM n°16, Paris, 2013.

DRAKE, W. J., V. G. CERF et W. KLEINWACHTER, *Future of the Internet Initiative White Paper - Internet Fragmentation : An Overview*, World Economic Forum - Committed To Improving The State Of The World, 2016, en ligne : http://www3.weforum.org/docs/WEF_FII_Internet_Fragmentation_An_Overview_2016.pdf

GLOBAL COMMISSION ON THE STABILITY OF CYBERSPACE, *Norm Package Singapore*, novembre 2018, en ligne : https://cyberstability.org/wp-content/uploads/2018/11/GCSC-Singapore-Norm-Package-3MB.pdf.

GLOBAL COMMISSION ON THE STABILITY OF CYBERSPACE, *Faire progresser la cyberstabilité - Rapport final*, novembre 2019, en ligne : https://cyberstability.org/wp-content/uploads/2020/08/GCSC-Advancing-Cyberstability_FR.pdf.

IBM SECURITY. *Rapport sur le coût d'une violation de la confidentialité des données*, 2020.

INTERNET GOVERNANCE FORUM, *Arrangements for Internet governance, global, and national/regional,* Hyderabad, India, 5 décembre 2008, en ligne : https://www.elon.edu/u/imagining/wp-content/uploads/sites/964/ 2019/06/IGF-08-Global-National-Regional-arrangements.pdf

INTERNET SOCIETY, « The Internet Way of Networking: Defining the critical properties of the Internet », 2020, en ligne : https://www.internetsociety.org/resources/doc/2020/internet-impact-assessment-toolkit/critical-properties-of-the-internet/.

KASPERSKY. *Appel de Paris pour la Confiance et la Sécurité dans le Cyberespace - La proposition de Kaspersky pour soutenir et concrétiser les initiatives nées de l'Appel de Paris*, novembre 2019, en ligne : https://media.kasperskydaily.com/wp-content/uploads/sites/93/ 2019/11/05143036/5941_GTI-Paris-PF_Call-KL-Contribution_FR_ FINAL.pdf

KRAMER, F. D. et M. J. TEPLINSKY, *Cybersecurity and Tailored Deterrence*, *Atlantic Council* 2013, en ligne : https://www.jstor.org /stable/pdf/resrep03411.pdf?refreqid=excelsior%3Abbc1fd67401909c 260bb94cee01e41ba.

KREKEL, B. *Capability of the People's Republic of China to Conduct Cyber Warfare and Computer Network Exploitation - Prepared for The US-China Economic and Security Review Commission*, Northrop Grumman Corporation, 9 octobre 2009, en ligne : https://nsarchive 2.gwu.edu/NSAEBB/NSAEBB424/docs/Cyber-030 .pdf.

LAURENT, S.-Y., *Les gouvernances mondiales fragmentées*, Rapport de recherche ANR-14-CE28-0024-02, coll. Programme « UTIC France-Europe » - Livrable n8 v.06, Bordeaux, IRM / Université de Bordeaux, 2019.

LEWIS, J. A., *Pour une confiance accrue et une entente internationale sur la cybersécurité,* 4, Forum du désarmement : Faire face aux cyberconflits, Suisse, UNIDIR, 2011, 55-64 en ligne : https://www.unidir.org/files/publications/pdfs/faire-face-aux-cyberconflits-en -473.pdf.

LOBBY FACTS, Companies spending most on lobbying, (10 août 2021), en ligne : https://lobbyfacts.eu/reports/lobby-costs/companies/0/2/2/2 /0/0 / 2021-08-10.

MANDIANT, *APT1 : Exposing One of China's Cyber Espionage Units*, 2013, en ligne : https://www.fireeye.com/content/dam/fireeye-www/services/ pdfs/mandiant-apt1-report.pdf.

MCKAY, A., J. NEUTZE, P. NICHOLAS et K. SULLIVAN. *International Cybersecurity Norms : Reducing conflict in an Internet dependent world*, Microsoft, décembre 2014.

MELZER, N., *Les cyber-opérations et le jus in bello*, 4, Forum du désarmement : Faire face aux cyberconflits, Suisse, UNIDIR, 2011, 33-44 en ligne : https://www.unidir.org/files/publications/pdfs/faire-face-aux-cyberconflits-en-473.pdf.

MICROSOFT. *A Digital Geneva Convention to protect cyberspace - Microsoft Policy Papers*, emn ligne : https://query.prod.cms.rt. microsoft.com/cms/api/am/binary/RW67QH

MITNICK, D. et L. KRAHULCOVA. *A Digital Rights Approach to The Tech Accord and The Digital Geneva Convention*, Access Now, septembre 2018, en ligne : https://www.accessnow.org/cms/ assets/uploads/2018/08/DGC-tech-accord-human-rights.pdf.

NATIONS UNIES, *La Commission du droit international et son œuvre*, Septième édition, Volume 1, New York, 2009, en ligne : https://legal.un.org/avl/ILC/7th_F/Vol_I.pdf.

PANCRACIO, J.-P. et E.-M. PETON. *Cahier n 7 : Un mutant juridique, l'agression internationale ?*, IRSEM, 2011.

PECH, L., *Droit & Gouvernance : vers une « privatisation » du droit*, Document de travail de la Chaire Mondialisation, Citoyenneté et Démocratie (MCD), 2004-02, Montréal, UQAM, 2004, en ligne : https://www.ieim.uqam.ca/IMG/pdf/document-2004-02-pech-2.pdf.

PORTEOUS, H., *Cybersécurité : défis techniques et stratégiques*, Bibliothèque du Parlement du Canada, 2018-05-F, Division des affaires juridiques et sociales, 2018 en ligne : https://lop.parl.ca/staticfiles/ PublicWebsite/Home/ResearchPublications/BackgroundPapers/PDF/2 018-05-f.pdf.

ROBINSON, J., *The Role of Transparency and Confidence-Building Measures in Advancing Space Security*, European Space Policy Institute Report 28, 2010, en ligne : https://espi.or.at/publications/espi-public-reports/category/2-public-espi-reports?start=30.

ROUVILLOIS, F. *L'efficacité des normes : Réflexions sur l'émergence d'un nouvel impératif juridique*, Paris, Fondapol, novembre 2006, en ligne :https://www.fondapol.org/app/uploads/2020/05/Etude_Efficacite_des_normes-1.pdf.

SCHMITT, M. N. et L. VIHUL, « The nature of International Law Cyber Norms », CCD COE (2014), en ligne : https://ccdcoe.org/uploads/2018/10/Tallinn-Paper-No-5-Schmitt-and-Vihul.pdf

SHELDON, J. B., *Parvenir à une compréhension mutuelle : pourquoi le cyberpouvoir importe autant aux pays développés qu'aux pays en développement*, 4, Forum du désarmement : Faire face aux cyberconflits, Suisse, UNIDIR, 2011, 45-54 en ligne : https://www.unidir.org/files/publications/pdfs/faire-face-aux-cyberconflits-en-473.pdf.

STAUFFACHER, D. et ICT FOR PEACE FOUNDATION. *UN GGE and UN OEWG: How to live with two concurrent UN Cybersecurity processes*, mai 2019, en ligne : https://ict4peace.org/wp-content/uploads/2019/11/ICT4Peace-2019-OEWG-UN-GGE-How-to-live-with-two-UN-processes.pdf.

TIKK, E. et M. KERTTUNEN. *The Alleged Demise of the UN GGE: An Autopsy and Eulogy*, Cyber Policy Institute, 17 décembre 2017, en ligne : https://cpi.ee/wp-content/uploads/2017/12/2017-TikkKerttunen-Demise-of-the-UN-GGE-2017-12-17-ET.pdf.

THANH DANG, S. *The Prevention of Cyberterrorism and Cyberwar*, Issue Brief for the GA First Committee: Disarmament and International Security (DISEC), 2011, en ligne : https://www.odu.edu/content/dam/odu/offices/mun/2011/disec/issue-brief-2011-the-prevention-of-cyberterrorism-and-cyberwar.pdf.

TRUDEL, P., *L'encadrement normatif des technologies : une gestion réseautique des risques*, Rapport présenté au 30ème congrès de l'Institut international de droit d'expression et d'inspiration française, Le Caire, 2006.

VASQUEZ LLORENTE, R. *A Digital Geneva Convention ? The role of the private sector in cybersecurity*, LSE Ideas - Strategic Update, mai 2018, en ligne : https://www.lse.ac.uk/ideas/Assets/Documents/updates/LSE-IDEA S-The-Role-of-the-Private-Sector-in-Cybersecurity.pdf

VENTRE, D., *Les évolutions de la cybersécurité : contraintes, facteurs, variables...*, 1506388759, Paris, DGRIS, 2015.

WEEDEN, B., *Incompatibilité entre les priorités offensives et défensives des États pour les cyberactivités*, 4, Forum du désarmement : Faire face aux cyberconflits, Suisse, UNIDIR, 2011, 19-32 en ligne : https://www.unidir.org/files/publications/pdfs/faire-face-aux-cyberconflits-en-473.pdf.

WORLD FEDERATION OF SCIENTISTS, *Toward a Universal Order of Cyberspace: Managing Threats from Cybercrime to Cyberwar*, WSIS-03/GENEVA/CONTR/6-E, Permanent Monitoring Panel on Information Security, 2003.

VII. TABLE DES INSTRUMENTS LÉGAUX :

✓ Traités :

Charte des Nations unies, en ligne : https://www.un.org/fr/about-us/un-charter/full-text

Convention de Budapest sur la cybercriminalité, en ligne : https://rm.coe.int/168008156d

Convention sur la responsabilité internationale pour les dommages causés par les objets spatiaux de 1972, en ligne : https://treaties.un.org/doc/Publication/UNTS/Volume%20961/volume-961-I-13810-French.pdf

Constitution de l'Organisation internationale du travail, en ligne : https://www.ilo.org/dyn/normlex/fr/f?p=1000:62:0::NO::P62_LIST_ENTRIE_ID:2453907

Document de Montreux sur les obligations juridiques pertinentes et les bonnes pratiques pour les États en ce qui concerne les opérations des entreprises militaires et de sécurité privées pendant les conflits armés, CICR, 17 septembre 2008, en ligne : https://www.icrc.org/fr/doc/assets/ files/other/icrc_001_0996.pdf

Protocole additionnel aux Conventions de Genève du 12 août 1949 relatif à la protection des victimes des conflits armés internationaux (Protocole I), en ligne : https://ihl-databases.icrc.org/dih-traites/INTRO/470

Statut de la Cour internationale de justice, en ligne : https://www.icj-cij.org/fr/statut

Statut de Rome de la Cour pénale internationale, en ligne : https://www.icc-cpi.int/NR/rdonlyres/ADD16852-AEE9-4757-ABE79CD C7CF02886/283948/RomeStatuteFra1.pdf

✓ **Documents gouvernementaux :**

CHINESE NATIONAL PEOPLE'S CONGRESS NETWORK, « National Intelligence Law of the People's Republic (Adopted at the 28th meeting of the Standing Committee of the 12th National People's Congress) », 2017, en ligne : https://cs.brown.edu/courses/csci1800/sources/2017_PRC _NationalIntelligenceLaw.pdf.

DEPARTMENT OF DEFENSE - USA, *Law of War Manual*, décembre 2016, en ligne : https://dod.defense.gov/Portals/1/Documents/pubs/DoD%20 Law%20of%20War%20Manual%20-%20June%202015%20Updated %20Dec% 202016.pdf?ver=2016-12-13-172036-190.

DEPARTMENT OF DEFENSE - USA, *Summary - Department of Defense Cyber Strategy*, 2018, en ligne : https://media.defense.gov/2018 /Sep/18/2002041658/-1/-1/1/cyber_strategy_summary_final.pdf.

DEPARTMENT OF HOMELAND SECURITY et FEDERAL BUREAU OF INVESTIGATION, *Joint Statement from the Department Of Homeland Security and Office of the Director of National Intelligence on Election Security*, USA, 2016, en ligne : https://www.dhs.gov/news/2016/10/07/ joint-statement-department-homeland-security-and-office-director-national.

FEDERAL FOREIGN OFFICE OF GERMANY, « German diplomat selected to chair UN group of experts on cybersecurity » (30 août 2016), en ligne : https://www.auswaertiges-amt.de/en/aussenpolitik/themen/ 160830-vorsitz-expertengruppe-/283006.

GRAVES, T. *Discussion Draft - Active Cyber Defense Certainty Act - 2.0*, 2017.

MINISTÈRE DE L'EUROPE ET DES AFFAIRES ÉTRANGÈRES, RÉPUBLIQUE FRANÇAISE. *Appel de Paris pour la confiance et la sécurité dans le cyberespace*, novembre 2018.

MINISTÈRE DES ARMÉES, RÉPUBLIQUE FRANÇAISE. *Droit international appliqué aux cyberopérations*, septembre 2019.

MINISTRY OF FOREIGN AFFAIRS OF THE PEOPLE'S REPUBLIC OF CHINA. *Stratégie de la Coopération internationale dans le Cyberespace*, 1 mars 2017.

NATIONAL CYBER SECURITY STRATEGY. *Canada's Vision for Security and Prosperity in the Digital Age*, 2018.

NEW ZEALAND GOVERNMENT. *New Zealand's Cyber Security Strategy*, juin 2011.

NTIA. *A Proposal to Improve the Technical Management of Internet Names and Addresses*, 20 février 1998.

NTIA *Management of Internet Names and Adresses*, 5 juin 1998.

NTIA, *NTIA Announces Intent to Transition Key Internet Domain Name Functions*, 14 mars 2014.

REPRESENTACIONES DIPLOMATICAS DE CUBA EN EL EXTERIOR, *71 UNGA: Cuba at the final session of Group of Governmental Experts on developments in the field of information and telecommunications in the context of international security*, 2017, en ligne : http://misiones.minrex .gob.cu/en/un/statements/71-unga-cuba-final-session-group-governmental -experts-developments-field-information.

SEAL OF THE PRESIDENT OF THE UNITED STATES, *National Cyber Strategy of the United States of America*, Washington (DC), USA, The White House, 2018, en ligne : https://www.whitehouse.gov/wp-content/ uploads/2018/09/National-Cyber-Strategy.pdf.

THE MINISTRY OF FOREIGN AFFAIRS OF THE RUSSIAN FEDERATION et A. KRUTSKIKH, *Response of the Special Representative of the President of the Russian Federation for International Cooperation on Information Security Andrey Krutskikh to TASS' Question Concerning the State of International Dialogue in This Sphere* [Ответ спецпредставителя Президента Российской Федерации по вопросам международного сотрудничества в области информационной безопасности А.В.Крутских на вопрос информагентства ТАСС о состоянии международного диалога в этой сфере], 2017, en ligne : https://www.mid.ru/en/foreign_policy/news/-/asset_publisher/UdAzv X r89FbD/content/id/2804288.

THE WHITE HOUSE, *The Framework for Global Electronic Commerce*, en ligne : https://clintonwhitehouse4.archives.gov/WH/New/Commerce/.

U.S. AIR FORCE INSTRUCTION 51-402. *Legal Reviews of Weapons and Cyber Capabilities*, 27 juillet 2011, en ligne : https://nsarchive2.gwu.edu/NSAEBB/NSAEBB424/docs/Cyber-053.pdf.

US CYBER COMMAND, *Achieve and Maintain Cyberspace Superiority - Command Vision for US Cyber Command*, 2018, en ligne : https://www.cybercom.mil/Portals/56/Documents/USCYBERCOM%20Vision%20April%202018.pdf?ver=2018-06-14-152556-010.

U. S. DEPARTMENT OF COMMERCE, *Memorandum of understanding between the U.S. Department of commerce and Internet Corporation for Assigned Names and Numbers*, en ligne : https://www.ntia.doc.gov/page/1998/memorandum-understanding-between-us-department-commerce-and-internet-corporation-assigned-

U.S. DEPARTMENT OF STATE, *State Department to incorporate International Code of Conduct into Worldwide Protective Services contracts*, 16 août 2013, en ligne : https://2009-2017.state.gov/r/pa/prs/ps/2013/08/213212.htm.

U.S. DEPARTMENT OF STATE et M. G. MARKOFF, *Explanation of Position at the Conclusion of the 2016-2017 UN Group of Governmental Experts (GGE) on Developments in the Field of Information and Telecommunications in the Context of International Security*, 2017, en ligne : https://www.state.gov/explanation-of-position-at-the-conclusion-of-the-2016-2017-un-group-of-governmental-experts-gge-on-developments-in-the-field-of-information-and-telecommunications-in-the-context-of-international-sec/.

U.S. GOVERNMENT, *Vulnerabilities Equities Policy and Process for the United States Government*, 15 novembre 2017, en ligne : https://trumpwhitehouse.archives.gov/sites/whitehouse.gov/files/images/external%20%20unclassified%20vep%20charter%20final.pdf

✓ **Documents officiels :**

Final Substantive Report, Doc. off. A.G. N.U., OEWG (A/AC.290/2021/CRP.2), en ligne : https://front.un-arm.org/wp-content/uploads/2021/ 03/Final-report-A-AC.290-2021-CRP.2.pdf

Lettre datée du 12 septembre 2011, adressée au Secrétaire général par les Représentants permanents de la Chine, de la Fédération de Russie, de l'Ouzbékistan et du Tadjikistan, Doc. off. A.G. N. U., 66e sess. (A/66/359), en ligne : https://undocs.org/fr/A/66/359

Lettre datée du 9 janvier 2015, adressée au Secrétaire général par les Représentants permanents de la Chine, de la Fédération de Russie, du Kazakhstan, du Kirghizistan, de l'Ouzbékistan et du Tadjikistan auprès de l'Organisation des Nations Unies, Doc. off. A.G. N. U., 69e sess. (A/69/723), en ligne : https://undocs.org/fr/A/69/723

Note du Secrétaire général sur le Groupe d'experts gouvernementaux chargé d'examiner les progrès de la téléinformatique dans le contexte de la sécurité internationale, Doc. off. A.G. N. U., 65e sess. (A/65/201), en ligne : https://undocs.org/fr/A/65/201

Note du Secrétaire général sur le Groupe d'experts gouvernementaux chargé d'examiner les progrès de la téléinformatique dans le contexte de la sécurité internationale, Doc. off. A.G. N. U., 68e sess. (A/68/98), en ligne : https://undocs.org/fr/A/68/98

Note du Secrétaire général sur le Groupe d'experts gouvernementaux chargé d'examiner les progrès de la téléinformatique dans le contexte de la sécurité internationale, Doc. off. A.G. N. U., 70e sess. (A/70/174), en ligne : https://undocs.org/fr/A/70/174

Prévention du crime et justice pénale - Rapport de la Troisième Commission, Doc. off. A.G. N. U., 73e sess. (A/73/590), en ligne : https://undocs.org/fr/A/73/590

Rapport de la Commission du désarmement, Doc. off. A.G. N. U., 15e sess. (A/S-15/3), en ligne : https://undocs.org/fr/A/S-15/3

Rapport du Secrétaire général sur les progrès de la téléinformatique dans le contexte de la sécurité internationale, Doc. off. A.G. N. U., 54e sess. (A/54/213), en ligne : https://undocs.org/fr/A/54/213

Rapport du Secrétaire général sur les progrès de la téléinformatique dans le contexte de la sécurité internationale, Doc. off. A.G. N. U., 57e sess. (A/57/166), en ligne : https://undocs.org/fr/A/57/166

Rapport du Secrétaire général sur les progrès de la téléinformatique dans le contexte de la sécurité internationale, Doc. off. A.G. N. U., 60e sess. (A/60/95), en ligne : https://undocs.org/fr/A/60/95

Rapport du Secrétaire général sur les progrès de la téléinformatique dans le contexte de la sécurité internationale, Doc. off. A.G. N. U., 60e sess. (A/60/95 Add.1), en ligne : https://undocs.org/fr/A/60/95/Add.1

Rapport du Secrétaire général sur les progrès de la téléinformatique dans le contexte de la sécurité internationale, Doc. off. A.G. N. U., 65e sess. (A/65/154), en ligne : https://undocs.org/fr/A/65/154

Rapport du Secrétaire général sur les progrès de la téléinformatique dans le contexte de la sécurité internationale, Doc. off. A.G. N. U., 66e sess. (A/66/152), en ligne : https://undocs.org/fr/A/66/152

Rapport du Secrétaire général sur les progrès de la téléinformatique dans le contexte de la sécurité internationale, Doc. off. A.G. N. U., 66e sess. (A/66/152 Add.1), en ligne : https://undocs.org/fr/A/66/152 /Add.1

Rapport du Secrétaire général sur les progrès de la téléinformatique dans le contexte de la sécurité internationale, Doc. off. A.G. N. U., 67e sess. (A/67/167), en ligne : https://undocs.org/fr/A/67/167

Rapport du Secrétaire général sur les progrès de la téléinformatique dans le contexte de la sécurité internationale, Doc. off. A.G. N. U., 68e sess., (A/68/156), en ligne : https://undocs.org/fr/A/68/156

Rapport du Secrétaire général sur les progrès de la téléinformatique dans le contexte de la sécurité internationale, Doc. off. A.G. N. U., 68e sess., (A/68/156 Add. 1), en ligne : https://undocs.org/fr/A/68/156/ Add.1

Rapport du Secrétaire général sur les progrès de la téléinformatique dans le contexte de la sécurité internationale, Doc. off. A.G. N. U., 69e sess., (A/69/112), en ligne : https://undocs.org/fr/A/69/112

Rapport du Secrétaire général sur les progrès de la téléinformatique dans le contexte de la sécurité internationale, Doc. off. A.G. N. U., 69e sess., (A/69/112 Add. 1), en ligne : https://undocs.org/A/69/112/Add.1

Rapport du Secrétaire général sur les progrès de la téléinformatique dans le contexte de la sécurité internationale, Doc. off. A.G. N. U., 70e sess., (A/70/172), en ligne : https://undocs.org/fr/A/70/172

Rapport du Secrétaire général sur la lutte contre l'utilisation des technologies de l'information et des communications à des fins criminelles, Doc. off. A.G. N. U., 74e sess., (A/74/130), en ligne :

https://www.unodc.org/documents/Cybercrime/SG_report/V1908183_F.pdf

Rapport d'information sur la cyberdéfense déposée par la Commission de la défense nationale et des forces armées, Doc. off., 15e législature, Assemblée nationale, en ligne : http://www.assemblee-nationale.fr/dyn/opendata/RINFANR5L15B1141.html#_Toc256000004

Report of the Special Working Group on the Crime of Aggression, Doc. Off., Assembly of States Parties to the Rome Statute of the International Criminal Court, 2008, en ligne : https://asp.icc-cpi.int/iccdocs/asp_docs/ICC-ASP-6-20-Add.1%20English.pdf

✓ **Rapport de réunions :**

La répartition géographique inéquitable et l'absence de parité entre les sexes, identifiées comme les zones d'ombre de la gestion des ressources humaines à l'ONU, Rapport de réunion, A.G. N. U., 72e sess. (AG/AB/4249), en ligne : https://www.un.org/press/fr/2017/agab4249.doc.htm

« Le cyberespace, « nouvelle frontière de la sécurité stratégique », au cœur des préoccupations de la Première commission, Rapport de réunion, A.G. N. U., 72e sess. (AG/DSI/3586), en ligne : https://www.un.org/press/fr/ 2017 /agdsi3586.doc.htm.

✓ **Résolutions :**

Adoptée par le Conseil de sécurité sur la menace à la paix et à la sécurité internationales résultant d'actes terroristes, Doc. off. C.S. N.U., S/RES/1368 (2001), en ligne : https://undocs.org/fr/S/RES/1368(2001).

Adoptée par le Conseil de sécurité sur la menace à la paix et à la sécurité internationales résultant d'actes terroristes, Doc. off. A.G. N. U., A/RES/174(II) (2001), en ligne : https://undocs.org/fr/S/RES/1373(2001).

Création d'une Commission du droit international, Doc. off. A.G. N.U., 123e séance plénière, Doc. NU, A/RES/58/199 (21 novembre 1947), en ligne : https://undocs.org/en/A/RES/174(II)

Création d'une culture mondiale de la cybersécurité et protection des infrastructures essentielles de l'information, Doc. off. A.G. N. U., 58e sess. Doc. NU, A/RES/58/199 (30 janvier 2004), en ligne : https://undocs.org/fr/A/RES/58/199.

Définition de l'agression, Doc. off. A.G. N.U., 2319e séance plénière, Doc. NU, A/RES/3314 (314 décembre 1974), en ligne : https://undocs.org/pdf?symbol=fr/A/RES/3314(XXIX)

Jamahiriya arabe libyenne, Doc. off. C.S. N.U., S/RES/748 (1992), en ligne : https://undocs.org/fr/S/RES/748(1992).

La situation au Liberia, Doc. off. C.S. N.U., S/RES/1497 (2003), en ligne : https://undocs.org/fr/S/RES/1497%20(2003).

La situation entre l'Iraq et le Koweït, Doc. off. C.S. N.U., S/RES/1511 (2003), en ligne : https://undocs.org/fr/S/RES/1511%20(2003).

La situation entre l'Iraq et le Koweït, Doc. off. C.S. N.U., S/RES/1637 (2005), en ligne : https://undocs.org/fr/S/RES/1637%20(2005).

La situation entre l'Iraq et le Koweït, Doc. off. C.S. N.U., S/RES/1723 (2006), en ligne : https://undocs.org/fr/S/RES/1723%20(2006).

Les progrès des téléinformatiques dans le contexte de la sécurité internationale, Doc. off. A.G. N. U., 53e sess. Doc NU, A/RES/53/70 (4 janvier 1999), en ligne : https://undocs.org/fr/a/res/53/70.

Les progrès des téléinformatiques dans le contexte de la sécurité internationale, Doc. off. A.G. N. U., 56e sess. Doc. NU, A/RES/56/83 (28 janvier 2002), en ligne : https://undocs.org/fr/A/RES/56/83.

Les progrès des téléinformatiques dans le contexte de la sécurité internationale, Doc. off. A.G. N. U., 63e sess. Doc. NU, A/RES/63/37 (2 décembre 2008), en ligne : https://undocs.org/fr/A/RES/63/37.

Les progrès des téléinformatiques dans le contexte de la sécurité internationale, Doc. off. A.G. N. U., 66e sess. Doc. NU, A/RES/66/24 (2 décembre 2011), en ligne : https://undocs.org/fr/A/RES/66/24.

Les progrès des téléinformatiques dans le contexte de la sécurité internationale, Doc. off. A.G. N. U., 68e sess. Doc. NU, A/RES/68/243 (9 janvier 2014), en ligne : https://undocs.org/fr/A/RES/68/243

Les progrès des téléinformatiques dans le contexte de la sécurité internationale, Doc. off. A.G. N. U., 73e sess. Doc. NU, A/RES/73/27 (11 décembre 2018), en ligne : https://undocs.org/fr/A/RES/73/27

L'état de droit aux niveaux national et international, Doc. off. A.G. N.U., 302e séance plénière. Doc. NU, A/RES/74/191 (30 décembre 2019), en ligne : https://undocs.org/fr/A/RES/74/191.

L'Union pour la paix, Doc. off. A.G. N. U., 74e sess. Doc. NU, A/RES/377 (V) (3 novembre 1950), en ligne : https://undocs.org /fr/A/RES/377(V)

Opérations de maintien de la paix des Nations Unies, Doc. off. C.S. N.U., S/RES/1422 (2002), en ligne : https://undocs.org/fr/S/RES/ 1422(2002).

Opérations de maintien de la paix des Nations Unies, Doc. off. C.S. N.U., S/RES/1487 (2003), en ligne : https://undocs.org/fr/S/RES/ 1487%20 (2003).

Paix et sécurité en Afrique, Doc. off. C.S. N.U., S/RES/1970 (2011), en ligne : https://undocs.org/fr/S/RES/1970(2011).

Rapports du Secrétaire général sur le Soudan, Doc. off. C.S. N.U., S/RES/1593 (2005), en ligne : https://undocs.org/fr/S/RES/1593%20 (2005).

Résolution adoptée par l'Assemblée générale le 17 décembre 2018 - Lutte contre l'utilisation des technologies de l'information et des communications à des fins criminelles, Doc. off. A.G. N. U., 73e sess. Doc. NU, A/RES/73/187 (14 janvier 2019), en ligne : http://undocs.org/ fr/A/RES/73/187.

Résolution adoptée par l'Assemblée générale - Responsabilité de l,État pour fait internationalement illicite, Doc. off. A.G. N. U., 56e sess. Doc. NU, A/RES/56/83, en ligne : https://undocs.org/fr/A/RES/56/83

✓ **Législation, règlements et directives :**

Directive (UE) 2019/790 du Parlement européen et du Conseil du 17 avril 2019 sur le droit d'auteur et les droits voisins dans le marché unique numérique et modifiant les directives 96/9/CE et 2001/29/CE, (UE) 2019/790, Bruxelles, 2019, en ligne : https://eur-lex.europa.eu/legalcontent/FR/TXT/PDF/?uri=CELEX:32019L0790& from=FR

Loi concernant le cadre juridique des technologies de l'information, LRQ, c-1-1.

Règlement relatif à la protection des personnes physiques à l'égard du traitement des données à caractère personnel et à la libre circulation de ces données, et abrogeant la directive 95/46/CE (règlement général sur la protection des données), Parlement européen et Conseil de l'Union européenne (UE) 2016/679 (27 avril 2016), en ligne : https://eur-lex.europa.eu/legalcontent/FR/TXT/HTML/?uri=CELEX: 32016R0679# d1e3068-1-1.

✓ **Jurisprudence :**

Activités armées sur le territoire du Congo (République démocratique du Congo c. Ouganda), CIJ, Recueil 2005, p. 168, en ligne : https://www.icj-cij.org/public/files/case-related/116/116-20051219-JUD-01-00-FR.pdf.

Activités militaires et paramilitaires au Nicaragua et contre celui-ci (Nicaragua c. Etats-Unis d'Amérique), CIJ, Recueil 1986, p. 14, en ligne : https://www.icj-cij.org/public/files/case-related/70/070-19860 627-JUD-01-00-FR.pdf.

Affaire du Sud-Ouest africain (Ethiopie c. Afrique du Sud), CIJ, Recueil 1962, p.319, en ligne : https://www.icj-cij.org/public/files/case-related /46/046-19621221-JUD-01-00-FR.pdf.

Affaire des essais nucléaires (Australie c. France), CIJ, Recueil 1974, p.253, en ligne : https://icj-cij.org/public/files/case-related/58/058-19741220-JUD-01-00-FR.pdf.

Affaire du plateau continental de la mer Égée (Grèce c. Turquie), CIJ, Recueil 1978, p. 3, en ligne : https://www.icj-cij.org/public/files/case-related/62/062-19781219-JUD-01-00-FR.pdf.

Affaire relative au personnel diplomatique et consulaire des États-Unis à Téhéran (États-Unis c. Iran), CIJ, Recueil 1980, p. 3, en ligne : https://www.icj-cij.org/public/files/case-related/64/064-19800524-JUD-01-00-FR.pdf.

Avis relatif aux Conséquences juridiques pour les États de la présence continue de l'Afrique du Sud en Namibie nonobstant la résolution 276 (1970) du Conseil de sécurité, CIJ, Recueil 1971, p. 251, en ligne : https://legal.un.org/unjuridicalyearbook/pdfs/french/by_volume/1971/ chpVII.pdf.

Arrêt de la Cour (grande chambre) du 24 septembre 2019, « Renvoi préjudiciel – Données à caractère personnel – Protection des personnes physiques à l'égard du traitement de ces données – Directive 95/46/CE – Règlement (UE) 2016/679 – Moteurs de recherche sur Internet – Traitement des données figurant sur des pages web – Portée territoriale du droit au déréférencement », ECLI:EU:C:2019:772, en ligne : https://curia.europa.eu/juris/document/document.jsf;?docid=218105.

Crim. 15 octobre 2019, 18-85.365, en ligne : https://www.legifrance.gouv.fr/juri/id/JURITEXT000039285274

Gagné c. Fortin, 2018, QCCQ 4470 (CanLII), en ligne : https://www.canlii.org/fr/qc/qccq/doc/2018/2018qccq4470/2018qccq4470.html.

Incident aérien du 10 aout 1999 (Pakistan c. Inde), CIJ, Recueil 2000, p.12, en ligne : https://www.icj-cij.org/public/files/case-related/119/119-20000621 -JUD-01-00-FR.pdf.

Licéité de la menace ou de l'emploi d'armes nucléaire, CIJ, Recueil 1996, p. 226, en ligne : https://www.icj-cij.org/public/files/case-related/95/095-19960708-ADV-01-00-FR.pdf.

Procureur c. Boškoski et Tarčulovski, Affaire n°IT–04–82-T, arrêt du 10 juillet 2008 (TPIY).

R c. Huot, 2018, QCCQ 4650 (CanLII), en ligne : https://www.canlii.org/fr/qc/qccq/doc/2018/2018qccq4650/2018qccq4650.html

✓ **Autres :**

CONSEIL DE L'EUROPE, *Rapport explicatif de la convention sur la cybercriminalité (23.XI.2001)*, 185, Budapest, Conseil de l'Europe, en ligne : https://rm.coe.int/16800ccea4.

CONSEIL DE L'UE, *Conclusions du Conseil sur la cyberdiplomatie,* (2015) 6122/15, en ligne : https://data.consilium.europa.eu/doc/document/ST-6122-2015-INIT/fr/pdf

PARLEMENT EUROPÉEN, CONSEIL DE L'EUROPE ET COMMISSION EUROPÉENNE, *Accord interinstitutionnel « Mieux légiférer »,* (2003) J.O. C321/01.

SOMMET MONDIAL DE LA SOCIÉTÉ DE L'INFORMATION, « Déclaration de principes, Construire la société de l'information : un défi mondial pour le nouveau millénaire », *Document WSIS-03/GENEVA/DOC/4-F*, 2004.

SOMMET MONDIAL SUR LA SOCIÉTÉ DE L'INFORMATION, *Agenda de Tunis pour la société de l'information*, Doc. WSIS-05/TUNIS/DOC/6 (Rév.1) -F, Tunis, 2005, en ligne : https://www.itu.int/net/wsis/ docs2/tunis/ off/6rev1.html.

UNION INTERPARLEMENTAIRE, *La cyberguerre, une grave menace pour la paix et la sécurité mondiale*, (2015) C-I/132/M, en ligne : http://archive.ipu.org/conf-f/132/1Cmt-memo.pdf

UNION INTERPARLEMENTAIRE, *Réunion parallèle sur le thème « faire disparaître les risques de guerre nucléaire que pourraient engendrer un accident, une cyber-attaque ou l'escalade d'un conflit*, (2015), en ligne : http://archive.ipu.org/conf-f/132/nuclear.pdf

VIII. COMMUNIQUÉ DE PRESSE :

LEMAIRE, A. *Réaction d'Axelle Lemaire à la conclusion de la 55ème réunion de l'ICANN - Communiqué de presse*, 24 mars 2016.

IX. DISCOURS ET DÉCLARATIONS OFFICIELLES :

CHIRAC J., *Déclaration de M. Jacques Chirac, Président de la République, sur la lutte contre la cybercriminalité organisée par les États en partenariat avec les entreprises et les associations - Conférence de Paris du G8 sur "le dialogue entre les pouvoirs publics et le secteur privé sur la sécurité et la confiance dans le cyberespace"*, 16 mai 2000, en ligne : https://www.vie-publique.fr/discours/170818-declaration-de-m-jacques-chirac-president-de-la-republique-sur-la-lut.

KELLENBERGER, J., *Le droit international humanitaire et les nouvelles technologies de l'armement*, CICR, 8 septembre 2011, en ligne : https://www.icrc.org/fr/doc/resources/documents/statement/new-weapon-technologies-statement-2011-09-08.htm.

LE DRIAN, J.-Y., *Le rôle et la responsabilité des acteurs privés dans le renforcement de la stabilité et de la sécurité internationale du cyberespace*, Assemblée générale des Nations Unies, 18 septembre

2017, en ligne : https://onu.delegfrance.org/Proliferation-des-menaces-dans-le-cyberspace.

ICANN, *Déclaration de Montevideo sur l'avenir de la coopération pour l'Internet*, (7 octobre 2013), en ligne : https://www.icann.org/fr/announcements/details/montevideo-statement-on-the-future-of-internet-cooperation-7-10-2013-fr.

MACRON, E., *Discours d'Emmanuelle Macron pour l'ouverture du Forum sur la gouvernance d'Internet à l'UNESCO*, Paris, 12 novembre 2018, en ligne : https://www.dailymotion.com/video/x6x2iha

SANDOZ, Y., *Position du CICR sur le droit des conflits armés aujourd'hui, Conférence de Malte sur le droit des conflits armés dans un nouvel environnement stratégique*, Malte, CICR, 17 octobre 1996, en ligne : https://www.icrc.org/fr/doc/resources/documents/misc/5fzezc.htm.

X. CHARTES :

Charte d'engagement pour le développement de l'offre légale de musique en ligne, le respect de la propriété intellectuelle et la lutte contre la piraterie numérique, 2004, en ligne : https://www.irma.asso.fr/IMG/pdf/ charte.pdf

Charte des acteurs du e-commerce, 2019, en ligne : https://www.fevad.com/wp-content/uploads/2019/04/Charte-des-acteurs-du-e-commerce-sign%C3%A9e.pdf

Charte des sites Internet comparateurs, 2009, en ligne : https://www.argusdelassurance.com/mediatheque/0/6/8/000013860.pdf

XI. DICTIONNAIRES ET LEXIQUES

LAROUSSE, en ligne : https://www.larousse.fr/dictionnaires/francais

WIKIPÉDIA, en ligne : https://fr.wikipedia.org/wiki/Wikip%C3%A9dia:Accueil_principal

GLOSSAIRE DE L'ANSSI, en ligne : https://www.ssi.gouv.fr/entreprise/glossaire/

DICTIONNAIRE LINTERN@AUTE, en ligne : https://www.linternaute.fr/dictionnaire/fr/

NCSC GLOSSARY, en ligne : https://www.ncsc.gov.uk/information/ncsc-glossary

XII. AUTRES SOURCES :

✓ BD et Mangas :

JODOROWSKY, A., Z. JANJETOV et F. BELTRAN, *Les Technopères*, Paris, Éditions Les Humanoïdes associés, n°8, 1998.

MASAMUNE, S., *Manmachine Interface – Ghost in the Shell*, Kodansha Comic, Tome 1, 2001.

✓ Blogues :

BARON, K., « DOD official : Cyberdefense is not a military mission », *Star and Stripes.com* (15 février 2011), en ligne : https://www.stripes.com/blogs/stripes-central/stripes-central-1.8040/dod-official-cyberdefense-is-not-a-military-mission-1.134923.

BENYEKHLEF, K., « Une introduction au droit global », *Droit, technologies et relations internationales* (8 janvier 2017), en ligne : https://www.karimbenyekhlef.ca/blogue/2017/01/08/une-introduction-au-droit-global/.

EQUIPE NETEXPLORER, « Comment est l'usage d'Internet dans les autres pays ? » (2 juin 2020), en ligne : https://www.netexplorer.fr/blog/quel-usage-internet-autres-pays.

CYBER GEOPOLITIK, « JAPON : la cyberdéfense va devenir un élément majeur des Self-Defense Forces », *Géopolitique et enjeux stratégiques du cyberespace,* (11 septembre 2012), en ligne : http://cybergeopolitik.blogspot.fr/2012/09/japon-la-cyberdefense-va-devenir-un.html (ce blogue a été supprimé).

GRIGSBY, A., « The Year in Review: The Death of the UN GGE Process? », *Council on Foreign Relations* (21 décembre 2017), en ligne : https://www.cfr.org/blog/year-review-death-un-gge-process.

KASPERSKY, « Kaspersky Lab présente sa « Global Transparency Initiative » », *Kaspersky daily* (23 octobre 2017), en ligne : https://www.kaspersky.fr/blog/transparency-initiative/9657/.

KASPERSKY, « Renforcer la confiance dans le cyberespace grâce à l'Appel de Paris », *Kaspersky daily* (15 juillet 2019), en ligne : https://www.kaspersky.fr/blog/paris-call/11943/.

LUSSAN, P.-L., « Les 10 types de cyberattaques les plus courants », *Netwrix Blog* (4 juillet 2018), en ligne : https://blog.netwrix.fr /2018/07/04/les-10-types-de-cyberattaques-les-plus-courants/.

MERCHET, J.-D., « Exclusif : Français, Américains, Russes et Chinois discutent à Paris d'un accord sur la cyberguerre offensive », *L'Opinion.fr* (29 novembre 2018), en ligne : https://www.lopinion.fr /blog/secret-defense/exclusif-francais-americains-russes-chinois-discutent-a-paris-d-accord-170264.

PEREKALIN, A., « Étude de Spectre : vulnérabilités hardware des processeurs en 2019 », *kaspersky.fr* (11 janvier 2019), en ligne : https://www.kaspersky.fr/blog/35c3-spectre-meltdown-2019/11315/.

SMITH, B. « The need for a digital Geneva Convention », *blogs-microsoft.com* (14 février 2017), en ligne : https://blogs.microsoft.com /on-the-issues/2017/02/14/need-digital-geneva-convention/

SUKUMAR, A. M., « The UN GGE Failed. Is International Law in Cyberspace Doomed As Well? », Lawfare, sect. Cybersecurity (4 juillet 2017), en ligne : https://www.lawfareblog.com/un-gge-failed-international -law-cyberspace-doomed-well.

TOWNSEND, K., « La liberté sur Internet, entre balkanisation et mondialisation » (20 février 2020), en ligne : https://blog.avast.com /fr/is-the-internet-becoming-less-open-avast.

✓ **Carte des cyberattaques en temps réel :**

KASPERSKY, « Menace informatique - Carte en temps réel », en ligne : https://cybermap.kaspersky.com/fr.

✓ **Articles de presse et de magazines en ligne :**

AFP, « Cambridge Analytica a partagé des données avec la Russie, affirme un lanceur d'alerte », *Radio-Canada.ca* (16 mai 2018), en ligne : https://ici.radio-canada.ca/nouvelle/1101489/cambridge-analytica-partage -donnees-russie-christopher-wylie.

AFP, « L'armée française en appelle à la science-fiction pour anticiper les menaces du futur », *leMonde.fr* (18 juillet 2019), en ligne : https://www.lemonde.fr/big-browser/article/2019/07/18/l-armee-francaise-en-appelle-a-la-science-fiction-pour-anticiper-les-menaces-du-futur_549 0856_4832693.html.

AFP, « Internet : l'ONU ouvrira en 2020 des négociations sur un traité international », *LaPresse.ca* (27 décembre 2019), en ligne : https://www.lapresse.ca/affaires/techno/2019-12-27/internet-l-onu-ouvrira-en-2020-des-negociations-sur-un-traite-international.

AFP, « Des officiers chinois inculpés pour le vol de données d'Equifax », *lesaffaires.com* (10 février 2020), en ligne : https://www.lesaffaires.com/techno/internet/des-officiers-chinois-inculpes-pour-le-vol-de-donnees-d-equifax/615762.

AFP, « Les États-Unis prêt à envisager une riposte militaire en cas de cyberattaques » *LaPresse.ca,* (1 juin 2011), en ligne : https://www .lapresse.ca/techno/internet/201106/01/01-4404923-les-etats-unis-prets-a-envisager-une-riposte-militaire-en-cas-de-cyberattaque.php.

ADAM, L., « Cyberattaques - La Chine et la Russie signent un pacte de non-agression », *Zdnet.fr* (12 mai 2015), en ligne : https://www.zdnet.fr /actualites/cyberattaques-la-chine-et-la-russie-signent-un-pacte-de-non-agression-39819248.htm.

AGET, A., « Il faut empêcher la balkanisation de l'Internet », up-magazine.info, (18 avril 2018), en ligne : https://up-magazine.info/decryptages/analyses/7721-il-faut-empecher-la-balkanisation-de-l-internet.

AUDUREAU, W., « L'ambassadeur numérique de la France, un poste atypique, méconnu et stratégique », *LeMonde.fr* (23 novembre 2018), en ligne : https://www.lemonde.fr/pixels/article/2018/11/23/les-epineuses-missions-de-l-ambassadeur-francais-du-numerique_53876 46 _4408996.html.

BARTHÉLEMY, J., « Cyberespace : les entreprises dénoncent l'irresponsabilité des États », *HuffingtonPost.ca* (14 octobre 2018), en ligne : https://quebec.huffingtonpost.ca/2018/10/14/cyberespace-entreprises-denoncent-irresponsabilite-etats_a_23560538/.

BENSON, M., « A Space in Time », *The Atlantic Monthly* (juillet 2002), en ligne : http://www.theatlantic.com/magazine/archive/2002/07/a-space-in-time/2530.

BERGOUNHOUX, J., « Après le RGPD, la Commission européenne préparerait une réglementation sur l'intelligence artificielle », *L'Usine digitale* (23 août 2019), en ligne : https://www.usine-digitale.fr/article /apres-le-rgpd-la-commission-europeenne-preparerait-une-reglementation -sur-l-intelligence-artificielle.N876565.

BERTAUX, M., « Comment les Européens se sont fait virer des sites américains », *L'ADN*, sect. Médias mutants (28 mai 2018), en ligne : https://www.ladn.eu/media-mutants/comment-les-europeens-se-sont-fait-virer-des-sites-americains/.

BING, C., « U.S. accuses China of violating bilateral anti-hacking deal », *Reuters.com* (8 novembre 2018), en ligne : https://www.reuters.com/article/us-usa-china-cyber/u-s-accuses-china-of-violating-bilateral-anti-hacking-deal-idUSKCN1NE02E.

BURNAND, F., « Les GAFAM veulent nous dépouiller de notre savoir-faire », *Swissinfo.ch* (10 novembre 2019), en ligne : https://www.swissinfo.ch/fre/asservissement-4.0_-les-gafam-veulent-nous-d%C3%A9pouiller-de-notre-savoir-faire-/45350828.

CASTRO, V., « WannaCry, un an après : aux origines d'une des plus grandes cyberattaques de tous les temps », Cyberguerre, *Numerama.com* (2 décembre 2018), en ligne : https://cyberguerre .numerama.com/170-wannacry-un-an-apres-aux-origines-dune-des-plus-grandes-cyberattaques-de-tous-les-temps.html.

CIMPANU, C., « L'Internet chinois est en réalité un intranet dit Oracle », *ZDnet.fr* (24 juillet 2019), en ligne : https://www.zdnet.fr/actualites/l-internet-chinois-est-en-realite-un-intranet-dit-oracle-39888245.htm.

CLARK, L., « Tim Berners-Lee : we need to re-decentralise the web », *Wired.co* (6 février 2014), en ligne : http://www.wired.co.uk/news/archive/2014-02/06/tim-berners-lee-reclaim-the-web.

COX, J., « Email Provider ProtonMail Says It Hacked Back, Then Walks Claim Back », *Vice.com* (16 août 2017), en ligne : https://motherboard.vice.com/en_us/article/qvvke7/email-provider-protonmail-says-it-hacked-back-then-walks-claim-back.

CRESPEL, T., « L'or noir du numérique, le big data nous livre ses secrets », *journaldunet.com* (22 février 2017), en ligne : https://www.journaldunet.com/solutions/expert/67484/l-or-noir-du-numerique--le-big-data-nous-livre-ses-secrets.shtml.

DE FOURNAS, M., « Manifestations en Irak : En coupant Internet, le gouvernement ne fait qu'amplifier la contestation », *20minutes.fr* (28 octobre 2019), en ligne : https://www.20minutes.fr/high-tech/2637271-20191026-manifestations-irak-coupant-internet-gouvernement-fait-amplifier-contestation.

DE FOURNAS, M., « Coupure Internet en Inde : l'arme privilégié du gouvernement pour étouffer les manifestations marchera-t-elle ? », 20minutes.fr (27 décembre 2019), en ligne : https://www.20minutes.fr/high-tech/2680727-20191222-coupures-internet-inde-arme-privilegiee-gouvernement-etouffer-manifestations-marchera.

DEHESDIN, C., « « Opération Octobre rouge » : des cyberespions ont attaqué la France, la Russie, et 67 autres pays », *Slate.fr* (15 janvier 2013), en ligne : http://www.slate.fr/lien/67197/operation-octobre-rouge-cyber-crimes-virus.

DESAUNAY, D., « Les GAFAM créent leur propre « ONU » pour lutter contre le cyberterrorisme », *rfi.fr* (25 septembre 2019), en ligne : http://www.rfi.fr/fr/ameriques/20190925-gafam-onu-lutter-cyberterrorisme-internet-reseaux-sociaux.

DESAUNAY,, « ONU : le Conseil de sécurité divisé sur la cybersécurité », rfi.fr (30 juin 2021), en ligne : https://www .rfi.fr/fr/technologies/20210630-onu-le-conseil-de-s%C3%A9curit% C3%A9-divis%C3%A9-sur-lacybers%C3%A9curit%C3% A9.

DETROY, F., « Pourquoi les Gafam soutiennent-ils le RGPD made in USA ? », *Décideurs Magazine* (29 novembre 2018), en ligne : https://www.magazine-decideurs.com/news/pourquoi-les-gafa-soutiennent-ils-le-rgpd-made-in-usa.

DOUCET, B., « Cyber-sécurité. Cet autre dérèglement planétaire qui menace… », *Régional-IT* (5 décembre 2018), en ligne : https://www.regional-it.be/detached/cyber-securite-cet-autre-dereglement-planetaire-qui-menace/.

DUHAMEL, S., « Facebook : L'action s'effondre, la fortune de Zuckerberg chut », *BFM Bourse* (26 juillet 2018), en ligne :

https://www.tradingsat.com/facebook-US30303M1027/actualites/facebook-facebook-l-action-s-effondre-la-fortune-de-zuckerberg-chute-817397.html.

DUMOULIN, S., « RGPD : la Cnil inflige une amende historique à Google », *Lesechos.fr* (21 janvier 2019), en ligne : https://www.lesechos.fr/tech-medias/hightech/rgpd-google-condamne-a-50-millions-deuros-damende-par-la-cnil-802776.

DUNN, J. E., « La sécurité absolue n'existe pas, retour sur 7 backdoors », *Le monde informatique* (2 février 2016), en ligne : https://www.lemondeinformatique.fr/actualites/lire-la-securite-absolue-n-existe-pas-retour-sur-7-backdoors-63787.html.

DURAND, C., « Attribution des cyberattaques : le jeu toujours plus compliqué de la dissuasion », *Numerama* - Cyberguerre (23 novembre 2018), en ligne : https://cyberguerre.numerama.com/64-attribution-des-cyberattaques-le-jeu-toujours-plus-complique-de-la-dissuasion.html.

FAUCONNIER, F., « 5 pays et 5 entreprises désignés comme "ennemis d'Internet" par RSF », *Journal du net* (12 mars 2013), en ligne : https://www.journaldunet.com/ebusiness/le-net/1108818-5-pays-et-5-entreprises-designes-comme-ennemis-d-internet-par-rsf/.

FERRAN, B., « Les dangers d'une « balkanisation du Web » », sect. Tech et Web, *Le Figaro* (14 avril 2019), en ligne : https://www.lefigaro.fr/secteur/high-tech/les-dangers-d-une-balkanisation-du-web-20190414.

FONTEMAGGI, F., « Premières sanctions de Washington contre la Cour pénale internationale », *Lapresse.ca* (15 mars 2019), en ligne : https://www.lapresse.ca/international/etats-unis/201903/15/01-5218370-premieres-sanctions-de-washington-contre-la-cour-penale-internationale.php.

FRANCE24, « L'Australie victime d'une vaste cyberattaque, la Chine soupçonnée », *france24.com* (19 juin 2020), en ligne : https://www.france24.com/fr/20200619-l-australie-victime-d-une-vaste-cyberattaque-la-chine-soup%C3%A7onn%C3%A9e.

FUNG, B., « What House lawmakers still don't get about control of the Internet », *Washingtonpost.com* (3 avril 2014), en ligne : https://www.washingtonpost.com/news/the-switch/wp/2014/04/03/what-house-lawmakers-still-dont-get-about-control-of-the-internet/.

GATHIÉ, N., « Enquête : la Cour pénale internationale, une juridiction discréditée », *Leparisien.fr* (22 août 2018), en ligne : http://www.leparisien.fr/international/enquete-la-cour-penale-internationale-une-juridiction-discreditee-13-08-2018-7851981.php..

L'OBS, *Les États-Unis ont lancé des cyberattaques contre l'Iran*, Nouvelobs.com (23 juin 2019), en ligne : https://www.nouvelobs.com /monde/20190623.OBS14792/les-etats-unis-ont-lance-des-cyberattaques-contre-l-iran.html.

GOETZ, E., « Cyberattaque : un risque à 1 000 milliards de dollars pour les Etats-Unis », *lesechos.fr* (8 juillet 2015), en ligne : https://www.lesechos.fr/2015/07/cyberattaque-un-risque-a-1000-milliards-de-dollars-pour-les-etats-unis-267754.

GUIBERT, N., « Le cyberespace, une arme militaire et économique », *Le Monde.fr* (17 décembre 2011), en ligne : https://www.lemonde.fr /technologies/article/2011/12/17/le-cyberespionnage-une-arme-militaire-et-economique_1619432_651865.html.

GUITON, A., « Internet : Macron se pose en champion de la corégulation », *Libération.fr* (13 novembre 2018), en ligne : https://www.liberation.fr/planete/2018/11/13/internet-macron-se-pose-en-champion-de -la-coregulation_1691697/.

HUVELIN, G., « En réponse à une cyberattaque du Hamas, Israël aurait riposté par un bombardement ciblé », Cyberguerre, *Numerana.com,* (6 mai 2019), en ligne : https://cyberguerre.numerama.com/1307-en-reponse-a-une-cyberattaque-du-hamas-israel-aurait-riposte-par-un-bombardement-cible.html.

IAZ, C., « La course à la Convention de Genève numérique se poursuit », *Le temps.ch* (7 octobre 2019), en ligne : https://www.letemps.ch/economie/course-convention-geneve-numerique-se-poursuit.

IMBERT-VIER, F., « Pourquoi les GAFAM Font-Ils Si Peur ? », *Forbes.fr* (5 août 2020), en ligne : https://www.forbes.fr/finance/pourquoi-les-gafam % E2%80%89font-si-peur/.

INFOS-ISRAEL, « Netanyahu demande des sanctions internationales contre la Cour pénale internationale », *infos-israel.news* (21 janvier

2020), en ligne : https://infos-israel.news/netanyahu-demande-des-sanctions-internationales-contre-la-cour-penale-internationale/.

KASPERSKY, E., « Cyber sécurité : les États vont devoir choisir entre balkanisation ou coopération », *Silicon.fr* (3 octobre 2018), en ligne : https://www.silicon.fr/avis-expert/cyber-securite-les-etats-vont-devoir-choisir-entre-balkanisation-ou-cooperation.

KHAOUJA, A., « Nécessité de réforme de l'ONU à l'ère du numérique », *Ite.ma* (30 août 2019), en ligne : https://lte.ma/necessite-de-la-reforme-de-lonu-a-lere-du-numerique.

KIMBUINI, M., « Gafam : les géants de la Tech snobent-ils les pays d'Afrique francophone ? », *BBC* (20 mai 2021), en ligne : https://www.bbc.com/afrique/region-57029233.

KOLLER, R., « L'intelligence artificielle aura aussi droit à sa règlementation européenne », *ICT Journal* (2 mars 2020), en ligne : https://www.ictjournal.ch/news/2020-03-02/lintelligence-artificielle-aura-aussi-droit-a-sa-reglementation-europeenne.

LAURENT, A., « ILoveYou, un amour de virus aux dégâts planétaires », Cyberguerre, *Numerama.com* (30 novembre 2018), en ligne : https://cyberguerre.numerama.com/163-i-love-you-un-amour-de-virus-aux-degats-planetaires.html.

LAUSSON, J., « La Chine et les USA favorables à un code de bonne conduite sur Internet », *Numerama.com* (22 juin 2015), en ligne : https://www.numerama.com/magazine/33518-chine-usa-code-bonne-conduite.html

LAUSSON, J., « Appel de Paris sur la cybersécurité : Google, Facebook et Microsoft ont signé, mais pas la Russie, les USA ou la Chine », *Numerama.com* 2018, en ligne : https://www.numerama.com/politique /438762-__trashed-4.html.

LAUSSON, J., « Le Royaume-Uni dit avoir mené une « cyberattaque majeure » contre Daech - Politique », *Numerama.com* (13 avril 2018), en ligne : https://www.numerama.com/politique/345062-royaume-uni-dit-mene-cyberattaque-majeure-contre-daech.html.

LAYSTARY, É., « On sait ce qu'est la cyberguerre, mais comment construire la cyberpaix ? », *France24.com* (10 avril 2017), en ligne : https://www.france24.com/fr/20170410-on-sait-quest-cyberguerre-mais-comment-construire-cyberpaix.

LE FIGARO, « Cyberdéfense : une convention avec 8 entreprises pour renforcer leur sécurité », 2019, en ligne : https://www.lefigaro.fr/flash-eco/cyberdefense-une-convention-avec-8-entreprises-pour-renforcer-leur-securite-20191113.

LE MONDE, « L'OTAN s'alarme des cyberattaques dont est victime l'Estonie », *Lemonde.fr* (18 mai 2007), en ligne : https://www.lemonde.fr/technologies/article/2007/05/18/l-otan-s-alarme-des-cyberattaques-dont-est-victime-l-estonie_912135_651865.html.

LE PARISIEN, « La chaîne TV5 Monde piratée par des militants se réclamant de Daech », *Leparisien.fr* (8 avril 2015), en ligne : https://www.leparisien.fr/faits-divers/television-le-site-de-tv5-monde-pirate-par-des-militants-islamistes-08-04-2015-4676083.php.

LECLÈRE, E., « Cybercriminalité : avec le confinement, les attaques ont augmenté de 30 000 % », *France Inter* (5 mai 2020), en ligne : https://www.franceinter.fr/justice/cybercriminalite-avec-le-confinement-les-attaques-ont-augmente-de-30-000.

LEROY, A., « La France se dote d'une nouvelle doctrine militaire », *Europe1.fr* (18 janvier 2019), en ligne : https://www.europe1.fr/societe/cyberdefense-la-france-se-dote-dune-nouvelle-doctrine-militaire-3840689.

LEVER, R., « Débat sur la responsabilité des plateformes en ligne », *Le soleil numérique* (8 décembre 2019), en ligne : https://www.lesoleil.com/affaires/debat-sur-la-responsabilite-des-plateformes-en-ligne -411b7829b4e918191e49b4e668c135fb.

LOUBIERE, P., « Pourquoi l'UE nomme un ambassadeur tech à San Francisco », Challenges.fr (09 Août 2022), en ligne : https://www.challenges.fr/high-tech/pourquoi-l-ue-nomme-un-ambassadeur-tech-a-san -francisco_823774

PAILLON, M., « "Splinternet" : halte à la fragmentation du web ! », *France 24*, sect. eco/tech (11 septembre 2020), en ligne : https://www.france24.com/fr/%C3%A9co-tech/20200911-splinternet-halte-%C3 % A0-la-fragmentation-du-web.

PAMBRUN, S., « A la rencontre d'une hackeuse chinoise », *Slate* (27 novembre 2011), en ligne : http://www.slate.fr/story/46737/hacker-chinois.

PASCOLO, U., « Les cyberattaques contre les hôpitaux ont bondi de 500 % depuis l'arrivée du Covid », *Europe1* (10 février 2021), en ligne : https://www.europe1.fr/societe/les-cyberattaques-contre-les-hopitaux-ont-bondi-de-500-depuis-larrivee-du-covid-4024455.

MACMULLAN, T., « The world's first hack: the telegraph and the invention of privacy », *The Guardian.com* (15 juillet 2015), en ligne : https://www.theguardian.com/technology/2015/jul/15/first-hack-telegraph -invention-privacy-gchq-nsa.

MAKARY, L., « Eurocorps : « Plus on est nombreux, plus le consensus est difficile à atteindre » », *Libération* (6 avril 2013), en ligne : https://www.liberation.fr/evenements-libe/2013/04/06/plus-on-est-nombreux-plus-le-consensus-est-difficile-a-atteindre_894162/#:~:text=Tout%20le%20monde%20s'en,d'int%C3%A9r%C3%AAts%20strat%C3%A9giques%20entre%20pays.

MALCOMSON, S. L., « The open, universal internet is over. But did it ever really exist? », *The Guardian.com* (3 avril 2016), en ligne : https://www.theguardian.com/commentisfree/2016/apr/03/internet-web-politics-money-freedom-state.

MANENS, F., « Ce groupe de hackers mercenaires vantait ses services… sur LinkedIn », Cyberguerre, *Numerama.com* - (10 juin 2020), en ligne : https://cyberguerre.numerama.com/5542-ce-groupe-de-hackers-mercenaire-vantait-ses-services-sur-linkedin.html.

MAQUET, C., « Russie : à l'intérieur du Red Web », *Siècle Digital*, sect. technologie (5 mars 2021), en ligne : https://siecledigital.fr /2021/03/05/russie-interieur-du-red-web/.

MARCHIVE, V., « Cyberattaques : Microsoft appelle à un tiers indépendant pour l'attribution », *LeMagIT* (13 juillet 2016), en ligne : https://www.lemagit.fr/actualites/450300222/Cyberattaques-Microsoft-appelle-a-un-tiers-independant-pour-lattribution.

MCQUADE, M., « The untold story of NotPetya, the most devasting cyberattack in history », Security, *Wired.com* (21 août 2018), en ligne : https://www.wired.com/story/notpetya-cyberattack-ukraine-russia-code-crashed-the-world/.

MORGAN, S., « Cybercrime To Cost The World $10.5 Trillion Annually By 2025 », *Cybercrime Magazine* (13 novembre 2020), en ligne :

https://cybersecurityventures.com/hackerpocalypse-cybercrime-report-2016/.

RAHMIL, D.-J., « De Tron à Mr. Robot : comment le cinéma représente le monde numérique », *Numerama.com* (13 juillet 2016), en ligne : https:// www.numerama.com/tech/181512-de-tron-a-mr-robot-cinema-represente-monde-numerique.html.

RFE/RL, « Biden Calls On World Governments To Back Open Internet », *RadioFreeEurope* (1 novembre 2011), en ligne : https: //www.rferl.org/a/london_conference_on_internet/24378026.html.

ROBILLART, O., « Le virus Conficker touche la Marine française et ses Rafales », *Silicon.fr* (9 février 2009), en ligne : https://www.silicon.fr/le-virus-conficker-touche-la-marine-francaise-et-ses-rafales-33931.html.

ROPARZ, M., « Les cyberattaques dans le transport maritime », *Franceinter.fr* (12 décembre 2014), en ligne : https://www.france inter.fr/emissions/le-zoom-de-la-redaction/le-zoom-de-la-redaction-12-decembre -2014.

ROTH, A., « Russia and China Sign Cooperation Pacts », *New York Times* (8 mai 2015), en ligne : https://www.nytimes.com/2015/05/09/ world/europe/russia-and-china-sign-cooperation-pacts.html?_r=0.

SAMANA, P., « Comment la France se prépare à une cyberguerre mondiale », *BfmTV.com* (18 janvier 2019), en ligne : https://www.bfmtv.com/economie/comment-la-france-se-prepare-a-une-cyberguerre-mondiale-1615157.html.

SEYDTAGHIA, A., « Genève, future capitale de la cybersécurité », *Le temps* (13 novembre 2017), en ligne : https://www.letemps.ch /economie/geneve-future-capitale-cybersecurite.

STREET, C., « Chinese Army Employs Military-Civil Fusion to Weaponize Industrial Base », *The Epoch Times,* 2019, en ligne : https://www.theepochtimes.com/chinese-army-employs-military-civil-fusion-to-weaponize-industrial-base_3101117.html.

SUR, S. et J. FERNANDEZ, « « Il faut traduire George W. Bush et Tony Blair devant la Cour pénale internationale » », *Le Monde.fr* (9 juillet 2016), en ligne : https://www.lemonde.fr/idees/article/2016/07/09 /george-w-bush-et-tony-blair-devant-la-cour-penale-internationale_49 66702_3232.html.

TANNEAU, F., « Syrie : Combien ont coûté les frappes françaises ? », *Armement*, *CNEWS.fr* (16 avril 2018), en ligne : https://www.cnews.fr/monde/2018-04-16/syrie-combien-ont-coute-les-frappes-francaises-7788 25.

TENG, D. Y., « Pékin serait le cyberacteur d'État caché derrière les cyber-attaques menées contre l'Australie », *The Epoch Times* 2020, en ligne : https://fr.theepochtimes.com/pekin-serait-le-cyberacteur-detat-cache-derricre-les-cyber-attaques-menees-contre-laustralie-1424385 .html.

THE ECONOMIST, « Le marché de la cyber-assurance se développe à une vitesse grand V », *Le nouvel Economiste.fr* (8 février 2019), en ligne : https://www.lenouveleconomiste.fr/le-marche-de-la-cyber-assurance-se-developpe-a-une-vitesse-grand-v-67913/.

TURRETTINI, E., « Une Convention pour protéger les internautes en temps de paix », *Le temps.ch* (26 mars 2017), en ligne : https://www.letemps.ch/opinions/une-convention-proteger-internautes-temps-paix.

UNTERSINGER, M., « Microsoft : « Aujourd'hui, la technologie est utilisée pour s'attaquer à la démocratie » », *LeMonde.fr* (13 novembre 2018), en ligne : https://www.lemonde.fr/pixels/article/2018/11/13/microsoft-aujourd-hui-la-technologie-est-utilisee-pour-s-attaquer-a-la-democratic_ _4408996.html.

UNTERSINGER, M., « Le Cyberpeace Institute : une ONG pour défendre la « cyberpaix » », *Le Monde.fr* (26 septembre 2019), en ligne : https://www.lemonde.fr/pixels/article/2019/09/26/le-cyberpeace-institute-une -ong-pour-defendre-la-cyberpaix_6013073_4408996.html.

VASCELLARO, J. E., J. DEAN et S. GORMAN, « Google Warns of China Exit Over Hacking », *The Wall Street Journal* (13 janvier 2010), en ligne : https://www.wsj.com/articles/SB126333757451026659.

VIGNEAULT, A., « Cyberattaques : une menace de notre temps », *LaPresse.ca* (30 septembre 2018), en ligne : http://plus.lapresse.ca/screens/374e6902-6b1d-4600-a72c-ec0868d21bf0__7C___0.html.

VITARD, A., « Pourquoi les GAFAM prennent-ils une posture pro-régulation ? », *L'Usine digitale* (23 septembre 2019), en ligne : https://www.usine-digitale.fr/article/pourquoi-les-gafam-prennent-ils-une-posture-pro-regulation.N886719.

VITARD, A., « Les discrètes (et nombreuses) acquisitions de start-up des GAFAM au cœur d'une enquête », *L'Usine digitale* (12 février 2020), en ligne : https://www.usine-digitale.fr/editorial/les-discretes-et-nombreuses-acquisitions-de-start-up-des-gafam-au-c-ur-d-une-enquete .N929019.

WEBER, R., « State Dept.'s top cyber official rejects call for "Digital Geneva Convention" », *Daily News-Inside Cybersecurity* (25 avril 2017), en ligne : https://insidecybersecurity.com/daily-news/state-depts-top-cyber-official-rejects-call-digital-geneva-convention.

WEISE, E., « Could hackers be behind the U.S. Navy collisions », USAtoday.com (23 août 2017), en ligne : https://www.usatoday.com /story/tech/news/2017/08/23/could-hackers-behind-u-s-navy-collisions/ 594107001/.

ZAFFAGNI, M., « Cybersécurité : un accord signé par 34 entreprises, dont Facebook et Microsoft », *Futura Tech* (18 avril 2018), en ligne : https://www.futura-sciences.com/tech/actualites/securite-cybersecurite-accord-signe-34-entreprises-facebook-microsoft-70943/.

✓ **Publications de sites Web :**

ARMY TECHNOLOGY, « NATO's locked shield exercise: a cybersecurity success? » (20 août 2018), en ligne : https://www.army-technology.com /features/natos-locked-shield-exercise-cybersecurity-success/.

ATLASOCIO.COM, « Classement des États du monde par vitesse de connexion Internet », 2020, en ligne : https://atlasocio.com/ classements/economie/infrastructures/classement-etats-par-vitesse-de-connexion-internet-monde.php.

AUDET, M.-A., « Cyberdéfense : quelle voix pour la France ? Entretien avec David Martinon », *Regards sur le numérique (RSLN)* (19 mai 2017), en ligne : https://archives.rsln.fr/fil/cyberdefense-quelle-voix-pour-la-france-entretien-avec-david-martinon/.

BERTHIER, T., « Cyber-guerre : la donnée est une arme », *Contrepoints.org* (27 mai 2015), en ligne : https://www.contrepoints. org/2015/05/27/208960-cyber-guerre-la-donnee-est-une-arme.

BROEDERS, D., « Cyber Norms and the United Nations: Between Strategic Ambiguity and Rules of the Road », *Italian Institute for*

International Political Studies (2 avril 2020), en ligne : https://www.ispionline.it/ en/pubblicazione/cyber-norms-and-united-nations-between-strategic-ambiguity-and-rules-road-25417.

CCD COE, « Geneva Conventions Apply to Cyberspace : No Need for a 'Digital Geneva Convention' », (18 juillet 2017), en ligne : https://www.ccdcoe.org/news/2017/geneva-conventions-apply-to-cyberspace-no-need-for-a-digital-geneva-convention/.

CHABINSKY, S., « Passive Cyber Defense : The Laws of Diminishing and Negative Returns », *American Center for Democraty* 2013, en ligne : http://acdemocracy.org/passive-cyber-defense-the-laws-of-diminishing-and-negative-returns/.

CYBERSECURITY TECH ACCORD, en ligne : https://cybertechaccord.org/accord

DIGITAL WATCH OBSERVATORY, « UN GGE : Quo Vadis? », Issue 22, *Digital Watch newsletter* (2017), en ligne : https://dig.watch/newsletter/june2017#newsletter-1.

DROEGE, C., « Pas de vide juridique dans le cyberespace », *CICR,* (16 août 2011), en ligne : https://www.icrc.org/fr/doc/resources /documents/ interview/2011/cyber-warfare-interview-2011-08-16.htm.

EBRC, « Cybersecurity Tech Accord continue son expansion mondiale et atteint près de 80 signataires » *ebrc.com* (17 février 2020), en ligne : https://www.ebrc.com/fr/entreprise/actualites-evenements/cyber security-tech-accord-continue-son-expansion-mondiale.

FASOLI, A., « Le cyberespace n'est pas livré à la loi du plus fort, et l'ONU le fait savoir », *Observatoire du FIC* (3 août 2015), en ligne : https://www.observatoire-fic.com/le-cyberespace-nest-pas-livre-a-la-loi-du-plus-fort-et-lonu-le-fait-savoir/.

G., J., « Internet : (encore) une cyberattaque contre les noms de domaine », *Générations nouvelles technologies* (25 février 2019), en ligne : https://www.generation-nt.com/internet-dns-cyberattaque-nom-domaine-icann-actualite-1962459.html.

GEERS. K., « Pandemonium : Nations States, national security and the Internet », CCD COE (2014), en ligne : https://ccdcoe.org/library/publications/pandemonium-nation-states-national-security-and-the-internet/

ICANN, « La plus grande réunion jamais tenue par l'ICANN a lieu à Londres | Affirmation du modèle multipartite de gouvernance de l'Internet par les dirigeants mondiaux », *icann.org* (23 juin 2016), en ligne : https: //www.icann.org/fr/announcements/details/release-largest -ever-icann-meeting-convenes-in-london--affirmation-of-multistake holder-model-for-internet-governance-by-world-leaders-23-6-2014-fr.

INSIDER INTELLIGENCE, « This one chart explains why cybersecurity is so important », Business Insider Intelligence (5 avril 2016), en ligne : https:// www.businessinsider.com/cybersecurity-report-threats-and-opportunities-2016-3.

INTERNET SOCIETY, « *Gouvernance de l'Internet – Pourquoi l'approche multipartite fonctionne* », (7 juin 2016), en ligne : https://www.internetsociety.org/fr/resources/doc/2016/gouvernance-de-linternet-pourquoi-lapproche-multi-acteurs-fonctionne/.

INTERNET SOCIETY, « Internet Society Launches First Ever Toolkit to Gauge the Impact of Regulation on the Internet », *Internet Society* (9 septembre 2020), en ligne : https://www.internetsociety.org /news/press-releases/2020/internet-society-launches-first-ever-toolkit-to-gauge-the-impact-of-regulation-on-the-internet/.

JANSSEN D., « Le dark web : Qu'est-ce que c'est exactement et que pouvez-vous y trouver ? », VPN Overview (25 mars 2021), en ligne : https://vpnoverview.com/fr/confidentialite/navigation-anonyme/le-darkweb/#:~:text=Le%20dark%20web%20n'a,d%C3%A9velopp%C3 %A9%20par%20le%20gouvernement%20am%C3%A9ricain..

KOLBASUK MCGEE, M., « U.S., China Reach Cyber Agreement », BankInfoSecurity (septembre 2015), en ligne : https://www.bankinfo security.com/us-china-a-8553.

LAPARRA, A., « Les câbles-sous-marins : la guerre invisible de l'information », *Geolinks* (janvier 2018), en ligne : http://www.geolinks.fr /les-cables-sous-marins-la-guerre-invisible-de-linformation/.

LA RÉDACTION, « La Géorgie victime de cyberattaques », *01net.com* (11 août 2008), en ligne : https://www.01net.com/actualites/la-georgie-victime-de-cyberattaques-387890.html.

LE PARTICULIER, « Quel type de régulation pour les cryptomonnaies ? » (10 juin 2020), en ligne : https://www.boursorama.com/patrimoine/

actualites/quel-type-de-regulation-pour-les-cryptomonnaies-60a1d87dacb a66f62eb49816538cd4ff.

MARÉCHAL, L., « Le temps, l'arme fatale par excellence contre les cyberattaques en entreprise », *alliancy.fr* (4 juillet 2017), en ligne : https://www.alliancy.fr/expertise/cybersecurite/2017/07/04/le-temps-larme-fatale-par-excellence-contre-les-cyberattaques-en-entreprise.

MUELLER, B., « The Laws of War and Cyberspace: On the Need for a Treaty Concerning Cyber Conflict », *The London School of Economics and Political Science* (juin 2014), en ligne : https://www.lse.ac.uk/ideas /publications/updates/cyber

OBSARM.ORG, « Une arme, combien ça coûte ? », en ligne : http://obsarm.org/obsarm/transfert_armes/donnes-diverses/cout-armes2 .htm.

OBSERVATOIRE DU MONDE CYBERNÉTIQUE, « L'échec du *Group of Governmental Experts* (GGE) sur la cybersécurité : Conséquences et perspectives » (2018), en ligne : https://omc.ceis.eu/lechec-du-group-of-governmental-experts-gge-sur-la-cybersecurite-consequences-et-perspectives/.

OBSERVATOIRE DU MONDE CYBERNÉTIQUE, « Quel avenir pour les négociations internationales sur la régulation du cyberespace ? » (2019), en ligne : https://omc.ceis.eu/quel-avenir-pour-les-negociations-internationa les-sur-la-regulation-du-cyberespace/.

OBSERVATOIRE DU MONDE CYBERNÉTIQUE, « Avancées et échecs des initiatives de régulation des comportements dans le cyberespace » (mars 2019), en ligne : https://omc.ceis.eu/avancees-et-echecs-des-initiatives-de-regulation-des-comportements-dans-le-cyberespace/.

ONU INFO, « L'AIEA appelle à une réponse globale pour lutter contre le cyberterrorisme nucléaire », *Centre d'actualité de l'ONU* (1 juin 2015), en ligne : https://news.un.org/fr/story/2015/06/312022-laiea-appelle-une-reponse-globale-pour-lutter-contre-le-cyber-terrorisme

RAMAROZATOVO, V., « Les données, l'or noir du 21ème siècle », *pro.orange.fr* (7 décembre 2020), en ligne : https://pro.orange.fr /actualites/les-donnees-l-or-noir-du-21eme-siecle-CNT0000019pH8b .html.

REGARDS SUR LE NUMÉRIQUE (RSLN), « Cybersécurité : et si la réponse était une "Convention de Genève numérique" ? », *sect. #Pause technique* (31 janvier 2018), en ligne : https://archives.rsln.fr/fil/une-convention-de-geneve-numerique-pourquoi-et-comment/.

RICHET, C., « Vers une co-régulation du cyberespace : entre rapports de force et impératifs de souveraineté », *Portail de l'IE - Centre de ressources et d'information sur l'intelligence économique et stratégique* (29 décembre 2020), en ligne : https://portail-ie.fr/analysis/2561/vers-une-co-regulation-du-cyberespace-entre-rapports-de-force-et-imperatifs-de-souverainete.

RICHIR, C., « Qu'est-ce que la directive européenne sur le droit d'auteur ? », (2 décembre 2020), en ligne : https://www.touteleurope.eu /economie-et-social/qu-est-ce-que-la-directive-europeenne-sur-le-droit-d-auteur/.

SAIZ, J., « La délicate collaboration internationale en matière de cyber-défense », *Qualys.fr* (3 juin 2014), en ligne : https://magazine.qualys.fr /cyber-pouvoirs/collaboration-internationale-cyber-defense/.

SCHMITT, M. N. « The Law of cyber targerting », CCD COE (2015), en ligne : https://ccdcoe.org/library/publications/tallinn-paper-the-law-of-cyber-targeting/

SCHMITT, M. N. et L. VIHUL, « International Cyber Law Politicized: The UN GGE's Failure to Advance Cyber Norms », *Just Security* (30 juin 2017), en ligne : https://www.justsecurity.org/ 42768/international-cyber-law-politicized-gges-failure-advance-cyber-norms/.

SOESANTO, S. et F. D'INCAU, « The UN GGE is dead: Time to fall forward », *The European Council on Foreign Relations* (15 août 2017), en ligne : https://www.ecfr.eu/article/commentary_time_to_fall_forward_on_cyber_governance.

TALIHÄRM, A.-M., « En quête de la cyberpaix : gérer la cyberguerre par la coopération internationale », *Chronique ONU* (2012), en ligne : https://www.un.org/fr/chronicle/article/en-quete-de-la-cyberpaixgerer-la-cyberguerre-par-la-cooperation-internationale.

THIBOUT, C., « Cyberespace : vers quelle gouvernance ? », (2018) Analyses, *IRIS*, en ligne : https://www.iris-france.org/123908-cyberespace-vers-quelle-gouvernance/.

TURK, P., « Définition et enjeux de la souveraineté numérique », *République Française -Vie publique - Parole d'experts* (14 septembre 2020), en ligne : https://www.vie-publique.fr/parole-dexpert/276125-definition-et-enjeux-de-la-souverainete-numerique

X.E., « Obama entend sanctionner les pirates incriminés dans des cyberattaques », *Journal du Geek* (avril 2015), en ligne : https://www.journaldugeek.com/2015/04/02/obama-sanctions-pirates-cyberattaques/.

✓ **Support vidéo :**

ACTEURS PUBLICS et AGORA FIC. *20 ans de corégulation du cyberespace : quelles prochaines étapes pour l'Europe ?*, Paris, 9 décembre 2020, en ligne : https://www.youtube.com/watch?v=YMmkyY5qRzo

CHAPPET, M. *Les États face au GAFAM*, coll. Géopoliticus, Paris, Lumni, 16 juin 2020, en ligne : https://www.lumni.fr/video/les-etats-face-aux-gafam

CRDP, *Les organisations internationales en transformation*, Montréal, 20 janvier 2021, en ligne : https://www.youtube.com/playlist?list=PLlxZfr8XRJE0_E8gmhu8A5sRtm6oSYEbr

FRANÇOIS, P.-O., *On nous écoute – Cyberguerre : l'arme fatale ? (1/2)*, Infrarouge, 22 septembre 2015.

FRANÇOIS, P.-O., *On nous écoute – L'Histoire secrète de la NSA (2/2)*, Infrarouge, 22 septembre 2015.

JUILLET, A. *La conquête du cyberespace est la grande aventure du XXIème siècle*, coll. Les Assises de la Sécurité, 2014, en ligne : https://www.youtube.com/watch?v=4t0IGXCZnjo

NEALE, M. *No maps for these territories*, Documentaire, 2000.

✓ **Support audio :**

DE LA PORTE, X. *Le droit international dans le cyberespace nous ramène en 1648*, France culture.fr (24 mai 2017), en ligne :

https://www.franceculture.fr/emissions/la-vie-numerique/le-droit-international-dans-le-cyberespace-nous-ramene-en-1648.

DELORME, F. *Justice internationale : vers un État de droit mondial ? (2/4) - La cour pénale internationale en quête d'une nouvelle légitimité*, Franceculture.fr (20 mai 2014), en ligne : https://www.franceculture.fr /emissions/culturesmonde/justice-internationale-vers-un-etat-de-droit-mondial-24-la-cour-penale.

DELORME, F. *Justice internationale : vers un État de droit mondial ? (3/4) - Cour internationale de justice : une justice ordinaire entre Etat*, Franceculture.fr (21 mai 2014), en ligne : https://www.franceculture.fr /emissions/culturesmonde/justice-internationale-vers-un-etat-de-droit-mondial-34-cour-internationale.

DULIEU, L., « L'expansion des BATX, les GAFAM chinois », *Franceculture.fr* (16 septembre 2019), en ligne : https://www. franceculture.fr/numerique/lexpansion-des-batx-les-gafam-chinois.

ERNER, G., « Droit à l'oubli : pourquoi se limite-t-il aux frontières de l'Europe ? », *France Culture.fr* (26 septembre 2019), en ligne : https://www.franceculture.fr/emissions/la-question-du-jour/droit-a-loubli-limite-aux-frontieres-de-leurope-quest-ce-que-ca-change-pour-les-internautes.

GARDETTE, H., « Faut-il avoir peur des GAFA chinois ? », *France culture* (28 novembre 2018), en ligne : https://www.franceculture.fr /emissions/du-grain-a-moudre/faut-il-avoir-peur-des-gafa-chinois.

LA RÉDACTION DE FRANCE CULTURE. *Le cyber, nouvelle arme de dissuasion planétaire*, *franceculture.fr* (16 octobre 2017), en ligne : https://www.franceculture.fr/emissions/le-choix-de-la-redaction/le-cyber-nouvelle-arme-de-dissuasion-planetaire.

MARTIN, N. *Internet nationalisé, la liberté au pied du mur*, La méthode scientifique - France culture, Paris, 20 novembre 2019, en ligne : https://www.franceculture.fr/emissions/la-methode-scientifique/la-methode -scientifique-emission-du-mercredi-20-novembre-2019.

TABLE DES MATIÈRES

RÉSUMÉ

Le cyberespace a radicalement changé la donne sur le plan de la sécurité internationale, modifiant la représentation que nous pouvions avoir de la guerre. Nous assistons aujourd'hui à une nouvelle forme de conflit où l'information constitue à la fois un support d'action, mais également un actif sensible qu'il convient de maitriser. L'encadrement des comportements dans le cyberespace est donc devenu *de facto* un impératif pour maintenir sa stabilité. C'est ainsi que de nombreuses initiatives ont été amorcées tant par les États (par exemple avec la création du groupe d'experts gouvernementaux en charge des progrès des technologies de l'information et des communications dans un contexte de sécurité internationale), que par les acteurs privés (normes alternatives en tout genre). Cependant, leur convergence n'est que partielle leurs positionnements géopolitiques et stratégiques divergents considérablement. Alors que les États veulent préserver leur marge de manœuvre dans le cyberespace, les acteurs privés souhaiteraient quant à eux assurer la continuité et le développement de leurs activités par la création d'un cadre juridique contraignant les comportements étatiques.

Notre travail de recherche vise ainsi à trouver une solution au clivage entre ces différents acteurs. Selon nous, peu importe les perceptions et les désirs de chacun ; si un encadrement juridique du cyberespace doit voir le jour en droit international, celui-ci ne pourra aboutir sans le concours des États et des acteurs privés qui doivent donc collaborer. Cependant, il est essentiel de ne pas s'abandonner dans une quête de l'idéal, et ce en adoptant une démarche pragmatique ancrée dans la réalité. La régulation du cyberespace étant multiple en ce sens où chaque acteur est la source d'un flux normatif précis (réglementation étatique et régulation technique), il convient de trouver le moyen de faire coïncider leurs approches, tout en conservant la place de chacun dans l'ordre international pour éviter tensions et conflits.

Dans notre travail de recherche, nous avons fait le choix de présenter notre argumentation en quatre temps. Il s'agit tout d'abord de rappeler les spécificités du cyberespace faisant de lui un lieu de conflits à part entière (**Chapitre 1**). Dans un second temps, nous expliquerons cette volonté des États de vouloir rendre à tout prix applicable aux cyber-attaques, un droit international pourtant inadapté aux défis techniques posés par ces nouvelles armes (**Chapitre 2**). Les acteurs privés étant les grands experts du réseau, nous étudierons dans un troisième temps les initiatives normatives qu'ils ont su mettre en place, celles-ci venant d'ailleurs concurrencer le travail de réflexion mené par les États (**Chapitre 3**). Finalement, nous arriverons à la conclusion que la cyberpaix ne sera réellement possible que si trois éléments sont réunis : la corégulation, l'internormativité et la confiance entre les États et les acteurs privés (**Chapitre 4**).

MOTS-CLÉS : cyberattaque, cyberespace, cyberpaix, technologie de l'information et des communications, droit international public, encadrement juridique, applicabilité, adaptabilité, analogie, États, acteurs privés, GAFAM-BATX, groupe d'experts gouvernementaux, ONU, corégulation, internormativité, pluralisme.

ABSTRACT

Cyberspace has radically changed international security, altering our understanding of warfare. Today, we are witnessing a new form of conflict in which information is both a medium for action and a sensitive asset that must be controlled. In order to maintain the stability of cyberspace, it has *de facto* become imperative to regulate actions in cyberspace. For this reason, many initiatives have been started by States (for example, the Group of Governmental Experts in the Field of Information and Telecommunications in the Context of International Security) and by private actors (various alternative norms). However, their convergence is only partial, as their geopolitical and strategic positions diverge considerably. While States want to preserve their room for maneuver in cyberspace, private actors would like to ensure the continuity and development of their activities by creating a legal framework which constrains the behavior of States.

This research project seeks to find a solution to the divide between these different actors. From our point of view, regardless of one's perceptions and desires, a legal framework for cyberspace in international law will see the light of day only if States and private actors cooperate. However, it is essential that we do not abandon ourselves to a quest for the ideal and adopt a pragmatic approach that is rooted in reality. Because the regulation of cyberspace is animated by multiple sources of norms stemming from different actors (state regulation and technical rules), it is necessary to find a way to make their approaches coincide, while preserving everyone's place in the international order to avoid tensions and conflicts.

In our research, we have chosen to present our argument in four chapters. We first recount the features of cyberspace that make it a place of conflict in its own right **(Chapter 1)**. Second, we explain the desire of States to apply international law to cyber-attacks, although it is ill-suited to the technical challenges posed by these new weapons **(Chapter 2)**. Third, given that private actors are the major experts of the network, we will examine the normative initiatives that they put in place and that compete with the work carried out by States **(Chapter 3)**. Finally, we will come to the conclusion that cyberpeace will be possible only if three elements are brought together: coregulation, internormativity, and trust between States and private actors **(Chapter 4)**.

KEYWORDS : cyberattack, cyberspace, cyberpeace, information and communications technology, public international law, legal framework, enforceability, adaptability, analogy, States, private actors, GAFAM-BATX, group of governmental experts, UN, co-regulation, internormativity, pluralism.

Structures éditoriales du groupe L'Harmattan

L'Harmattan Italie
Via degli Artisti, 15
10124 Torino
harmattan.italia@gmail.com

L'Harmattan Hongrie
Kossuth l. u. 14-16.
1053 Budapest
harmattan@harmattan.hu

L'Harmattan Sénégal
10 VDN en face Mermoz
BP 45034 Dakar-Fann
senharmattan@gmail.com

L'Harmattan Cameroun
TSINGA/FECAFOOT
BP 11486 Yaoundé
inkoukam@gmail.com

L'Harmattan Burkina Faso
Achille Somé – tengnule@hotmail.fr

L'Harmattan Guinée
Almamya, rue KA 028 OKB Agency
BP 3470 Conakry
harmattanguinee@yahoo.fr

L'Harmattan RDC
185, avenue Nyangwe
Commune de Lingwala – Kinshasa
matangilamusadila@yahoo.fr

L'Harmattan Congo
219, avenue Nelson Mandela
BP 2874 Brazzaville
harmattan.congo@yahoo.fr

L'Harmattan Mali
ACI 2000 - Immeuble Mgr Jean Marie Cisse
Bureau 10
BP 145 Bamako-Mali
mali@harmattan.fr

L'Harmattan Togo
Djidjole – Lomé
Maison Amela
face EPP BATOME
ddamela@aol.com

L'Harmattan Côte d'Ivoire
Résidence Karl – Cité des Arts
Abidjan-Cocody
03 BP 1588 Abidjan
espace_harmattan.ci@hotmail.fr

Nos librairies en France

Librairie internationale
16, rue des Écoles
75005 Paris
librairie.internationale@harmattan.fr
01 40 46 79 11
www.librairieharmattan.com

Librairie des savoirs
21, rue des Écoles
75005 Paris
librairie.sh@harmattan.fr
01 46 34 13 71
www.librairieharmattansh.com

Librairie Le Lucernaire
53, rue Notre-Dame-des-Champs
75006 Paris
librairie@lucernaire.fr
01 42 22 67 13

www.ingramcontent.com/pod-product-compliance
Lightning Source LLC
LaVergne TN
LVHW011133061026
849535LV00003B/480